# 考証 日本武芸達人伝

綿谷雪

国書刊行会

考証　日本武芸達人伝⊙目次

# 武芸達人伝

# 武芸落穂集

# 武芸達人伝

# 愛洲移香斎久忠

## 倭寇が持っていた影流伝書

明《みん》の嘉靖四十年、といえば日本暦では永禄四年（一五六一）であるが、その年の某月某日、大明《だいみん》国広東《カントン》の海市恵州府の中央広場で、ひとりの日本人が処刑された。

それはその月のはじめに、たまたまこの富裕な港町をめがけて侵攻してきた倭寇《わこう》の一団が、明軍の将、戚少《せきしょう》保《ほ》（戚継光《けいこう》）のひきいる警備軍と大激戦を演じた末に、ついに大敗して潰走した後に、ただひとり残された負傷者であった。つねに倭寇隊の先頭に立って奮戦していたことからかんがえて、おそらくその一団の指揮者であるとおもわれた。

その朝は、死ぬのには決してよい朝とは言えなかった。冬にちかい季節とはいえ、熱帯圏のこのあたりでは、海から立ちのぼるボッテリした夜霧が晴れきらず、夜中のぬくもりが寝不足の肌に、じっとりと気もちわるく感じられた。

太陽はまだ東の水平線の下にあって、あたりは薄ぼんやりした微光のうちに、なまぬるい水のように沈んで見えた。

ほんの今さっき、夜明けを告げる一番鶏が啼いたばかりである。しかし、死刑執行の場所には群衆が輪をつくって、沈黙したままかたまっているのであった。

まんなかの死刑台上の土壇場のうしろに坐らされている受刑者は、もし脚をのばして直立したとすれば、めずらしく丈《せい》の高い男のようにおもわれた。坐らされている肩の高さからくらべて、脇に青竜刀をかまえて立っている首切り役人のほうが、ずーっと小さく見えた。

年のころは三十八、九歳にもなろう。むき出しにされた上半身には隆々とした筋肉が盛りあがり、横腹と右肱に先日の戦闘で受けた大きな疵痕《きずあと》が、いたいたしく口をあけているのが見えた。その疵の痛みは、いまでは耐えがたい苦痛を通り越して、もはや麻痺の状態になっていたが、心のなかの痛みは、ますます募ってゆくようであった。

男は、死刑台のぐるりにむらがる人びとを静かに眺めまわし、それから、まったく無関係の態度で遠くの海のほうへ眼を転じた。それは、その男の生まれ故郷の方角であった。彼の故郷は紀州熊野灘に面した五カ所浦である。

青竜刀の一閃で、処刑はかんたんに終了した。

警備軍の臨時営所になっていた民家へ、首斬役人とその上官が帰ってきて、そこに屯《たむろ》する指揮官の戚少保将軍に、死刑の完了を報告するとともに、処刑された倭寇の遺留品を差し出した。

「それは何かね」

「はい、倭寇の持っていたものであります。何か書付けのようなもので――」

「ちょっと寄越しなさい」

「はい」

受けとって、ひろげて見た。泥入《どろい》りらしいぼってりした厚口の和紙の書きもので、ぐるぐると無造作に巻かれている。かんたんな太刀使いの図像と、読みにくい文字にまざった若干の漢字をひろい読みするだけで、その大体の内容が推察できた。

――それは愛洲《あいす》移《い》香斎《こうさい》が開創した武術、いわゆる「影《かげ》の流」の目録伝書の一部である。そして島国日本の武術が明《みん》の大陸に紹介されたのは、けだしこれが最初のことであっただろう。

右の事件後四十一年目の万暦三十一年(日本では慶長八年)に、戚継光将軍の書いた『刑定紀効新書』が刊行されたが、

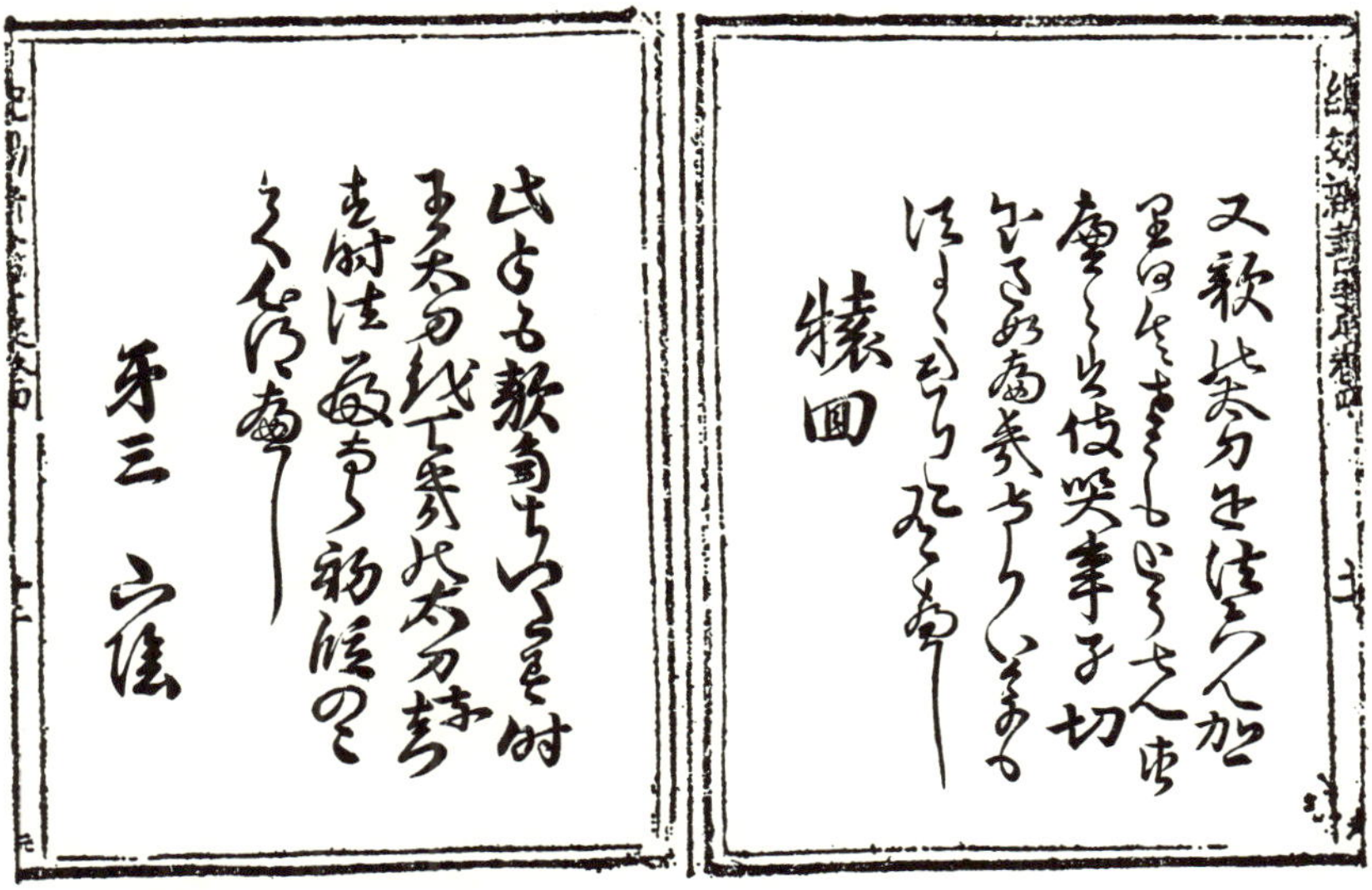

『紀効新書』『武備志』の両書に所載

その巻四のなかで前記の影流目録を翻刻して、その前書きに彼我《ひが》の武術に対して論評し、片手で楯、片手で刀をもって戦う明兵が、長い刀を両手で使う倭寇の剣法にくらべて、いかに不利であるかを論じている。

有名な『武備志』全二百四十巻、これは明の茅元儀の撰で万暦三十五年に起稿、天啓元年（日本の元和七年＝一六二一）に完成したが、これにも前記の影流目録を翻刻して、その前書に、

「長刀ハ、スナワチ、倭奴《ワド》（日本海賊）ノ習ウトコロ。世宗ノ時（嘉靖年間）、進ンデ東南ヲ犯ス（和寇が侵攻して来た）。故ニ始メテコレ（日本の長刀用法）ヲ得タリ。戚少保（明軍の将）辛酉（嘉靖四十年）ノ陣上（交戦した際）ニオイテ、ソノ習法ヲ得タリ」

とある。

この『武備志』は、鵜飼信之の考点《こうてん》した日本版が寛文七年（一六六七）に出版され、後に寛政重修版もできたし、そのなかの影流目録の翻刻は堀正平氏の『大日本剣道史』にも紹介されているから、かならずしも目新しいものではないけれども、こんど改めて湯原武綱君に『刑定紀効新書』を調べてもらっ

『武備志』所載の影流目録

万暦三十一年版『紀效新書巻四』所載

たところ、奇妙なことが一つわかった。

『武備志』に翻刻された影流の目録は、文字の部分は『刑定紀効新書』とまったく同筆であるのに、図像は猿が剣を使う六つの組型になっていて、『刑定紀効新書』の図像が黒色の人体像の組型であるのと、ぜんぜんちがっていることである。

もっとも、剣をつかう型は猿も人体もほとんど同型であり、しかもその黒い人体像の頭部が、日本現在最古の見本ともいうべき真鍋家蔵本『源家訓閲集』の長巻《ながまき》十二天巻（断簡）の人体像の頭部とおなじく椎の実型にえがかれているのは、たしかに日本固有の描き方と見ねばならない。

『武備志』の彫工《ほりこう》が、もとの人体像を、さかしらに猿に書きあらためたとかんがえられない以上、この目録伝書には前記の両様の図像が付いていたのだとおもわれる。『紀効新書』の人体像の組型と、『武備志』の猿の像の組型を本書の挿図として出しておくが、『紀効新書』の人体像組型は今までに紹介されたことのないものである。

ちなみに言う。この影流目録が戚将軍の手に入った嘉靖四十年は、愛洲移香斎の死去した天文七年（一五三八）から数えて二十二年後にあたる。この年、その子の愛洲小七郎元香斎はもう四十二歳になっていたから、右に翻刻されている目録伝書の現物は、移香斎自身の筆跡か、または小七郎元香斎の筆跡であるかの、いずれかである公算が大きい。

とは言え、じつはこの翻刻は決して原本通りにうまく写されているとは保証できない。その仮名まじりの文字を読んでみればわかるが、漢字以外の彫り崩しがあまりにも多い。この彫工は、日本の仮名がよめなかったらしく、いいかげんな形の文字が多くて、ほとんど読みくだすことができないのである。

## 愛洲移香斎と猿神信仰

移香、一に惟孝に作る。新陰待舎《たいしゃ》流伝書の一本には、勝秀ともしている。奥州の人というのが通説であったが

(『師系集伝』)、それは完全にあやまりである。しかし、誤まられる理由のあることは、後に書く。

愛洲《あいす》という姓は奇妙でめずらしいから、そうザラにあるとはかんがえられない。私は、伊勢国飯南郡を根拠地にした土豪の愛洲氏の末であろうと推察する。『太平記』には、伊勢の愛洲伊勢守という名が見える。この愛洲氏は、熊野海賊衆の、一党であった。南北朝の前期には、南朝側にぞくして伊勢の国守に任じられたりしたが、水軍に長じ、稼業はもっぱら海外の八幡《ばはん》(貿易と略奪を兼業する海賊)であった。

この土豪の故拠《こきょ》は、飯南郡の射和《いさわ》村大字阿曽波(いま松阪市内)であったと『勢陽五鈴遺響《いきょう》』にあり、後に勢力を隣接の度会郡に伸長して、田丸城(いま玉城町田丸字佐田と下辺の中間)および五カ所浦(いま南勢町の内)その他、下村等にも城館を造っていた。愛洲移香斎が若いころ明国まで渡航したと言われているのも、代々の家業稼ぎにちがいなかっただろう。

もっとも、移香斎の晩年ちかくには、愛洲水軍の一部は関東へ進出して、北条氏の三浦水軍にぞくして浦賀に配されていたらしいことが『武州文書』の永禄三年(移香斎死後十二年目＝一五六〇)の条に見えているが、それは余り長期のことでなく、やがて伊勢の故拠へ引き上げた。天正年中(移香斎の死後四、五十年)にいたって国司北畠具教(塚原卜伝の高足)の軍に攻略され、滅亡してしまった(『伊勢名勝志』)。

愛洲氏の後裔である秋田の『平沢氏家伝文書』には、愛洲移香斎は通称を太郎左衛門といい、諱は久忠、享徳元年(一四五二)伊勢国志摩のあたりで生まれ、若い時分から九州・関東・明へんまで渡航したことがあり、三十六歳のとき、日向鵜戸《うど》の岩屋に参籠して満願の日の未明に、神が猿の形になってあらわれ、奥儀を示して一巻の書をさずけた。これより一流をひらいて「影の流」(景流とも)と名づけ、諸国を修行して、晩年は日向に住んで日向守と称した。天文七年(一五三八)死去、八十七歳、とある。日向守の称

**□平沢家系譜**

愛洲移香斎久忠―平沢小七郎宗通┬常通
　　　　　　　　　　　　　　　└在道―常長―常隣―助之進常政―清右衛門家政―主水通有―久知(起竜堂竹葉子)

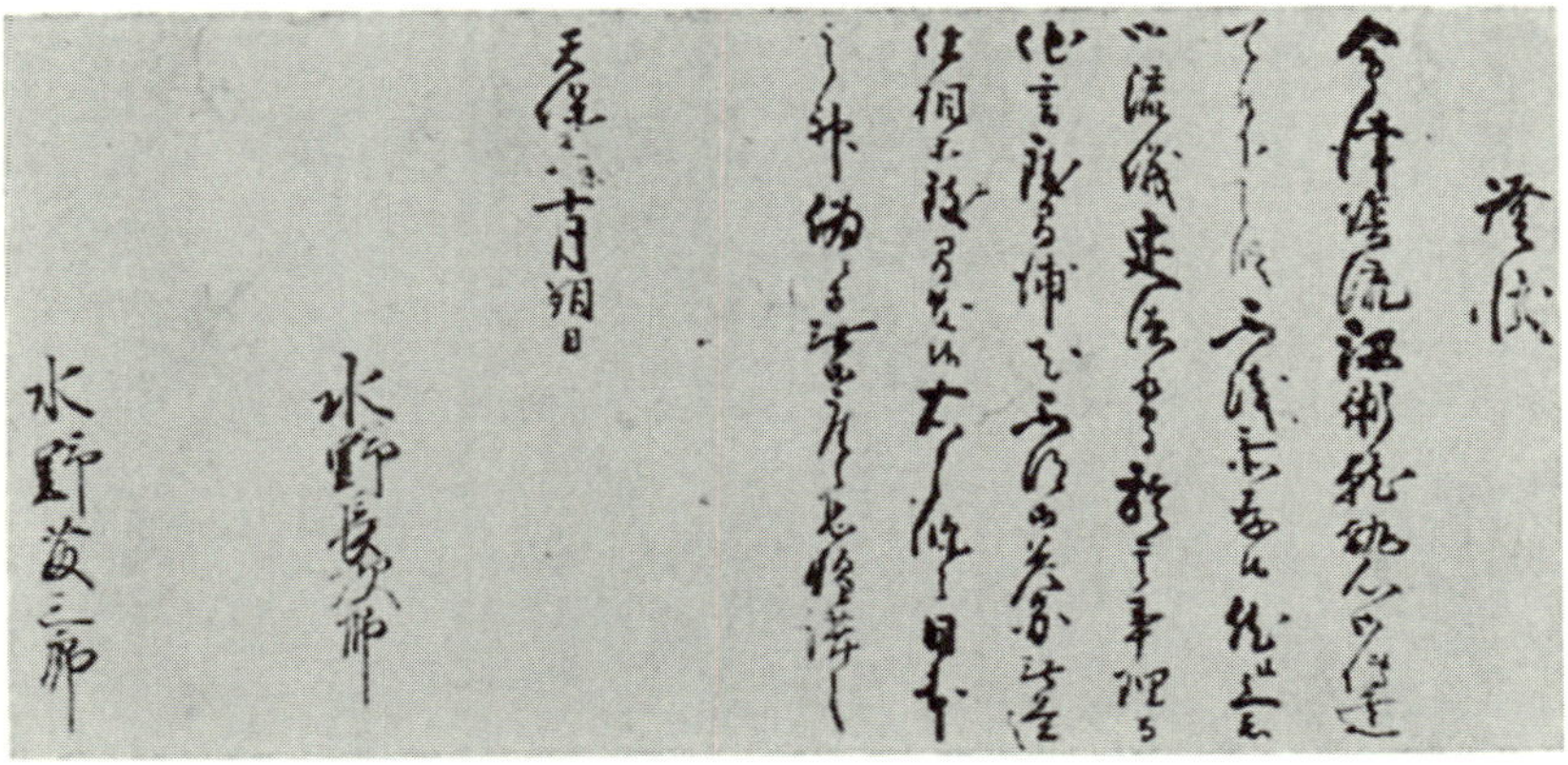

会津陰流仮免許状

は晩年、彼が鵜戸明神の神職になった、と『新陰流外《と》の者《もの》謀略巻略解』にあるから、神職としての守名《かみな》であったのだろう。

移香斎の子の小七郎宗通は、『張藩武術師系録』には小七郎惟脩とある。永正十六年（一五一九）の生まれで、父移香斎六十八歳のときの子であるから、実子でなくて養子だったのではないかと、これは私一個の推測である。天文七年、父が死去したので小七郎は、二十歳で跡を継いだ。そのあと永禄七年（一五六四）、四十六歳で常陸国太田城主の佐竹義重につかえるまでの二十数年間、彼の動静はまったく不明である。おもうに、主を求め剣をみがいて、諸国修行の漂泊《さすらい》をつづけていた期間と見るべきか。

天正三年九月二日、小七郎五十七歳、常州久慈郡真弓山に祈り、前勝坊という異人が猿を相手に刀法を示す夢想を得て開悟し、これより流名をあらためて猿飛《さるとび》陰流といった。晩年、領地を那珂郡平沢村にたまわって平沢姓にあらため、元香斎と号したが、天正十八年（一五九〇）、七十二歳で死去した。

元香斎の子の常通は、父に先立って天正元年に三十八歳で死去していたので、孫の在通が相続した。慶長五年の関ガ原の役後、佐竹氏が秋田へ移封されたため、平沢氏の子孫も出羽へ移った（『平沢氏家伝文書』）。愛洲移香斎が奥州の人とあやまられた由来は、前記のごとく子孫の平沢氏が奥州へ移っていたからである。

以上が愛洲移香斎の正系、平沢家の世代系譜である。

影の流は、一に愛洲陰流ともいい、子孫が秋田へ移ってからは、会津陰流というようにもなった。略して愛洲流ともいう。後世、直心影流の男谷下総守信友の直筆の伝書のなかで、奥山急賀《きゅうが》（休賀斎公重）について書いた条に、隼鴨《あいす》流（一に早鴨流とあるは誤字だろう）の文字を使用した例があって、愛洲氏がもと甲州隼鴨村を領したからの称だろうという説があるけれど、信ずべき根拠はない。

また樋口念流の樋口家の古文書によれば、相馬四郎義元こと念阿弥慈恩（一三五一〜？）には坂東に八人、京に六人、合わせて十四人のすぐれた門人があり、そのなかのひとりである猿の御前という者の末孫が、愛洲日向守移香斎であるという。慈恩は移香斎より百一年以前の出生であるから、右の説が正しいのなら猿の御前は移香斎より二代、もしくは三代前の先祖にあたるとかんがえられるけれども、この人物に関しては確説もなければ、推察もされていない。まったく未詳である。

ただ言えることは、陰の流にはどうした因縁か、不思議に猿のことが付きまとっているように思う。前に引用した『武備志』の翻刻にも組型の図は猿であり、同目録の術技の名目も猿飛・猿回となっている。この猿飛・猿回の名目は後の上泉伊勢守の伝書にも踏襲され、それが柳生新陰流に受け継がれると燕尾・燕廻となって猿の字が燕の字に変わった。文字は変わっても、訓み方は前とおなじエンピ・エンカイであった。

猿との因縁はまだそれだけではない。移香斎が日向鵜戸の岩屋に祈って神感を得たときも、神が猿の形であらわれて技法を示したといい、その子の小七郎が常陸の真弓山で開悟したときも、異人が猿を相手に試合をして刀法を教え、これより流名を猿飛陰流とあらためたというのだから、御念が入っている。移香斎の先祖の猿の御前なども、おなじジンクスをこじつけた擬説で、要するに講談の岩見重太郎や笹野権三郎に出てくる山の狒々《ひひ》と同様、古くからおこなわれた猿神《さるがみ》信仰の名残りと見てさしつかえなかろう。

そういえば柳生但馬守が猿を三びき飼っていて撃剣を教え、なまくら門人と試合させるという話（『翁草』『撃剣叢談』）なども、陰の流以来の猿の因縁を利用したフィクションではないだろうか。柳生家の飼猿の話は当流槍術（一に山本流）の創案者山本三夢入道玄常《つねはる》（一に一務《いちむ》ともあり）の実話らしくもあるが、常識的には疑うべき点が多い。

## 愛洲小七郎と上泉秀綱

上泉伊勢守秀綱は松本備前守政信に学び、鹿島心流を継いで神陰流と改号したとも、愛洲移香斎の陰の流を学んで新陰流とあらためたともいうが、伝書の術名などから見ても陰の流を踏襲していることは明白で、新陰流の伝書では、たいてい、愛洲移香―愛洲小七郎―上泉秀綱と順次させている。なお信抜《しんぬき》流の承伝系譜に、流祖の奥山左衛門大夫忠信の門に上泉秀綱の名を書き入れているけれども、これは年代的に見てテンで問題にならない。奥山忠信は、上泉秀綱の門人の丸目蔵人佐の、またその門人である。

上泉秀綱は上州（前橋市上泉町）の産で、出生したのは永正五年と柳生厳長氏の『正伝新陰流』にあるが、私はその説の信ずべき根拠を知らない。幼名は秀長、後に秀綱とあらためたことは彼の伝書に証拠がある。武田信玄から信の字をもらって改名したという説もあるが、それは伝書の記年から見て合理的ではない。通称は伊勢守、上京後（私のかんがえでは二度目の上京）は武蔵守と改称した。

父は大胡城主（勢多郡大胡町）の一族で、上泉の砦を守っていた上泉武蔵守秀継（一に憲綱・憲縄・義秀）である。上杉管領にぞくし、秀綱の代になってから天文二十四年（改元して弘治元年＝一五五五）に北条勢に攻略され、降参して開城した。

しかしその後も、上杉側の箕輪城主（群馬県箕輪字西明屋の椿山）の長野信濃守業正に所属して、しばしば戦功があったが、永禄六年正月、長野業正の子の業盛のとき、武田信玄の軍勢に攻められて落城した――というのが通説であるが、じっさいに箕輪城が落城したのは永禄九年秋というべきである。このとき武田信玄が上泉を自分の旗本に召抱えようとしたので、秀綱は、自分の修行した新陰流兵法を世に広めたいと言って武者修行を申し立て、辞して出郷した（『箕輪軍記』『関八州古戦録』『甲陽軍鑑』）。

この永禄六年の出郷当時、彼がすでに新陰流を習得していたことはこれで明白だが、『撃剣叢談』には、この武者修行中、彼は「兵法新陰流軍法軍配天下第一」という高札を、諸国に打ちおさめたと書いている。

秀綱の出郷年代には異説があるけれど、私は永禄六年の出郷は二度目の上京で、それ以前の天文二十四年（＝弘治元年）の大胡開城の直後に出郷して武者修行に流泊し、すくなくとも弘治二、三年以後、永禄二年ごろまで（一五五六～五九）、京都中心に修行の日を送ったと思われる。

愛洲小七郎元香斎は、永禄七年までには関東へ来ていて、その年に常陸国太田城主の佐竹氏につかえているから（このとき小七郎、四十六歳）、その前年に箕輪を出た秀綱に陰の流を教える機会はあったとかんがえられるが、その前後は秀綱にとっては戦争・敗走・流范の繁忙時代であるから、ゆっくり修行する心身の余裕は、ほとんどなかったと思う。だから秀綱は、第一回の上京中の初めごろに、京で小七郎の薫陶をうけたのではないかと思う。彼は天才的な剣士として、かなり短期間において皆伝にちかい技を身につけたのであろう。

その証拠に、永禄元年には京で丸目蔵人佐が秀綱に試合をいどみ、負けて入門し、早くも新陰流を習得している。丸目はこのときわずか十九歳である（『相良文書』）。そのころ秀綱が、足利将軍義輝に召されて演武した事実は、打太刀をつとめた丸目にあたえた義輝の感状によって実証されるが、この感状には、年月の書入れがないため、それだけでは第一回目上京のときか第二回目上京のときか、わからないけれど、将軍義輝の治世は天正十五年～永禄七年以降ではあり得ないことは明白であり、秀綱第二回目の上京は前にも書いたように永禄六年であって、しかもそれより前の永禄三年正月に上泉が箕輪へ帰郷したという事実もあるから、丸目の入門も、義輝将軍上覧も、共に秀綱第一回目上京の際であることは推察に難くないところであろう。

この丸目は天文九年（一五四〇）出生、寛永六年（一六二九）死去、九十歳。秀綱の方は永正五年出生という仮説によって算えると、永禄元年には五十歳。この年には師の愛洲小七郎は三十九歳で、門人の秀綱のほうが小七郎より十一歳も年上であったことになる。けれど、すでに三十九歳の師ならば、門人の方が年上でも別段の不自然とは言えまい。

# 塚原卜伝高幹

## 新当流と神道流

京に発した京八流の剣法に対して、関東に古伝した剣法は言うまでもなく鹿島七流、一に関東七流である。両流ともにその淵源についての確説を得ないが、伝統的な沿革は共に口碑として祖述《そじゅつ》されてきたのである。

京八流のほうは、京の一条堀川に住んでいた鬼一法眼という陰陽師《おんみょうじ》が流祖で、彼は弘治年代（一五五五〜五八）以降の人、一に帰一とも記し、名は憲海といったが、今出川義円とも自称した。伊予国吉岡村（いま周桑郡小松町字壬生川《にうがわ》の内）傔仗《けんじょう》律師三代目の孫吉岡憲清の子で、陰陽博士安倍泰長の門人となり、さらに在府頼長について六《りく》韜三略《とうさんりゃく》を学んで軍法の巨匠になったというが、しょせん中国の鬼谷子《きこくし》になぞらえた架空人物であろう。荻生徂徠の『南留辺志《なるべし》』や、篠崎東海の『不問談《とわずがたり》』に、紀一の字に宛てて紀氏の惣領と解いたのは、思うに、おせっかいな考証に過ぎまい。

塚原卜伝肖像

この鬼一法眼から武術・兵法を盗んだのが牛若丸で、

鬼一は牛若丸以外に鞍馬の法師八人（名は祐頼・清尊・朝範・性尊・隆尊・光尊・性祐・了尊）にその兵法を伝えた。これより鞍馬八流（一に京八流）が分化した。後に京流・源《げん》流・鬼一流・判官流・陰《かげ》流・吉岡流・鞍馬流などの流派名ができた。

関東七流（一に鹿島七流）のほうは一説には良移流・鹿島流・香取流・本心流・卜伝流・神力《しんりき》流・日本《やまと》流の七つであるともいい、あるいは、もと鹿島神宮の神官七人の家伝であったともいうが、これらは元来は鹿島の神伝として古くから伝承された一つの流れが、世をくだるにつれて神官七家に分かれて伝統され、さらに七家から世間へ流出したとかんがえられる。

しかし、その中心となったのは何といっても鹿島の刀術と香取の刀術、つまり、後の卜伝の新当流と飯篠長威斎の神道流であった。文字はちがうけれども、両方ともシントウ流と清音に訓むのが正しいのである。

鹿島の古伝によると、鹿島神宮の祭神である武甕槌神は日本武術の神であるから、上古から伝わった兵法があった。古くは鹿島の太刀とばかり言っていたのだが、天児屋根命十代の孫である国摩《くになつ》大鹿島命の後裔、国摩真人《まひと》という者が、第十六代仁徳天皇の時代（三一三〜三九九）に鹿島の高天ガ原（平井の西から宮中《みやなか》に至る一里のあいだ、赤色の砂山で、一名を鬼が城といい、いまも鬼塚という古墳が一基ある）に神壇をきずいて祈った結果、神の啓示によって「神妙剣」と称する刀術を、創案した。これが「鹿島の太刀」という刀法の古伝であり、この古伝の流れから、時代がくだるにつれ鹿島上古流・鹿島中古流の区分ができた。

真人四十二代目の座主に吉川左京覚賢という人があり、入道してからは吉川加賀入道といったが、本姓名を卜《うら》部《べ》呼常といって、鹿島神宮の呪部（神官）であり、また常陸大掾鹿島家の四宿老の一人に数えられ、鹿島家の重職に任じていた。

だいたい卜部というのは朝廷の神祇官で、大宝令の管制制定以来、太政官の上位にあり、巫祝《ふしゅく》・亀卜・社領・社人、そのほか呪術的な加持祈禱などのことをつかさどった。朝廷では公式のうらないに占《せん》と卜《ぼく》との二種を用い、これを官卜《かんぼく》・寮占《りょうせん》と区別する。易筮《えきぜい》による式占《しきうら》を受けもつのが陰陽寮であるから寮占といい、国家や朝廷の大事

（たとえば遷都）は寮占によらずに亀卜の法を用いたから、これを官卜といって陰陽寮とは別個の太政官の上位に置いた。職員を伯・副・祐・史の四等に分かつ。長官の神祇伯は代々白川家の世襲で、卜部氏はその白川家の下寮であったが、中世ごろ神祇権大副と称する次官級にのし上がった。『延喜式』には、卜部は伊豆・壱岐・対馬の三国から術のすぐれた者を採用するとあるから、九州の大宰府や関東の鹿島の卜部氏はかならずしも朝廷から優遇されたとは思えない。伊豆の卜部氏は三島神社の神官で、後世、京暦や伊勢暦とは別種の三島暦と称する特殊歴を編集刊行した。源頼光の四天王のひとりになった卜部季武《すえたけ》は、この三島卜部氏の出身である。

吉川加賀入道覚賢こと卜部呼常は、鹿島神宮の神官中ではもっとも高い座主の地位にあり、先祖代々鹿島の太刀の秘伝をつたえて鹿島中古流を称し、この覚賢のときから越前の戸田流の一部（剣・短剣・縄術）を採り入れて「外《と》の物《もの》」と称した。

覚賢の二男朝孝《ともたか》、これが塚原家（いま鹿島市沼尾の内）へ養子にいった卜伝で、延徳元年（一四八九）に常州鹿島（いま茨城県鹿島郡鹿島町宮中）に生まれた。幼名は朝孝であるが、塚原土佐守安幹（一に新右衛門高安）の養子になってからは新右衛門高幹とあらためた（講談で、小太郎勝義というのはデタラメである）。後に土佐守、また土佐入道ともいう。卜伝と号したのは、実家の本姓卜部の字に拠ったのである。塚原家には、実子の新右衛門安義（一に安重・義安）があったが、早世したため卜伝が養子にきたので、新右衛門・土佐守ともに塚原家の代々通称であった。

卜伝は実父吉川覚賢から、家伝の鹿島中古流と戸田系の外の物を学び、養父の塚原土佐守から飯篠長威斎の香取神道流を学んだほかに、飯篠長威斎の門人松本備前守政信（一四六八〜一五二四）の創案した「一つの太刀」の秘伝を、養父を通じて学んだ（『関八州古戦録』『卜伝流伝書』）。

長威斎は卜伝の生まれたその前年の長享二年（一四八八）に百二歳で死去したと飯篠家伝にあるから、卜伝とは直接に面接することはできなかったわけだが、明治十七年に刊行された依田百川の『譚海』に、

「塚原卜伝ハ常陸塚原ノ人。父ヲ土佐守卜曰ウ。剣法ヲ下総ノ人飯篠長意ニ学ビ、撃刺天下ニ妙タリ」（原漢文）

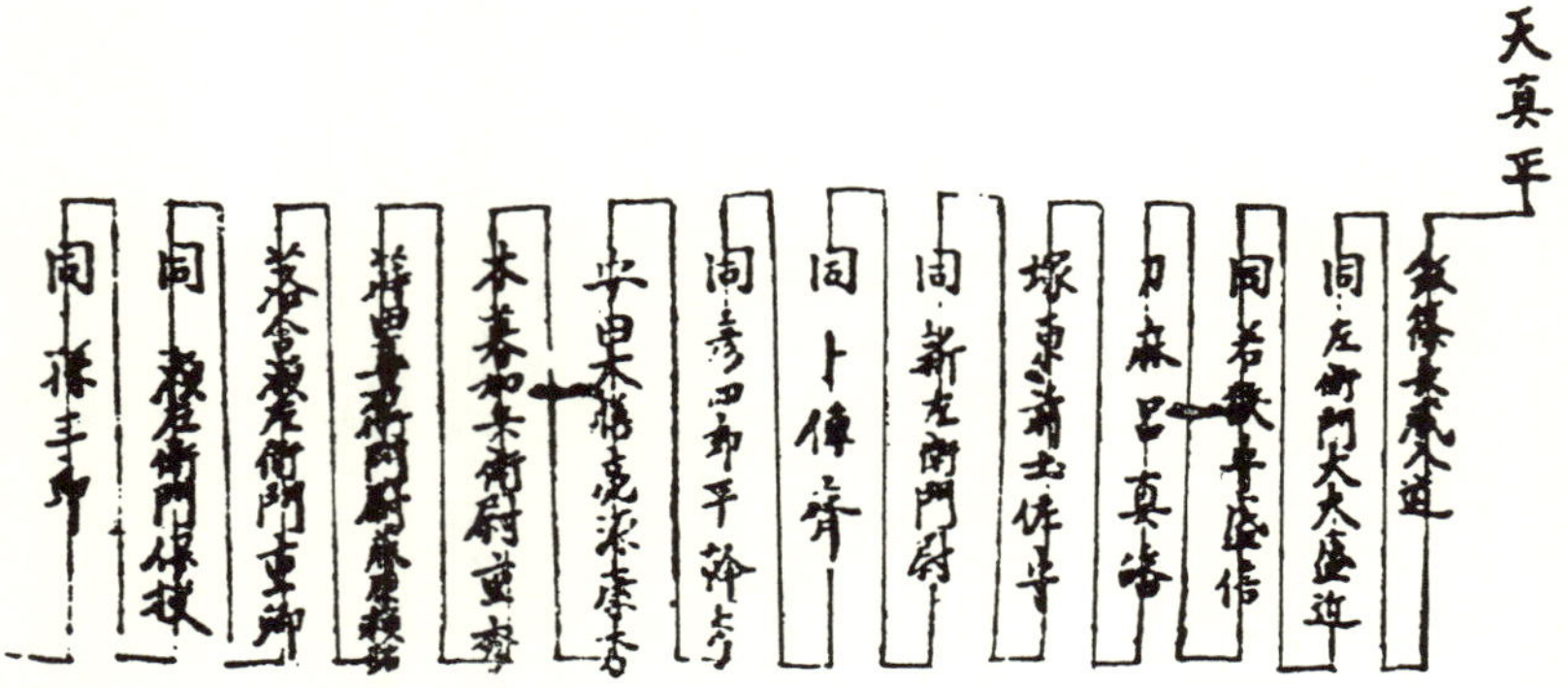

『香取新当流採摭集』(天真巻奥書)

とあり、また卜伝の実家の吉川家に伝わる『新当流系図』に拠ると、

「塚原土佐守安幹―養子、卜伝高幹―卜伝幹重」に、

とあって、卜伝は初代・二代と二人あることになっており、しかも二代目の卜伝幹重は同家伝の『塚原系図』に、

「卜伝四男、一度長威門人」

と注している。

しかし、卜伝高幹が前に書いたように長威斎死後一年に出生したとすれば、その四男の二代目卜伝が長威斎の門人であり得ないことは明白であるから、飯篠家伝にいう長威斎の生歿年月がまちがってでもいない限り、右の『塚原系図』をそのまま信用する根拠は他にないのである。そのことは『香取新当流採摭《さいろく》集天真之巻』の奥書伝系に、左のごとくあるのに見ても証せられる。

「天真正―飯篠長威入道―同左衛門大夫盛近―同若狭守盛信―刀麻呂真幡―塚原前《さきの》 土佐守―同新左衛門尉―同卜伝斎―同彦四郎幹秀―安田大膳亮康秀…」

神道流の伝系では、長威と盛近のあいだにもう一代、飯篠貞季を入れるのが普通であるが、この香取新当流の系譜では、どうしたわけかそれを省略(あるいは、誤脱か)している。飯篠盛信は一に神慮神道流を称したと『香取神道流武道教範』にある。塚原前土佐守とあるのが卜伝の養父安幹で、後に卜伝が土佐守の通称を襲ったため、養父のほうに「前」の字をつけたのである。その次の新左衛門尉とあるのが安幹の実子の安義である。卜伝を継いだ彦四郎幹秀は卜伝の養嗣子で正式の相伝者であるが、後に新道流と文字を書き替えた伝書をのこしている。そのあと安田大膳亮・木暮加兵衛・蒔田《まいた》喜右衛門・落合瀬左衛門重卿・同瀬左衛門保授・落合孫三郎保政と相伝し、この保政のときに初めて香取新当流の流名が創始されたのである。

いずれにせよ飯篠長威斎の神道流兵法が卜伝に伝わったのは、養父土佐守安幹、および一部は養父の実子新右衛門安義と、長威斎直門の松本備前守政信を通してであり、新当流（俗に卜伝流）の諸武技のうち組太刀と槍法は、ほぼ長威斎の伝統をそのまま受けついでいる。

なお『武芸小伝』には、そのころ野州に上泉伊勢守信綱という者がいて、刀槍の達人であったから、卜伝はたずねて行って上泉に学び、その必要（奥旨）をきわめたと書いている。卜伝を上泉伊勢守の門人とするのは、ほぼ通説であるらしく、『明良洪範』『武術流祖録』『常山紀談』等、いずれもその説にしたがっている。

しかし上泉伊勢守は未だに生歿年月不明の人物で、私の判断では上泉は永正年代の中ごろ（一五一二前後）の出生とおもわれるから、卜伝より二十歳ほども若年であらねばならない。卜伝が新当流に開眼した大永二年（一五二二）ごろには、上泉はまだ十歳ぐらいの少年でしかなかったであろう。卜伝が上泉の門人であったとは、どうしても考えられないことで、『北条五代記』などには逆に、上泉を卜伝の門人と書いているくらいである。

## 一つの太刀の疑問

松本備前守政信は幼名は守勝、後に尚勝《ひさかつ》とあらためた。飯篠長威斎の門人で、鹿島神宮に祈願して源義経が奉納した秘書を手に入れてから鹿島神流を開創した。一に神島神陰流、俗に鹿島流ともいう。

松本家は塚原卜伝の実家吉川氏とともに、鹿島神宮の神官であったともいうが、一方にはそれを否定する説もある。しかし前記の吉川氏はじめ、小神野《おがの》氏・額賀氏の三家とならんで常陸大掾鹿島家の四宿老の一人であった。松本政信は長享二年（一四八八）に上京して将軍足利義尚に謁し、諱の一字をもらって尚勝と名を替えた。長享二年は、彼二十一歳のときにあたり、この年に師の長威斎が死去し、あくる延徳元年に塚原卜伝が生まれている。卜伝の極意「一つの太刀」は元来、松本政信の創案であるが、これを塚原安幹に伝え、安幹からさらに養子卜伝に伝えた。

松本政信の兵法は、もちろん師の飯篠長威斎が基本を考案したのであるが、剣法の格式の多くは門人の松本が案出したもので、陣鎌・薙刀・十文字・片鎌・万字鎌・兵仗《へいじょう》などの術技にいたっては、すべてこれ松本政信の完成したものであると『天真正伝新当流兵法伝脈』に書いてある。

松本備前守や塚原卜伝の主家であった常陸大掾の鹿島家は、永正年中以来（一五〇四〜）、一族・支族間の内訌が表面化して、しまいには大掾家の当主の廃立の問題で陰謀・反間《はんかん》のうずに捲きこまれた。大掾家の当主鹿島左衛門尉親幹が死去して長男景幹が相続し、その景幹が永正九年（一五一二）に下総米野井城を攻めて戦死したのが事のおこりであった。

鹿島景幹には子が無く、弟の義幹を養子として相続させたが、幼少のため臣下に人望がなく、新規に召し抱えた浪人玉造常陸介源三（塚原卜伝の門人）が専権をふるって悪政を布《し》いた。そのため諸士が合議して不平を四宿老にうったえたので、四宿老は義幹を廃して鹿島城から放逐し、景幹の一女に府中の鹿島大掾高幹の弟をあわせて鹿島通幹と名乗らせ、新しい領主とあおいだ。その策の実現には、松本備前守と弟の松本右馬允政元の両人の奔走の労が大きかった。

しかるに放逐された義幹は、下総東庄の城にあって雪辱の軍を組織し、利根川から舟によって高天ガ原に上陸し、総勢七百をもって鹿島城に攻め入ろうとしたから、鹿島城からも軍勢をくり出して大いに戦った。

松本政信はその前後の戦いに槍を合わすこと二十三度、高名（第一級功）の首二十五、並の首七十六を取った。おなじ戦いに卜伝も従軍していて、卜伝は槍合わせ九度、高名の首二十一のほかに、槍下・崩れぎわ・場中《ばなか》の首など第二級功の首を七ツ取ったという。しかし松本備前守政信は、この高天ガ原の合戦に華々しい討死をとげた（『常陸国志』）。時に大永四年（一五二四）、享年五十七。このとき卜伝は三十六歳であった。

これより二年前の大永二年、卜伝は鹿島神宮に千日参籠して祈ったところ、その満参の朝、夢中に神感《インスピレーション》を得て、かねて松本政信の創案した「一つの太刀」の真髄・妙理を開悟し、それより流名を新当流と称しはじめた。そのときの神託のうちに、新当の義があったからとも、あるいは古伝の「鹿島の太刀」の上古流・中古流に新意を加えた意味ともいう（『卜伝百首』伴信友奥書）。どうやら、こじつけ気味で承服しにくい。思うに、神道流（飯篠長威斎の）を新しく仕立てなおしたという意味で、新当の替文字を用いたのではないだろうか。

さいきん或る人から、鹿島の武術のことを古くは当流とばかり称していたのを、卜伝が新意を加えたから新しい当流という意味で新当流と称したという説明をきいたが、かならずしも賛成できない。当流に対して新当流という比較語は一理あるように見えるし、古来、当流の名称は弓・剣・槍・居合・砲術等にわたって固有名詞として用いられた例は相当あるが、しかし私の知っている限りでは、卜伝の新当流がそれ以前において当流と呼ばれていたという実証を得ないのである。

卜伝の高上《こうじょう》「一つの太刀」とは、どのようなものであったのか。『甲陽軍鑑』『関八州古戦録』『武芸小伝』等の記事によれば、「一つの太刀」には三段の見切りがあって、一つの位、一つの太刀、一つ太刀、このように区分する。第一は天の時、第二は地の利で天地を合わせる太刀であり、第三の奥秘一つ太刀は人の和と工夫ということを説いている、とあるが、それなら『孫子』の説から一歩も出ていると思えない。抽象的に過ぎて的確な推量はくだしがたいが、太刀を振りおろす瞬間に天の利・地の利・人の技術的工夫の三段の判別を見きわめ、その一太刀で敵の死命を制して二の太刀を使わないという特殊な精神集中力を説いたものかも知れない。

卜伝の門人の松岡兵庫助則方、後に徳川家康の師範となって「一の小太刀」の秘奥を伝授したと『武芸小伝』に書いてある。が、これも松岡に対して家康の出した誓文には明白に「一の太刀」となっている。

おもうに武術の極意・奥伝は、技術の解明よりは、微妙な心意のはたらきをさとらせるのが中心である。具体的に説明するのがむつかしいから、書冊や伝書に書きあらわさずに、口伝と称して、以心伝心に理解せしめようとする。

しかし、口伝ということになると、後継者がそれを正しく理解したか、どうかが問題であり、二代、三代を経過するにつれ、どのような歪曲が生じるか、わからない。いわんや卜伝の「一つの太刀」のように、「唯授《ゆいじゅ》一人」といって一代にただ一人の後継者にしか伝えないようなばあいには、他に比較する材料がないから、恣意や曲解が入りこんでも正すことがむつかしい上に、後継者に伝えないで死ねば、その口伝はそのまま雲散霧消してしまうわけである。

げんざい、この「一つの太刀」の極意の内容は、卜伝の実家の吉川家に伝わっているということだが、もとより卜伝自身がこの奥秘に関して書きのこした文書は、当初からなかった。だから、正しく伝わってきたという保証はない。要するに、ああでもない、こうでもないと後から屁理屈をならべるしか方法がなくなっているのだから、某氏が「一つの太刀」は単なる技法上の名称ではなくて、とぎすまされ、鍛え抜かれた技法が生死を超脱して、絶対必勝の剣として、なんのためらいもなく、何のおそれもなく、無念無想のうちにその威力を発揮する状態のことではないかと思われる（『図説日本剣豪史』）と解かれたのも、じつは根拠のない美辞麗句でしかないのである。

現代人ほど上手な論理の叙述に馴れていなかった江戸時代の武術家のなかにも、すでに雲散霧消した秘奥のミステリーを探ろうとする熱意をもった人物があって、享保十二年（一七二七）、玉木正英が土佐藩士谷垣守尉《かきもりのじょう》（その裔孫が谷干城《たてき》）に相伝した橘神軍伝の軍法・薙刀・剣術の伝書のなかで、卜伝の「一つの太刀」に対する解釈を示している一条を、私は見た。

それには鹿島の一つの太刀というのは、大太刀・小太刀どちらでもよいが、経津《ふつ》主命（香取明神）が五十田狭《いそださ》で大己貴《おおなむち》の神を威嚇した際、十握《つか》の剣を地に突き刺して対決したときの刀法を基本とするといい、以下、相当具体的な技術を叙しているが、しょせんは実体のない推測にとどまり、一つの太刀の真意をつかんでいるとは思えないから、あえてその引用は差しひかえよう。

# 殺人総数二百十二人

塚原卜伝が新当流を開眼したのは大永二年（一五二二）、三十四歳のときである。むろん武者修行の経験は、もっとずーっと若いころからのことであった。彼は十七歳で京の清水寺で真剣勝負に勝って以来、真剣の試合十九度、戦場のはたらき三十七度、いちども不覚をとらず、矢きず六カ所のほかには外傷も一つも受けず、立ち合って敵を討取ること二百十二人、まことに五百年来無双の英雄であると『卜伝百首』の後書に書いてある。『武芸小伝』『鹿嶋史』等にも同様の数字が書いてあるが、これは『卜伝百首』の後書に拠ったのだろう。

ちなみに右の後書は、この百首の稿本を写して所蔵していた加藤相模守信俊という人物が、元亀元年（一五七〇）に書いたものと、その文中にあるが、後にもいうごとく、卜伝を四国讃岐の人としている点が関東の人の考案としては甚だしく迂遠であり、まるで殺人狂をでも賞賛するみたいに巨大な数字を平気で書いているのは、少々ひいきの引き倒しという感じがしないでもない。

もっとも、この写本に僧沢庵が序文をあたえた事実は、うたがうことができない。沢庵は寛永四年（一六二七）、有名な紫衣《しえ》事件で幕府の降命《こうめい》にさからい、みずから上呈した抗弁書の辞句激越をきわめたため、いたく当局の忌《き》諱《き》に触れ、同六年、紫衣を剥奪されて出羽の上《かみ》ノ山藩に流刑になった。約三年後の寛永九年に赦されて江戸へ帰る途次、武州川越の旅泊で、たまたま卜伝の遺書『卜伝百首』の写本を見せられ、これに序を書いてあたえたことは、その序文のみずから証明するところであるし、その道中の順次から見ても確実だと思われる。なお同写本の一本には、

「もと飯篠某の秘蔵書。元亀二年冬、加藤相模守信俊」

の付記がある。元亀二年は卜伝の逝去した年であるから、この遺書の原本は鹿島の飯篠家の秘蔵になっていたものらしい。けれども、おかしなことに右の付記中「飯篠某」の肩に、「長威斎」と書き入れてあるのは、いただ

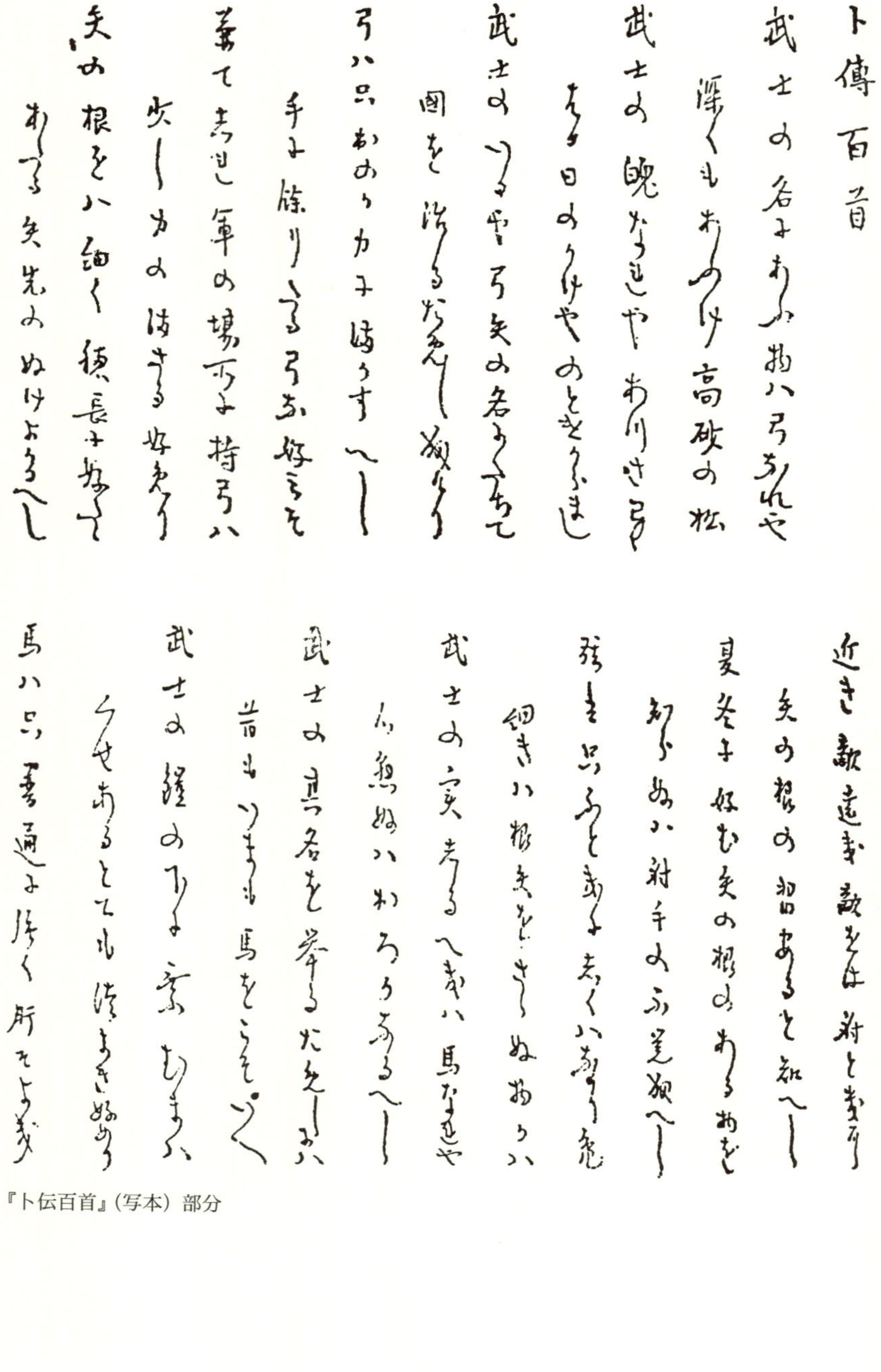
卜傳百首

『卜伝百首』（写本）部分

けない。それでは元亀二年に死去した塚原卜伝の遺稿を、それより八十四年も以前に死んだ長威斎が秘蔵していたことになる。なんともアホらしい誤記をしたものである。とかく鼻の先に智恵をぶらさげて歩く浅薄な私輩《わたくしはい》は、終始こういった誤りをやっているので、同情にたえない。

生涯に真剣の試合十九度というのは、伝えられる若干の実話から推測して、まず信じられる数字であろう。戦場のはたらき三十七度、これは常州高天ガ原合戦が一つわかっているだけで他の三十六度はいずこの戦場で戦ったのやら、かいもくわからない。

卜伝は若い時分の武者修行を終え、いちど故郷に帰って大永二年に新当流を開眼してから、同四年の高天ガ原の合戦に従軍し、その後またあらためて五畿七道に武者修行した。彼はこうして他流試合の回数をかさね、また各地の戦場で陣場稼ぎをしたに違いない。

しかもその時期は、諸国に紛争の絶えなかった戦国の動乱がまだ閉幕しない以前のことであるし、卜伝の諸国廻遊は——特に、大永四年の高天ガ原合戦終熄後に故郷を出発して以降は、彼の生涯の大半をついやしての非常に長期にわたる旅路であったようであるから、あるいは二百十二人の殺人はハッタリの数字かもしれないとしても、三十七度の合戦場稼ぎは、かならずしもかんがえられない数字でもなさそうである。

案ずるに『卜伝百首』の加藤相模守信俊後書に、

「卜伝は生国四州讃岐の人といえり。然れども未だ詳ならず。室町家に候して三好家に親しむ事深し。然るに三好逆心を企つる程の悪人たる事を卜伝早く知り、速に三好と親しみをたち、室町の候を退き、諸国を巡行する」(下略)

とあり、卜伝を四国讃岐の生まれと書いたのは、関東人のことばとしてはずいぶん的はずれだが、管領の権臣三好家と親交があったというのを信用するとすれば、一時は同家のために、京都近辺で数次にわたって戦われた三好長慶の乱の戦場に出た可能性はあったと、かんがえてよいかも知れない。こうして、彼の武者修行期間は、ほとんど晩年に近いころまでの流泊であったと思われる。

伝えるところによれば、彼の諸国修行のさいの行装が、すこぶる異彩を放っていた。その行列には上下八十人ばかりの門弟を供につれて歩いただけでなく、大鷹三羽を鳥役の者のこぶしにすえさせ、乗り替え用の馬を三疋も曳かせるという派手な演出で、行くさきざきの武家に尊敬させるように仕向けた（『甲陽軍鑑』『鹿嶋史』）。いわば楽隊付きの乗り込みをやったわけで、彼は腕前ばかりでなく売名行為もうまく、嶄新《ざんしん》・気鋭な独特の生活設計によって万事を行動していたようにおもわれる。

しかしこれだけの器量のあった人物が、その長い生涯のうちにあっていずれかの大大名につかえ、そして安定した栄達の道を歩まなかったのは、まことに不思議といわねばならない。

思うに陰流の祖であった愛洲移香斎久忠といい、念流の祖であった念阿弥慈恩といい、神道流を開創した飯篠長威斎といい、一刀流祖の伊東一刀斎といい、いずれも権要者の帷幕に参じて世俗的な意味における出世をなし遂げた剣客はひとりもなかった。上泉伊勢守信綱や竹内中務大夫久盛（竹内流腰の廻りの流祖）なども、いちどは地方豪族の城主または城代としての権勢者であったのに、敗戦して城を捨ててしまってからは、もはや世俗的な栄達には背を向け、もっぱら生死の境に人生の究極点を見いだそうとする技術と哲学に、その身をゆだねたのである。

徳川氏の幕藩体制ができあがる以前までは、思慮あり実力のあった人たちは、このように、なお自己の人生を自由に選ぶことができた。封建の鉄のコルセットが、人間を締めつけはじめるようになってからの柳生宗矩や宮本武蔵とは、てんで人種がちがうのだと、私は固くそう信じている。

卜伝は、京都では将軍足利義輝および足利義昭に謁して、刀槍の術を教授したと『武芸小伝』にある。もっとも、その条のタネ本につかわれた『甲陽軍鑑』のほうには、万松院殿（足利義晴）、光源院殿（足利義輝）、霊陽院殿（足利義昭）の三代に教授したことになっていて、しかも卜伝は虎の子のように大切にしている唯授一人の「一つの太刀」をこの三人に伝授し、さらに伊勢の国司北畠具教にも「一つの太刀」を伝授したとある。唯授一人が四人もの人物に伝授されたというのは、卜伝も世渡りの上ではやはり権威に弱い点があったのかも知れない。それにしても足利義晴はまずよいとして、義輝・義昭に教えたとなると、卜伝の年齢は六十歳から八十歳代の晩年に近い。

卜伝の試合話は、かならずしも少なくないけれども、彼の兵法が他人にくらべて、どれだけ慎重に手段をつくして必勝を期したか、言いかえれば、むしろ汚ない手を使って恬然《てんぜん》として恥じない程度にまで徹底していたかを知る一例が、『武芸小伝』に出ている。

――卜伝が、ある上手な兵法づかいから試合を申しこまれた時のことであるが、

「よろしい。試合しましょう」

と返事しておいて、まず自分に肩をもってくれる人たちに聞きあわせて、相手の剣士が木刀で何度か試合して勝った例をしらべ、どういうやり方、どういう風に勝ったかを総合してみると、構えは左太刀であるが、勝つときは右か左か、とにかく片手できまるということがわかった。そこで卜伝は試合前に相手方に対して、

「左太刀の片手勝負は、たとえ勝つためとはいえ卑怯なやり方であるから、拙者との試合ではやらぬようにしてもらいたい」

と十回も使者を立てて言わせた。

相手からは十回とも、

「左太刀の片手で打つのがいけないというのなら、勝負しないで卜伝どのの負けにしたがいいでしょう」

と突っぱねる。

そして当日がやって来た。むろん卜伝がそんな使いを出したのは計略にすぎないのだから、試合はあっけなく卜伝が勝って、相手の額《ひたい》から鼻、唇へかけて打ちくだいてしまった。

勝負の秘訣は口伝が多いから、ここでは明確にしがたい。いずれにせよ卜伝は、一ツ太刀の要諦を心得て心静かに勝負のできる名人だが、相手の剣士は上手は上手でもまだ名人とはいえず、意地ばかりで勝負をするから負けたのである（以上要約）。

『武芸小伝』には、もちろんこの話で卜伝を褒めているのである。しかし現代スポーツのフェア・プレイの精神から見れば、卜伝が左太刀片手勝負を十ぺんも不都合だと申し入れて、わざと相手に軽侮心をおこさせ、その油断につけこんで惨殺するなどは、いくら名人芸にしても、あまり後味のよい話とは言えない。

## 梶原長門・草深甚四郎

近江日野城主、蒲生下野入道定秀（氏郷の祖父）に招かれて客となっていたとき、ある日、卜伝が屏風のそばを通ると、とつぜんおどり出て斬りかかった者があった。この者は同家の家臣落合虎左衛門といって、京にいたころ卜伝と試合して負け、それを怨んで卑怯な暗殺をしかけたわけだが、卜伝は一歩とびのきざまに脇差を抜いて一刀で斬りすてた。

両刀を帯びていた卜伝が、わざとみじかい脇差を用いたことを人びとは不思議におもったが、それはとっさに斬りつけられて間合いが詰まっていたから、太刀では迅速に斬れないと思って脇差を使ったとわかった。不意に背後から斬りつけられた瞬間に、太刀か脇差かを反射的に選ぶ判断と動作、そこに天才と修練の結実が見られる。

彼の技のすぐれていた例として、あるとき卜伝がたわむれに一尺四、五寸の脇差を片手にして、人に大太刀で力のかぎり打たせてみたところ、何十回打っても脇差はびくとも動かなかったという。

卜伝は本来あまり長い太刀を好まなかったらしく、『武具要説』に山本勘介の談話として、塚原卜伝は常に二尺四寸の刀をさしていたが、試合などのときや、放し打ちの者、そのほか覚悟したときには、いつも三尺ほどの刀を用いたと聞いている、と書いている。なお、卜伝の試合話でもっとも著名な、下総住人梶原長門との試合の情況も右とおなじ書物に出ていて、やはり山本勘介の談である。

——卜伝と梶原長門の試合は、武州の川越でおこなわれたが、長門は薙刀の名人で、常に一尺四、五寸の小薙刀で飛んでいる燕などを切りおとし、雉や鴨など、地を飛び立つより前に薙ぎ切った。槍や太刀などともたびた

び試合をし、罪人の斬りおとしにも経験をつんで、

「こんどは左の手を先に斬り、それから右手を斬り、そのあとで首を斬って見せよう」

などと前もって対戦者にことばをかけておいて、その通りに斬る手ぎわが寸分たがわぬといったほどの名手であったから、卜伝の門人どもも少し心配になり、あぶないから考えなおしてはどうですか、と言わんばかりの気づかいをする。そこで卜伝が言い聞かせた。

「世間の人たちは道理もわからずに、奇抜なことをする者を偉いやつと思いこみやすいものだ。モズという鳥は、自分の四、五倍もあるほどの鳩を追いまわす機逸物《きはやもの》だが、エッサイ（雀鷹。ツミともいう）という鳩の半分ほどしかない小鷹に出あうと、木の葉や竹の葉の下に匿れまわる。初心の者から見れば梶原長門は名人に見えるかも知れないが、それ以上の名人が出てくれば手も足も出ない。元来薙刀というものは、太刀打ちでの両者の距離より二尺、三尺も遠いところを切る武器だが、刃《は》の長さが一尺四、五寸しかない小薙刀では、相手がよっぽど下手くそでないかぎりは、両の腕を左、右と二度に斬るなどということは不可能だろう。拙者は平常は薙刀をつかわないけれど、兵術は一致といって皆おなじであるから、あえて恐れるに足りない。三尺の太刀でさえ思う図に打てないものを、わずか一尺四、五寸の小薙刀の刃で六尺先きのものを切りはずさぬように切るというのは、鳥や獣を相手にする場合はしらず、物のわかった人間が相手ではできないことである。刃渡り二尺以内の薙刀などは、柄のみじかい槍と同然だと思えばよいのだ。よしんば九尺、一丈もある長い槍に突き抜かれても、太刀で相手を斬れないはずはない。突かれても、相手を殺さないで死ぬことは有り得ないのだ」

　こうして卜伝は、二尺九寸の太刀をさして試合の場にのぞみ、両人たがいに控えの床几をはなれて近寄ると見るまに、薙刀は鍔元一尺をのこして斬りおとされ、梶原長門はただ一刀に血けむりの下に斬り伏せられていた。卜伝は、馬の尻を避けて通るほど慎重だった、という逸話が『常山紀談』『積翠雑話』等に出ている。

　――卜伝の門弟中に、なかなか出来のよい弟子があって、卜伝もこの門人に「一つの太刀」の秘伝をゆずるつもりでいた。ところがある日、この弟子が道を歩いていると、不意につないであった馬が跳ねたので、彼はすば

やく身をかわしてとび退いた。見ていた人びとが、

「さすがは卜伝先生の高弟だ」

といって褒めたが、卜伝は気に入らない。

「これでは、とても一つの太刀はゆずれぬ」

と、いう。

あれでいけなければ、卜伝先生ならどうするだろうかと人びとは思い、無類の跳ね馬を道につないでおいて、そこへ卜伝をさそい出して来た。が、卜伝は遠く避けて通ったので、人びとは、すっかり当てがはずれてしまった。卜伝いわく、

「馬が跳ねたときにとびのくのは、技がすぐれているように見える。しかし、馬が跳ねるものだという事実をわすれて、うかつにその傍を通るのこそ不覚である」

卜伝が加賀の草深《くさぶか》甚四郎と試合した年代はつまびらかでないが、甚四郎がまだ朝倉家につかえていたころというから、少なくとも卜伝の最晩年に近い時代のことではなかっただろうか。朝倉氏が織田信長にほろぼされたのが、卜伝の死後二年目の天正元年（一五七三）である。

草深甚四郎、もとの名を山崎甚四郎時信という。一名は草深四郎。幼名は勘助といった。深甚《しんじん》流剣術・柔術・薙刀・棒・鎌・短棒術の祖である。俗には草深流といい、柔術のほうは流末の金子吉平正式（一七九五〜一八五八）のときから無拍子《むびょうし》流和義《やわらぎ》と改称し、柔以外にも、剣・棒・鎌玉・筒矢・乳切木・縄・呪術などを教授しているが、この流の伝書では、草深甚四郎から四代目相伝者の二木新十郎政長を遠祖としている。

草深甚四郎は、加賀国能美郡山下郷草深村鶴来の百姓甚兵衛の子として生まれ、同地の白山神社境内で木刀を打つことから始めて、十八、九歳で自得し、回国修行中に塚原卜伝と試合し、剣では負けたが槍では勝ったという。このとき卜伝から新当流を習い、流派を開創して「深甚流天狗小太刀」と称した。加賀に中条流が入る以前は、もっぱらこの流派がおこなわれたと『三州遺事』に書いてあるが、一説によれば、この深甚流は真陰流と戸田流

を合わせたものだともいう。

（付記）加藤豊明氏の研究によれば、草深甚四郎は新田義貞の臣畑《はた》時能の六世の孫で、もとは畑甚四郎時信と称し、朝倉家につかえていたが、そのころ塚原卜伝が泉州堺の慶尊院水野忠左衛門道長を伴って来て甚四郎と試合をしたといい、その後、草深村に住んで剣術を教授し、また柔術に達して後世の無拍子流和義になったという。

この和義というのは、柔《やわら》という術名ができるより以前から称された古い術名で、飯篠長威斎が七代目を継いだ古伝の無双直伝《じきでん》流の柔術も正式には「和義」といい、流末二十四代目の小松風随《ふうずい》重友からは無双直伝重友流和義ともいう。他に団野万右衛門（一六〇五～五一）の団野流も、もと六字流また和気《やわらぎ》流と称した時分から和義といい、宮本武蔵玄信の二天一流も、じつは剣術ばかりでなく和義が付随していて、二天一流の相伝者三人のうち、古橋惣左衛門良政だけがそれを相伝された。

## 矢走船での無手勝流

『武芸小伝』の塚原卜伝の文末には、卜伝が自分の家督相続者を決定する話と、江州矢走《やばせ》船の一件を書いている。まず矢走船の話を引用する。

――ある書にこんな話がある（綿谷いう、ある書とは神沢貞幹の『翁草』巻六十であるが、おなじ話は『校合雑記』巻二十二、『撃剣叢談』にも引用され、また卜伝を小説化した『兵法手練伝』、宮本武蔵を小説化した『袖錦巌流島』にも応用されて、すこぶる世に知られた）。むかし、智のある人から聞いた話であるが、土佐の卜伝という人があった（綿谷いう、『武術系譜』に塚原卜伝を土佐の人と注して同一人物視しているが、『武稽百人一首』では塚原卜伝とは別に、土佐の卜伝という人物をえがいて別人と見ている。卜伝は通称を土佐守、剃髪後は土佐入道といったから、土佐人説などがでてきて混乱を生じたと思われる）。兵法の一流を立てて無手勝流といった。

あるとき東国へ下る折、江州矢走の渡船に乗ったが、乗合いの客六、七人のなかのひとりで、三十七、八歳で

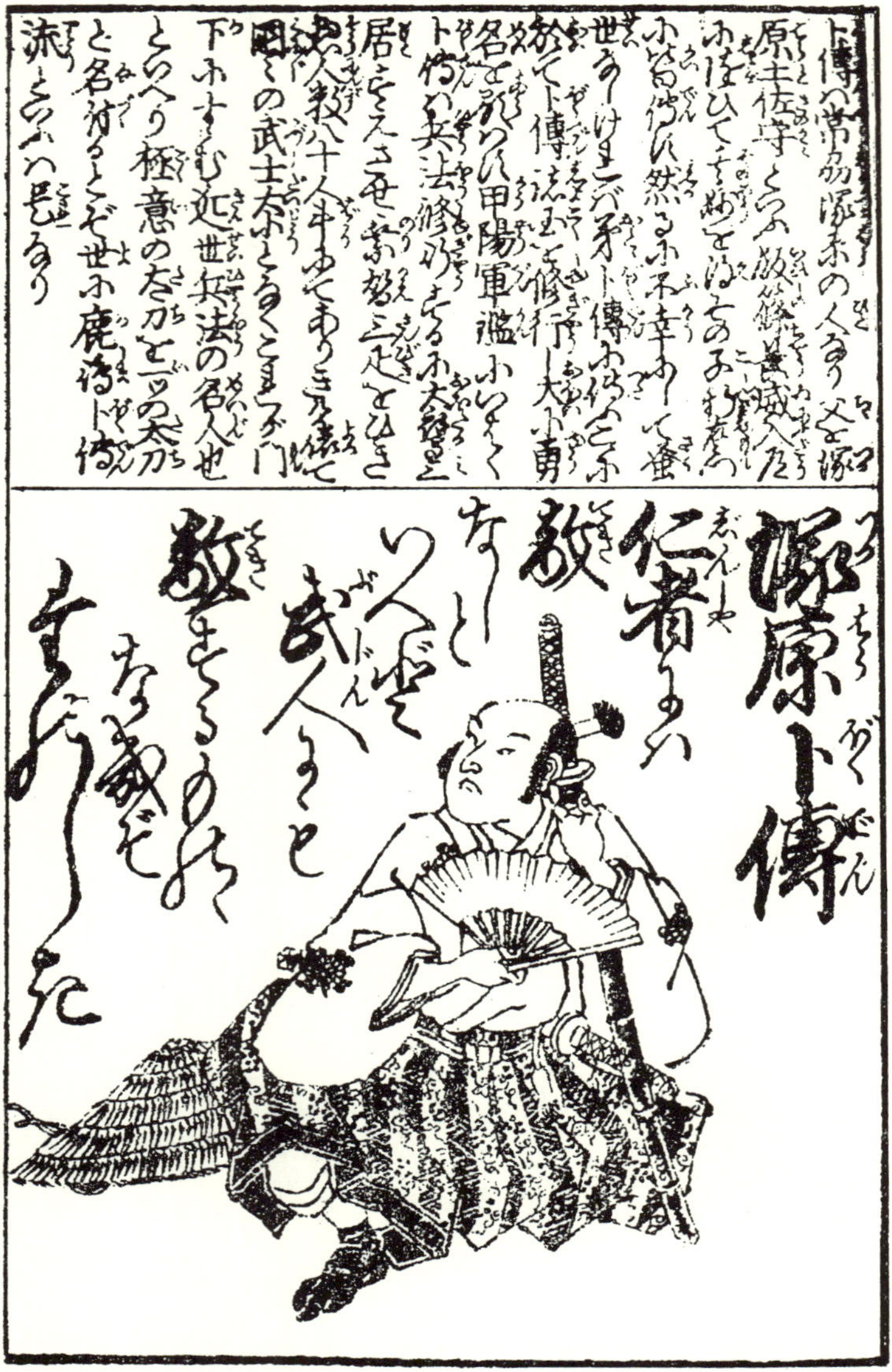

塚原卜伝（『武稽百人一首』）

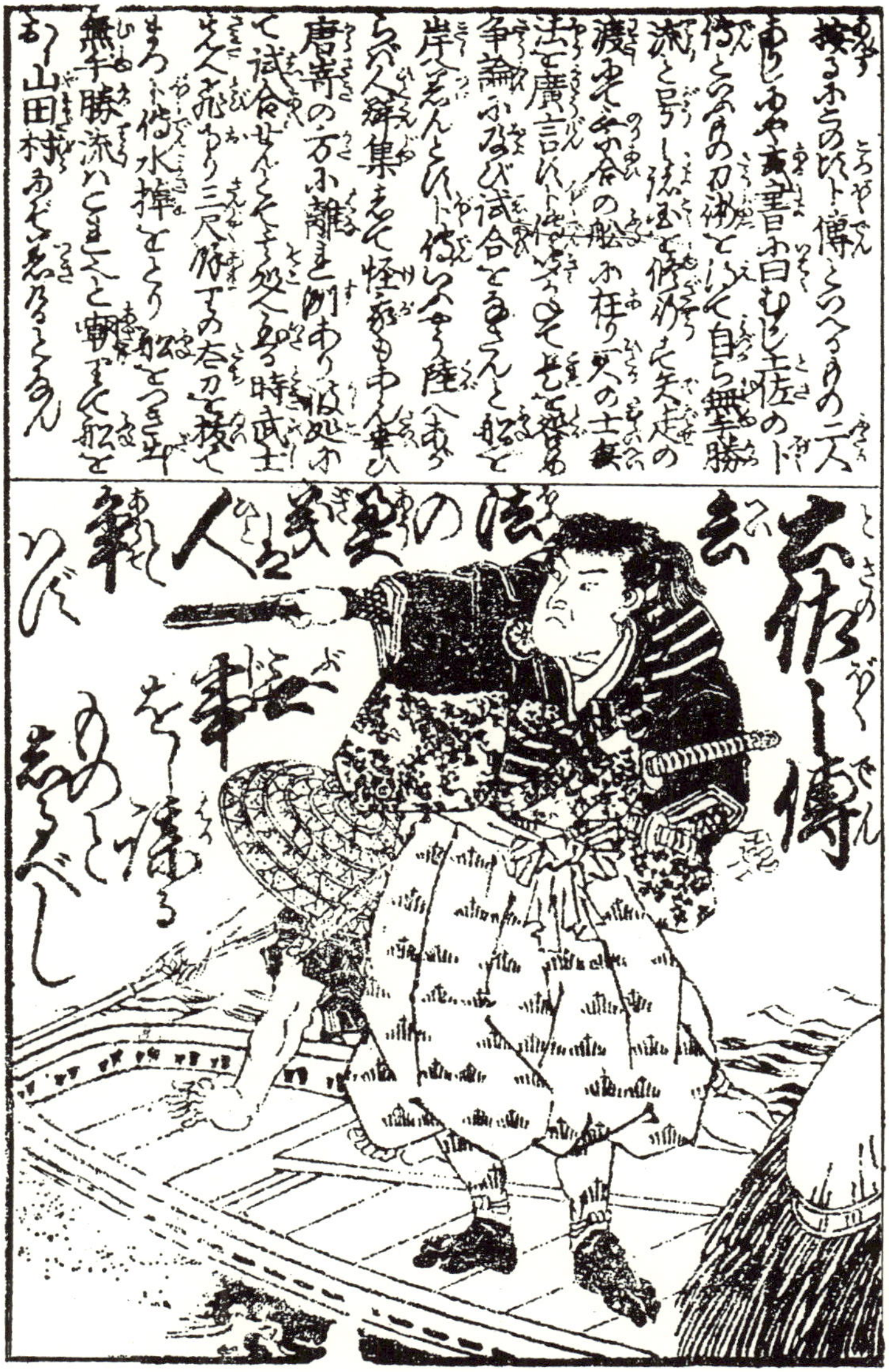

土佐卜伝（『武稽百人一首』）

丈《たけ》高く髯の濃い武張ったことばつきの武士が、人もなげな横柄な態度で自慢たらたら、われこそ天下無敵の兵法者であると大威張り。卜伝は初めは聞かないふりをしていたが、なにぶんにも兵法では負けん気の男、黙止《もくし》できなくなって、口をひらいた。

「さても様々のお物語をなされたが、中で兵法の高慢ばなしは拙者にはチトそのままに受けとれない。拙者も若年の時分から型のごとく精を出して稽古してみたが、なかなかむつかしいもので、人に勝つなんてことは考えてみてもダメだとわかった。ただもう人に負けぬようにと心がけるのが精いっぱいでなあ」

　という。男はそれを聞いて、

「御坊はなかなか味なことを言う。兵法は何流かねえ」

「いや大したものじゃないです。ただ人に負けない無手勝流というやつで――」

「ふーん。無手勝というなら手に何も持たないで勝つという意味かい。それなら腰に両刀をさしているのは何のためじゃ」

「これは以心伝心《いしんでんしん》の二刀というて、自慢を切り、要念を断つためでござる」

　相手の男はそれを聞くと、カチッと来たらしい。

「よーし。そんなら御坊と試合しよう。武器をもたずに勝てるか、どうか、やってみるんだな」

　卜伝、うなずいて、鹿爪《しかつめ》らしくいう。

「されば我がこころの剣は活人剣であるが、相手が悪人ならば殺人剣ともなる」

　男は腹にすえかねて、船頭にむかい、

「この船をいそいで岸につけろ。陸に上がって勝負する」

　と怒声を張り上げた。

　卜伝は、ひそかに目で合図して、船頭に言った。

「陸は往還だから見物が集まると、うるさい（綿谷いう、琵琶湖の南畔に東海道が走っている）。むこうの辛崎《からさき》の前にあたる離れ島にて、人に負けない無手勝流をお目にかけよう（綿谷いう、辛崎は湖の西岸であるうえに、北に偏《へん》しているから、矢橋舟がそんな北方を通ることは有りえない。フィクション臭い一証であろう）。乗合いの衆は急ぎの旅行でごめいわくであろうが、まあ勘弁して見物していただくことにしよう。船頭よ、早く漕いでくれんか」

やがて島につくや否や、相手の武士は三尺八寸の太刀（綿谷いう、江戸中期だと二尺三寸五分、長くて二尺八寸ぐらいまでが普通だが、戦国末期から江戸初期には、三尺以上のベラボウに長い太刀をさす人は、ざらにあった）をスラリと抜いて、勇躍して岸へ飛びうつり、

「さあ、御坊の真甲《まっこう》、二つにしてやろう。いそいで上がって参れ」

と、さけぶ。卜伝さわがず、

「そう急《せ》くなよ。無手勝流は、こころを静かにせねばならんのでな」

と、裾を高々とからげて腰にはさみ、

「両刀は抜いて船領さんにあずけておこう。その水棹《みさお》を拙者に貸してくれんか」

と棹を手にもって船べりに立ち、棹を岸へ立ててヒラりと飛び上がるかと思えば、さにあらず、ぐいっと突っぱって船を湖上へ突き出した。相手の武士これを見て、

「おい、どうするんだ。上がって来ないのか」

「なんで上がるものか。くやしかったら泳いでこい。一則《そく》さずけて引導をわたしてくれる。無手勝流というのがこれさ」

と高声に笑った。

相手の武士は無念の歯ぎしり。

「やい、憎《にっ》くいやつだ。卑怯だぞ。かえせ。もどせっ」

半泣きの絶叫だが、卜伝は聞こうともせず、湖上を一町ほども隔《へだ》たってから、腰から扇を引っこぬいてヒラヒラと、わざとらしく手招きして見せる。

「どうだ。無手勝流の兵法の秘訣、何とうまい手だと思わないか。もっと習いたければ、いつでも教えてやるよ。さらば、さらば」

と言いすてて山田村へ到着した。

右の話は、ぜったいに作り事である。塚原卜伝の生存時代には、徳川氏の天下統一の業などは未だその緒にもついていない。それ以前には道路行政について何らかの整備がおこなわれた事例は、ほとんどなかったばかりでなく、特に矢走（正しくは矢橋）の渡船運漕など、現実には存在していなかった。

大津の手前の松本の浜から、矢橋村、および山田村へ人をわたす渡船は、当初において矢橋舟と山田舟の二種であるが、その沿革については、重要な資料・古文書類が明治二十九年の洪水に亡失し、現在では厳密なことを知ることができなくなってしまったけれど、伝えるところによれば、矢橋の渡船運漕は、徳川氏の駅制が布《し》かれると同時に開始されたといわれ、それも大津松本の石場が発着所になったのは元禄八年（一六九五）八月からのことで、それ以前の発着所がどこであったかも、よくわからない（『大津市史』）。

いずれにせよ、徳川氏の駅制の整備は慶長六年（一六〇一）二月にはじまって、寛永十二年（一六三五）ごろまでかかったわけだから、元亀二年（一五七一）に卜伝が死去してから少なくとも三十二、三年もたってからでないと、矢橋舟・山田舟の運航ははじまらなかったわけである。

よしんば矢橋舟が卜伝の時代にあったとしても、彼がこれを利用する可能性はほとんど無かっただろう。この渡船は湖上五十町、東海道の陸路をゆくよりも二里ほど近かったから、利用者は必ずしもすくなくなかったが、比良颪《ひらおろし》（西風）の日は転覆することが多く、

もののふや矢橋の渡し近くとも、急がばまわれ瀬多の唐橋

の歌が訓えているように、心ある人は乗船を避けていた。前にも書いたように馬の尻をよけて通るほどに要心ぶかい卜伝が、その生活態度から見て、こんな危険な渡船に乗るとはおもえない。現代にだって、ジェット旅客機や新幹線には絶対に乗らない、と広言している人がずいぶんあるのではなかろうか。

ついでに言うが、無手勝流の内容が、右の話では活人剣・殺人剣といい、一則さずけて引導をわたすというなど、どうも禅宗の臭味がともなっているのは、卜伝の流儀としては考えにくい。禅語を、術技の名目や解説に用いるようになったのは、新陰流の教則が基本になったので、鹿島・香取の神道流・新当流の伝系では、仏教でなくて吉田唯一神道を根本哲学としているから、密教関係の語彙《ごい》は若干もちいるばあいはあっても、禅宗をかいもく使用しないのが原則になっている。ただし、伝系の末になれば話は別である。

とはいえ、無手勝流と称する剣術の流派が存在したことは、事実であった。無手勝流の流祖は無手勝安太夫ということになっているけれど、無手勝という姓は仮称としかかんがえられない。おもうに、この安太夫は、新心無手勝流二代目の加藤安太夫勝秋のことらしい。

新心無手勝流は正式には居合抜刀術で、流祖は山本左近太夫秋宗。幼名は揮太夫。江州石田三成の老臣山本掃部の子。塚原卜伝の無手勝流を修め、というから話がややこしくなるので、これは流名を抜きにして、要するに卜伝の新当流の流れを卜伝、またはその門人から学んで後、諸流をきわめた。文禄五年（一五九六）正月、愛宕山に修行四カ月、慶長十五年（一六一〇）参内して技を天覧に供し、左近の二字をたまわって左近太夫にあらためたという。この流は、塚原卜伝を遠祖として、山本左近太夫秋宗以降、加藤安太夫、飯餉左衛門重勝を経て、熊本藩に伝来し、以下、戸田氏が三代、矢野氏が四代と相伝して幕末におよんでいる。

初代山本左近太夫の生歿年月は不明であるが、慶長十五年参内といえば、元亀二年に卜伝が死んだ後三十五年間の経過であるから、山本を卜伝の直門人と見るには、年代的に少し無理があるようだが、山本参内のとき例えば三十五歳ごろ以上であったとすれば、卜伝から学んだ可能性は無いとも言えない。ただ卜伝が、新当流・卜伝流以外に、たしかに無手勝流を称したという確証を得ることが、今までのところ残念ながらできない。

## 落語『巌流島』のネタ

ここで少し脱線になるが、前記の矢橋舟の一件をネタにした落語の内容に触れておく。

場所は関東落語では江戸の永代の渡し、上方落語では東海道の宮の渡しのできごとにしてあって、演題は前者が『巌流島』、後者が『桑名船』となっている。いまも高座にかかることが多いから、話のすじを紹介するのも気が引けるけれども、さしあたって東大落語会編『落語事典』から梗概を引用しておく。

――渡し舟でたばこを吸っていた年のころ三十二、三の若侍。舟べりでポンと火玉をはらったところ、きせるの雁首がとれて川のなかへ落ちた。同船していた屑屋が商売気を出して、不用になった吸い口を払い下げるかんがえがあったら、ぜひ自分にと申し出ると、武士は怒って屑屋をぶった斬るとさわぎ出した。すると艫《とも》のほうに乗っていた老武士が、屑屋の無礼をかわってわびたが、若侍は聞き入れず、真剣勝負をしろという。それじゃ船中ではめいわくだから、むこう河岸に着いてからにしようということになった。

――舟が桟橋に着きかけると、待ちかねた若侍は岸に飛び上がる。老侍は、すかさず槍を桟橋に当てて突っ張ったので、舟は川中へもどる。若侍は泳げそうに見えないので舟の上の町人連中は、さんざん若侍をののしる。するとと若侍ははだかになり、小刀を背負って川へ飛びこむ。船中では、舟底に穴をあけられやしないかと大さわぎ。老侍が皆をたしなめて、槍を小脇にじっと水面を見つめていると、若侍は舳っぱなへ浮き上がる。

「そのほう、われにたばかられたのを残念に心得、舟の底でもえぐりにまいったか」

「なあに、さっきの雁首をさがしに来た」

以上、ほとんど事典の文章のままに引用した。この内容につづく解説として、編者は、佐々木巌柳が相手を小島へ上げて船を返し、勝負しなかったという巌流島の故事にならったと老侍が語ったと書いているけれど、見当ちがいも甚だしい。巌流島は佐々木小次郎が宮本武蔵にぶち殺された場所である。相手を島にのこして勝負しなかったのは、前記の塚原卜伝に関する口碑であらねばならない。

宇井無愁氏の『落語のふるさと』に、

「巌流島といえば、誰しも宮本武蔵と佐々木巌流、二刀流と燕返し剣法の試合かと思うが、ここ(落語の巌流島)へは武蔵も巌流も出てこない。背景が江戸の隅田川。それになぜ巌流島と題するのか、誰に聞いても納得のいく説明は得られなかった。ふしぎな落語である」

「説話の本籍は、どうも中国らしいと推測していたが、武藤禎夫氏『落語三百題』に『呂氏春秋』中の故事とあり、寛文七年板『理屈物語』巻三の「佐久間一無兵法の事」が、その翻案だそうである」

と書いている。本籍は中国かもしれないが、落語の作者は何もそんなに古い本源にさかのぼったはずはなく、もっと手近かなところにモデルを求めるのが至当であるまいか。前に書いた『翁草』『武芸小伝』『校合雑記』『撃剣叢談』のいずれもその話をのせているほかに、貸本屋の写本で普及した実録本の『兵法手練伝』などは、もっとも手近い出所と見てさしつかえないと思う。

『兵法手練伝』は『袖錦巌流島』その他の題名でもおこなわれ、九州の佐々木岸柳が、江戸の石川軍刀斎(一に郡東斎。おなじく岸柳と号す)をたずねて来て勝負して敗れたため、これを闇討ちにした。軍刀斎の門弟宮本武蔵が、江戸から舟で巌流島に至って師の仇を討つという小説で、作者は江戸から舟で島にわたると書いたが、さらに聞くところによると、じつは大坂から舟を出して川口の島で闘ったと訂正記事を付記している。

もとより架空の作りごとだのに、ちかごろ尻の抜けた某文学博士が、この本は歴史の本だから疑えない、巌流島は大坂の川口町である、などとヘンテコな考証をしている。あきれたものである。この実録本は何のかんがえがあったのか、冒頭に宮本武蔵とは無関係な卜伝の矢橋船の話をかかげている。ちゃんと塚原卜伝の話として書いているのだけれど、浅薄な読者には卜伝と武蔵のケジメがつかなかったのだ。この本のおかげで落語の無手勝流は、武蔵を黙殺して巌流島を表題としたわけである。

もとよりこの落語は、威張る武芸者の島残しだけでは成立しない。落語の研究家が、その説話の一部分のみについての古拠をさがし出して、それをこの落語の本源だと奇驚な断言をするのなら、それはゆがんだ理論といわねばならない。再言すれば、きせるの雁首をおとす話と複合しなければ落語にはならなかったのである。

この、きせるの雁首をおとす話は、大坂から出発した金毘羅船での出来事で、これは実話であった。拙蔵の写本（じつは唯一の原稿本かも知れない）『咸承伝《かんしょうでん》』巻四から、「船中にて烟管の雁首海へ落せし話」の一条を摘要する。

――乗合客のひとりに駿州藤枝の在の隠居があって、大坂船宿に滞留中、芝居見物に出て煙管をおとし、買いもとめるひまがなくて乗船してしまったから、煙草はもっているが喫むことができない。どなたか、お手持ちの煙管を貸して下さらないか、という。同船していた武者修行の侍が、それは御難儀であろうといって煙管を貸してやった。隠居はおしいただき、腰さげから煙草を詰めて火を吸いつけ、二、三ぷくのんでから、船べりでポンポンとすいがらをはたく拍子に、雁首がゆるんでいたと見えて、おもわずそれを海中におとしてしまった。

――まことに申訳のないことと、平あやまりにあやまったが、武者修行の武士は血相を変え、ここなる老ぼれめ、侍の雁首をおとしたというのは不吉千万だ。了簡なり申さん。おのれ、まっ二つに斬り殺してやると、追っ取り刀で立ち上がろうとする。乗合の者どもが仲に入って取りなしたが、いっかな聞かばこそ。

――そのとき片隅に家来をひとりつれた侍が黙然と見ていたが、口を出して言った。わずか煙管の雁首ひとつのことで、討ちすてるの武士道が立たぬというほどのことはないではござらぬか。拙者にめんじて御了簡くだされ、と理を尽して諭《さと》したが、聞き入れず、悪口雑言が高じたために言い合いになって、両人、刀にかけて勝負を決しようということになる。しかし船中では戦いにくい。さいわい向こうに小島が見えるから、そこに上陸しよう、と決まった。けっきょく、その島に両人が上陸して戦い、武者修行者のほうは一たまりもなく負けて死んでしまった。

「さてさて、馬鹿者も有ればあるもの哉。かようの犬侍なれどもこのままには捨ておきがたし。おのおのがた御迷惑なれども、ひとまずこの船をもとへもどし、みなみな証拠の連印をもって申上ぐべしといえば、駿州の親父も気の毒がり、私がたった一ぷくの煙草よりこの大事となり、又もとのところへ船をかえすこと皆さまの御難儀になること、気の毒とも何とも申しようなしとて歎き悲しみけり。しかれども詮方《せんかた》なければ船をかえしけるとなん」

元はこんな話であるが、卜伝の口碑に結びつけて、さいごに雁首をひろいに泳いでくる落ちをつけたのは、さすがに落語作者の手柄であった。

## 卜伝の晩年

『鹿嶋史』に、卜伝は国々を巡見して郷里に帰り、古城址に草庵をむすんで門人ますます進むとあるけれど、古城址と書いたのは少々まずい。旧鹿島城は宇宮中《みやなか》の西の高原にあって、地名は鹿島とも吉岡ともいい、天正十九年(一五九一)に滅亡して廃毀されるまで、つまり卜伝の死後二十年間はまだ古城址とは言えなかったはずである。『武芸小伝』に『勢州軍記』を引用して、卜伝が家督をゆずる前に三人の息子の心技を試す話が出ている。いわく、――それ兵法・剣術は近来常陸の国の住人飯篠入道長威斎が、天真正の伝をうけて一流を創始したのである。卜伝は長威の四代目の伝統をついでもっとも秘術に精通し、新しく流派を開創して世間に名声を高めた。しかるに卜伝、諸国修行して帰国し、晩年におよんで自分の家督を、三人の子のうちの誰にゆずるかを選定することになった。

まず試験の用意のために木枕を部屋の暖簾の上において、暖簾をはねると頭のうえに落ちるようにしておいてから、さいしょに嫡子(じつは養嗣子の、塚原彦四郎幹秀。歿年は不評だが、天正末年ごろらしい)を呼び入れる。彦四郎は「見越しの術」(一種の透視術)で木枕のかくしているのを見つけ、これを取りのぞいてから座に入った。もういちど木枕をもとのようにしてから、二男(按ずるに、正しくは四男の塚原幹重であろう。塚原系図に二代卜伝とする)を呼び入れる。彼は頭上に注意しなかったので暖簾をひらくと木枕が落ちたが、すばやく身をかわし、刀のつかに手をかけながら、つつしんで座に入った。

そこでまた木枕をもとのように細工してから、三男を呼び入れる。（一説にはその名を塚原小才治とし、また小犀次ともある。これは卜伝の子でなくて、甥であったが、加藤清正の臣になった。『清正記』に卜伝の縁戚と記している。）暖簾をひらくときに木枕は落ちたが、彼はとっさに抜刀して枕を宙で切って座に入った。

卜伝は声を荒らげ、

「お前ら、枕が落ちるのを見てびっくりするとは、惘《あき》れたやつだ」

と一喝したあとで、彦四郎がその枕に気づいて取りのぞいてから入室したを褒めて家督をゆずり（弘治二年三月と伝書にあり）、それから左のようなことばを付け加えた。

「お前にはすべての伝授をゆずる。しかし一の太刀だけは唯授一人で、すでに伊勢の国司（北畠具教）にゆずってしまったから、あらためて私からお前に伝授するわけにはいかない。おまえは伊勢へ行って、国司から伝授を受けるがよいだろう」

卜伝の死後、彦四郎は伊勢へのぼって国司に面会したが、自分が一の太刀を知らないから教えてくれとは言いかねて、

「父から相伝の一の太刀は、貴殿にも伝授されていると聞きましたが、私の習ったのとどう違うか知りたいので、お見せ下さい」

と申し入れた。具教は彦四郎のトリックにかかって、その秘伝を見せてしまった。

右にいう彦四郎幹秀は卜伝の養嗣子で、実父は卜伝の養家の親戚にあたる塚原五左衛門義重で、この人は卜伝の四男塚原幹重（二代目卜伝）の門弟の松岡兵庫助則方の門弟であった。彦四郎は卜伝高幹の家督を継いだが、流名はシントウ流を襲いながら文字には新道流と書いており、流末にいたっては香取新当流の名称を用いている。なお塚原五左衛門義重の門人の、吉川善右衛門晴家（一に春常）からの伝系は、流名を鹿島新当流、と称した。

塚原卜伝が死去したのは元亀二年三月十一日である。享年八十三。『天真正伝新当流兵法伝脈』によれば、鹿島市沼尾郷田野辺なる松岡兵庫助則方の家で歿したという。鹿島郡須賀村（いま鹿島市沼尾の内）の梅香寺に墓が

塚原卜伝夫妻の墓

ある。法号は宝剣高珍居士、妻の法号は仁甫妙宥大姉。墓は苔むした高さ六十センチくらいの自然石で、風化して「仁」の一字（妻の法号の冒頭）だけしか残っていない。梅香寺は早く消失して再建されず、卜伝の位牌が三百メートル東の長古寺に保存されている。

卜伝の死水を取った松岡兵庫助則方は、初め彦十郎という。父祖代々、鹿島神宮の末社、沼尾《ぬまのお》社の神官で、一時徳川家康の剣師として田野辺において四十石、後に百二十石に栄進した。家康に「一ツの太刀」の免状を出している。兵庫助は正しくは卜伝の四男幹重と、卜伝の直門人川島卜平の両人に学んだから、卜伝からは孫弟子にあたる。自流を松岡派新当流と称し、松岡家代々が相伝して幕末におよんだ。

さいごに珍説をひとつ追加しよう。

——柳生但馬守宗矩が将軍師範になっているのを塚原卜伝はたいへん嫉ましく思い、柳生の屋敷へ押しかけてきて試合で優劣を決めようと申しこんだ。宗矩は侍士《じし》に命じて卜伝を一室に招じ入れ、料理など出したが、いつまでたっても面会に出てこない。卜伝はたまりかねて、どうしてやろうと気をいら立たせていると、宗矩は急に唐紙を明けて出て来て、木刀でパッと打つ。

卜伝、とび退って脇差の鍔で受けとめ、

「柳生殿にも似合わぬ。尋常に立ち合え」

という。宗矩は木刀を投げすて、にっこり笑って言った。

「その方の芸は知れてある。立ち合う必要はあるまい。その方、芸は上手でも、心は下手だ。わしは一万石余の大名、しかも天下の師範だぞ。もしわしがここで負けては、家来どもがその方を生きては帰すまい。してみれば、仮りにわしが勝っても無益な勝負だ。そんな無益の勝負をのぞむその方、心が下手だと申したのはその点である」

右の話は『撃剣叢談』に出ていて、筆者も虚妄の説なりと言っている通り、完全にフィクションである。卜伝は柳生宗矩の生まれたちょうどその年に死んでいるから、何としても面会不可能である。しかも剣技にかけては卜伝は宗矩にくらべることのできないほどの大先輩であるのに、その人に対して宗矩は、僅か一万石の大名の権威と将軍指南というくだらない誇りで自己の顕位を高言するに至っては、その人格の陋劣、あきれるほかはない。作り話にもせよ柳生宗矩を褒めようというのなら、浮薄な政治上の地位などで相手を押さえつける男として描かないのが賢明であろう。

# 宝蔵院覚禅房胤栄

## 鎌槍発明談は虚構

宝蔵院流、一に鎌宝蔵院流ともいう。鎌槍・鍵槍の用法を武術としての式目に編成したのは、もとより宝蔵院流の初祖宝蔵院覚禅房胤栄《いんえい》であるけれど、一般には誤まり伝えられて、鎌槍・鍵槍そのものを胤栄が創始したようにかんがえている向きが多い。これは講談のタネ本になった『柳荒美談《りゅうこう》』とか『増補英雄美談』などという実録本が、そういういいかげんなことを創作したのが原因らしい。

胤栄の鎌槍発明談についての『柳荒美談』の説は、二説に分かれている。

第一説。

覚禅房胤栄がある夕べ、川ばたに立って見ていると、笹やぶから出たりはいったりしている動物がある。それはかわうそだった。

「うむ、おもしろい。こいつを一つ突いてみよう」

と思いついて、そのころは彼はまだ普通の素槍《す》をつかっていたのだが、そいつを一本かつぎ出して来た。かわうその飛び出しそうな笹原に見当をつけて、槍をかまえて待ちうけていると、やがて、やぶをガサガサいわせて飛び出して来るやつがある。それをねらい打ちに、

「えーいっ」

電光のように操《く》り出した手練の槍先。

だが、かわうその本能のほうが、槍の技術よりもすばしこい。かわうそはあぶなく槍先を避けて、パチャーンと水音たかく川のなかへ飛びこんでしまった。

「うーぬ、しまった」

手もとが大して狂ったわけではないのだ。かわうその脇腹を、たしかに掠《かす》っているはずなのだから、ほんの紙ひとえの、ごく微妙な狂いにすぎないと言わねばならない。

「くそっ。いまいましい」

槍を水面に突き出したまま、じいっと、しばらくのぞきこんでいる。と、にごった水の表面の波紋が、だんだんに静まってくる。

月影は淡いが、水面は滲《にじ》むように明るい。槍の長柄が、くっきりと黒いかげを落していて、その穂先をよこにつらぬくように、空にある三日月が映っているのだ。

「ううむ。これだっ」

と胤栄は、おもわず声に出して言った。

槍の穂先に、三日月型の横刃《よこば》をとりつけたらどうだろう。これならわずかな手もとの狂いは、横刃がおぎなってくれるに違いないし、もちろん、命中したときの破壊力も、倍加するだろう。

「そうだ。こいつの工夫をしてみよう」

こうして創案されたのが、三日月十文字の槍であった。

第二説。

覚禅房胤栄は、槍が相当つかえるようになったので、われこそ日本一の槍の名手と、大いに慢心してしまった。

すると、ある日のこと、ひとりの少年が入門させてほしいといって道場へたずねて来た。年齢はまだやっと十歳ぐらい、すこぶるつきの美少年である。水色の狩衣《かりぎぬ》に烏帽子をつけ、どう見ても由緒ある貴人の御曹子だった。

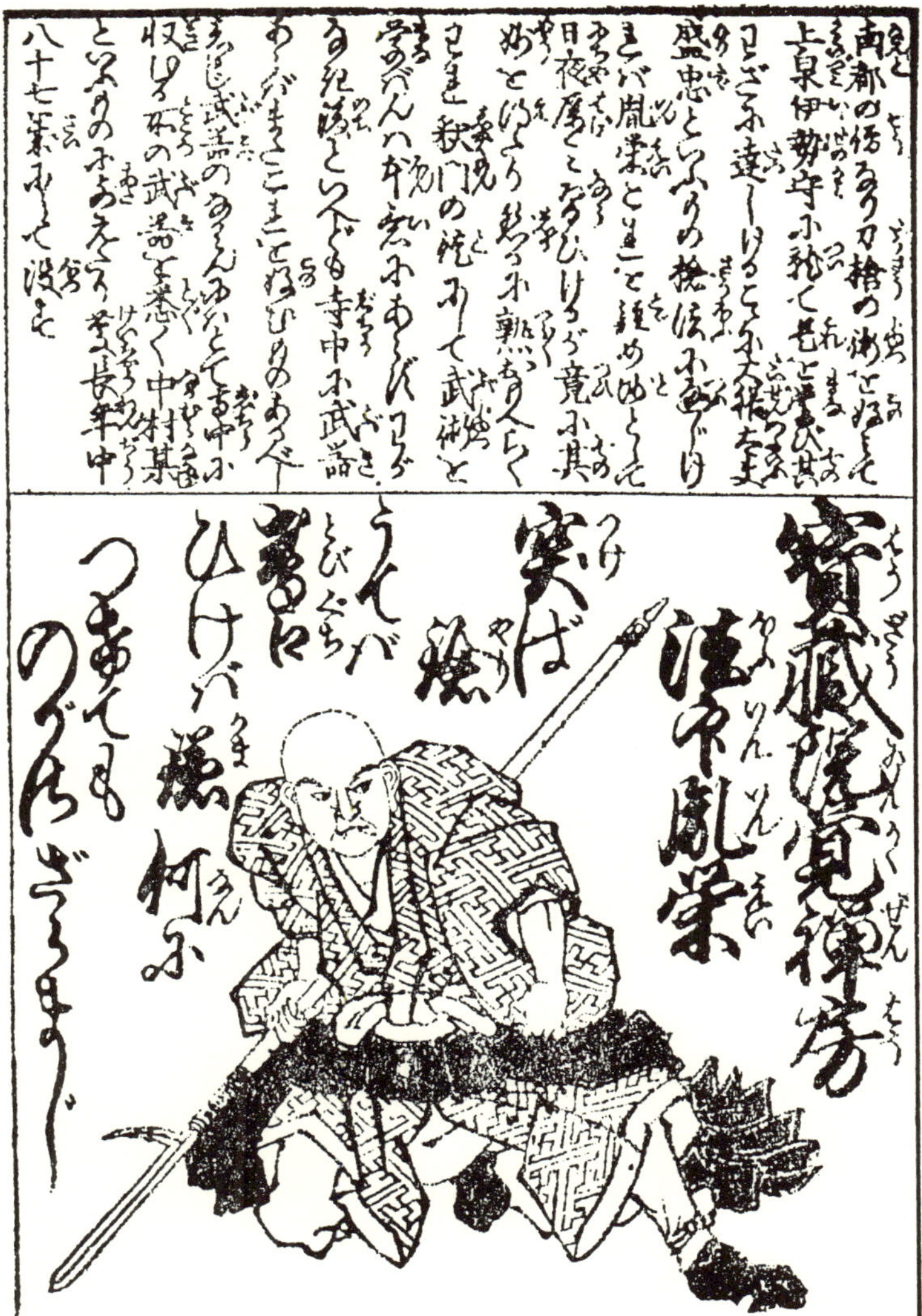

宝蔵院覚禅房胤栄（『武稽百人一首』）

胤栄はこころみに立ち合ってみると、少年ながらなかなか手筋がよい。そこで入門をゆるしたが、二日三日と道場通いをしてくるうちに、事態が甚だヘンテコなことになって来た。

神童というのだろうか、少年の技術はあまりにも早く上達する。四日目、五日目には、もう胤栄に対して三度に一度は勝つようになり、十日もすると互角、半月後にはすでに胤栄の手にはおえなくなってしまった。

「ああこれは、一体どうしたことだ」

と、しまいには怖毛《おぞけ》をふるい、さすがの胤栄もその少年との手合わせが厄介でしょうがないほどになる。

するとある日、その少年は、いつものニコニコした愛敬をつくりながら、言い出した。

「先生は、やっぱり自分こそ日本一の槍の名手だとお思いになって居られますか」

「うん、まあ、そ、そう思うことは思っているよ」

胤栄は、自分を励ますように言ったが、ちっと尻の穴のこそばゆい感じだった。

「では先生、こうしましょう。明晩、先生と二人っきりで真剣の槍勝負をしましょう。たんぽでない、真槍でございますよ。私は思うぞんぶん妙術を発揮します。先生もそのつもりで、じゅうぶん慎重に用意して下さい」

「うむ。承、承知した」

といったが、ずいぶん気が重い。真槍で突き合うのだから、突かれると肉が削がれ、血が流れるのだ。いや、血なんて、物の数じゃないぞ。下手をすると命がなくなる。下手をしなくても手足が使えなくなるかもしれないのだ。

「やめることだな。でないと、とんでもない災難に足をつっこむことになる」

と、こころの中で、ひとつの声がいう。

「いや。拙者が負けるとはきまっていない。何といったって相手は少年じゃないか」

と、もう一つの声がいう。

「あやぶいもんだ。あの少年は天狗の使者かも知れん。妖怪変化かも知れないぞ」

「危険はおたがいさまだ。あいつの槍は、そりゃー拙者のからだの何処かを突くかも知れないさ。でも、拙者の

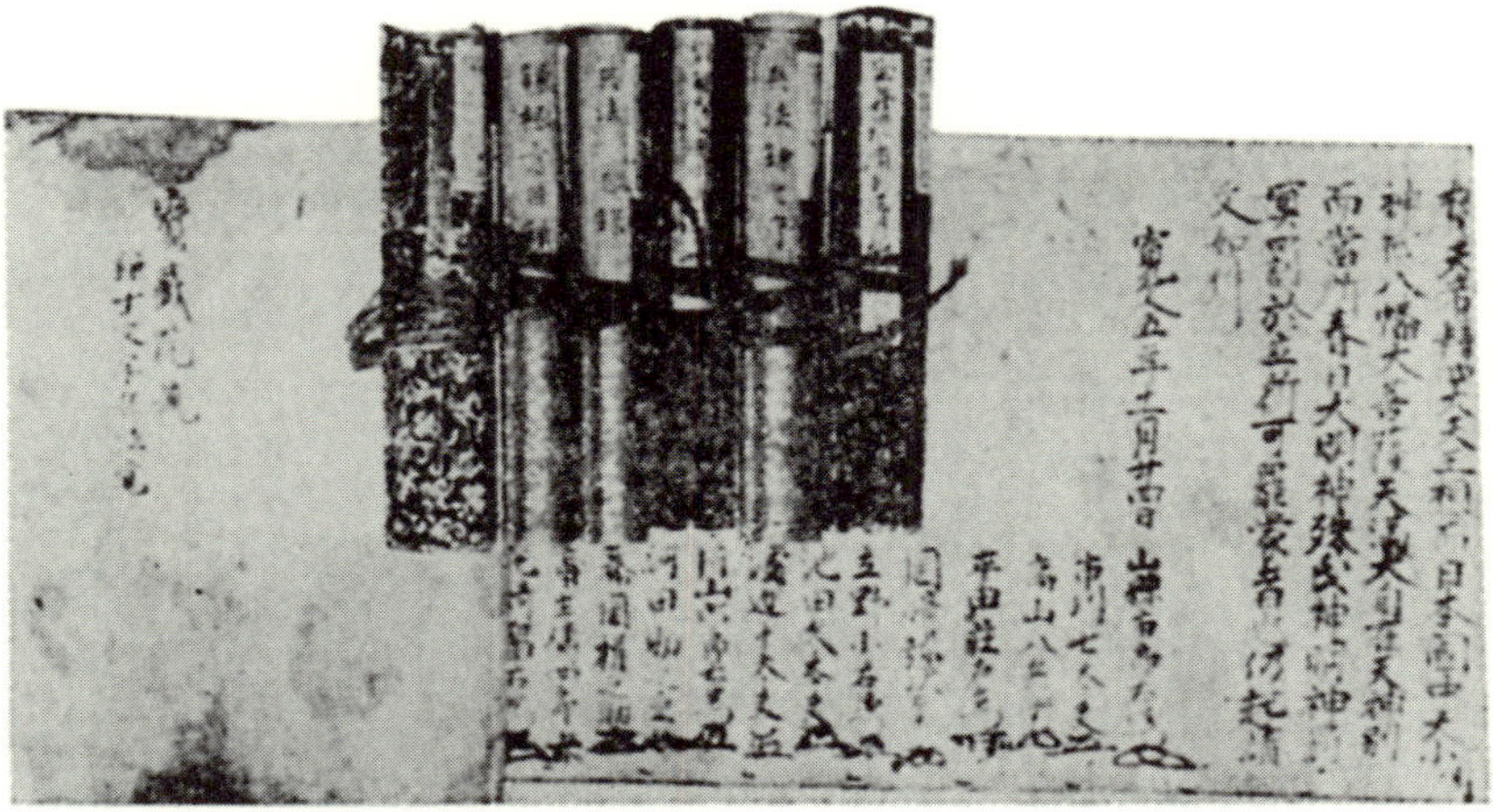

『宝蔵院流十字槍兵法秘書』

槍だって相手のからだから血を流さすだろう」

心のなかの二つの声が、まだしつっこく言いあらそっている。

「へえ、血を流さすだって……そんなオモチャみたいな槍でかい」

オモチャだといわれるとげんなりする。この素槍一本で、たしかに突き勝つ成算があるとは言えない。しかし胸のうちに燃える自尊心は、まだ萎縮しなかった。

「へん。拙者は根っからの初心《うぶ》じゃないぞ。これでも戦争でいろんなことを覚えさせられているわい」

その日の夕方、胤栄は川岸に立っていた。妖怪変化かもしれない相手と戦うための、なにか奇手はないかとかんがえていた。

そのとき、ふと水面に映る三日月を見て思いついたのが、十文字鎌槍の創案であった。彼は直《す》槍に横刃を入れ、その用法を一晩かかって研究し、大いに得るところがあったが、約束の夜、少年のすがたはついに顕われないじまいであった。

『増補英雄美談』のほうには、次のように書いている。

――胤栄が宝蔵院の納所《なつしよ》坊主だった時分に、仏法にそぐわない剣道に凝るのを見て、師の僧がさんざんに叱りつけて宝蔵院から追い出してしまった。胤栄この放逐をいい幸いに、諸

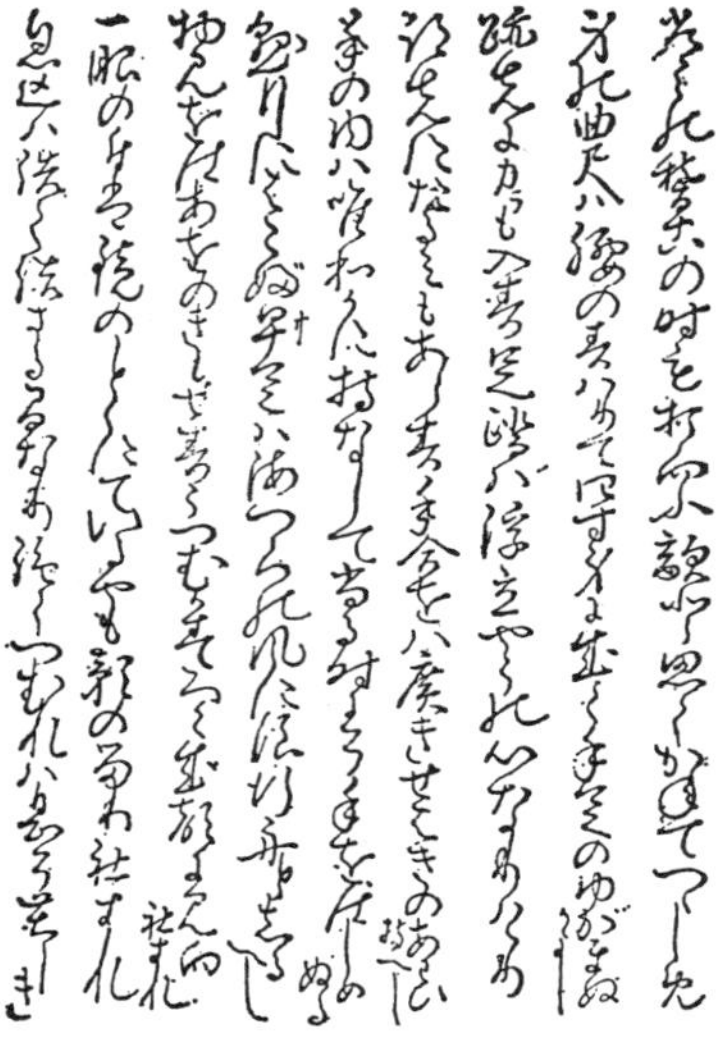
『宝蔵院流百首』巻頭

国に武者修行して歩き、その末に上州に上泉伊勢守信綱をたずねて入門していたが、奈良の師の坊が病床につくようになってから、呼びもどされて宝蔵院の後任住職になった。

師の歿後、槍術の工夫に一流を立てて道場をひらいたところ、ある日、奇妙な山伏がやって来て胤栄をかんたんにやっつけたので、発奮してはじめて十文字槍を製し、後日ふたたび訪問してきたその山伏に、うち勝つことができた、云々。

もう一つ、ついでだから書いておこう。小倉藩の士風のことを書いた『鶏の真似』と題する古書に、胤栄が、頭のむしれた箒木の柄の十字釘の残ったのを見て発明したとあるのは、なんとも早や噴飯にたえない愚説であるまいか。

いずれにせよ胤栄が鎌槍・十文字槍を発明したなんていうヨタ咄は、みなさん、信じないでいただきたい。鎌槍・十文字・鍵槍の類は、宝蔵院胤栄よりもずーっと以前からあったのだ。もっとも『武家名目抄』に、十文字のごとく穂に横手あるを鎌槍という、あるいは十文字槍とも言えり、とあるのは後世の制で、古くは片鎌《かたかま》の槍であった。

『北条五代記』に、こう書いている。

——鎌槍はむかしから用いていた。鎌のようにまがった四寸の横刃を入れたもので、穂先は攻撃、片鎌の曲りは防禦の役である。こうして片鎌でも相当の利点があるところから、十文字にすればもっと利点があるというので十文字鎌槍ができた。十文字刃《ば》のみじかいのを鍵槍という。しかし利点にかわる短所もあって、せまい藪道や笹原、森のなかの行軍にはあちらこちらに引っかかってこまる。こうなると捨ててゆくしかない、始末におえぬものである、云々。

右の、短所についての考説は少し言い過ぎらしい。現に永禄十一年（一五六八）三月の浜名城の合戦には、徳川家康の家臣榊原康政が「笹切」と称する鎌槍をたずさえて、一番乗りをしている（『武徳編年集成』）。これはジャングル行軍のときの利器として用いられたことを証している。

ちなみに永禄十一年といえば、宝蔵院胤栄はすでに四十七歳。彼が松永弾正に召されて槍試合にのぞみ、十二名を相手に連勝して、これより彼の武器が世にあがったと伝えられるのは（川路聖謨《としあきら》の『寧府記事』）、年代は書かれていないが、松永弾正が大和の守護代に補せられた同じ永禄十一年のことと推定されるのである。このとき徳川家康はまだ十六歳の少年あがり、彼の攻略した浜松城は城主飯尾豊前守に死別した若い美しい女後家で、しかも家康の人質時代にほのかに見染めた初恋の娘であったという。

## 宝蔵院流式目の制定

宝蔵院胤栄は中御門《なかみかど》氏の出で、祖父は中御門薩摩胤定。父は中御門但馬胤永といい、興福寺の衆徒（僧兵）であった。胤栄のときから興福寺の塔中宝蔵院の院主になった。父の胤永は大永元年（一五二一）生まれで、俗名は伊賀伊賀守と舌をかみそうな名前であった。

興福寺は朱印二万五千石、坊数四十余もあり、清僧《せいそう》といって肉食妻帯をせず、春日明神の社務を担当している。宝蔵院もその坊の一つで、位置は興福寺の域外にはずれており、寺領は三十三石あった。南都の僧兵は、古来の名物で、衆徒出身の胤栄が武術にうちこんだのは異とするにたりないけれど、彼の武術好きはマニアに近く、武芸者ときけば片っぱしから入門して習った。その師匠の数が四十人以上だったというのだから、あきれた坊さんである。

永禄六年の陽春、故郷の上州をあとにした上泉伊勢守信綱が上京の途につき、東海道から伊勢路に入り、国司北畠具教の館に滞在した。ここで宝蔵院胤栄ならびに柳生石舟斎宗厳《むねよし》の武名をきいて使者を送り、やがて奈良の宝蔵院道場に宗厳らと会同して三日間試合をこころみた末に、宗厳・胤栄ともに上泉の門人になった。このとき宗厳年齢は三十五歳、胤栄は四十二歳であった。

その後、胤栄は成田大膳大夫盛忠という高観流の槍の名人にめぐりあい、これを宝蔵院にひきとめて学び、ついに一流を開創するにいたったが、なお右のほか宝蔵院流の創案に関与したのは、豊臣秀頼の薙刀師範であった穴沢流の穴沢盛秀と、近江の五ノ坪流直槍の祖五ノ坪兵庫で、宝蔵院流表九本・真位六本あわせて十五本の式目の制定に助力したのは、右の盛秀・兵庫と柳生宗厳であった。

柳生新陰流に宝蔵院流とおなじ「水月」の式目があるのは、刀法を鎌槍へ応用したものとおもわれ、また宝蔵院流でさかんに槍の石突きを用いるのは、穴沢流の尻手《しって》（石突き）の用法と同様で、そのため宝蔵院流の槍は、石突きの寸法と穂先の寸法が同じ五寸にしてあるのが特徴である。

いつのことであるか不明であるが、弓の名人といわれた菊岡二位宗政と、宝蔵院胤栄とが、技を興福寺の南大門の前で闘わしたことがあった。宗政は弓に矢をつがえたまま射って放つことができず、じりっ、じりっと後退する。

「矢を放て。夙《と》く射よ」

胤栄は鎌槍をかまえながら、ゆっくり、ゆっくり近づいてくる。

「ううむ……」

宗政のひたいに汗がにじんで来た。相手にすきが無いのである。

胤栄は、白衣《びゃくえ》に紫のサシコをはいている。サシコというのは奈良の僧侶の下裳《スカート》で、試合だからといって別に袴をはくでもない。たすきもしないのが習慣で、衣の袖を首に通してそれでたすき掛けの代用をさせる。しかし僧とは言え、大脇差をいっぽん差しているのだ。

「どうだ、まだためらっているのか。矢を放せっ」

「ううむ……くそっ」

矢は弦弛にへばりついたままだ。一歩、二歩、あと退《じさ》りにしりぞいて、いつのまにか南円堂の森のところまで押されてきた。

「しょうがないなあ。では、わしの方から行くぞっ」

地を蹴った胤栄、おどり上がったと見えたが、その瞬間、

「わあーっ」

とさけんだ菊岡二位宗政、弓矢をその場に投げすて、うしろ向きに森のなかへ飛びこんで、そのまま一目散に逃げ出してしまった（右の話はフィクションらしい）。

福島左衛門大夫正則の家来で豪傑の名の高い可児《かに》才蔵——関ガ原合戦のとき余りたくさん敵の首をとったので、目じるしに笹の葉をその首の耳や口につっこんでおいたため「笹の才蔵」という諢名《あだな》がついた。この才蔵、かつて宝蔵院胤栄に入門して槍術を学んだ。みるみる上達したので主家へ帰り、いざ戦場へ出てみると、どうもいけない。以前は無心に戦うことができたのに、技術が身についてからは、かえって一種の気おくれが出てガムシャラに突進できないのだ。これではいけないと思って、もういちど奈良へやって来て実情を宝蔵院胤栄にうったえた。

「いかんなあ。それはまだ未熟だからだ」

と胤栄は言った。

「いやあ、拙者、未熟なはずはありませんよ。前々から槍には強かった上に、この道場へきてずいぶんと技術をみがいたものだ。それに……戦争の場に出ていろいろと変わった経験も積んできています」

「変わった経験——それが戦争というものさ。しかし経験には、下手な経験というものもあるのだ。貴殿、下手な経験をしたのだろう。人間、気になるような経験をいちどすると、それからはツイ上手と下手の見境いがつかなくなるものだ」

「へえ……それじゃあ拙者——」

「やっぱり未熟なんじゃよ」

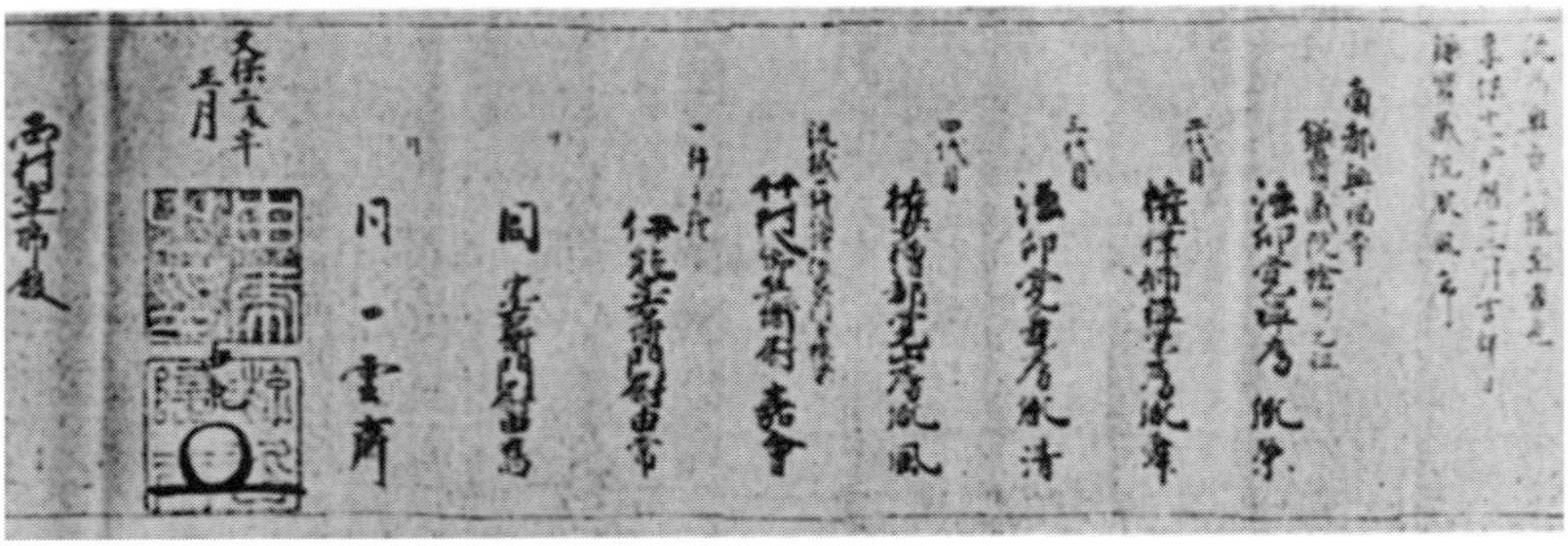

鎌宝蔵院流免許状奥書（伊能一雲斎筆）

「さようですかなあ。何だか口先きでゴマかされているみたいだけど、まあ、もうしばらく修行して見ましょう」

才蔵は、さらに学ぶこと数カ月、これより歴戦《れきせん》、突撃にためらうことがなかった（『甲子夜話』）。

宝蔵院流では、師匠の院主を門人たちは「和尚」と呼ぶのが正称になっていた。これが根元になって、他流でも、僧でない師匠を、馬術や剣術のほうでも和尚と呼ぶようになったと、尾州藩の儒臣天野信景の『塩尻』に書いてある。江戸に元吉原遊廓が開創された当時、太夫のことを和尚と呼んでいたと『慶長見聞集』に書いてある意味がわからなかったが、これが宝蔵院流の道場から発したことばと知って啞然とした次第である。

胤栄は晩年になって僧侶が殺生を教える矛盾に気付いて、武技をすてて道場を閉じ、慶長十二年（一六〇七）八月二十六日に死去した。享年八十七歳。白毫寺に葬る。

あとを継いで宝蔵院の住持になった禅栄房胤舜は、先代の禁をやぶってふたたび道場をひらき、宝蔵院流裏の形五本・六本、あわせて十一本の式目を増補した。

このようにして宝蔵院は、二代目以後も断続的に槍術道場の経営をするようになったため、出家でありながら外出するときには供の者に槍をもたせて歩いた。而してその道場の経営が断続的であった理由は、槍術の門人中に上手な者がいない時には、五年でも七年でも無住にして和尚を置かず、時に槍術に長じた門下が出たときにだけ、それを引き上げて住持にしたからである

宝蔵院禅栄房胤舜（『武稽百人一首』）

(『国朝大業広記』)。

　したがって初代覚禅房胤栄以来、徳川三百年を通じて宝蔵院の和尚は、わずかに六代を数えるに過ぎないのも不思議ではない。

　明治維新の江戸城無血開城に奮激して自刃した勘定奉行の川路聖謨は、それより以前、弘化三年(一八四六)から嘉永四年(一八五一)まで奈良奉行に赴任して、その間に『寧府記事』という日記を書きのこした。その期間の宝蔵院の和尚が、六代目の宝蔵院覚定房胤懐である。

　当時の道場はひどく立派だった。門も稽古場も瓦葺きの檜造り、まるで能舞台みたいだった。板はすべて節穴ひとつない。柱は六寸角でタッパが高く、すだれのように透きまもなく立てかけた稽古槍の穂先の上方に、まだ二尺以上も空間が空いている。床《とこ》つき八畳の間の見物席。それに広い次の間がつき、うしろはゆっくりとした通し縁である。稽古場の片隅に愛宕の勝軍地蔵と春日の赤童子が勧請されてあった……と『寧府記事』に書いてある。

　六代目胤懐は奈良奉行の川路と気が合ったと見えて、なんどか訪いつ訪われつしたようである。宝蔵院の和尚は、白衣に水晶の数珠をつまぐり、そのくせ神主みたいに中啓《ちゅうけい》を手にしていた。そして始めて人と会うときには腰に剣をさして面会する。

「出家は殺生戒をまもるべきだのに、宝蔵院は人を殺す術を教える。大笑いじゃねえ」

と川路が無遠慮にいうと、和尚は苦笑して、あたまをかいた。

「あはは。それを言われるので、こまる」

　宝蔵院は、末寺の明王院とともに、明治二年の廃仏毀釈に際して破却された。

# 富田五郎左衛門勢源

## 中太刀・小太刀の富田流

長い刀のほうが短かい刀にくらべて、実戦に有利か、不利かは、むかしからとかく論の多いところであるが、関ガ原合戦当時のベテラン牧野右馬允などは、武士はあまり長大な太刀や脇差を好んではいけない、と言っている。その理由は、ほんとうの斬り合いというものは、あいてに傷をあたえる程度のことが目標でなく、刀の鍔元で敵のあたまをぶち割ったり、刃を刺し通して殺害するのが目的である。それにはどうしても、短刀でないと踏みこむことができないからである、という。

右は史籍集覧本の『武功雑記』に出ていることばだけれど、おなじ史籍集覧本の『長沢聞書』で、後藤又兵衛は、

「歩行《かち》の者は、なるべく刀は長い方がよい」

と語ったとある。

なるほど『太閤記』の長短槍試合じゃないが、槍でも刀でも何といってもリーチの長いだけ、長大な武器のほうが有利だというのが、まあ常識的な見解かも知れない。塚原卜伝など平常は二尺四寸の刀をさしていたけれど、実戦のばあいには三尺余の大刀に替えたと『武具要説』に書いてある。そういえば、理論のうえでは必ずしも長い刀に固執しなかった宮本武蔵玄信さえ（『五輪書』）、常用の佩刀は伯耆安綱の作で三尺八寸あったというから、ずいぶん長い刀だったと言わねばならない。

富田勢源画像（伝、富田重政筆・金沢市立図書館蔵）

けれども、長大な刀を振りまわすには多大な体力を必要とするから、腰に差して常用するには適当でない上に、一般的に天文年代の前後から武士は両刀を腰にする風潮になって来たため、従来の大太刀の使用が廃《すた》れ、打刀《うちがたな》といって太刀と脇差の中間の長さの刀が常用されるようになり、そのかわり極端にみじかかった脇差が、おいおい長くなって来た。これが、いわゆる中太刀・小太刀で、それらの使用法をとくに考案して、後世の諸流派の基本を築いたのが、中条流の直系である富田流であった。

　富田流の祖は越前朝倉家の臣、富田九郎左衛門長家である。名は一に景恒《かげつね》ともある。『武芸小伝』その他に往々、九郎右衛門としているのは誤っている。富田流は中条流の的伝《てきでん》であって、その伝系は、中条兵庫助長秀―甲斐豊前守―大橋勘解由左衛門―富田九郎左衛門長家、である。

　九郎左衛門の子、富田治部左衛門（与五郎）景家が相続した。

　景家に二子があって、兄を五郎左衛門勢源、弟を治部左衛門（与六郎）景政という。五郎左衛門は眼病にかかったため、弟の景政のほうが相続した。いま金沢市立図書館に、富田越前守重政（いわゆる「名人越後」で、景政の娘婿にあたる）が描いたと伝える富田勢源の肖像画を蔵しているが、その両眼を白く塗りつぶしてあるのを見ると、富田勢源は晩年はまったく全盲だったと思われる。

　富田五郎左衛門勢源は、治部左衛門景家の子として、越前の国、宇坂の荘、一乗浄教寺村（現在の、福井県福井市に浄教寺町の町名があるが、富田屋敷のあったのはその町内でなくて、同市西新町にある神明神社境内の北方であったという）に生まれた。家伝の中条流の刀槍の術にすぐれていたが、家督を弟の景政に継がせてからは、自分は剃髪して勢源と号していた。この勢源という法号については、かんがえ合わすべき問題が必ずしも少なくないけれ

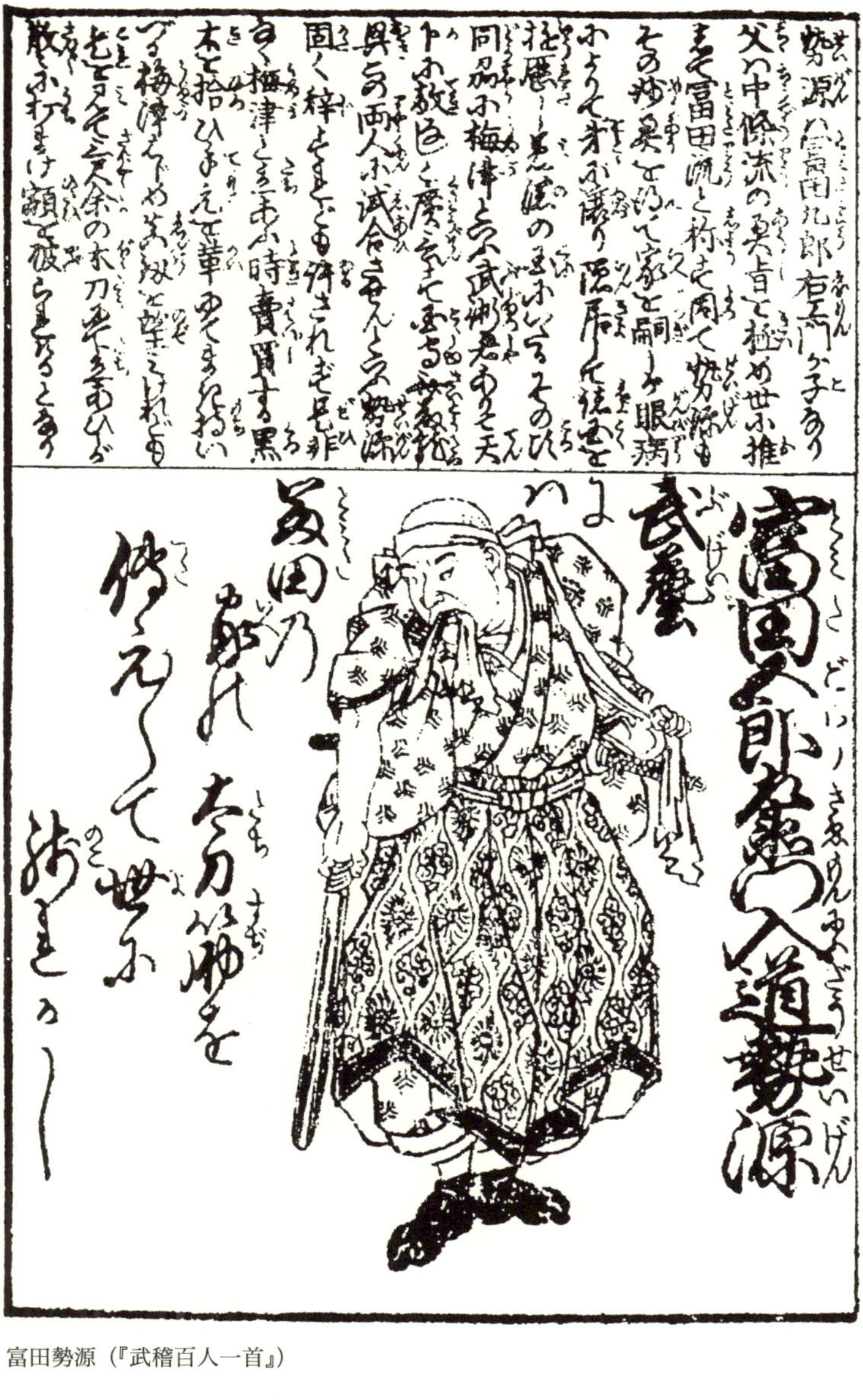

富田勢源（『武稽百人一首』）

ど、まだ私には何の結論も出すことができないから、今は黙止しておこう。

永禄三年（一五六〇）の夏のなかばに、勢源は美濃にいる朝倉成就《じょうじゅ》坊をたずねて、しばらく厄介になっていた。成就坊は勢源の主家越前朝倉氏の叔父であるが、そのころ美濃を領していた斎藤義竜の武威が豪強であったため、敵意のない証拠として朝倉家から差し向けてあった証人（人質）であった。

斎藤義竜は武技をこのみ、関東にかくれのない神道流の達人梅津某（調査してみたが、いまのところ名も経歴も不明）を剣師として迎えていたが、越前で名の高い富田勢源が美濃へ入国したのを聞いた梅津は、中条流（富田流）の特技とする小太刀が見たいから、拙者と試合をしてほしいと、門弟を使者にして申し入れてきた。

勢源は、

「愚僧は兵法がまだ未熟であるから、御希望に応じられ申さんが、よくよくのお望みなら越前へゆき、拙者の弟（是政）と試合なさるがよろしいでしょう。だいたい中条流では他流試合はいたさぬことになっている」

と、すげなくことわる。

梅津は弟子からその返答をきくと、

「ふーん、そうもあろうよ。なんにせよ拙者の兵法は関東に隠れもない。おなじ師のもとに拙者の相弟子が三十六人もいたが、ひとりとして拙者の太刀先には歯が立たず、けっきょく皆わが門弟になってしまったほどだ。先年、拙者が当国へやって来たときにも、吹原大書記・三橋貴伝など、ずいぶん上手な刀術家がいたけれど拙者の大刀にはかなわなかった。勢源なども故郷《くに》では広言《こうげん》を吐いていても、しょせん、この梅津にかなわないのがわかっているから、なんのかのと遁辞《とんじ》をかまえて試合を避けるつもりなのだろう。拙者は武芸者としての自尊心から、そう言うのだ。拙者は、相手がたとえ当国の国守《こくしゅ》であっても、仕合いとなれば用捨しないからな」

と自慢たらたらで鼻をうごめかしたが、ひとこと多かった。この広言を、国守の斎藤義竜がほのかに聞いてカンにさわった。

「あわれ勢源、そうまで言われては引っこんでおるわけにもゆくまい。無理にも試合させよ」

との厳命で、さっそく武藤淡路守・吉原伊豆守の両人を使者として、勢源の泊っている朝倉成就坊の宿舎へやらせた。

勢源は両使へ向かい、

「中条流には他流試合はございません。そのうえ無益の勝負はいやでござるから」

といって承知する気色がなかった。

そのことを、両使が帰って義竜に復命すると、義竜いわく、

「勢源の所存はもっともであるが、梅津の過言をそのまま見のがしておくと他国のあざけりを受けるだろう。だから、たって頼みたいと言って、もういちど口説いてみろ」

そこで両人はまた勢源をおとずれて、義竜の所存を演説した。

勢源聞いて、

「このうえは辞するところではござらぬ。こういう勝負は人の怨みを受けるから今までやったことはござらんが、国守の御命令ならば背くわけにも参りますまい」

と心ならずも承知する。

両使はいそぎ帰って復命したから、義竜は大いによろこび、

「試合は使者にたった武藤淡路守の宅にて致せ」

とて、七月二十三日辰の刻と期日がさだめられた。勢源が検視の出張を望んだから、武藤と吉原の両使が検視を申し付けられた。

梅津は国守の一家である大原家に宿泊していたが、試合の前夜から湯浴《ゆがけ》して神に祈る。そのことを勢源がきいて、

「こころが素直《すなお》なら、いまさら神に祈らなくても利があるのに」

といい、成就坊の宅から供を四、五人つれて淡路守の屋敷に出かけていった。

庭さきに用意がしてあるらしいが、勢源は台所のほうへやって来て、何かガサコソやっていたかと思うと、黒《くろ》

木《き》のなかから一尺二、三寸の薪雑棒《まきざっぽう》をいっぽん引きぬいて、

「うん、これでよかろう」

二度ほど片手で空振《からぶ》りしてから、手もとの握りに皮を巻き、無造作にぶらさげて庭添いの板縁《いたえん》に登った。

## 勢源、梅津を斃す

梅津は大原が同道して、ついて来た弟子も数十人という豪勢さである。木刀の長さ三尺四、五寸ほどの長大なやつを八角にけずり、錦のふくろに入れて門弟に持たせていた。器量・骨柄、人にすぐれた巨大漢で、しょぼくれ眼《まなこ》で風采のあがらない勢源とは、雲泥の相違であった。

「ああ、これじゃあ梅津が勝つにきまっている」

と、たいていの者が、そう思った。

梅津は検視に向かい、

「拙者、願わくば真剣を使いとうござるが、勢源どの、ご意向に背くでござろうや」

と、いう。

検視がそのことを勢源に取りつぐと、勢源は、

「どうぞ御自由に……おのぞみ通り真剣にてあそばされるが、よろしいでしょう」

と答えたが、手にした薪雑棒は放そうともしない。

「相手は真剣でござるぞ。ご如在《じょざい》ありませぬな」

「はあ、まあ、さようでありましょう」

たよりない人だ。拙者は、これで結構です、と言うつもりか、坐ったまま、手にした薪に軽く二、三度素振《すぶ》りをくれる。

これでは梅津のほうも、卑怯といわれるのを恐れ、真剣を使うわけにいかなくなった。

「やむをえぬことだ。拙者も真剣を使うことは中止しよう」

と、よんどころなく、用意してきた長い木刀に取り替える。

梅津は空色の小袖、木綿袴で、長い木刀を右脇にかまえた。その表情は竜が雲を呼び虎が風に向かうようで、眼は電光に似ていた。

それに対する勢源は、柳色の小袖・半袴である。やがて立ち上がって、ともに板縁から庭に下りたが、割木の木刀をさげて悠然と立つ勢源の風格は、牡丹の花の下にまどろむ猫とも言えよう。

勢源は梅津に、

「いざ」

と、ことばをかけ、積極的に勝負をいどんだ。梅津はどうしたことかたちまち小鬢《こびん》から二の腕まで打たれ、あたまに負傷して、一瞬にして全身が朱に染まった。

しかし梅津もただ者でない。死力をつくして木刀を取りなおし、振り上げて打ち返す。勢源さわがず、こんどは相手の右腕を打つ。梅津は前のめりに倒れたが、やにわに木刀で勢源の足を払った。

と、勢源、片足で地を蹴って宙に跳ぶ。梅津、起き上がりざま懐中の脇差をぬいて突こうとしたが、勢源かまわず割木をふり上げて打ちたおしてしまった。

そのときに検視があいだに入って引き分け、梅津をすぐに武藤の家の内へつれていって手当てをしてから、止宿している大原家へ送り返した。

武藤・吉原の両人は勢源を淡路守邸にとどめ、勢源の使った割木と梅津の折れた木刀を義竜へ御覧に入れ、仕合の様子を委細に申し上げたところ、義竜ははなはだ賞美して、末代の物語にするといって割木の木刀を手もとに保存した上、鵞眼《ががん》（銭の異名）万疋《まんびき》（銭一疋は江戸時代には二十五文だが、古くは十文を一疋といった）と小袖一かさねを勢源に贈った。

勢源は、

「中条流では、かようの勝負は禁制ですが、国守の命背《めいそむ》き難くてしたことでござるから、ご褒美として下さる物は受納できません」

といって返納した。使者が再三おしつけようとしたが、ついに受けとらなかった。

義竜は勢源のこころざしに感じ、対面したいと申し送ったが、これも辞退して参上しなかった。このまま当国にとどまっていては、梅津の弟子どもが恨んで騒ぎをおこすかもわからぬと懸念して、翌朝そうそうに越前の故郷へ帰って行った。

以上は『武芸小伝』に引用されている『富田伝書』勢源仕合巻を、ほとんど逐字的に口訳したのであるが、梅津との試合のことは、そのほかにも『可観小説』『耳底記』等に記述がある。なお『武芸小伝』の著者は前記の伝書につけくわえて、左記のような付記をしている。

――勢源と梅津の試合は美濃ではなく、勢源が兵法修行のため京にのぼり、黒谷に住んでいたころの話だという俗説がある。そのとき梅津が黒谷に来て、勢源に会い、

「富田流の小太刀は用に立つまい」

と悪口したところ、勢源は言った。

「兵法は武器の長短にはよらない。小太刀にくらべて大太刀がきっと勝つと思うのは、そりゃまちがいだ」

すると梅津は怒って、

「しからば試合で勝負をきめよう」

という。

勢源はことわることができず、検視を請うて日限《ぎ》りを定め、薪の一尺四、五寸ぐらいなのを探し出して、握りの部分に皮を巻いた。

すでにして、その当日になった。梅津は弟子どもをたくさん引きつれ、三尺四、五寸の大木刀をたずさえて勢

源より先にやって来て、見物人たちに自分の強さを見せようとして、かの大木刀をリュウリュウと振っていた。

勢源のほうは弟子もつれず、しょぼしょぼ眼《まなこ》をしながら、例の薪の木刀をもってやって来て、検視の役人へ、

「すぐ勝負をはじめます」

と、いう。

検視がその旨を梅津へ告げると、梅津は大木刀をかたげて出てきて、ただ一打ちと勢源を打った。勢源うけ流して逆に梅津のまっこうをしたたかに打ったから、梅津のひたいから血が走った。

検視は、

「勢源の勝ち」

と判定したが、梅津は、

「おれの木刀のほうが先に当たったぞっ」

と言い返す。勢源は、

「いや。すこしも掠《かす》りません。拙者が十分の勝ちだ」

と言って、さっさと旅館へ帰って沐浴《ゆあみ》をしていた。

すると、さっきの検視がやって来た。

「梅津のほうでは、先に打ったといってきかないのです。打ったから疵痕《きずあと》がついているにちがいないと言い張ります。それで調べに来ました」

「やあ、それなら好都合、いまちょうど湯あみのために裸になっている。入って来て調べるがようござろう」

検視は調べたが疵が見つからないので、勢源の勝と決定をくだした。しかし実は、梅津の木刀は彼の左の手の甲にしたたか当たり、黒い疵がついていたのである。勢源が右手でそれを押さえていたから、見つからないですんだのだった。

富田勢源は生歿年月ともに不明であるが、弟の治部左衛門景政が文禄元年（一五九二）に七十歳で死去してい

るから、景政は大永三年（一五二三）の生まれということがわかる。さすれば、仮にその兄の勢源が二歳ぐらい年長の大永元年生まれと見て、最大限、弟とおなじ年代の、天正十八年（一五九〇）までごろの人と見てよいと思う。

巌流島の血闘で宮本武蔵玄信に殺された佐々木小次郎は、この富田五郎左衛門勢源の門人とも家人《けにん》ともいう説が一般に信じられていて、そのときの小次郎の年齢は『二天記』および『肥後異人伝』には十八歳とあり、吉川英治・村上元三両氏の小説では年齢はともかくとして、いずれも若い美青年に作ってあるが、これらの説は、どうも年齢的に見て勘定が合わないように思われる。

以下、まるまるの仮定的計算にすぎないけれど、慶長十七年（一六一二）の巌流島の血闘に佐々木小次郎が十八歳だったとすれば、彼は文禄四年（一五九五）の出生であるから、勢源が七十歳まで生存したとしても、小次郎の出生より、五年前に死去していることになり、小次郎が勢源の門人でも家人でも有り得ないことは明々白々であろう。

そしてもし小次郎が、勢源五十歳の元亀元年（一五七〇）以来の門人であったと仮定すれば（これは無理な仮定ではあるが）、どう控えめにみても小次郎は当時すでに二十歳ぐらいにはなってなければならないはずであるから、慶長十七年の巌流島では六十七歳ぐらいになっていなければならない。

右は小次郎のためには、ずいぶんと援護的な計算をしたのであるが、じっさいのところをいうと富田勢源は晩年はほとんど全盲になっていた可能性が強く、門人を教導することはできなかったかも知れないし、七十歳以前において、もっと若くして死去したかも知れないのである。

むかしの歌舞伎『花筏《はないかだ》岸柳島』以来、芝居絵・錦画・人物絵本の類の佐々木岸柳（巌流）が、いずれも髯もじゃの老人にえがかれたのは、敵役だからわざと憎々しく書かれたにしても、少なくとも美青年としてあつかわれなかった確然たる証拠だろう。

下手な算数は、これぐらいにしておこう。事実は佐々木小次郎は富田勢源の門人でも家人でもなかった。彼は

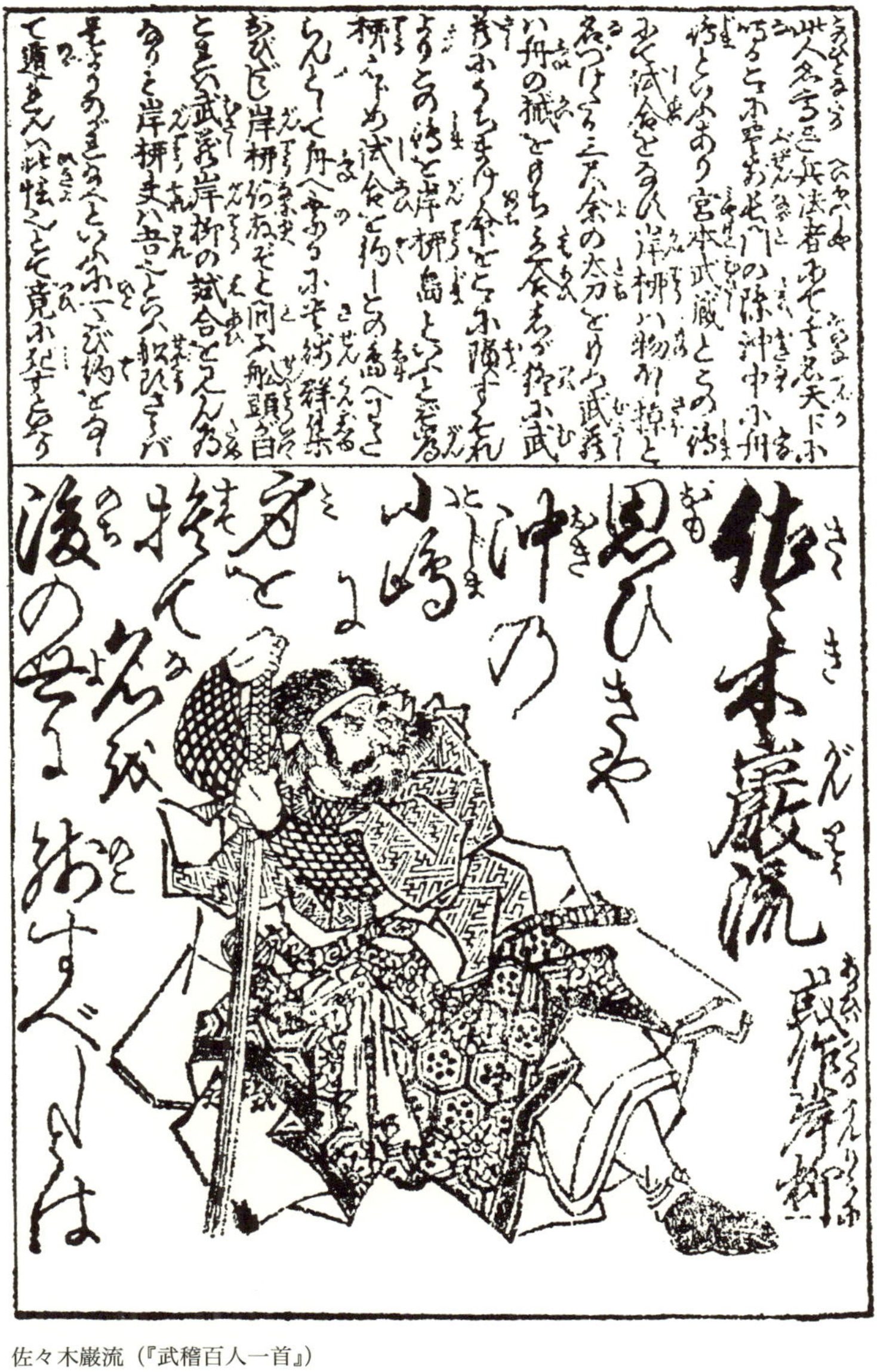


佐々木巌流（『武稽百人一首』）

勢源の門人の、鐘巻自斎の門人であって、自斎から中条流太刀法表裏七剣の印可状をもらっている証拠が明確にのこっている。内容は中太刀と小太刀であって、大太刀免許はもらっていないところを見ると、「物干竿《ものほしざお》」と称する大太刀の名手であったというのは小説に過ぎまい。この鐘巻自斎も慶長年中の人というばかりで、今のところまだ生歿年月さえ不明な人物であるが、その門人の小次郎の年齢は、前記の六十七歳よりは余程若年であったとは推定できるものの、十八歳だったなんてのはトンダお伽噺だ。

佐々木小次郎は細川忠興に目をかけられた男であり、その子の細川忠利に目をかけられたのが松山主水大吉、大吉の死後に宮本武蔵が客遇されたという順番であるから、佐々木小次郎の年齢が宮本武蔵玄信より若かったとは、常識的にさえかんがえられないではないか。

# 謎の開祖　伊東一刀斎景久

## 矢倉沢四十八人斬り

武術の流祖の伝記については、今もって不明なものが、かなり多い。中にも一刀流の開祖伊東一刀斎景久の伝記などは、伝えるところ支離滅裂、むろん信用のできるような資料がはなはだ稀少だ。そのせいか直木三十五氏以来の諸家の書いたものなどは、大体似たりよったりのものばかりで、およそ中里介山氏の『日本武術神妙記』から一歩と抜け出たものはないようである。

しかし私は、ここではなるべく今まで用い古された資料を避けて、いくぶんでも読者の目新しいことを書いてみたいと思う。

一刀斎の出身地――まずこれが至ってあやふやだ。

通説によると、一刀斎は伊豆伊東の人、ゆえにその地名を姓としたという。名は景久、または友景に作る。通称を弥五郎といい、父は伊東弥左衛門友定と称した。

弥五郎は幼より武技をこのみ、山に入って独学刺撃の術をきわめ、のち鐘巻自斎《かねまきじさい》に従って中条流の剣法を学び、ついに一刀流を創意したという。

これに対して、一刀斎は伊豆大島の生まれで、十四歳のとき板子一枚にすがって三島に泳ぎつき、富田一放と試合して勝ったという俗説も、大いに流布されている。

伊藤一刀斎《いとういつとうさい》景久

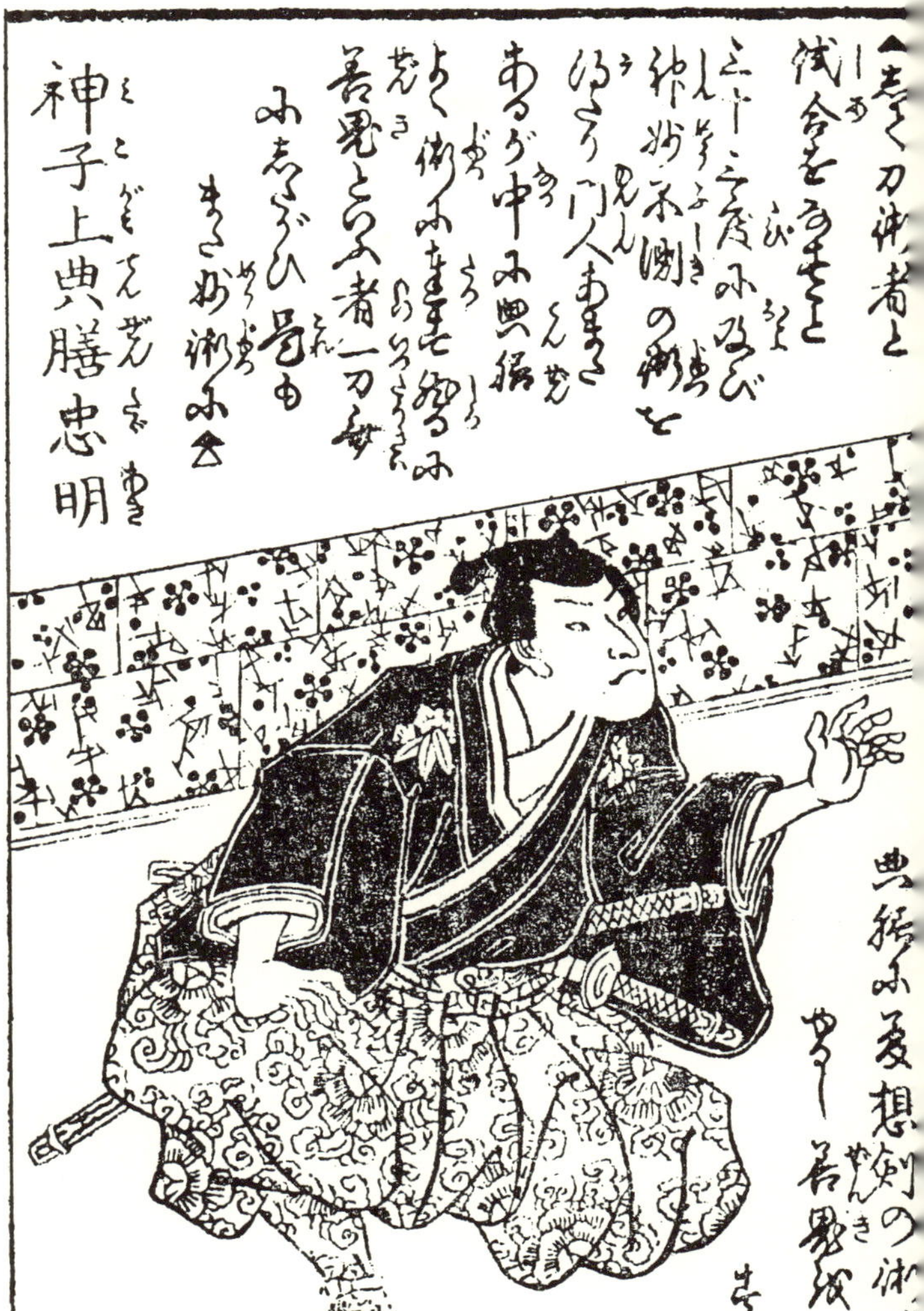

伊東一刀斎景久と神子上典膳忠明（『武者修業巡禄伝』）

山田次郎吉氏の『日本剣道史』には、一刀流の伝書によると、一刀斎は《西国》の産であるといい、また古藤田の伝書には、近江の堅田としてあるという。

『一刀流歴代略』という写本には、

「元祖、井藤一刀斎ハ鐘巻自斎ノ門人也。鐘巻ハ中条流也。景久師、回国他流戦三十三度也ト。歿日ハ七日也ト。年号不審。小野忠明ハ寛永頃ノ人也。忠明ヲ以テ元祖ノ頃ヲ可知」

とあって、この回国を、笹川博士は《西国》と読んでおられる。四国と回国は字形が似ているからまちがいやすい。いずれを正しいとするかは、傍系資料が出るまで確定できない。

珍説には、越前敦賀《つるが》の産と言う。浪人の群れに入り、西国で名を売ったが、東遊して相州矢倉沢をすぎ、浪士某の家に泊まった。そのころ小田原城下をさまよったが、たまたま山本無辺流の剣術の師、古藤田勘解由左衛門《かげゆざえもん》の道場を見て試合をいどみ、その門人十八人ならびに勘解由左衛門を破って矢倉沢へ帰った。勘解由左衛門は復讐のため門人とともに夜襲したが、一刀斎、単身これを迎えて奮戦し、四十八人ことごとく一刀両断して身に寸傷をも受けなかった。これによって一刀流を開悟《かいご》し、敦賀に帰って道場を開いた。城主大谷吉隆に招かれて城内の教授に任じたが、関ガ原の役に大谷氏の滅ぶや一刀斎は下総国小金ガ原にかくれ、この地に歿したという。

この説、四十八人相手の大殺陣は本当とは思えないし、山本無辺流の剣術もおかしい。無辺流は槍術である。いちばんいけないのは古藤田勘解由左衛門が、四十八人の大将になって一刀斎に殺されたという点で、彼は『本朝武芸小伝』によれば、相州小田原北条家の臣というから、試合に負けて一刀斎の門弟になったというようなイキサツは考えられるけれども、そこで死んではいない。一刀斎の門弟としては神子上《みこがみ》典膳（小野忠明）に次いでの名剣士で、『一刀斎先生剣法書』と題する伝書を、子孫のために書き残している。（その孫、古藤田俊定が大垣藩戸田家に仕えて、彼の地に一刀流を大いに振興した。）

しかし右の説も、百パーセント否定しないほうがよいと思う。生国を越前敦賀としたのは、彼の一刀流が中条流の流れであるのを思えば、富田九郎右衛門―富田越後守―富田勢源（その弟子が一刀斎の師の鐘巻自斎）以来の越前といいう土地に、何かの関係があるかも知れぬと思われるからである。

生年・生国が、かくのごとく不明であるのみならず、一刀斎の歿年・死処もまた不明である。前説のように、小金ガ原で歿したという説もあるにはあるが、通説では死処・年月とも不明ということになっている。

一説に、晩年僧籍に入って丹波笹山在の禅寺に住し、中興の名僧となったともいうが、その資料については、まだ私は調査していない。

ご存じの講談のほうでは、寛永御前試合に、一刀斎は九十余歳であらわれて宝蔵院二代目の胤舜と試合をし、木刀をもって勝ったことになっている。しかし後に書くように、この御前試合はまるまる作りごとのウソッパチであるし、また宝蔵院二代目はほかのことで江戸城の御前試合を希望して江戸へ来たことは一度あるけれども、許可がなくて一生涯その機会を得なかったのだから、右の話だけでは百パーセント否定してもよかろう。

## 唐人十官との珍妙試合

天正六年（一五七八）に一刀斎が、三浦三崎で唐人と試合をしたという記事がある。出所は元禄九年版『玉箒木』で、著者は林九兵衛義端。この人は文会堂、また往悔子と号し、京都の書肆《しょし》で、正徳元年（一七一一）五月八日歿。もっとも伊東一刀斎としないで、戸田一刀斎としているが、一刀斎が戸田姓を名乗っても、いっこう不思議はない。師の鐘巻自斎からして、師伝によって富田《とだ》姓を許されて、富田通家と称していたほどだから――伝書には、富田を《外他《とだ》》と書いている――一刀斎も同様に、富田姓をゆるされていたものと思う。富田、戸田、通音おなじである。自分では戸田姓を名乗り、伊東姓を用いなかったという説もある――『日本剣道史』。

この試合のことは、まだ誰も今まで引用していないようであるから、ひらたく書き直して次にかかげて見よう。

――天正年中に、相州の三浦三崎に北条美濃守氏親が在城の時であるが、戸田一刀斎という兵法者が諸国を修行して、三崎へやってきた。関東無双の使い手というので、さむらいがたくさん門弟になった。

一刀斎は、表の太刀といって、五ケ・八ケ・七つ太刀・十二条などということを教え、その上しゃの位一つ、ということを専ら教えたが、弟子たちは、この上は陰の太刀の極位をおしえていただきたいと望んだ。

「いや、奥儀というのは、今まで教えたこと以外にない。それに通達すれば、おのずから奇特な工夫があらわれてくるのだ。もっとも、これらの太刀はすべて方便であるから、それを基礎にして研磨すれば、帰するところはただ一刀に帰する。運命は天然のものであって、進んで死ぬとも限らず、しりぞいて生きるとも決まらぬのだ。身をすててこそ浮かぶ瀬もあれ、ここが秘伝じゃ！」

といった。

そのころ北条のゆるしを受けて、三官という唐人が貿易に来ることがあったが、その船が天正六年七月二日に、三浦三崎へ着岸した時の話である。

その舟に、十官という唐人が乗っていて、これが支那刀術の大名人という評判があったから、城のさむらいたちは、その刀法を見たいと望んだが、さりとて相手にまわって試合しようという自信のある者がない。そこで十官は、

「それ、どうも仕方がない。おもしろくもあるまいが、わたし一人でやって見るか」

というわけで、長い白刃をさげて、広い庭へ出た。長い衣裳をぬぎすてて、くくりばかまを着けた。ずいぶんと大男で、大力、筋骨たくましく、その上、身が軽い。

「そーら。はじめるぞ！」

長刀を抜いたと見るや、丁々《ちょうちょう》はっし丁はっし、宙にふること、あたかも敵中奮戦の状さながら、目をいからし、大声を上げ、自由自在に右を斬り、左を薙《な》ぎ、ヒョイヒョイと二間三間も跳躍して働くこと約一時間。汗みどろの奮闘をして八方をさしからみ、大勢の敵を一カ所に追い詰める状をして、やがて終わった。

いやもう、その激しいこと、あきれるばかりで、見物していたさむらいたちも、ただ茫然とするばかりで、これでは一刀斎でも、とても相手になれまいと、うわさをした。

これをきいて一刀斎は、言った。

「ふーん。そんなに強い？　しかし、わしはそう思わないなあ。わしなら十官に長大な真剣を持たせて、こちらは扇一つであしらって見せる」

そこで試合ということになった。

さすがに真剣というわけにもいかないので、十官は長い木刀をもって出た。

一刀斎は広言通りに扇いっぽん。

「さあ。カイカイデイにて参られよ」

まさかそんなことは言わなかっただろうが、自信まんまんで構えた扇、それを見て十官がおどろいた。自分ができるから、相手のつよいのがわかる。

「ううむ……手ごわいあるな」

しかし闘志は旺盛。いざ張良が秘術を尽さんとばかり、すさまじい馬力で打ちかかったが、一刀斎の扇のはたらきには、とうていかなわない。

一進一退の動きのうちに、とかく十官は押されぎみとなり、一刀斎が扇をすてて素手で立ちふさがるのを見ると、ギョッとした様子だ。

が、すぐ勇気をふるい起して、やっと大声、とびこみざまに木刀をふりおろしたが、しゅんかん一刀斎は、足を上げてパッと木刀を蹴とばした。

木刀は相手の手をはなれて地に落ち、十官は目を白黒させて、へたばってしまった。

以上で話は終わる。

伊東一刀斎が伊豆の出生であるという説は、まだそう早まって決定はできないが、矢倉沢四十八人斬りといい、北条の家臣古藤田勘解由左衛門の入門といい、どうも小田原近辺に話の多いことは、なお後に考うべき材料と思われる。

伊豆といえば、近い相州の鎌倉にも話がある。一刀斎が、鶴岡八幡宮であやまって人を斬り、それによって《夢想剣》を開悟したという話は、ありふれた物にも書いてあって珍しくないが、これも作り話らしく思われる。

古藤田勘解由左衛門の書いた『一刀斎先生剣法書』にも、《夢想剣》の名目はないのである。しいて似たような条を探せば、

「一剣一理を主とするときには一心不変の位に備る。是思無邪と云。前に書するが如く術也。是を単刀と云也。単刀は敵の無形無色を討つ事。理未発の以前を全く勝つ事の高上也」

とあるに当るだろう。

## 一刀斎の後継者争い

伊東一刀斎がその道統二代目を選ぶに際して、神子上典膳（のちの小野忠明）と小野善鬼が、死をもって戦ったという有名な話がある。

神子上は、伊勢の出身とも（『本朝武芸小伝』）、また信州人ともいうが（『増補英雄美談』）、ともにあやまりで、じつは上総の夷隅《いすみ》郡の郷士である。

神子上大蔵、里見家十人衆頭で六百石、その子庄蔵、百人衆頭忍足《おしあし》兵蔵の手に属して百石。この庄蔵は天文三年犬掛合戦で万喜軍の先鋒となって出陣し、稲村軍の大豪傑木曽新吾ととっくんで相討ちになって戦死した。

その孫が、典膳、忠也の二兄弟で、兄典膳がのちの小野次郎右衛門忠明。弟がのちの忠也流の祖となった伊藤典膳である。この兄弟は伊東一刀斎が上総へ武者修行中に来たときに入門して教えを受けたのだ。

小野善鬼のほうの経歴は、さっぱりわからない。小野姓であったというのは俗説で、善鬼が姓だったともいうが、善鬼という姓は奇妙だから、思うに、大峰山の前鬼という村の出身の山伏だろうという人もある。

善鬼が一刀斎に入門した話は、直木氏その他たいていは山田次郎吉氏の『日本剣道史』によっているらしいが、

その原話は根岸肥前守の書いた『耳袋』にあるので、この本には小野とも善鬼とも書いていないのである。

――一刀斎が諸国修行の途中、淀の夜船に乗って大坂へ下ったが、その時の船頭は力量すぐれた男で、一刀斎に試合を申しこみ、負けて門人になった。

そののち一刀斎に随伴していたが、江戸で将軍家が一刀斎を召しかかえようとした節、一刀斎は自分の替りに弟弟子の神子上をすいせんしたので、船頭上がりの兄弟子は神子上に真剣勝負を申しこみ、それに破れて死んだ。

この話には《船頭》とばかりで善鬼の名はない。著者の根岸肥前守は寛政十年に六十三歳で江戸町奉行に就任した人だが、本は写本として早くより世間に流布していたから、私の使用した岩波文庫には《船頭》としか書いてないが、ほかの流布本《るふぼん》には船頭の名を《高津市左衛門》としたものがあるところを見ると、この船頭を小野善鬼とするのは少々早まった感がないでもない。

なお、神子上と善鬼の真剣勝負のおこなわれた場所は、近来のもの皆、下総の小金ガ原としている。これは『本朝武芸小伝』および『撃剣叢談』の、小野忠明の項に拠るものだが、これには異説がある。『雑話筆記』と題する写本には、濃州桔梗ガ原としてある。これは乗鞍ガ嶽の北側高原にあたる。

『撃剣叢談』にはなお、一刀斎が京都にいる時分に、自分の妾にだまされて悪門弟どもに暗討ちされ、幸いに勝ったけれども、女に心をゆるしたのを恥じて、即日に京から出奔したという話と、もう一つ、東国で、《地擦《ず》り青眼》という妙手で試合を申しこんできた者を、ぬきうちに一刀両断した話をのせているが、それは誰でも書くありふれた話だし、《甕《かめ》割りの剣》の説話なども、小野家で云い出したウソ話だから、ここには省略する。

## 一刀斎の剣理

伊東一刀斎の剣の真髄を端的にあらわしたことばを、私は元禄十七年に刊行された柳糸堂の著作『拾遺御伽婢子』巻四に発見した。

それは一刀斎の門弟、原幸右衛門が下総藤枝羽に、浪人して隠棲中、同国大滝の名剣士瀬崎勘内に語った言辞の中にある。曰く、

「一刀斎先生の伝書にいう兵法の奥義では、勝負は刀剣をもって技術で勝つのでなく、心理を納むといって、心を転動させないという一点で、こつぜんと勝利をうるのです。術やワザで勝つのでなく、理をさとるのが真髄でござる」

このことばは、そのままの形では古藤田勘解由左衛門の『一刀斎先生剣法書』に出ていないけれども、その冒頭に書かれた趣旨は、完全に原幸右衛門の言ったのと同様である。

すなわち、剣法書のほうには、当流の剣法の要旨は、まず、なんといってもワザであるが、そのワザを行うのは理であるから、ワザと理とは車の両輪のごときものであって、習熟するためには、その一方にかたよってはならない。いいかえれば《ワザと理がかたよらない》ことを主要とし、習熟して《剣心不異》の境地に達する秘法こそ当流の真髄である、というにあった。

# 神子上典膳（小野次郎右衛門忠明）

## 伊東一刀斎の門に入る

『武芸小伝』には神子上典膳忠明としているが、これは正しくないと思う。忠明という諱は、典膳が後に徳川家に召抱えられ、小野次郎右衛門と改名したときに、二代将軍秀忠から忠の一字をもらい、はじめて忠明となったのである。

神子上典膳は伊勢の出身（『武芸小伝』）とも信州の出身（『増補英雄美談』）ともいうけれど、いずれの説もまちがっている。正しくは大和国の十市兵部大輔遠忠の後裔で、上総の夷隅《いすみ》郡丸山町神子上《みこがみ》に移住してきて郷士になり、後に里見家に召抱えられたのである（『寛政重修諸家譜』）。なお神子上の姓は『寛永系図』には御子神、『寛政呈譜』には神子上と記している。もとより住地を姓にする因襲から見ても、神子上を正しいと見なければならない。

典膳の曽祖父は神子上大蔵といって、里見十人衆頭に任じて六百石の知行をもらっていた。祖父の神子上庄蔵のときから、里見家の盟族万喜《まんぎ》少輔に配属され、百人衆忍足《おしあし》兵蔵の支配下に入って、百石を得ていたが、天文三年（一五三四）の犬掛合戦に際して、壮烈な戦死をとげた（『房総里見軍記』、『里見九代記』分限の巻）。

犬掛合戦というのは、久留里《くるり》城主の里見義尭《よしたか》が稲村城主の同族里見義豊をほろぼした決戦で、そのころは万喜家は久留里側の先鋒をつとめていた。

稲村側には木曽新吾・木曽庄九郎という豪傑兄弟がいた。殊に兄の新吾は大兵《たいひょう》で力量抜群、太刀打ちにすぐれ、馬上ゆたかに萌黄《もえぎ》おどしの鎧、おなじいろの兜。その花やかなこと牡丹に狂う唐獅子といった風情で、あたるをさいわいに右に左に久留里軍を斬りおとし薙ぎたおし、まるで無人の境をゆく奮戦ぶり。

これを見て、

「やあござんなれ。とどめてやくれん」

と、ひるむ久留里軍をかき分けて乗り出してきた騎馬武者一騎。これぞ百人衆のひとり神子上庄蔵で、卯の花おどしの鎧に六十二間《ま》の筋兜《すじかぶと》。馬は錆《さび》月毛であった。

木曽新吾、馬を近寄せて、

「いかに神子上」

と、声をかける。

「おう」

答えるが否や庄蔵、どんと馬の横っ腹で体当たりさせた瞬間、あぶみを踏んばり、鞍壺から飛び出して相手に組みついた。

「小しゃく。うぬっ」

迎えて引っこむ新吾、もみ合ううちに両馬のあいだへ、ドッと落ちる。上になり下になり、とっ組み合いながら両人、すばやく小刀をぬいて突き合いになった。

勝負はつかない。力量は、五分と五分。全軍は入りみだれての大合戦になり、誰ひとり両人の死闘を見まもっていることはできない。そして日がかげり、夕ぐれの靄が下りはじめた。

庄蔵と新吾は、とっ組みあったまま死んでいた。たがいの小刀が相手の急所に突きささったままだった（以上『房総里見軍記』に拠る）。

神子上庄蔵の子を神子上重《しげ》という。通称は土佐。これが典膳の父である。母は小野氏の出であった。後に典膳が神子上姓をすてて小野姓を名乗ったのは、その母の姓によったのである。典膳は寛永五年（一六二八）十一月七日に死去したことがわかっているが、享年いくつか不明のため生年月日はわかっていない。

神子上典膳の名が世に知られるようになったのは、天正十七年（一五八九）十一月下旬、万喜城の攻略戦のとき、岩将山《がんしょうざん》の奇襲によって里見軍の怪傑正木大膳亮時尭《ときたか》の軍勢を、混乱におとしいれて以来のことであった。

万喜家は古くから里見家の与党であったのに、万喜弾正少弼が国府《こう》の台《だい》合戦以来、小田原の北条氏側に寝返ったために、里見家の敵にまわることになった。

このとき敵軍総大将であった正木大膳亮、年齢わずかに十六歳、しかもこれが彼の英雄的生涯での初陣であったのだが、とうてい十六歳とは見えない巨魁な体軀で、しかも重さ三十斤《きん》にあまる大薙刀の尻手《しって》（石突き）を三本の指さきにつまんで、びゅーん、びゅーんと振りまわすという物凄い膂力《りょりょく》のもちぬしであった。

万喜城の抵抗は頑強で、城の守りも固かった。持久戦にもちこんで戦局の膠着《こうちゃく》するのは不利と判断した正木大膳亮は、機を見て総軍を八幡山に構え、一気に夜襲の総攻撃をかけた。

月はぼけていたが、西軍のかがり火が明るい。ひたひたと散兵線をえがく歩兵隊の足並みが急激に早くなる。すわ、と思ううちに岩将山のうしろから、万喜側の伏兵があらわれた。手兵二十名をつれた神子上典膳の徒士《かち》隊が、敵将正木大膳亮に一騎打ちを掛けたのである。大膳亮の奮戦は目ざましかったが、混乱のうちに間をへだてられ、ついに血刀をまじえる機を逸した。

典膳が伊東一刀斎にしたがって武者修行に出た年代は不明であるが、いずれにせよ、この合戦の後であったろう。

典膳は、以前は三神《さんしん》流剣術の使い手として知られていたというけれど、その三神流という流派については、私もずいぶん調べてみたのに未だに全く知るところがない。

伊東一刀斎は武者修行の途次、上総にやって来、当時の風習で試合をもとめる方策として、自分の泊まっている宿屋の前に高札を立てさせた。

「当国において剣術に望みある人あらば、来たって我と勝負せよ」

という意味の文言であった。

そのころ一刀斎の名声は関東一円に鳴りひびいていたので、こわがって誰ひとり試合に応じようとする者がない。

「しかし、あの神子上なら、やるかもしれない」

と奨める者があったので、典膳、おだてられたと知りながら、のこのこ一刀斎の泊っている宿屋へやって来た。

「ああ君が神子上どのか。よくお使いなさると近所のうわさで聞いている。得物は何がお得意かな。木刀でも真剣でもよい、掛かって来なさい。わしはこれで相手しよう。ケガをさせるのは本意でないから」

と、ありあわせの一尺ほどの薪をとって、庭へ出る。

典膳は真剣を選んだ。先年の戦闘にもこれを使って、よく手馴れている。波平行安《なみのひら》二尺八寸の業物であった。が、戦う余裕はなかった。右脇に刀をかまえて進み寄ったしゅんかんに、もうその刀は一刀斎にうばわれていた。

典膳はぽかーんとしたままでいた。

一刀斎は奪った刀を庭隅の薪棚《まきだな》へ、ヒョイとほうり投げたままで、すたすたと奥のほうへ入ってしまう。

典膳は我に返って、大声でさけんだ。

「もう一本、お願いしまーす」

一刀斎は奥から出てきて、

「うむうむ。若い者は修行がかんじん。なんどでも相手をしてとらせよう」

と、又もや前の薪を持つ。神子上は、こんどは三尺ばかりの木刀をもって出た。

が、根《こん》かぎりに働いても、木刀は一刀斎の衣服にさえさわらない。木刀を手からたたき落されること数十度、かかっても、かかっても、たたかれるか突っころばされるばかりで、典膳は精も根も尽き果ててしまった。

彼は、あまり威厳のないかっこうで、そそくさと逃げ出した。こころは絶望に近いような激しい苦悩に打ちくだかれていた。

「おれは本当に勇敢な男だったのだろうか。ごく最近までは、こんな疑問をいだいたためしは、ついぞ無かったのに……。今では、もう自信がない」

そう思うと、未来への不安のために息が詰まりそうになった。

けれど典膳は、その翌日、心を持ちなおして、一刀斎を訪うて師弟の契約を願った。

伊東一刀斎はしばらくこの地にとどまって、ひと通りの技術を典膳に教えてから、まもなく去って他国へ行ったが、翌年また典膳の家へ来て教え、

「まずこれで一応はできた。だが、このうえの秘奥を学ぶためには、私といっしょに諸国武者修行をしたがよい」

と奨めた。典膳はすぐに決心して家を捨てた。万喜家との主従の縁が、これで断たれたのである。

安川柳渓の『千葉県古事志』には、神子上典膳は父祖代々里見家につかえていたが、里見家の当主が里見忠義のとき、姦臣印東玄蕃のことを諫言して納《い》れられなかったため、浪人したと書いている。これは誤説である。

神子上氏は、万喜家が里見家にそむいて北条氏に通じたため、そのまま旧主だった里見家との縁が切れたので、その後、典膳が一刀斎にともなわれて房州を去るとともに、万喜家を浪人したのだ、と私は解釈している。里見忠義が里見家を相続したのは慶長八年（一六〇三）であったが、典膳は後にも書くように、忠義相続より十一年も前の文禄二年（一五九三）には、すでに徳川家康の家臣として召抱えられていたのである。

（注記）千葉県の郷土史家の中には、他の土地にもよくあるように、非常に不公正な愛郷家がいるらしい。『千葉県古事志』の誤を指摘するたびに、ひどい悪罵に充ちた糺弾状を衝きつけられるので大いに閉口する。

## 小金ガ原の血闘

神子上典膳より古参の門人で、善鬼《ぜんき》という者が一刀斎の廻国に付きしたがっていた。廻国中の他流試合には、まずこの善鬼が出るのが常例であったが、たいてい手に立つ者がいないほどの技術に達していた。典膳とくらべても互格以上だと、自分でもうぬぼれていたくらいであるが、その高慢ちきな態度がしまいには師匠一刀斎の憎

悪のたねになり、こんな頭痛のたねみたいなやつは生かしておけない、なにか事を構えて殺してしまいたいと思うまでになった。

そこで或る日、一刀斎は典膳に耳打ちをして、

「お前、善鬼と試合して彼奴《きやつ》を殺してしまえ。しかしお前の技術はまだ彼におよばないから、お前には特別の秘術を教えてやる。その手で斬るのだ」

といい、善鬼には匿《かく》して「夢想剣」の極意を伝授した。この極意は、かつて一刀斎が鎌倉八幡宮であやまって人を斬り、その偶発の意気合いから会得したという伝説があるけれども、この剣名は、たいていの一刀斎の伝書には見ることができない。しかしその存在したことは確かで、寡聞の範囲内では大坂の真鍋家々伝の『訓閲集』の書きこみに、『夢想剣心法書』と題する略図があるほかに、一刀斎の門系中でも、狭山一刀流の伝書だけにはこの剣名が出ているのである。

やがて伊東一刀斎の一行は、総州の相馬郡小金原へやって来た。小金ガ原というのはいまの千葉県松戸市小金を中心に、もとの葛飾・相馬・印旛・千葉の四郡にわたる広い荒野をいう。もと葛飾野《かつしかの》ともいっていた。

ここで一刀斎は典膳と善鬼を近くへ呼びつけて、

「わしは少年時代から刀術をこのみ、諸国を遍歴したが、我におよぶ者はほとんどなかった。もはや一期《いちご》の念願は果《はた》したわけであるから、あとは技術を後継者にわたせばそれでよい。後継者にはこの瓶割刀《かめわり》を授けよう。しかし、刀は一本だ。両人にあたえることはできない。だから二人はこの広野で剣の優劣をあらそうがよかろう。刀は、もちろん勝者にあたえるのである」

と言った。

それは両人にとって、決して思いやりのあることばとは受けとれなかった。残忍で、危険な印象が強かったからだ。

来る日が来た――と、ふたりは思った。前もって知らされていなかった善鬼にとって、それが必ずしも不意打

ちのおどろきでなかった感じであったのにくらべれば、まだしも、かねて内密の覚悟をうながされていた典膳にとって、「いよいよ」という成り行きは大きな衝撃に感じられた。

つね日ごろ、自然的にライバルという意識に馳り立てられて来た典膳と善鬼は、もう数年も前から漠然と常々緊張の毎日をおくっていたのである。たがいの存在そのものが、いつでも気になっていたのだ。歩くときには相手のほうへ振り返りたいという誘惑と絶えず戦わねばならず、しかも振り返らないようにしなければならないことは判っていた。そんな詰まらない小さな衝動でさえも、日常におさえていなければならないという意識は、ふたりのこころの底に、憎悪の感情をだんだんふくらませずにはいなかった。

そして、とうとう血闘がおこなわれたのである。けっきょく典膳は、内密に訓えられた「夢想剣」の神技によって善鬼を斃した。一刀斎は、約束通り瓶割刀を典膳にさずけ、

「これでさっぱりした。わしはもうこれきりで刀術をやめ、仏道の修行をしたいと思う。お前は故郷へ帰ってますますその道をみがき、一刀流の真髄を世間にひろめるよう精進してくれ」

といって典膳と別れ去ったが、その後の消息は知ることができなかった。

善鬼の殺された跡には松を植えた塚がのこり、世人これを「善鬼の松」と呼んだというが、げんざいの松戸付近にはその伝承地点はないようである。

典膳は、ずーっと後になってから、その当時のことをかんがえてみても、ひとつとしてこまかいことは思い出すことができなかった。時と事件が、まるで現実性のない悪夢のようにモヤモヤして、こんがらかっているだけであった。

典膳が一刀斎からゆずられた瓶割刀というのは、かつて一刀斎が伊豆の三島神社で賊を退治したとき、瓶のなかにかくれていた賊を瓶ごとバッサリ斬り下げたという説があるけれど、『一刀流口伝書』や『撃剣叢談』には三島神社でなく典膳と善鬼が小金ガ原で血闘したとき、善鬼が大きな瓶のうしろへ逃げ匿れたのを、典膳が瓶とともに斬り下げたから瓶割刀と名付けたとしている。

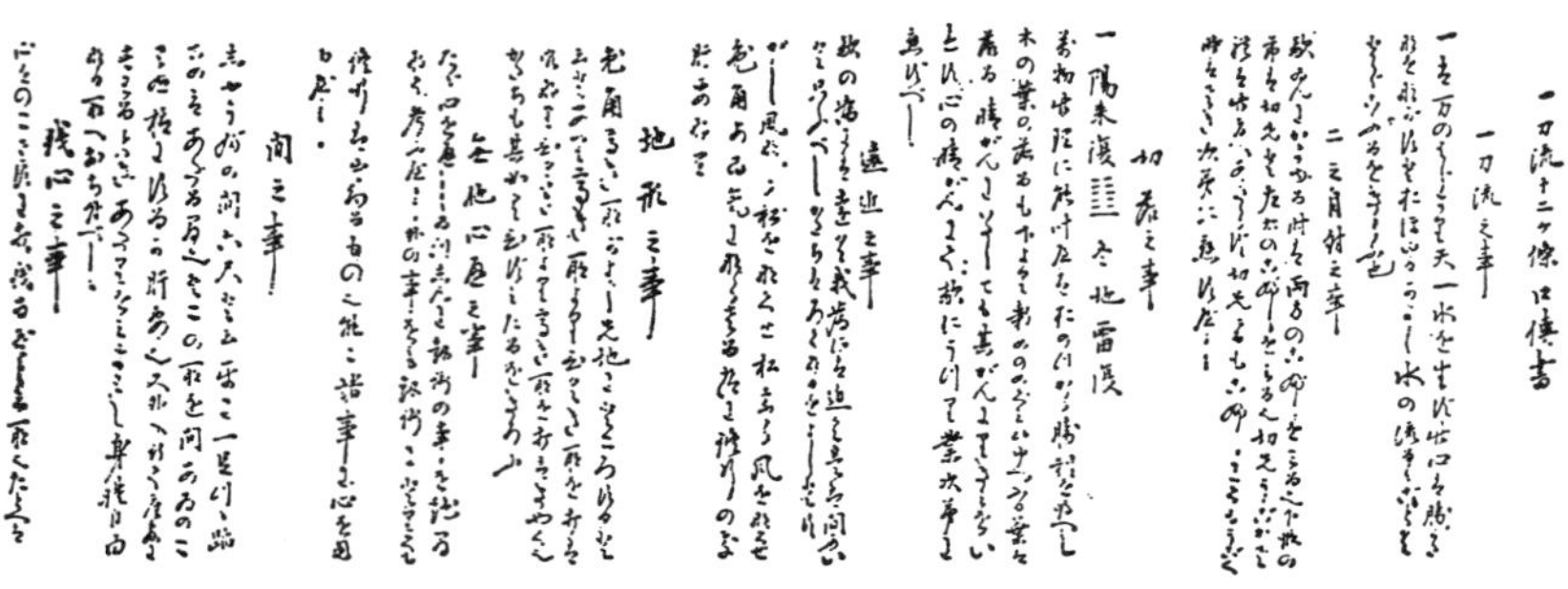

『一刀流十二ヶ条口伝書』（冒頭）

広い荒野のなかに、なんのために人が匿れるほど大きな瓶が置かれていたのか、ハテ面妖《めんよう》なと眉に唾でも付けなければならないが、どうせ小野家の伝家の宝刀ということになれば、奇躰な曰《いわ》く因縁はまぬがれがたいところだろう。

この宝刀は小野派一刀流九世小野一刀斎業雄から十世を継いだ山岡鉄舟の手にわたり、鉄舟歿後は未亡人から日光東照宮へ奉献されて現存している。

以上、典膳と善鬼の血闘の事情について、私は主として『武芸小伝』の記述にしたがって書いたのであるが、これにはほかにもいろいろと雑説がある。

師の一刀斎が典膳と善鬼をつれて江戸に滞在中、一刀斎の剣術が徳川家康の上覧に入った際、家康は感賞のあまり彼を召抱えようとしたのに、一刀斎はこれを拝辞して、かわりに門人の神子上を推挙した。すなわち文禄二年、典膳は二百石の知行で徳川氏の御家人になり、二代将軍秀忠の剣師を仰せ付けられた。このときから旧名をあらため、小野次郎右衛門忠明という。

これで兄《あに》弟子の面目まるつぶれとなった善鬼は、一刀斎に膝詰め談判をもちかけ、この際自分と小野忠明と試合をしたうえで、勝利を得たほうへ極意皆伝をゆるすという約束をとりつけた。試合場所は、下総国相馬郡小金ガ原とも、美濃国桔梗《ききょう》ガ原（乗鞍岳の山麓）とも、近江の粟津ガ原ともいい、あるいはまた江戸の飯田町あたりであったともいう。

また奇抜な説ではあるが、神子上典膳は師の一刀斎を暗殺して、一刀流の真髄を盗んで身を立てたなどという俗説まであるが、これはとんでもない謬見《びゅうけん》だ。おもうに、富田《とだ》天真正流棒術の祖で江戸侠客の第一号といわれる暴力団の組織者だった大鳥一平（一兵衛）が、師の富田一刀斎を斬殺して一流を創始したという話も伝わっているところから、名のまぎらわしい伊東一刀斎暗殺のうわさなども一部に生じたのかも知れない。

いずれにせよ神子上典膳が、師の一刀斎からいちど家康に推挙されたことは事実らしいが、そのときには事がうまく運ばず、いったん帰郷して後に、ふたたび江戸に出、そのときに召抱えられる機をつかんだとかんがえられることは、後にあらためて書く。したがって典膳と善鬼の試合は、典膳の仕官とは無関係におこなわれたと見なければなるまい。

ところで、ここに一つの問題は、善鬼という者の正体である。彼の経歴については未だ何もわかっていない。もと小野善鬼と称していたが、典膳がこれを殺して以来、その死を弔う意味で神子上姓を捨て小野姓にあらためたという俗説もあるが、小野姓は典膳の母方の姓によった改姓であり、また、善鬼が小野姓であったという確証もないのである。

小野次郎右衛門忠明の木像（成田市、永興寺）

一説には、善鬼というのが姓で、大峰山中にある前鬼という村の出身だろうともいい、事実、善鬼姓の人物は古戦記類のなかにも散見する。また日光コブが原の山伏宿は代々名を前鬼隼人という。さすれば典膳に殺された善鬼も、その前身は山伏であったのかも知れない。

善鬼が伊東一刀斎に入門する経緯《けいい》は、直木三十五その他、たいていの研究者が山田次朗吉氏の『日本剣道史』に拠っているけれど、それはどうもいけないように私は思う。その原話は根岸肥前守の『耳袋』にあって、それには小野とも善鬼とも書いてないのである。

その話の大要は……一刀斎が諸国修行の途中、淀の夜船で大坂へ下ったが、その船の船頭は力量すぐれた男で、一刀斎に試合を申しこみ、負けて門人になった。その後、一刀斎の供をしていたが、江戸で将軍家が一刀斎を召抱えようとしたとき、一刀斎は自分のかわりに弟弟子の神子上を推薦したので、この船頭上がりの男は神子上に真剣試合を申しこみ、敗れて死んだ、云々。

右のように船頭とはあっても、その名は出ていない――柳田國男氏校訂の岩波文庫本を見よ。だいたい『耳袋』は刊本でなく写本として流布したため、写本によって若干の異同があり、淀の船頭を桑名の船頭としたり、また船頭の名を高津市左衛門とした本もあるから、これを善鬼とするのは付会《ふかい》に過ぎない。

しかも、一本に高津市左衛門と書いてあるとなると、おのずから観点を他に転ぜざるを得なくなる。高津市左衛門というのは前名を間宮五郎兵衛久也といって、伊東一刀斎の門人ではなく、神子上典膳の弟、伊藤典膳忠也（伊藤一刀流、忠也派一刀流、忠也流などと称す）の門人で、後に広島藩につかえ、間宮一刀流を称した人物である。伊藤典膳忠也も諸国武者修行中は、兄とおなじ神子上典膳の仮名を用いたと間《はざま》喜兵衛の『剣術系図』（水戸彰考館蔵本）にも書いてあるから、『耳袋』にある右の話は、当然、忠也対高津の出合いであったはずではなかったのか。

## 徳川の幕下に入る

神子上典膳は、せっかく伊東一刀斎の推挙をうけたのに、どういうわけかその時には徳川家康の眼鏡にかなわず、けっきょく失望のうちに、故郷に帰った。しかし、万喜《まんぎ》家にも里見家にも復帰せず、夷隅《いすみ》郡丸山の実家に浪人生活をしながら、師から学んだ一刀流刀法の習練をますますおこたらず、その技が一段と上達したから、その名声をきいて遥々と入門に来る者が増加した。

だが、蛟竜《こうりゅう》ついに旧地《きゅうち》に泥《なず》まず、やがて栄達の道をもとめてふたたび江戸へ出府し、本郷（あるいは駿河台のへんともいう）に仮住をさだめた。当時は、まだ神田川が開鑿される以前であるから、本郷は駿河台まで地つづきになっていて、一に神田山《かんだやま》の称があった。彼はその住居に町道場を開設し、多くの門人を教えていたらしく思われる。神子上典膳の武名が急激に世にひろまったのには、そういった生活過程があったとしか考えられないからである。

たまたま江戸の近郊にあたる膝折村《ひざおり》（いまの北足立郡朝霞市膝折）で、ある剣術使いが人を殺して、民家に取り籠った。郷民の手でどうしても取りおさえることができないので、村長が江戸へやってきて、決断所へ訴えた。この決断所というのは、ここでは関東代官屋敷の意味で書いているのだ。徳川の幕制には決断所という名称は無い。これは正しくは雑訴決断所といって、建武中興当時の古い官制であるから、厳格にいえば徳川二代将軍治世において、俗用をゆるされる程度のことばではないはずだ。古めかしく思わせるための、下手な文飾としか言いようがない。

訴えは、こうである。

「わるい剣術使いが人を殺して、村の民家に取り籠りました。江戸にはこのごろ、神子上典膳さまとやらいう強い剣術使いが居られると聞きましたが、その神子上さまでなくては斬ることができないでしょう。どうかその方に御いいつけなされて、わる者を取りしずめに来ていただきとうございます」

その訴えが徳川家康の耳に入ったので、小幡勘兵衛景憲を検使にして、典膳に出役を命じた。この小幡景憲は甲州流軍学の祖として有名な人物で、後に神子上典膳の門に刀術を学び、神子上一刀流とも一刀宗流とも称するようになった。

典膳は下命によって膝折村へ来て、わる者の取り籠った農家の戸口に立ち、

「神子上典膳、降命《こうめい》によって江戸より来たる。なんじ、戸外に出て勝負を決するか、それとも我より戸内に入って勝負しようか」

と、さけぶ。

相手の刀術者はそれを聞くと、

「おう、われ典膳の名をきくこと久しい。いま会えるとは生前の大幸だ。出て行って勝負する」

言うや否や、駆け出して来て大太刀をギラリと引き抜いた。典膳も抜刀したが、これは二尺ばかりの打刀《うちがたな》だ。が、見るまに相手の両腕を斬りおとし、検使の景憲にむかって、

「首をはねますか。どうします」

と、きく。

景憲がうなずくと、典膳は次の一刀で相手の首を斬り落した。すばやいこと、冷徹なこと、見ていた見物衆がおぞけをふるうほどであった。


小幡景憲は江戸へ帰り、事の経緯を家康に逐一報告した。家康はたいへん褒賞して典膳を旗本に取り立てた。このときから神子上あらため小野次郎右衛門と改名した。以上の叙述は『武芸小伝』に拠った。同書には、このとき、采邑《さいゆう》三百石をたまわったとあるが、これは采邑二百石が正しい。召抱えられたのは文禄二年（一五九三）で、後に四百石になり、さらに六百石にのぼっている（『寛政重修諸家譜』）。

右の話、小幡景憲が検使として出役したとあるのは年代に合わない。典膳がこのことによって幕士として召抱えられたのは文禄二年とすれば、景憲はその前年の文禄元年に旗本を脱走して浪人し、元和元年（一六一五）に旗本に復帰しているから、膝折の事件当時は江戸に居ず、出役は不可能であるからである。

膝折村の事件は、『老士語録』には、いくらか変った形で語られている。

——典膳が諸国を遍歴して江戸へ来たとき、徳川家康はこれを江戸城へ召してその武技を上覧したが、どうしたのか余り気に入らなかったらしく、召抱える気にならなかった。そのころのことだが、江戸城下で修験者が人を殺して、自分の家に取り籠った。町奉行は当時、城下で武名の高かった神子上典膳を呼び出してその召取りを依頼したところ、神子上はあいにく病中であったので、固辞した。しかし重ねての依頼があったため、やむをえず出向いていって、その修験者と戦った。

形勢はどちらかといえば神子上に非で、彼は、たじたじと斬り立てられ、うしろへ退がるひょうしに、おもわず小溝に踏みこんで、たおれた。

「えたり」

と打ちこむ修験者の太刀の下を、かろうじて避けた典膳、払い斬りに相手の腕を斬りおとして、立ち上がりざま遂に仕止めた。

その戦いぶりを聞いた家康は、

「前に彼の技を見たときは、あまりにも奇異で、夭剣《ようけん》の魔法かも知れないと思った。それで召抱えるのを躊躇したのだが、こんどの戦い、彼が溝におちたと聞いて、はじめて正法の剣法であると安心した」

と言って神子上を召抱え、秀忠将軍に付属させて剣術の相手をつとめさせた。云々。

『絵本英雄美談』は右の件を改作して、駿河田中の城下で念行院重玄坊という修験者が狂刃をふるって取り籠ったのを、苦戦して斬ったとしている。この田中城というのは今の静岡県志太郡西益津の大字で、旧名を徳乃一色《とくのいっしき》といい、城は始め今川氏の将長谷川氏がこれに居ったが、後、武田氏を経て徳川氏の有《ゆう》となった。

神子上あらため小野次郎右衛門忠明は、徳川家の臣になって七年目の慶長五年（一六〇〇）九月の上田真田の攻略戦に参加していちじるしい軍功を立て、「真田の七本槍」のひとりに数えられるにいたった。このときの彼の働きは『関原軍記大成』や『翁草』の記事にくわしいが、ここではもっとも正確とおもわれる『慶長記』上田御発向の条にしたがって書いておく。

――九月六日辰の刻に、真田の家臣根津長右衛門の持口《もちくち》から、依田兵部と山本清右衛門が物見（偵察）に出てきた。虎口《こぐち》――この虎口というのは軍陣用語で、城や陣営のもっとも要所にある出入口を猛虎の歯牙にたとえていうと『武家名目抄』にある。中国の兵書には、軍陣の門戸を車で囲って虎門といった、それから来た語であるから二町ばかり向こうに土堤があって、その土堤のうしろにかくれて物見していると、あとから歩行《かち》武者の斎藤左助が山伏すがたでやって来て、物見のいる土堤よりもっと前へ出て、槍玉を取って（これも軍陣用語で、槍を手玉にとる、槍をひねくる等いうに同じ）敵へ名乗りを上げた。

　すると、徳川勢の牧野右馬允の備えから、神子上典膳（小野次郎右衛門）と辻太郎助が一文字に駆けてくるのが見えたので、斎藤は逃げてしまった。辻と小野は追いかけるのをやめて、依田・山本らのかくれているほうへ走ってくる。そこで依田と山本は立ち上がって土堤の上と下から槍を組んだが、やがて小野と辻は土手の内側へ飛びこんできて激闘がはじまった。

　そこへまた徳川勢から、朝倉藤十郎・戸田半平・中山勘解由・鎮目市左衛門・太田善太夫の五人が馳けてくる。太田は槍脇の弓（これも軍陣用語。一番槍・二番槍の脇について弓で戦う士。槍脇を詰めるともいう）である。真田側では、山本は長柄の槍が折れるほど戦って四カ所の疵をこうむり、かなわぬと見て、引く。依田も重傷を負って虎口ぎわまで引いて倒れるところを、小野が刀を抜いて依田の面上を一太刀斬り、つづいて辻も一太刀斬った。山本走り寄って両人を斬り払い、依田の死体を虎口へ引き入れた。

　これを見た牧野右馬允が、

「それ、辻・小野を討たすなっ。続けや者ども」

　と下知したから、

「うけたまわり候」

と、追々に百騎ばかりも突撃しはじめた。

　これでは城方の兵が門内へ引き取れないと見た根津長右衛門が、城兵にときの声を上げさせて鉄砲の一斉射撃を命じたから、それをきいた徳川勢は敵が城から突いて出るものと思って、虎口のところから少し後退した。そのあいだに城方の兵は、ぜんぶ城内へ逃げこんで門を閉めてしまった。

　このときの辻・小野ら七人を「真田の七本槍」という。しかし、依田の面を斬った初太刀が小野か、辻か、判定がつかなかった。小野は、

「依田は朱冑《しゅかぶと》を着て、頬当て（鉄面《かなめん》に同じ。兜をかぶり目の下につける防具）はしていなかった。それがしが初太刀

である」

と主張する。

それに対して辻は、

「依田は朱頬《しゅほう》を掛けていた。我こそ初太刀でござる」

と言い張る。

右馬允がそれを聞いて、どちらとも決める証拠がないため、家来二、三人を馬買い（伯労《ばくろう》）に変装させ、

「あのときの戦闘の情況を、よーく調べて来い」

といって、後に信州へつかわしたところ、彼らはどうやら才覚して山本清右衛門に出会い、あのときの様子をたずねると、山本は、

「依田は頬当てはしていなかった。朱頬を掛けていたと申される仁は、さだめて二の太刀であるだろう。初太刀で血走りしていたはずだから、いそがしい際でもあり、朱頬に見あやまったのも無理はない」

と語った。

この儀を右馬允に復命したから、

「なるほどその通りであろう」

と批判したという、云々。

これで小野次郎右衛門の一番槍は確証されたわけであるが、彼の戦場での傍若無人さは相当のものであったらしく、ついに軍律を犯して真田信幸にあずけられた。翌慶長六年、罪解けて将軍幕下に召し還され、二百石加増されて四百石に栄進した。後、旧知をあらためて上総の国の山辺・武射の二郡のうちで六百石を知行した（『寛政重修諸家譜』）。

## 他流道場で非情の殺人

後に小野次郎右衛門忠明が大坂夏の陣で、同僚の旗本某々が卑怯なるふるまいをしたと中傷して関係者から逆に訴願され、大騒ぎになった一条は『武功雑記』に詳しい。彼はこの件のために将軍に叱られて、閉門を食ったが、やがてまた赦免された。

こんな厄介なトラブルを再々おこしている点などから見て、小野次郎右衛門には人間的に、円満さ、寛容心に欠けた一面があったように思われ、その軽躁《けいそう》さが、柳生但馬守宗矩の重厚さや政治的遊泳術に到底およばなかったところに、生涯、彼が柳生宗矩ほどに出世できなかった素因《そいん》があったのかもしれない。

彼の軽躁な行動は、次の『撃剣叢談』の話にもよくあらわれている。

——ある日、他流の道場を見物していた小野忠明が、その連中があまり下手くそなので脇からひどく悪罵したところ、指南をしていた者が出てきて、

「貴公の悪罵・嘲弄、まことにもって聞きずてにならない。このままでは帰さないから、道場に入って一勝負さっしゃい」

と言った。

忠明、すぐに板敷きの間へ飛び出し、腰にさしていた鼻ねじ（小棒）をぬいて、相手の眉間を丁《ちょう》と打つと、相手は鼻血を出してすぐにその場に尻餅をついてしまった。

もうひとりの指南役が出てきて、

「今日はこの者を介抱するから、明日もういちど来て下さい」

という。

「心得た」

といってその日は帰宅し、あくる日、あらためて出かけてゆくと、道場の小潜口《こくぐりぐち》ひとつ明けて待っている様子であったから、何ほどのことがあろうとばかり電光《いなずま》のように飛びこむと、これはしたり、板敷きに油が塗ってあって足がすべり、ずでんどうと引っくりかえる。

「うまくいったぞっ」

と、道場の者どもがおがみ討ちに来るのを、忠明たおれながら、「鍋鉉《なべづる》」と名づけた刀を抜いて払い上げ、そのまま起きあがって苦もなく相手を斬り殺して、立ち去った。

右の件は根岸肥前守の『耳袋《しっとう》』の記事が原話らしく、それによれば次郎右衛門は両国橋への道場破りをして――両国橋と書いたのは失当。この橋は万治二年創架。次郎右衛門忠明の死後にできた橋である――道場主を鉄扇で打ち殺したため、将軍師範のすべき行状でないという理由で遠島刑に処せられたが、島で西瓜荒しの曲者と格闘して、西瓜の皮にすべりながら召捕ったので特赦され、江戸へ帰った。

ひさびさで登城して将軍に御礼を言上したら、将軍は、

「久しぶりだ。立ち合おうじゃないか」

と言うや否や、やにわに抜打ちに斬りつけた。

次郎右衛門、平伏したまま頭も上げなかったが、両手だけは素早くうごいた。下に敷いてある毛氈をいきなり手もとへ引っぱったので、将軍はひっくり返り、爾来、大いに将軍から信頼されたという。

『絵本英雄美談』では、右の話は次郎右衛門忠明の子の次郎右衛門忠常の逸話としている――忠常は下総に流罪になっていて、三年後、上総の悪徒甲斐宝三吉を生け捕って功を立てたので、ゆるされて江戸へ帰ったとあるが、この流罪の件は、忠明・忠常とも、『寛政重修諸家譜』には記入がない。同書は各家で作譜して上呈したものであるから、家名をきずつけるような事項は書かないのが当然であるが、それにしても、下総は流刑地ではなく、そこは小野家の知行所であるから、もし罪科として江戸を遠ざけられたのなら、知行所へ閉居を命ぜられたものとかんがえるしかない。いずれにせよ寛永五年（一六二八）十一月七日に死去した忠明も、寛文五年（一六六五）

小野忠明（右）、小野忠常（左）の墓（成田市、永興寺）

十二月六日に死去した忠常も、共にその知行地内の下総国埴生郡寺台の永興寺に葬られている。寺は今、成田公園内になっている。

小野次郎右衛門忠明は柳生家とならんでの将軍指南役であるから、小野と柳生と、どちらが強かったかの比較を聞きたがる人が多い。そこで『一刀流三祖伝』にある次のエピソードを紹介しておく。

——柳生但馬守宗矩が、小野忠明の剣術を一見したいと所望していると聞いて、忠明は躊躇せずに柳生屋敷を訪問した。但馬守が相手をしてくれるものと思っていたのに、案にはずれて但馬守は固辞し、かわりに長男の十兵衛に、

「お相手をいたせ」

と申しつけた。

十兵衛かしこまって木刀をもって立ち上がったけれど、相手はなにぶんにも上田城攻略戦や大坂冬夏の両陣に、千軍万馬のあいだを馳けめぐった実戦の大経験

者であるのに、十兵衛は生涯に戦場の味を知らない青年である。血気ばかりは盛んでも、相手に突っかける勇気の出るはずはなかったから、けっきょく試合にならずに木刀を捨てて、平伏し、

「まいりました。忠明どのの術は水月のごとくでございます。とうてい私の歯の立つ相手ではありませぬ」

と挨拶した。

「では、拙者が」

と尾州家の柳生兵庫が立ちあがると、小野忠明は、さえぎるように言った。

「あいや御一同の方々。御門人衆の技術の深浅を私の剣術で試みようとされるなら、ひとり試みるも多勢試みるも同じことにござる。いかがでありますか。三人でも、五人でも束《たば》になって、一度にかかっておいでになっては」

そこで柳生兵庫と、但馬守門下の木村助九郎・村田与三・出淵《いずぶち》平八の四人が出て、いざとなれば四方から掛かって小野忠明を打ち殺そうといわんばかりの気構えを見せたが、それと見た但馬守と十兵衛が異口同音に、

「門人どもは格別だが、兵庫はひかえたがよかろう」

と言ったため、柳生兵庫だけは渋々ながらその場から離れた。

こうして門人三人、木刀をかまえて忠明の前と左右から打ちかかったが、助九郎は木刀をうばわれ、その木刀で村田は両手をおさえられて動きがとれず、うしろから上段に打ちおろした出淵の木刀は、まんまと忠明にはずされたばかりでなく、その勢いで村田の頭をしたたかに打った。

見ていた十兵衛は忠明の妙術に感心して、村田といっしょに後日ひそかに忠明をたずねて、その教示を受けたという。

# 播州伝　宮本武蔵玄信

## わかりにくい武蔵の実体

「こまったなあ、原稿たのみに来てそんな顔付きされると……」

「そんな顔付きって、何のことだねえ」

「まるでもうメロドラマの主人公みたいだもの。それほど深刻なことでないと思うんだけどなあ」

「それが、チョイと深刻なんだから、しょうがないのさ。宮本武蔵を書いてくれと言われるたびに、私は三分の危惧と、七分のためらいを感じて、憂鬱になってしまう。第一もっとも基礎的な彼の出身地の問題が、まだ現在の段階では決定的な結論を得ない状態のままなんだからね」

「そんなこと悩むこと無いじゃないですか。武蔵自筆の『五輪書』に、はっきり播州で生まれたと書いてあるんでしょう。武蔵が自分でそう書いているのなら、もう何といったって千鈞の重みじゃありませんか」

「きみは簡単にいうがねえ、それを私が主張すると、とんだ厄介千万なことになる。岡山県英田郡大原町宮本の生まれだとする美作《みまさか》出生説の郷土史家たちや、ペテンに引っかかり易い大衆作家や武術史家たちが、播州説のこの私を執拗《しつよう》な没義漢《わからずや》と決めこんでいる。だが執拗なのはおたがいさまだ。猛犬か気狂い犬みたいに、やたらと猛《たけ》りたって咬みつくのは、いったい、私のほうなのかねえ、あちら様のほうなのかねえ」

「どうも……そういう議論は少々被害妄想気味で」

「何が被害妄想だ。口ぎたない電話や、はげしい抗議の手紙が殺到するという事実があっても、単なる被害妄想と君は言い切れるかい。彼らは宮本武蔵が播州で生まれたという説を、武蔵自身がそう書いているという事実まで歪曲《わいきょく》して、是が非でも圧殺し、否定し、沈黙させてしまいたいのだ。そして彼らは、もっとも狡猾な、悪辣なやり方で世人をマンチャクしようと画策して、無理押しゴリ押しに岡山県内に武蔵神社を建てることに成功した。他の国からわざわざ二天一流の某を招いて剣術道場を開設させ、武蔵太鼓とやらいう民間芸能までヒネクリ出して宣伝材料につかい、それらが、さも古い時代から存在したかのような印象を捏造《ねつぞう》して、既成事実に見せかけようとしているように思われる。そういった変則的な愛郷精神で県政に働きかけて観光地開発に踏みきらせたのは、ごく最近――ここ十数年そこそこ以前からなんだから、まさに驚きですよ。どうも地方文化人のなかにはモノマニアックな人がたまに出現するらしいねえ。たしかにそういうことはもっと早く明治時代にも一度ありました。池辺義象という岡山県人の有名な文学博士が主張して、躍起になって宮本武蔵美作出生論を世人に押しつけたことがある。そのときの悪い影響が、今もまだ怨念のように付きまとっているのかも知れませんねえ。

　けれど私は、怨念などには屈服しませんよ。君はそう思いませんか。私は老齢だし重病人だ。血の気も才気もないグニャグニャした男だ。でも、このお粗末な肉体と皺《しわ》だらけの皮膚の内側に、冷酷無残な魂や、ガムシャラな反抗心や、いけ図々しい奸智と打算が煮えたぎっていないと誰が言い切れますか。私が虚勢だけで怒号しているのだと思ってもらいたくないものだ。せめて、言いたいだけのことは言わせてもらいますよ」

「しかしですね。そのように興奮されると――」

「しかし、なんて言いなさんな。私は五、六年前に心筋こうそくで倒れて以来、なんども何度も入院生活をくりかえしました。現在の入院生活だけでも、すでに四カ年以上連続の長期に及んでいる。今では心臓の冠状動脈硬化の進行にともなって、感情に対する自己防衛の外皮もまただんだん硬化せざるを得なくなったのに気づくのです。そして、そういう硬化中の外皮などは、何とかたまには脱ぎすてる努力でもしないでは思考の柔軟性がうしなわれ、内部の個性が萎縮してしまうのじゃないだろうか。いったい私は、腹を立てる人間を見るのはあまり好きじゃない。そういった人に対してはいつでもこちらから反感を感じてしまうのだが、そういう私自身が年齢をとるにつれ、腹のたつことがだんだん多くなって来た」

「いけませんなあ。そりゃーただ血圧を高くするだけのことですよ」

「あはは、まったくだ。だいたい宮本武蔵の出生地の問題など、高圧的な恫喝《どうかつ》や憎悪で解決できるものじゃないよ。人にはそれぞれ違った意見や信念がある。各人は各人の信じるところに安住すればいいんだ。私は思うままに物をいう自由はあるのだ。でも、一方的ないやがらせの攻撃で言論を邪魔し、きたない雑巾を無理々々私の口に押しこむような仕打ちには勘弁がなりません」

「それはわかりますが、どうですか、このへんで話をすすめてもらえませんか。出生地が第一の問題として、もちろん第二の問題もあるのでしょう」

「それはある。第二も第三も第四もある。それをみな言うとゴタゴタしてややこしい。今はまず第二の問題にかかることにする。もっとも、この問題もまだ私には正確な結論が出ません。こんがらかっていて、解きほごすことがむつかしいのです」

「推察はつきますよ。宮本武蔵が一人でなくて、七人も八人もいたという奇怪な話なんでしょう」

「七、八人どころじゃないよ。文献上の所見では、同名の人物が余りにも多すぎるのだ。私の『武芸流派大事典』(昭和五十三年十二月刊行の全改定版)には、ともかく十五人までは書きならべておきましたがねえ、正しい宮本武蔵は一人しか居ないはずだから、ほかの武蔵は別名か変名のばあい以外は、すべてこれ全然別個の僭称者、つまり贋者《にせもの》だったと見なければなるまい。しかもこの数のうちには、画家としての宮本武蔵は数えこんでいないのだよ」

「その画家の宮本武蔵までが怪しい、というのじゃないのでしょうねえ」

「さあ、どうだろうか。もし私がここで画家としての宮本武蔵はいんちき臭いなどと言い出したら、それこそまた大それた非難が殺到するでしょうな」

「いけませんよ。それではまるで危険思想というべきですよ」

「思想の善悪を、そう簡単に格付けしちゃーいけないなあ。事実、宮本武蔵の画には臭いものが多いのだ。彼の画には、たいていサインがなくて、二天という雅号の小印章が捺してあるのが普通です。江戸期に出版された画家名鑑に『本朝画纂』という本があって、画家としての彼は宮本武蔵範高《のりたか》であって、玄信でも、政名でもないのです。このうち政名という諱《いみな》には疑問があるから後まわしにしますが、ともかく武士には生涯には何度も名を変える風習があって、「通称《つうしょう》」は幼名にはじまり、元服するときに通称を別に選んで（多くは父または祖父の通称をもらう）、この時始めて諱を付けて一人前のあつかいになる。それ以後、何かの都合で通称を変え、二度も三度も変える人がある、隠居するとまた名を変える（代々隠居名のきまっている家もあるし、気の早い人は隠居と同時に法号・戒名を坊さんに付けてもらって名乗る人もあった）。商家などの主人が代々襲名する風習も、じつは武家に倣ったのですよ」

「諱は変えないんですか」

「諱は加冠のときに始まって、まあたいていは隠居以前まで変えないのが通例だったようですねえ。もちろん、養子にいったばあいには養家の慣例の字によって新しい諱にかわる例が多い。しかし一般的には、諱はあまり変えないらしいのだけれど、実際的には諱を変えた例も、ずいぶん多くありました。足利将軍などは平気で諱を変更していますねえ。足利義教ははじめ義宣、義政ははじめ義成、義尚は後に義煕とあらため、義稙ははじめ義材、周防山口へ奔ったときには義尹とあらため、義澄ははじめ義遐、また義高とも変えました。将軍のような地位の高い人ばかりでなく、ふつうの武家にも諱を変える人はめずらしくない。宮本武蔵なども始めは義軽（あるいは義恒）、後に玄信に変わったらしいですね」

「森銑三《もりせんぞう》先生の『随筆辞典』を見ていますと、宮本武蔵の諱は貞為となっていますが、これは玄信より前につけた諱ですか」

「あ、それは森さんがまちがっています。貞為は武蔵の諱でなく、武蔵の一番養子だった宮本造酒《みき》之助の諱ですよ」

「へええ、まちがいですか。ややこしいな」

「誰だってまちがいはあるものだ。私など、しょっちゅうだよ」

「いったいその諱というものの本質は何なのですか」

「諱は忌名《いみな》ですよ。元来は貴人の本名のことで、中国の周の時代にはじまり、他の人はその貴人の名と同じ文字を本名に使うのを避けたのですが、日本では文字そのものでなくて、文字の訓《よみ》の同じなのを避けていました。むかしは天皇・摂政・将軍などに限られていたのだが、徳川時代などになると、もっと一般化し、いつのまにか文字の訓《よみ》よりも、もとのように文字そのものを避けるようになり、井原西鶴が「鶴字法度《はっと》」にひっかかって西鵬と改号するようなことにもなったわけです」

「一般化したといって、どの程度ですか」

「武家のぜんぶでしょうなあ。足軽でも諱はつけていた。井原西鶴は米屋の出身らしく、武家でないけれど、ペンネームが鶴字禁止令にひっかかった」

「一般町人は、どうです」

「それは無かったらしいですね。明治六年三月に法律ができて、諱は正式に禁止されたが、町人は別に、どうってことないよ」

「でも、現在——ということは明治以来、てことですが、古武道をやっている先生方は、たいてい七むつかしい諱みたいなものを付けているじゃありませんか」

「それは昔の武士の猿真似でしょう。明治六年に法律で廃止されてからは、いまでは総理大臣でも明治の元勲の子孫でも、だれも諱は付けなくなっている」

「古武道家諸先生だけが、よしんば町家の出身でも、伊達か酔興かで諱を付けて威張っているわけか。ご苦労なことだ。法律を無視してまで自分の名に空虚な威厳が付けたいんだな」

「いいじゃないか。だれに迷惑かけるわけでもなし、じぶんの楽しみでやっていることだ。君が文句をつける筋合いじゃないよ。それより君、話の先を聞くのかねえ、聞かないのかねえ」

「そりゃー聞きますよ、つづけて下さい」

「ほいほい、話が蹴つまずいて何処までだったか忘れてしまったぜ。ええと、そう、宮本武蔵の諱のことだったねえ。宮本武蔵玄信、この玄信というのは二天という雅号と同様、あるいは晩年につけた法号（戒名）のつもりだったかもしれないが、『五輪書』の文中の名乗りでは新免武蔵藤原玄信、と、やはり諱のあつかいになっている。雅号なら一人で幾つもつける例が多いから、画にかぎって他の特別の雅号を用いるというのなら理解できるけれども、画にかぎって諱は範高《のりたか》を用いたということになると、どうもこれは不合理で、ちょっと考えられないことじゃないかね」

「私には、よくわかりませんなあ」

「私にだってわからないさ。元来、諱は本名なんだから、もちろん養子入りとか相続とか何かの理由で変わることはあっても、画のときの本名は何々、剣のときの本名は何々と、いちいち本名を変えて用いるかねえ。雅号は変えても本名までは変えまい。本名がちがうなら、それは別人か贋物《にせもの》と思うのが常識じゃないかねえ。まあ画のことは私の専門外だから、名画として珍重される宮本武蔵の美術品に別にケチをつける気はないけれど、剣士宮本武蔵玄信が画人としては何故に宮本武蔵範高であるのか、美術評論家は単なる印象批評以外に、何の科学的証言をしたのか知りたいものだ。一般に宮本武蔵の画といわれるものには、随分あやしげなものが多い。武蔵自筆と称する自画像もその例だが、特に達磨の図（俗に「八方にらみの達磨」という）は、九州を中心にして上方から江戸までかけて、ひろく流布しています。その多くは天保年代に、坂上東海という旅まわりのヘッポコ画家の書いたものです。それはおびただしい数の偽作品で、私の子供のころ、神戸の骨董店や大阪の御霊さんの一六の夜店などでも一枚十銭ぐらいで軒並みに売っていたものです。その時分も今と同じで、ずいぶんといんちきな骨董品や書画のゲテ物が多かった。宮本武蔵の「八方にらみの達磨」を含めての三幅対の一つは、豊臣秀頼が八歳のときに書いたという「豊国大明神」の大字の半折と、もう一つは北白川の白幽子仙人の書いた「三社託宣」の半折でしたねえ……おっと、また脱線したか」

豊臣秀頼八歳の書

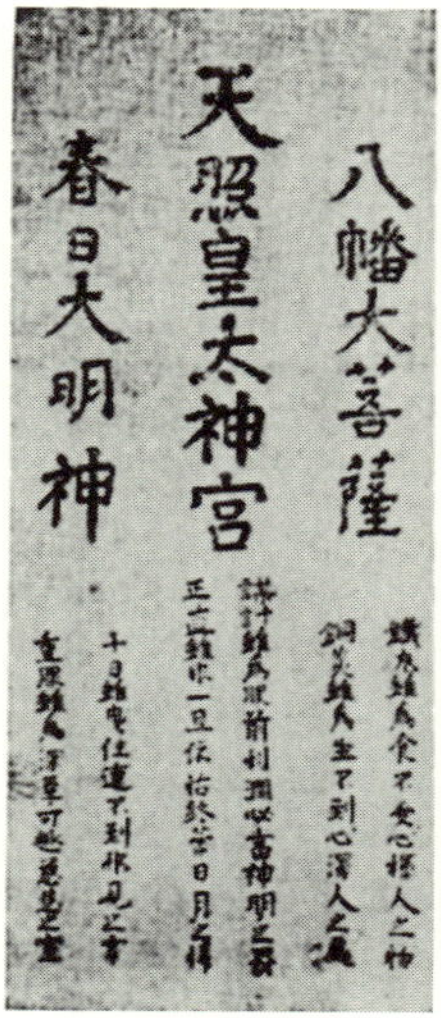


白幽子仙人の三社託宣

「ムニャムニャ……」

「え、何か言ったかい。どうも君はウンザリしたような表情をするねえ。私があんまり何でもけなすからかね」

「たしかに口は悪いほうでしょうな」

「悪口は耳に痛いものさ。耳は心の鍵穴だ。悪口はそれを開けさせる鍵だよ。でも私は何も、わざとオーバーな悪口をいっているのじゃない。何しろ口下手ですからねえ、それでかえって多弁になるのさ。だれが君、水を飲むのに井戸へとびこむ必要があるものか」

「ぶるる、ひどい冗談だ。口下手だなんて――」

「どうだねえ、もっと話をすすめていいかい。これからいよいよ佳境に入る――ということは、話がますます七めんどうで理屈っぽくなるということだ」

## 武蔵の幼名と通称と諱

「いったい宮本武蔵の本物・にせ物の判別などという難事業は、私のような、しょっちゅう自分自身を矛盾に追いこんでいるバカらしさを物ともしない軽はずみな男にとっては、まあ、たいていは手におえない仕事です。そりゃー、損得計算もゆきとどき、能率のかたまりみたいな若くて気鋭な大学の先生方にでも任せておけば、ひと月か、ふた月の短期間で、遅滞なくデザインのように手ぎれいな分析をして見せてくれるかもしれません。私などみたいに、お玉杓子かなめくじみたいに怠惰で感のにぶい男は、ぐずぐずと長い期間おなじ主題をひねくりまわしても結論がでないので、とっくの昔に学者として成功することに興味をうしなってしまいました。その結果、いまでは、まるで水から跳び出した魚か何ぞのように、浅はかにも性急な決断へとびこんでしまうのです。勇猛果敢に見えても機略縦横とはゆかないから、平気で向こう見ずになる傾向があります」

「ご謙遜なのか皮肉なのか、ちと諒解にくるしむ次第でありますなあ」

「どう思われようと構いません。いずれにせよ学者先生の目からみれば、私などはまるで精薄児みたいなものでしてねえ。まあそんなコムプレックスはともかくとして、まずその種の問題の解決がどのように手におえないかという僅少の見本を、ここに出してみましょう。立花峯均《ほうきん》（この人の剣の伝系は後に触れる）の書いた『兵法先師伝記』に、こんな記事があります。

——当流の兵書という本が世間にあって古本屋でも時に見かけるが、これは宮本武蔵が源義経の武勇にあやかって義経と名乗り、本にも宮本義経と署名してある、云々。

これには宮本武蔵義経——つまり武蔵の諱は義経であるというのですが、後に出てくる伝書の署名から見て、この義経は義軽、または義恒の、誤記かと思われるのです。ほかに義貞という例もあるが、これだけは明確に玄信とは別人ですから、後でいうことにします」

「義経ですか、武蔵坊弁慶にあやかって武蔵といい、源義経にあやかって宮本武蔵義経、て訳ですね」

「ちょっと待った。弁慶を引きあいに出す通説は浅薄でないだろうか。吉川英治が顕彰会本の美作《みまさか》出生説からヒントを得て、武蔵の通称は幼名タケゾウ（武蔵）をそのままムサシに訓み替えたと軽々しく設定したのは、これは小説だから深く咎められない。私は武蔵の通称について一つの新説を用意している。勝手な独断といわれるかも知れないけれど、私は武蔵は幼名の弁之助を略して弁之《べんの》、または弁《べん》といい（卯之吉を卯之、猪之助を猪之、松吉を松と略する例は常識です）、「弁之」は正しく書けば「辨之」だが、略字では弁は片仮名のムとサ、之はシとなります。つまり弁之の片仮名を、加冠のときに武蔵という本字に直して通称にしたと思われるのです。何よりも弁之助が正しい幼名であったらしい証拠は、宮本武蔵玄信の死後、彼が、かつて継がされた新免氏の名跡を、寺尾派二天一流の寺尾求馬助信行の四男に譲った（新免弁助信森）という事実に明らかですが、この弁助の二字も実は弁之助と、ノの字を入れて訓んだのです」

「へえ、なるほど」

「もう一つ例を上げると、岡山藩士の源徳修の書いた『撃剣叢談』に、

——武蔵流の古い免許状に、宮本武蔵守義恒と署名したものがある。そのほかにまた円明流のほうでも、宮本角平という名で慶長十二年に出した免許状がのこっているが、この宮本角平というのは宮本武蔵の庶子か、それとも武蔵の門弟で宮本姓を継いだもの（つまり、養子）であろう。

という記事があります。この義恒という諱は、前に書いた義経、または義軽と文字がよく似ていて、活字のばあいは見違えはないにしても、活字の無い時代の書き文字では、よほどハッキリ楷書で書かないと区別ができなかった。私は写真に撮ってもらった伝書を見て判読したのですが、筆使いがどうしてもよくわからない。義経でないことだけは明白ですが、義軽か義恒か、どちらにも読めるのです。行書で書けば軽と恒とはよく似ているので、これは筆跡鑑定家に見せても決定的な裁決は無理だろうと思います。しかしそれにしても、宮本武蔵の初期の諱は義経ではなくて、義恒か義軽のいずれかであったのだと、かんがえてよろしいでしょう。

ところで慶長十二年に免許状を出したという宮本角平、これが宮本武蔵（義恒）の庶子か養子かだと書いてあるのには、さすがの私もアッとおどろいてしまったねえ」

「どうしてですか。本物か贋物かわからない宮本武蔵が十五人以上もいたというのが、あなたの説でしょう。養子など何人出て来ても今さらおどろくに当たらないじゃありませんか」

「いや、武蔵の養子癖は有名なんだし、その人数も名前もわかっているのです。そのことは後でいいますが、宮本角平が武蔵の庶子か養子であったというのなら、私はびっくりせざるをえませんね。角平が免許状を出した慶長十二年（一六〇七）といえば、宮本武蔵はまだ二十四歳ですよ。『五輪書』に、生国播磨の武士新免武蔵玄信、年つもりて六十。寛永二十年（一六四三）十月十日の夜、寅の一点に筆をとって書き初めたとあるから、その翌々

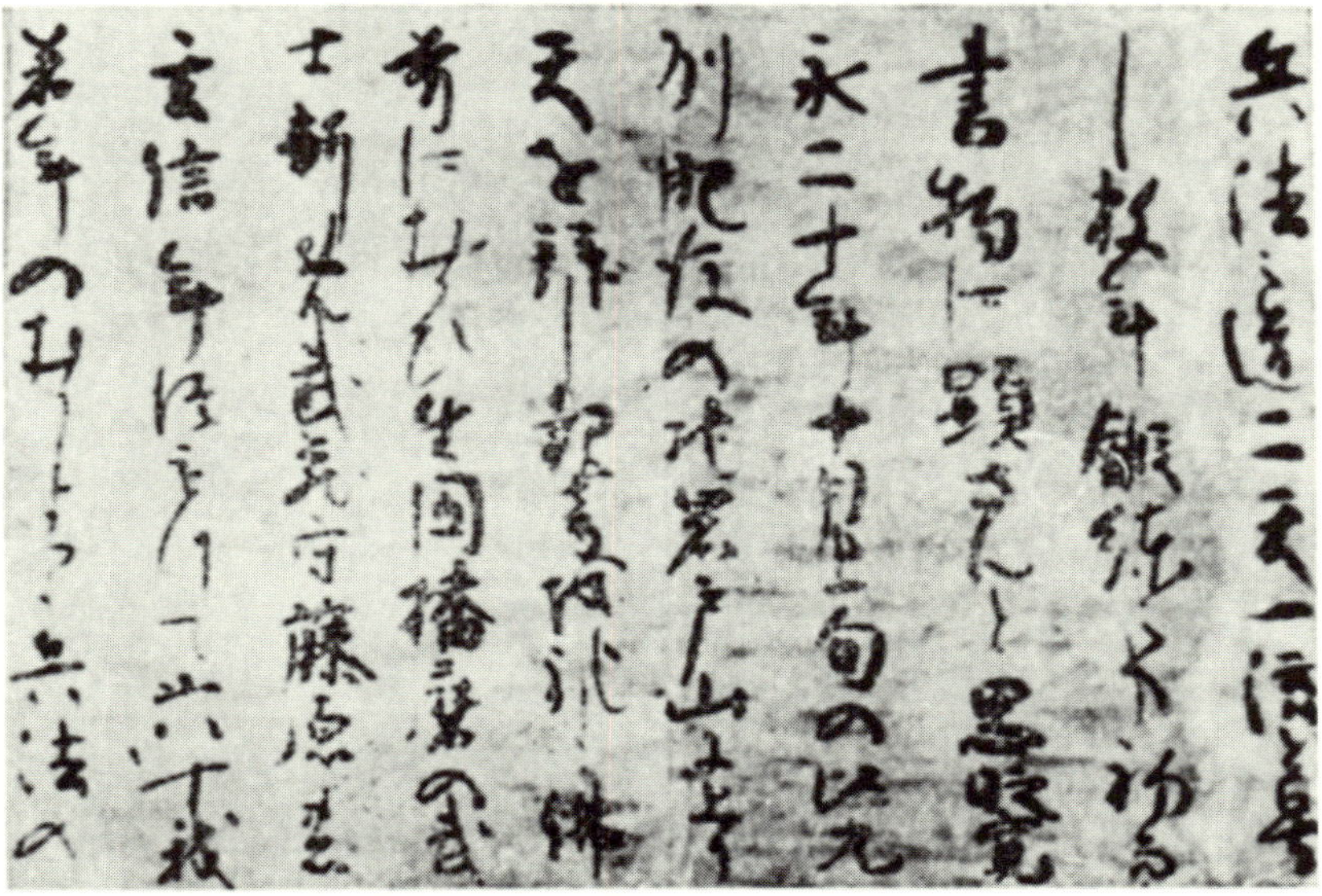

武蔵自筆『五輪書』（冒頭部分）

年の正保二年五月十九日に死去したときの年齢は六十二歳で、生まれ年を逆算すると天正十二年（一五八四）の出生だ。もっとも『小倉本宮本系図』には天正十年生まれで、享年は六十四としているけれど、ここでは一おう『五輪書』にしたがって計算すると、二十一歳で京へ出たというのが慶長九年だから、二十四歳はそれから三年後のことになる」

「それなら大丈夫……吉川英治の宮本武蔵は女と寝たこともない童貞らしいけど、武蔵だって若い時分に女に子供を生ませるぐらいのことはできるし、若くて養子をもらっても不思議はありませんよ」

「ええっ、不思議でないというの。きみ、アホと違うか」

「どうして私、アホですか」

「二十四歳の武蔵、よしんば十四歳のときに子を生ましたとしても、まだ十歳以上にはなっていない」

「でも養子なら……」

「どんな歳をとった養子でも、義父よりは相当若年のはずだ。どうだねえ、まだ小便くさい十歳か十五歳の少年が、武術の免許状など出せるほど剣の天才だったとでもいうのかねえ」

「はあ……私、ほんとにアホでした」

「この宮本角平という人物は円明流時代の武蔵の門人でね、宮本武蔵義軽（または義恒）を祖とする系譜に出てきます。ところが、その同じ系譜に見えている立花峯均の名前が、二天一流の系譜のほうにも出ていますから（小異はありますが）、この二つの系譜からみても、宮本武蔵義軽（義恒）が武蔵玄信の前の諱であると思われるのです。その二つの系譜の関係部分だけを、次頁に併記してみましょう」

「なるほど、これだと義軽と玄信は同一人物と見なければなりませんな」

「事のついでだ、バナナのたたき売りじゃないけれども、もう一つ次に出す宮本武蔵のヘンな伝書を見て下さい。これはもう、チンプン、カンプンだね。唐人の寝言だよ。『五輪書』や『円明流三十五カ条』の具体的な教則とくらべて、テンで性質が違っている。しかも、諱も違うし印のおし方もヘンテコですよ。関防印《かんぼういん》が逆におしてあるのです。通称が武蔵で諱が永禎なら、諱の印は下に捺さねばなりません。日付けの元和二年（一六一六）は武蔵三十三歳です。こんな朝起きのまじないのような抽象的・幽幻な哲学の切れっぱしみたいなものを、果して彼は伝書として書いたでしょうかねえ」

「あなたの眼でハッキリ御覧になったのですか。誰かさんの小説のように、古文書など偽作するのは、ごく簡単ですからね」

「私は見ませんがこの伝書は大田《おおた》南畝《なんぽ》が、彼の『一話一言』のなかに写しとっているのですよ。南畝は昌平黌の試験に第一番で及第して、小役人にとりたてられた人だ。彼は紅葉山文庫の貴重書を抄出したりした学者ですよ。狂歌をつくったり戯文で名は売ったが、雑文書きの私などにくらべては、ズッと信用のおける人だった。あなた、そう思いませんか」

「思いますよ。なんだか押し付けがましくて閉口だけど……」

宮本武蔵義軽（円明流）
- 柴任三左衛門道随美矩（承応二年十月許）
  - 吉田太郎右衛門実連利重（延宝八年許）
  - 立花専太夫峯均
    - 立花弥兵衛増寿
      - 立花弥兵衛種実
  - 河村弥兵衛
  - 多田源左衛門祐久（多田円明流）……
  - 三浦源七延貞
- 落合忠右衛門光経（慶長十一年許）
- 宮本角平政経
  - 村島久八
- 多田半三郎頼祐（祐甫）
- 山田淤泥人
- 石川主税清宣
- 市川江左衛門

宮本武蔵玄信（二天一流）
- 宮本伊織─小林某─上村貫次郎─上村千城
- 寺尾孫之丞信正（勝延）─柴任三左衛門秀正（美矩道随）
  - 山本源助（寛文七年許）
  - 大槻忠太─寺尾雲起…
- （以下略す）
- 吉田太郎右衛門利重─立花専太夫峯均（巌翁）
  - 立花増寿─立花種美……
  - 原田市蔵─丹羽信英……
- 多田源左衛門祐久（多田円明流）……

## 武蔵円明流─岡本流胎術

貧乏性に生まれついたせいか、私は良い服装をした人に対して、なんとなく敵意を感じる依《え》怙地《こじ》な点があるようです。いわば「完全主義」を好まない、とでもいうのでしょうか。考証なども同様で、あまり都合よく材料が揃い過ぎるばあいには、何となくこしらえられたアリバイといったぐあいで、まず不信感がさきに立つのです。宮本武蔵の美作出生説に対する私の反感は、ひょっとしたら、そういうアリバイ崩しの構想に発しているのかも知れない。

しかしここでは私は、一応はその反論を後まわしにして、逆に、宮本武蔵が播州で生まれたという積極説を、まだ資料的には不充分で不明確であるけれども、敢えて組み立ててみたいと思う。美作側で故意に看却し、都合のわるい点をわざと黙殺した資料や記録がたくさんあるのです。それらをできるだけ筋道のたつように使用してゆけば、謎の内容の何程かは解明できる

門外講
経説法

兵法地理之大事
方円分度之規矩
円者周旋而有大定
方者大定而合周旋
大円分度
前後南針
上下懸練
遠近準縄
険易永平
小円分度
地平南北正
十二支給線

元和二丙辰春三月十六日
宮本武蔵
永禎　武蔵

松平伊織殿

はずです。

無理に賛成してくださいとは申しませんよ。ただ私は、宮本武蔵が『五輪書』に自分は播磨生まれと言っているのだから、それを無理にひん曲げて、わざわざ岡山県へ持ってゆかなくても、なんとか播州生まれとして筋が通せるのじゃないかと思い、そういう立場から、いろいろ考えてみようとするだけなのです。

思うに、AにとってはA自身の問題がすべてであり、BにとってはBの問題だけがすべてでありましょう。世のなかって、そんなもんじゃないですか。人間の視覚は蜻蛉の複眼とはちがう。集中する焦点は自分の視覚に近いところであり、離れたところは焦点外になる。仕方のないことです。

私は美作出生説を信じる人たちを別に顧慮しないし、それらの人たちが播州出生説に変節するのを期待してもいない。変節は良識ある人間にとって恥ずべきことだ。道が違っていると知って貴方は引返しますか。私なら引返さないで方向を変え、あたらしい道をさがしますよ。人間にはそれぞれ気分の差があり、やり方にも個性があるはずです。

——などと、あまりカッコよくない意気がりを見せてしまったが、じっさいのところ、何から話を切り出せばよいのか、わからない。毎度いうように、私はアカデミックな行儀のよい形式を苦にする野人です。殊に、武術史関係の解説において、私のぐるりに反対論者の一群が激しく攻め寄せているといった情勢だ。しからば止むをえない。当方から奇襲戦法《サプライズ・アタック》をかけてやろうじゃないか。それが今のこのしゅんかんに考え得る、もっとも狡猾な方法であり、問題の核心に潜りこむ詭計でなくてはならない。そこでまず宮本武蔵玄信よりも、ずーっと後代の見当ちがいの人物の周辺から「洗い出し作業」にとりかかることにする。この作業は前に一時保留しておいた武蔵の諱のうち、政名（あるいは正名）という諱の正否を判断する叙述の過程と、おのずから一致してくると思います。

『鳥取県郷土史』を読むと、元文・寛保（一七三六〜四四）のころ鳥取へやってきて、藩の師範として召抱えられた「武蔵円明流体術」の岡本正誼が、宮本武蔵の実弟祐実という者の五代の孫と称していた、という一条が出て来ます。

岡本正誼のことなら堀正平氏の『大日本剣道史』に、すでにやや長文の解説が出ていて珍しくもないが、これは後の助けになると思うので次に要約しておきましょう。

——岡本勘兵衛正誼。幼名は正秘。宮本武蔵の弟岡本祐実五代の孫と伝え、宝暦三年（一七五三）正月歿、五十六歳。この正誼は父の岡本照方から円明流と、父の創案した岡本流胎術を学び、武者修行の途次、鳥取に近い覚林寺村に仮寓して胎術を教えていたが、後、鳥取に移って剣術指南の看板を掲げた。もとよりささやかな町道場にすぎなかったが、藩の師範役の感情を刺戟したらしく、ある日、東軍流の井村九郎三郎が使者をよこして、「あいさつもなく城下に道場をひらくとは、ちと無態でござろう。ともかく、いちど拙者の道場へ来ていただきたい。手合わせをして見たうえで、何ぶんの考慮はいたすから」

と申し入れて来た。

この井村九郎三郎の名は、私の東軍流のメモからは検索できなかったが、鳥取藩は古くから東軍流のさかんな

土地であり、川崎次郎太夫宗勝―勢宮常之丞―板野九六（鳥取藩士）と伝えて東軍流板野派を称し、さらに板野以降も、

板野九六―橋本喜楽―大口権九郎（大口派）
　　　　　　　　　├隠岐善蔵（隠岐派）
　　　　　　　　　└仁熊友伝（仁熊派）
　　　　└福間源左衛門―片山小一兵衛

と、枝葉大いに栄えている。年代的に見て井村は、大口派か隠岐派の初期門人のうちでなかったろうか。

井村の使者の口上をきくと、岡本正誼はこまったような顔つきをして、

「いやあ、めいわくですなあ。私は糊《こ》口《こう》をしのぐために道場をひらいているので、他流と競争する意志はありません。試合の儀は御かんべん願いたいのですが」

と頭をかきかき言いわけする。彼はおよそ気持ちを顔にあらわさない男で、無表情なことでは自分の足のカカトの皮にひけをとらない。彼は卑怯なのではなく、面倒をおこしたくないだけなのだ。

使者はこの言いわけを弱虫の逃げ口上と見てとり、ますます笠にかかって脅迫がましく強制したので、正誼も渋々立ち上がらざるを得なくなった。人間は時に危ないこともしてみなくてはなるまい。

彼は使者の後について井村の道場へやって来た。結果は意外だった。さいしょに出た門人を岡本正誼がこっぴどくたたいた瞬間に、ほかの門人どもが一斉に一膝あとずさりしたように見えた。彼らは、かすかな焦点をうしなったような顔つきになった。それから後に出る門人は片っぱしから正誼にたたかれ、さいごに道場主の井村までが、いとも丁重にあしらわれて負けたのである。井村は不明を恥じてその場で岡本の門に弟子の礼をとり、その後みずから推挙して正誼を藩の師範として召抱えてもらうように運動して、成功した。

これが「武蔵円明流体術」の鳥取藩に入った筋道だが、その数多い門人のなかで前記の井村をはじめ松井満

雄・藤田順蔵・広沢清蔵・寺島金左衛門・井尻文左衛門・鱸《すずき》時維・小谷十左衛門成福を「岡門の八士」と称した。それ以来、井尻派・鱸派・羽田派・松井派等が分派して大いに普及した。

　右のうち松井満雄は俗称を源太夫といい、江戸の浅草で居合抜きをして歯みがきを売った香具師《やし》、松井源水の祖であると前記の堀正平氏の本の頭注にあるのは、とんだ見当ちがいである。松井源太夫満雄は後に江戸に出て一条雷翁と改名し、渋川流柔術に転向して一時武名のあった人物で、浅草の松井源水とは関係がないのです。

　脱線になるけれど、松井源水の元祖は玄長といって越中礪波《となみ》の出身です。永正九年六月、老母の病を立山奥の院に祈って得た反魂丹《はんごんたん》を売りはじめ、二代目の道三のとき富山袋町に移り、武田信玄から免許の朱印をもらい、いわゆる富山の売薬業の権輿《けんよ》となる。江戸店は松井源左衛門といって、延宝年代（一六七三〜八一）にはじまったということだが、安永年間（一七七二〜八一）の三都名物を位付《くらいづ》けした『富貴地座位』（安永六年刊）中巻、薬品之部に「松井屋源左衛門、芝」、同じく歯磨之部に「松井源水、浅草」と記しているところを見ると、江戸時代の中期ごろに分家したのでしょう。

　この松井源水は浅草の源水横丁に住み、奥山の定場所《ショバ》もきまっていて、枕返しや博多の曲独楽《きょくごま》で人集めしました。活動弁士から転じて漫談で売った松井翠声がこの松井源水の子孫ですが、居合抜きの歯磨売りは松井源水ではなく、浅草門外広場の長井兵助のほうでした。

## 政名という諱について

　年寄りのおしゃべり、たいてい脱線する。こわれた掛時計みたいにテンポが狂うらしい。ネジを巻きなおして話を急ごう。

　『体術惣論』、これは武蔵円明流の伝書である。内容はスッとばして巻末の承伝系譜を抄出する。罫線を入れて横に並列するほうが常識的なのですが、肩書きを長く書き入れてあるため横にならべるとゴタゴタして判りにくい。だから便宜的に棒組みしておきます。

村上源氏赤松円心猶子《ゆうし》岡本三河房祐次八代之的孫、岡本新右衛門義次――次男、岡本小四郎政名、後号武蔵守義貞、性（姓）宮本（と）改――弟、岡本馬之輔祐実――祐実五代之的孫、体術中興之元祖、岡本直右衛門照方――嫡子、岡本勘兵衛正誼、号柳翁先生――正誼先生高弟、一条雷翁満雄――満雄先生高弟、清山与三右衛門永満――永満先生高弟、川比栄輔五内――五内先生高弟、奥村幸重友則――友則先生高弟、小豆沢幾右衛門勝忠――勝忠先生一流相続、奥村久平。「印」安豊、「花押」。文久二癸亥九月吉日――授与、小豆沢徳一郎殿。

右の系譜のなかでもっとも注意したいのは、岡本新右衛門義次の次男岡本小四郎政名が、後に姓・通称・諱をあらためて宮本武蔵守義貞と称したという一項である。而して岡本正誼が宮本武蔵守の実弟岡本祐実の五代の孫といったのは、その武蔵守とは武蔵玄信のことではなくて、岡本小四郎が改称した宮本武蔵守義貞のことで、その武蔵守義貞の弟祐実から五代後の岡本照方（正誼の父）が中興した体術を自分は相伝されている、という意味であることがわかる。

前記の堀正平氏の『大日本剣道史』にも、岡本正誼の伝統は摘記されていて、岡本三河房・岡本新右衛門・岡本祐実の名を挙げながら、故意か不注意か、新右衛門の次男岡本小四郎政名（改名して宮本武蔵守義貞）の名を書きおとしている。しかも同書の二天一流の、宮本武蔵玄信の条に「生父は京流の岡本新右衛門らしい」と書いたのは、明らかに堀氏が武蔵円明流（岡本照方以降は岡本流胎術）の伝書をじっさいに見ている証拠であるのに、それにもかかわらず玄信と岡本小四郎（宮本武蔵守義貞）を同一人視することに躊躇を感じたらしく、小四郎をオミットした上で、岡本新右衛門義次を武蔵玄信の「父らしい」と、まるっきり自信のないゴマカシを書いたとおもわれる。躊躇しておいてよかったのだ。後に詳しくいうように、岡本新右衛門は玄信の父ではなかったからである。

それにしても岡本小四郎の諱を政名とする点については、なお拭いがたい疑問がのこっている。堀正平先生のご覧になった伝書に、岡本小四郎政名となっていたか、どうかはオミットされたために分明でないけれども、私のしらべた伝書二本は、二本とも、たしかに「政名」になっていた。さきに本条で抄出した武蔵円明流の系譜は、その二本のうちの藤田西湖氏蔵本（いま小田原図書館蔵）に拠ったのである。

しかるに松江藩に伝わった同流の伝書には、岡本小四郎政名でなく、「改名《かいめい》」となっているという（『雲藩武道史』）。なるほど「改名」かも知れない。活字ならいざ知らず、行書体で書けば改と政とはあまりにもまぎれ易い文字である。後代の門弟へ次々と写して授ける承伝記名のばあい、文字の読みちがい、写しちがいが生じても不思議はない。それにしても、政名を改名と書きあやまったのか、あるいは、その逆だったのか、それを決定する決め手はないのである。

それでもただ一つ、否定できない事実が、のこった。岡本三河房祐次を祖とする家系（後に書く）のなかで、岡本小四郎という人物が宮本武蔵守義貞と更名した、という事実である。岡山県の郷土史家は、この事実をまったく無視し、私のいうことは一から十まで（あるいは九十九まで）嘘ッ八だと極めこんでいる。

岡本小四郎義貞の前名が政名かどうか、の疑問とは別に、宮本武蔵玄信の以前の諱が政名、あるいは正名であったか、どうか。この判定もいささか微妙である。

第一に、武蔵玄信が寛永十八年（一六四一）に細川侯に上呈した『円明流三十五カ条』にも、同二十年に書いた『五輪書』にも、政名（または正名）という諱は用いていない。前書には新免武蔵玄信判、また三人の相伝者にさずけた『五輪書』五巻の各巻末の署名も、新免武蔵（守）玄信である。

第二は後にも述べるように、『小倉本宮本系図』によれば、玄信の養子になった宮本伊織貞次は、元来、実父の田原久光（後、宮本姓）の次男で、十五歳のとき、実父の弟である宮本玄信の養子になった。つまり伊織貞次は養父の玄信とは血縁の叔父・甥であったわけである。しかるに、この『小倉本宮本系図』や、また伊織や玄信の出身家系である『田原系図』のなかにも、政名（正名）という諱は一カ所も出てこない。

第三に、宮本玄信死後九年目の、承応三年（一六五四）に養子伊織が、小倉に建てた頌徳碑の春山和尚撰文にも政名（正名）の諱は書かれていない。

美作出生説が政名の諱に固執していることは別に書くことにして、一般武術文献では享保元年（一七一六）に出版（成稿は正徳四年＝一七一四）された日夏繁高の『日本武芸小伝』には、宮本武蔵は播州生まれで諱は政名であると書いておきながら、春山和尚撰文（これには玄信とする）を引用したのは、玄信と政名は同一人であると見たのだろう。そして武蔵の流名を「日下開山神明宮本武蔵政名流」と書いている。この長たらしい流名の伝書がたしかに存在していた事実は、松浦静山侯の『甲子夜話』の記事で証明されるが、どうしてこの政名が玄信と同一人であると断定できるのか。その証明は得られない。

にもかかわらず『日本武芸小伝』は、武芸史伝としては最初に編纂された公刊書という権威をもって、後来の研究家に便益と影響をあたえた。天保十四年（一八四三）刊の『新撰武術流祖録』をはじめ、『睡余小録』『瓦礫雑考』等の随筆書にいたるまで、すべて武蔵玄信は播州生まれで政名と同一人物、流名も「神明流」もしくは「神明政名流」としてあつかうのが常識的になって来た。ということは、もはや「玄信」の諱も「二天一流」の流名も、後には余り世人から詮索されなくなったのを意味するだろう。

延享三年（一七四六）、浅田一鳥の浄瑠璃『花筏巌流島』以来、宮本六三四政名という数字入りの通称がはじまり、享和三年（一八〇二）刊の実録本『絵本二島英雄談』や、刊年未詳の『絵本英雄美談』では玄信の名は忘却され、無三四政名の名が宮本武蔵のレッテルとして定着した。明治の考証家、松村操の『実事録』もこれに従い、関根只誠の『名人忌辰録』は政名を採用しないで無三四とし、『関八州名墓誌』は正名、それ以後、山田次朗吉・堀正平両先生の大著において、播州出生・玄信政名同一人説が研究者間の常識として浸透した。

熊本と小倉の、両地の武蔵関係の金石には、政名（正名）の諱の入った碑牌は一例もない。名古屋市南区笠寺観音境内の、左右田一門の延享元年（一鳥の浄瑠璃より二年前）の建碑には玄信とあるのに、昭和区広路町新福寺の円明新流（左右田の系統）の太田次右衛門通泰の寛政五年（一七九三）建碑には、ごていねいに新免の姓に政名をくっつける新例を創め、「新免政名之碑」となった。これは『武芸小伝』の不用意な解説以来七十九年も後での建碑であり、玄信・政名同一人の証明と見るよりは、右の解説への軽薄な追随としか思えない。

新免玄信碑（名古屋、笠寺観音の東丘）

新免政名碑（名古屋、新福寺）

流名では、宮本武蔵守流（宮本武蔵政名―佐々木三郎右衛門高成―佐々木高意……）という系統があるが、この佐々木の名は、玄信あるいは義軽（義恒）、または二天一流につながる系譜のなかで実証されないから、この政名を玄信と同一人物であると見る決め手にはならない。

また、越後村上藩伝の天下無双流（宮本武蔵政名―青木休心……）の青木休心は、鉄人実手流の青木鉄人金家の叔父であり、これは宮本武蔵正勝の系統だから、作為が多くて信を置きがたい。正勝と玄信は別人としか思えないのである。

他に政名流、および政名二刀流の俗称には信ずべき系譜がないので、政名の正体が誰であるか、玄信に関連があるのか、を決めることができない。

さいごに唯ひとつ「二天政名流」という流名だけは、二天玄信と政名を結合する同一人説の最右翼というべきであるけれども、この流名は系譜も実体も不明のままで、単なる俗称でしかないだろう。じっさいにその流の伝書でも出現

作州大原村宮本村の現状（昭和35年ごろ）

しないかぎり、何の信憑性もないのである。

## 無三四政名という偏痴奇論

政名が岡本小四郎（後の宮本武蔵守義貞）の諱であったか、どうかの決定を保留しなければならない理由、ならびに政名を宮本武蔵玄信の諱とする従前の常識もまた根拠が薄弱であることは、以上の記述によって大体わかっていただけたと思う。そして右の擬似常識が、おそらく享保元年（一七一六）に刊行された日夏繁高の『日本武芸小伝』の、不用意な解説に端を発したらしいというヒントも出しておいた。

ここで私は、美作出生説が政名の諱に固執し、また無三四という数字入り通称を採用したことに触れねばならない。宮本武蔵美作出生説の原拠ともいうべき資料は、元禄二年（一六八九）三月の吉野郡宮本村庄屋甚右衛門の『古事御改書上』であって、そのなかに左の一節がある。

「此の山の内宮本と申す処に、構《かまえ》のあとあり。いにしへ宮本武仁居と申し居候。其子武蔵までは右の構に居り申候。是は天正より慶長までの間の如くに存じ候。其後中絶、元和九年武蔵末孫下庄村より構の上の畑に居住仕候。同名与右衛門、同九郎兵衛、同七郎左衛門、嫡子は九郎兵衛本家下庄の屋しきに置き、二男七郎左衛門、同弟仁右衛門当地に居申、宮本家相続仕候。武蔵牢人の節、家の道具十手三つ、くさり、すやり、家の系図、嫡孫孫右衛門に渡候由。六十年前、九郎兵衛代に焼失仕候」

「宮本武仁《むに》」「其子武蔵」と、ハッキリ書いてあるのは、真相の如何を別にして相当衝撃的だけれど、元禄二年は武蔵死後四十四年であって、死後九年目の春山和尚撰文の碑銘より信用度が低いうえに、この種の公用文書は、単なる伝聞によるだけの記述のばあいもあるのである。文化十二年（一八一五）に出刊された『東作誌』、これは播州出生説の『播磨鑑』より五十年ほども後にできた本だが、右の元禄二年書上の文章を次のように書き替えている。

——宮本屋敷は宮本武蔵政名の屋敷で、三十四間四方あり、もとはぐるりに石垣があったが、寛永十五年島原一揆の節、公命によって取りくずした。大木の槻があり、二丈七尺余、武蔵の父武仁がここに住んでいた。今から九十年以前に宮本武蔵がここから出郷するとき、遺品や系図類を与右衛門に渡し、道具類や十手・縄・槍を嫡孫孫左衛門に残し、宮本政名所持の太刀を森村長太夫にあたえた。系図や証文類は後に与右衛門から九郎兵衛に引き継いだが、六十年以前に焼失した云々。

右の記事は前に引用した『古事御改書上』が原拠であること明白だが、奇妙な粉飾がほどこされた。原本にない「政名」という諱が、麗々しく書き入れられていることである。

いずれにせよ武蔵玄信の死後すでに百七十年、『武芸小伝』が政名の諱を理由なく世のなかに普及しはじめてからでも八十数年は経っているから、この文章は明白な追随的な偽造であり、玄信・政名同一人説の証明にはならない。

それに右の『東作誌』に、今から九十年前に武蔵が出郷し、宮本武仁・武蔵父子の系図類が焼けたのは六十年前、と書いてあるのも誤解のタネである。九十年前出郷のことは元禄書上には見えないことだが、六十年前の系図類の消失というのは、実は元禄二年から逆算して寛永七、八年でなければならないし、武蔵出郷が今から（文化十二年から）九十年前なら享保年代の中ごろ、武蔵玄信の死後七、八十年になってしまう。それでは都合がわるいので、仮に、これも元禄二年から逆算しなおしてみると、天正年代の最末にあたり、これでは武蔵七、八歳のときに出郷したことになるから、ますます話がおかしくなる。

書上には「武蔵牢人（浪人）の節」とあって武器や系図類の始末までして出発したというのなら、少なくとも十五、六歳以上、二十歳ぐらいまでのあいだ（慶長のはじめから十年ごろまで）と見なければ不合理だろうと思われる。以上のごとく「政名」という諱については、諸般の事情においてあいまいな点が多いのにかかわらず、美作出生説として提出される系図類が、どれもこれも政名になっていて、玄信という二字を避けているのを不思議に感じない人がありますか。

私が昭和三十八年に初めて岡山県大原町を探訪し、郷土史家の福原浄泉氏にお目にかかった節、さいしょに提示された平田家系図に「宮本武蔵政名。マタ無三四トモアリ」とあるのを見て、背中を棍棒でなぐられたみたいにびっくりした。

前にもいったように、平田家の古文書類は元禄書上によれば寛永七、八年ごろ焼失し、『東作誌』の逆算に従っても宝暦年代には灰燼に帰してしまったわけだから、その後に作成された文書・系図類には、旧伝の純粋性は必ずしも復元されず、不正確な巷説や、早くから俗間におこなわれた口碑・伝聞が多少ならず混入する機会があったはずである。思うに宮本武蔵ほど早くから世に知られた武芸者は、他になかった。『武芸小伝』にも「威名四夷《しい》にあまねく、その誉れは口碑にあり」と書いているほどで、そんな讃辞は同書を通じて武蔵ただ一人だけであるのを見ても察しられる。

私が福原氏から提示された平田家系図も二百年ほど以前（つまり宝暦・明和のころ）に分家した平田家支族の裔孫に伝わる系図を写したということであったから、あまり正確を期しがたいことは言うまでもなかろう。右にいう平田家系図は、『武芸小伝』刊行より四、五十年も後、浅田一鳥の浄瑠璃より二十年余も後の写本であり、さらに宝暦・明和（一七五一～七二）以降、今日にいたるまでの期間の加筆もかんがえられるから、政名の諱も無三四と書く通称も系図の再編成に採り入れられる可能性はあったはずである。私が特にびっくりしたのは、延享三年（一七四六）の浄瑠璃以前に実証を得ない無三四（一鳥は六三四と書いた）の通称がこの系図に載っていることに、余りにも奇怪な作為を感じたからである。

父が無二で子が無三四なら、いかにも実在しそうな数字合わせだけれど、それが一鳥の浄瑠璃以前に用いられた実例がない限り、信はおけない。すでに平田家系図に出ているじゃないか、と逆手に取るためには、その系図がたしかに古伝のものという証明がなければならない。あやしげな文献を年代の証明に使用するわけには参らないのである。また無三四の名が『寛永御前試合』の講談に出ていても、寛永年代（一六二四～四四）から実在した通称とはいえない。講談はまったく事実無根の作りごとで、少なくともそのネタは寛政年代（一七八九～一八〇一）よりあまりさかのぼれないのである。

それにもかかわらず、無三四の通称に人気があったのは、一鳥以後の芝居の武蔵が、常に無三四とされただけでなく、実録本『増補英雄美談』に、もっともらしい偏痴奇論が書きこまれたからである。いわく、

――武蔵守の称号は関ガ原戦争以後、徳川家康が武蔵守になったので、それからは徳川家康の専門称号《モノポリィ》となり、私文書には例外もあるが、公式には誰も使えなくなった。宮本武蔵も遠慮して数字に書き替えたのである。

この論にも一面の真はある。『古老茶話』に、備前の名君池田新太郎光政、その妻は徳川千姫が姫路の本多忠刻に嫁して生んだ娘であるが、光政、あるとき将軍に願って、わが家は父祖代々武蔵守であるから、どうか私にだけは特別に武蔵守の称をゆるしていただきたいと申し入れたところ、どうしても許可されなかったという。ただし、これは公的存在としての大名のばあいで、私称として武蔵守の通称を用いた武家の実例は、決して少なくなかったのである。

## 美作出生説は玄信ではない

福原氏も、その後、右の系図の提示を中止されたらしく、昭和四十八年刊の同氏の著書には、前の系図とは別な川上村平田系図と、宮本村平田系図の二種を収録している。共に徳大寺家（後に新免家）と末包家から傍系を引くもので、無三四の通称は削られ、「宮本武蔵政名」となっていて、あいかわらず玄信の諱は採用されていない。

特に川上村平田家の末包の条に、

「末包。菅原之姓、西播ノ銘家。武芸小伝ニ宮本者西播ト有、書写ノ誤ト可見也」

と注したのは、明らかに『武芸小伝』の播州出生説を否定する目的にちがいないから、右の系図は少なくとも享保以降において書かれたものであることは言うまでもない。

しかも右の注記には重大なミスがある。末包は菅原の出ではなく、じつは徳大寺家（後、新免家）と同様に、藤原氏の出なのだ。末包は藤原鎌足の末子藤童の後である。鎌足の第何号夫人かが藤童を懐妊中、鎌足が没したため迫害を避けて播州豊福庄へ来て出産した。藤童は一に善美ともいい、持統天皇の七年（六九三）正月二十一日、二十四歳で豊福庄末包で病死したが、三人の男子を生みのこし、長子は勅令によって上京し、次子は四国にわたり、三男は末包にのこって末包の姓を名乗ったが、徳川時代に入ってから末神にあらためたという。

菅原氏の出だったのは、傍流の末包の血脈でなく、平田家そのものであった。『美作名門集』英田郡大原町宮本の平田氏の条に、こう書いている。

「菅原道真十世の、菅原直兼より六世の孫にして、菩提寺城主有元和泉守祐高の後、平田将監。明応・文亀のころ竹山城主新免七条少輔則重につかえ、下庄の内、宮本・中山を領して、家老職をつとむ。二子あり、長を正家といひ、後、無二斎と号す。その子無三四は……」（下略）

将監の子を無二斎とし（その誤れることは後に書く）、その子を無三四と書くなど、あまり正確でないのは、明治四十三年の刊本だから止むをえないだろう。

この有元氏というのは美作菅家の本筋になった名家で、漆《うるし》氏・海《あま》氏とならんで作州三貴家と称された。先祖は菅原道実九代の孫、菅原知頼に発している。知頼は事に坐して美作に流され、勝田郡豊田庄に住んでいた。知頼─真兼─尚忠─仲頼─満佐にいたり、その長男の忠勝が有元氏を称した始祖である。その九世の孫有元佐高の娘が、作州粟井庄へ配流されてきた徳大寺大納言実孝（藤原姓）の妻になり、その生んだ子の則重が勅免されて武家に転じ、新免の姓を名乗った。平田将監はこの新免則重（当時、小房城主）の家老職であると平田系図にあるから、将監は則重の母とおなじ有元家の出身であり、その縁で新免に仕えて平田姓をおこしたと思われる。

いずれにせよ、大原町の平田家では、いまでも梅鉢の家紋を用いている。しかるに宮本武蔵は藤原玄信とは称したが菅原玄信とはいわず、梅鉢紋も用いなかった。してみれば平田家出身の宮本武蔵政名は、どうかんがえても武蔵玄信と同一人物とは言いがたいではないか。

いったい美作側の政名説に、果して『武芸小伝』刊行以前の明確な資料があるだろうか。いや、それよりも、もっと珍無類な一軸の資料が、宮本村の平田家の宝物として床の間にかけてある。それは宮本武蔵の養子伊織が、武蔵の死後九年目に小倉に建てた頌徳碑の、春山和尚撰文に「播州英産赤松末葉新免後裔武蔵玄信二天居士」とある一条を意識的・反撥的に改作したもので、

「宮本武蔵政名ハ作州吉野村宮本ノ産、菅原正統、平田ナリ（原注。武芸小伝ニ誤ツテ播州ノ赤松氏ノ庶流トアリ）。父ヲ新免無二斎ト号シ（原注。又平田武仁ト書ス）、十手刀術ニ達ス。（中略）政名コレヲ継イデ…」（下略）

となっている。厳密にいえば、いや厳密にいわなくても、右の文章は原注にも見えるように『武芸小伝』所載の春山撰文にケチをつけるのが目的、もとより享保年代より余程後年の作文であり、玄信を消して政名に替え、播州を作州にあらため、赤松流裔というのは誤説と、きめつけている。

つまり、平田武仁の子として作州に生まれたのは武蔵政名であって、玄信でもなければ赤松系でもないというのだから、正にこれは自殺的論法であり、素頓狂も甚だしい。玄信でなく赤松系でもない政名なら、玄信とは全

く別人でないのか。『五輪書』に播州生まれとあるのは播州名族赤松氏の出という意味だ、と無理にこじつけている郷土史家の論拠は、これではラリコッパイである。

徳大寺家は、その系統の四代目の新免伊賀守貞重が、赤松系の宇野新三郎家貞を継いだ文明十八年（一四八六）以来、はじめて赤松庶流の系譜に顔を出すので、新免家はたしかに赤松家の血脈につながるようになったわけだけれど、美作出生説の主張する宮本武蔵の養父宮本無二斎（平田武仁）は一夕の功によって主家の新免姓をあたえられただけであるから、平田の血脈そのものが、赤松家系であるとは言うことができない。平田家自身が、この床の掛軸の文章で「赤松系というのは誤りである」と主張しているくらいだから、菅原系の平田家の宮本武蔵政名は、とうてい藤原系・赤松系の武蔵玄信と同一人物であるとは言えそうもないのだ。

要するに、郷土史家や一部の武術史家のゴリ押しの美作出生説は、打算ばかりで感受性にとぼしい愚かな人間の説であり、自分のしかけた罠に、自分からかかったのだ。まともな人間なら状況を見さだめ、もっと狡猾な思弁方法で、けっきょく思惑通りの方向へ事をはこんでゆくだろうに……。

要するに美作出生説が証拠として提出するものは、すべてこれ「政名」に関するものばかりで、「玄信」に関する証拠は何ひとつないのである。いまでは明治三十一年に新造した武蔵玄信の墓とか、武蔵玄信誕生地の碑などと、玄信の刻銘ある碑石はふえているけれど、古碑ではただ一つ平田家墓地にある「道楽藤原玄信之記」という一基以外に、問題になる碑石はないのである。

ただ一基の古碑でも、こんな碑が存在するということ自体、たしかに玄信と政名が同一人物であるという証拠には充分すぎることを、私も率直にみとめましょう。だが私が率直になれない理由が、そこにはあるのだ。私は人工的ないんちきには、だまされたくないからこそ、ここまで執拗に主張しようとするのである。私はこの古碑を、いんちきだと睨んでいる。

右の古碑というしろものは、まったく判読不可能な右面の凹凸にすぎないものを拓本にとって、福原氏の表現によれば、「昼も夜も、日あたりの所や日陰のところ、電球の光り工合にあちこちあてて見たり、拡大鏡でのぞいてたんねんにながめて見たりし」た結果、やっと読みとったという苦心の産物で、いわばモノマニアックな研究家の超能力的判断によるものであるから、われわれ超能力をもたない憐むべき凡人の常識を満足させることはできない。意を迎えて読めばどのようにも読めるもので、ひょっとしてバカヤロウと彫ってあると思ってながめれば、そのようにも読めるかも知れないのである。この古碑は、ぜひ赤外線写真にでも撮っておいてもらいたい。地元にはずいぶんと知恵者がいるらしいから、いつ、誰かが、この碑石を、もっと読みやすくするために親切な新彫の工を加えるかも知れない恐れがあるからである。

再言すれば、「政名」については、まだ私には決定的な判断ができない。前に引用した『武芸小伝』の流名に政名とある疑問がのこっている上に、もうひとつ、橋本政次氏の『姫路城史』に、『信介記』『播磨鑑』『明石志』『本多家世記』『本多家旧記』等を要約して、宮本武蔵正名の諱を出しているのが気にかかる。『播磨鑑』以外は私は読んだことがないのだが、その『播磨鑑』には宮本武蔵とあるだけで、正名とも政名とも書いてない。思うに橋本氏は自分の先入観念によって正名と書いた公算が大きいとは思うけれど、私の未読の『信介記』以下の数書には、はたしてハッキリ正名と書いてあるのだろうか。それらの書が『武芸小伝』より以前の年代に書かれていて、かつ正名の諱が書きこまれてあれば、正名の諱はたしかに一考の余地があるだろう。しかし『武芸小伝』以後の成書のばあいには、よしんば正名、または政名とあっても、一顧のねうちさえないであろう。

それにしても岡山県の郷土史家は、あまりにも策が多いので困ってしまう。ＮＨＫテレビで古武道紹介のシリーズを見ていると、宮本武蔵出身地の作州大原町には、二天一流が伝統して今にのこっているといい、立派な道場での稽古風景を映していた。美作出生説はまちがいだと私がいくら主張しても、いまでは武蔵神社までできて、強引なＰＲで常識化してきたことは否めない。

しかし、常識と真偽は別問題である。同地に二天一流の道場ができたのは、地元に伝統がのこっていたからではなく、せっかく宮本武蔵出生地として宣伝しても、道場ぐらい無くてはカッコウがつかないと言うところから、熊本の二天一流宗家から門人を送りこみ、つい十数年ほど前から新しく発足した、という事実を忘れてもらって

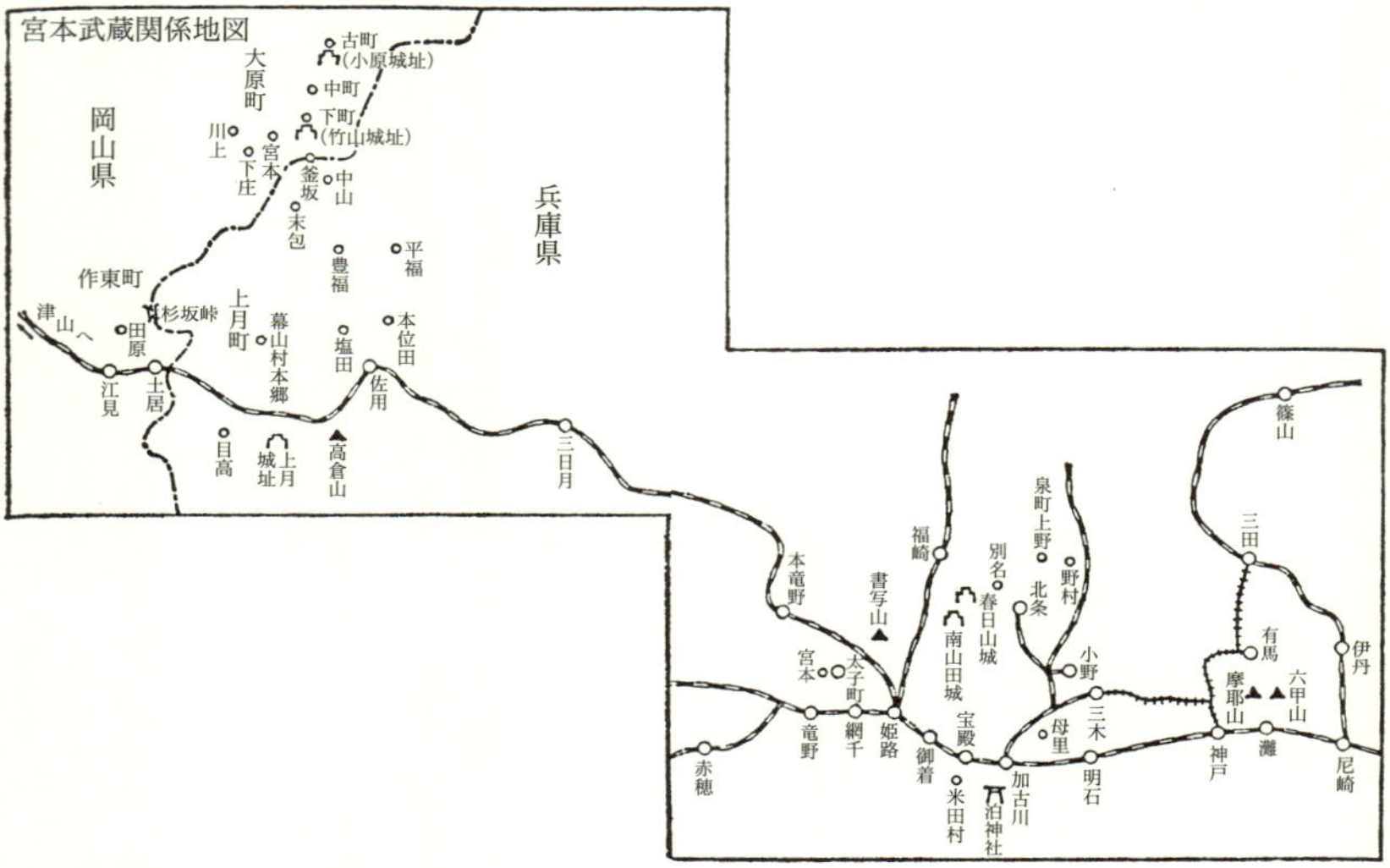


宮本武蔵播州作州関係略図

は困る。むかしから大原町宮本に「二天一流」（円明流ならイザ知らず）がのこっていたなんていうなら、いんちきな宣伝にすぎない。

こんなことを言えば、私には人を怒らせてよろこぶイヤな道楽があるのか、と君はいうかも知れないがねえ、憎まれついでだからハッキリ言っておく。昭和三十八年に私が大原町を探訪した際には、武蔵神社はおろか、二点一流の伝統も道場も、民間芸能の武蔵太鼓も、かげも形もなかったのだ。愛郷家よく努めたと言うべし。

## 岡本―田原系の宮本武蔵

宮本武蔵玄信の播州出生説の原拠は、第一に、玄信自身の書いた『五輪書』の本文、第二に養子伊織の裔孫に伝わる『小倉本宮本系図』および同じ小倉本の『宮本家正統記』『宮本歴代年譜』、第三に伊織が生まれ故郷の氏神の泊《とまり》大明神（兵庫県加古川市加古川町木村字宮本鎮座の泊神社）の拝殿・舞殿・舞台・門守などを承応二年（一六五三）五月（小倉碑を建てた前年である）に、新築奉献したときの棟札の銘文、第四に伊織の実家の

『田原系図』等が主要なもので、補足資料は、宝暦十二年（一七六二）に姫路城主酒井家へ献上された平野庸脩の『播磨鑑』、この稿本は美作出生説の『東作誌』より五十数年前に書かれた。

もちろん宮本家の系図や伊織の棟札にも、後にいうように必ずしも正確を期しがたい点が多々ある。特に伊織が実家の父母についての知識にくらべ、養父玄信の事歴に関して余りにも無知だったことが残念である。

だが、こんなことは、むしろ世間の通例でなかっただろうか。私なども実父・母・里母・養父、どのひとりに関しても明確な経歴を教えられていない。私の服装の貧乏たらしいことや、品性の下劣さ、知性の低さ、過去の生活のだらしなさや現在での存在価値の無さ、将来の芳しくない見通し、さては私の面つきまで数え立てて非難する人は多かったのに、私の氏・素姓や父祖の生活の変遷を語ってくれる人はなかったし、私も遠慮して聞かないでしまった。私などとはくらべものにならないことだけれど、あの新井白石でさえ自伝『折たく柴の記』の序文に、

――むかしの人は必要以外のことは濫《みだり》に言わなかった。言っても少ない言葉数で要を尽したものだ。わが父母も同様であった。（中略）いろいろ聞いておこうと思うことも言い出しかねて、ついそのままにしているうちに、逝去してしまわれたのである。（要約）

と書いている。一般武家階級の家庭生活でも、およそそんなものであったのである。とかく今の世の中の連中は口数が多すぎるのだ。そういう私なども、その口数の多い例でしかあるまい。

宮本伊織は、養父玄信とは少年時代に明石でホンの数年間と、武蔵の晩年近く、小倉で島原の乱の寛永十四年から、熊本城主細川侯に招かれて行った同十七年までの、わずか三年の親近期間があっただけで、しかも明石でも小倉でも、養父武蔵とはほとんど同居していなかったらしい。さすれば、伊織が養父の事績に通じないのは無理からぬことであっただろう。

伊織の錯誤については、後段、必要に応じて徐々に触れることにして、まず武蔵播州出生説の概略をいえば、武蔵玄信は播州田原家の出。田原家は前に書いた岡本小四郎（宮本武蔵守義貞）とおなじ岡本家の出。岡本家は

岡本三河房祐次─岡本次郎定村
- 岡本次郎三郎満村─岡本藤一郎康秋
- 岡本次郎満貞─岡本藤市郎村茂
  - 岡本藤市郎則定
  - 岡本新右衛門朝了（義次）
    - （長男某）
    - **岡本小四郎政名（宮本武蔵守義貞）**
    - 岡本祐実……岡本勘兵衛正誼
  - 岡本平右衛門氏義
  - 岡本五郎満雄
  - 岡本兵左衛門繕兼（六太夫）
  - 岡本七太夫長房
- （?）田原甚右衛門家貞（後、宮本姓）
  - （長男某）
  - （次男）甚兵衛久光
    - 田原吉光
    - **宮本伊織貞次**
    - 小原玄昌
    - 田原久次
  - （三男）**武蔵玄信**
    - （養子）**伊織貞次**

赤松円心則村の猶子岡本三河房祐次を家祖としている。

いま『岡本系図』『岡本流胎術伝書』のほかに、『田原系図』『小倉本宮本系図』等によって総合的な伝系を示すと、上のようになる。この総合系図にはまだ、田原姓の分岐点となる田原甚右衛門家貞について訂正の必要があるが、その説明は後でします。

## 岡本三河房祐次の剣の伝統

播州の豪族赤松家の系統で、岡本姓の初祖になった岡本祐次は、『岡本系図』に、

「入道して、岡本三河房。円心の猶子。熊野にて打死」

と注記している。猶子は、『礼記』に「兄弟之子、猶子也」とあるように、自分の兄弟の子一般のことらしいが、日本では兄弟・親族の子を広くいう場合、また親族あるいは他姓の子でも、養子（義子）として、自分の後嗣にする場合、または自分の庶子を兄弟・親族（もっとも多いのは自分の弟）の子として、戸籍上の移動によって父権を移譲する場合があるようだが、養子のばあいでも必ずしも養父の跡を継がないで、名儀だけのことも多かった。ところで、岡本祐次は、いったい赤松円心のどんな形の猶子であったのかが、よくわからない。

播州は赤松家の本拠地であり、分岐して他姓を称した諸家も

多いから、のこっている諸系図の記載も区々になっている。ふつうの赤松系図では、左に示すように、岡本祐次は、赤松円心六代の赤松元祐に連繋し、つまり円心から七代目に当たる。こんなに離れていても猶子というのだろうか、私にはよく判らないから疑問のままにしておいて、いちおう円心以降の分岐のうち、これから後の解説に関連のあるらしい名前の分布と伝系を、摘記しておく。

岡本家の祖、岡本三河房祐次の事績は判然としない。注記に熊野で戦死とあるので、『南山巡狩録』『梅松論』『明徳記』など、関係のありそうな史籍をいろいろひねくりまわしてみたけれど、明確な資料は得られなかった。前記の系図に、円心から七代目とあるのが正しいとすれば、もう少し後代の資料を検索すべきであったかも知れない。

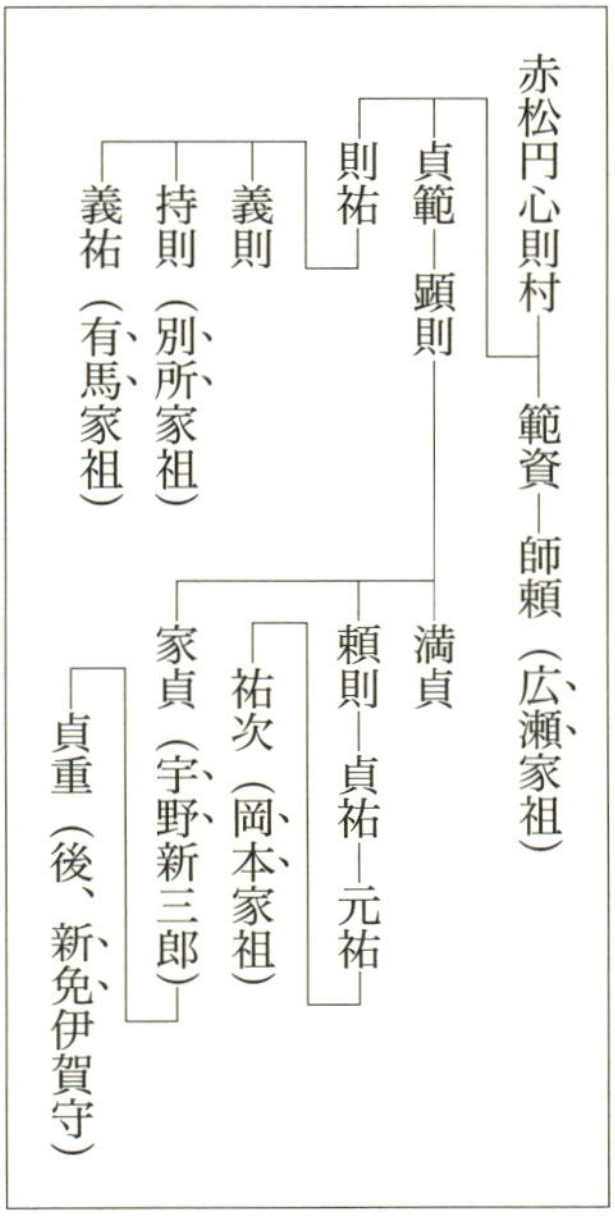


ただ、ひとつ、ここで突飛な思いつきがあるので書く。この考案を私は「三河房」という岡本祐次の僧房名から得たのである。播州佐用郡平福村（いま佐用町）のすぐ北に接したところ、千種川沿い一帯の広い山村を、旧時は宍《し》粟《そう》郡三河村という。昭和三十年七月、佐用郡に編入して南光町の名に変わった。赤松家勃興の最大拠点は赤穂赤松の白幡城と宍粟郡の苔縄城で、その経済的バックとなった「赤松谷」は、この千種川の両岸、宍粟・佐用・赤穂の三郡を横断している。

その三河村船越にある真言宗本山派の船越山瑠璃寺は、寺領五十石、聖護院ならびに仁和寺の法脈兼帯の修験道の道場で、堂坊の数も相当あり、院主を南光坊といった。聖武天皇時代に僧行基の開基と伝える由緒のふるい名刹だが、その後衰微したのを、赤松律師則祐の一族覚祐が七堂伽藍を再建した。鐘銘に「大檀那権律師則祐願主律師覚祐」とある。

この則祐は、前に出した赤松系図にある円心の三男で、『播磨鑑』に、則祐は出家の望みがあって叡山御門主（後醍醐帝第二皇子）に奉仕し、律師則祐（一に伊豆守祖妙善入道）と称し、赤穂郡白幡城主であったとある。この則祐の父の円心の、その父赤松次郎内記茂利の舎弟、民部大輔茂則が覚祐律師で、つまり円心の叔父にあたり宍粟郡苔縄城主であった。

岡本祐次は、後年にいたって右の覚祐の再建した瑠璃寺に住持し、それで三河坊と称したのではないかと私は思う。『播磨鑑』に南光坊を院主と書いたのは宝暦年代であり、そのまま持続して今の南光町の町名になったわけだが、むかしは他に数坊あり、三河坊というのも存在していたであろうし、南光坊以前に三河坊が院主であった時代もあったかもしれない。三河村の村名がその三河坊から生じたのか、あるいは三河村の村名から三河坊の坊名が生じたのか、そのへんのところはまだ私の推察もつかないが。

ここでもう一つの問題は「岡本」という姓である。ふつう家系分派の新姓は、在名（住地名）に拠るのが原則だが、加東郡東条町に岡本の小名がある以外には、近在に岡本の地名が見つからない。そこで私案が二つある。

一つは、三河村の北屏なる千種山塊を『播磨風土記』にイノベノ岡という。岡の称があれば近くに岡本という小名が、いまは消えているとしても、むかしはあったのではないか。

二は後にも書くように、宮本武蔵玄信の播州出生地に擬せられる揖東郡イカルガの庄宮本村（後に石見《いそみ》村、いま太子町宮本）に隣接した太子町鵤《いかるが》の斑鳩《いかるが》山斑鳩寺は、推古天皇の十四年八月、聖徳太子みずからここに来駕して創建した古刹であり、東の川を「富《とみ》の河」、南東の山を「檀徳山《だんとくせん》」と称したのは大和の地称をここに写したと伝えているから、太子の大和の御所「崗本の宮」の称を写した岡本の小名も、むかしあったのでなかろうか。

以上の二案は私一個のこじつけの独断である。信用しなくてもよろしい。ただ私としては、第一の案のほうは諸君の考慮に訴えたい。

堀正平氏の説によれば、岡本三河房祐次は、河内の八尾の別当顕幸（楠木正成の麾下の豪傑として知られる）から源流（当時は陰の流とも称し、京流の一種で、源家古伝の剣法という意味だったらしい）の剣法を受けたとあり、剣の系譜は、源義経―俊乗坊重源―八尾別当顕幸―岡本三河房祐次となっている。もちろんこの伝系は口碑で、承伝を証明する資料はないようである。

二代目の俊乗坊重源（一一二一―一二〇六）は、源空の法弟の念仏僧で、摂津国能勢郡宿野村（いま大阪府豊能郡能勢町字宿村）の出生。仁安二年（一一六七）、宋に入って帰朝した新知識。治承四年（一一八〇）に南都東大寺が平重衡に焼かれて大仏殿は燃えくずれ、大仏の首も折れて転落した。なにしろ皇室の氏寺《うじでら》であり、総国分寺でもあるから、「伝え聞く人は肝魂を失」ったと『平家物語』にあるが、平清盛の死ぬ四年前の養和元年（一一八一）、東大寺再建大勧進の宣旨をうけて歴史の表面へおどり出たのがこの重源で、このとき六十一歳。大仏殿竣工は十六年後の建久六年で、時代は鎌倉時代へ移行していた。後、八十二歳のとき全部完工して大和尚になる。義経すでに奥州に死す。重源は建永元年に死去した。八十六歳。

剣の伝統を嗣いだ八尾別当顕幸は、『南山巡狩録』延元三年（一三三八）七月二十日の条に、「河内八尾寺の別当権僧都賢景（一本に賢京）寂す」と見える。この死は重源の死後百三十二年にあたるから、それほどの長寿は無理だ。おもうに、重源と顕幸のあいだには少なくても一人か二人、道統の中継者があったのだろう。けだし八尾の巻尾城は、顕幸の死の前年末、岸和田氏を指揮者とする南朝側の堅塁であった。岡本三河房はおそらく顕幸の死後、熊野において戦死したと思われるが、熊野付近での戦闘については未考である。

## 泊神社と宮本系図

まず順序として問題の宮本伊織の泊大明神棟札の銘文（承応二年撰）をここで引用する。漢文で読みにくいから、私なりに仮名まじり文に書きなおし、略注をほどこしておく。ただし誤字・誤写・脱字が多いうえに、伊織の思いちがいもある。私はこの神社を探訪したときに、棟札の実物の存否を確かめなかったのを今に悔いている。もし今でも実物がのこっているなら、ぜひ誰か写真をとって正しい文章を教えていただきたい。以下本文。カッコ内の短注は綿谷である。

「余ノ先祖ハ、人皇六十二代村上天皇第七皇子具平親王ノ流伝ニテ、赤松ノ氏ニ出ル。高祖刑部大夫持貞マデ時運フルワズ、故ニソノ顕氏《ケンシ》（名族赤松の姓）ヲ避ケテ田原ヲ称シ、播州印南郡雁南ノ庄米田邑ニ居シテ子孫世々ココニ産マル焉。曽祖（曽祖父）ヲ左京大夫貞光、祖考（祖父）ヲ家貞ト曰イ、先考（父）ヲ久光トイウ。貞光来爾（来爾は昔来《このかた》の誤字か）相継イデ小寺某（御着城主小寺加賀守則職）ノ甲騎下（旗本）ニ属シ、故ニ筑前ニ於テ子孫今ニ見存（現存）セリ焉。作州ノ顕氏神免（新免の誤記）ハ天正ノ間、嗣ナクシテ筑前秋月城ニ卒ス。遺《イ》ヲ受ケ家ヲ承《ツ》イデ武蔵掾（掾は守の下位）玄信ト曰イ、後、氏ヲ宮本ト改ム。マタ子ナクシテ余ヲ以テ義子トナシ、今ニ有ツテソノ氏ヲ存シ、余コノ髪《ハッ》ヲ続《ツ》グ（伊織が宮本姓を継いだ）。元和ノ間、信州□□（誤写。後にいう）小笠原右近大夫源光政（忠政の誤写。忠政は後に忠真と改名した）播州明石ニ主タリ。今マタ豊前小倉ニ従ウ」

以下の後半を省略するが、その文意は、木村・加古川以下十七村の氏神である泊大明神と米田村の別社が共に頽破したので、わが一族これを嘆き、君主・家運を祈るために、我ら四人の兄弟が母に命じられて再建した、云々というにあり、兄の名、弟の名を書いているが、それらの名も誤写だらけである。

棟札の右の引用文には、問題の個所が五カ条あると思う。

一は、家系の人名が赤松系図・岡本系図に比定して、符合しにくいこと。

二は、筑前に子孫ありと書いたのは、三木戦争に敗れた御着城主小寺家一族のことで、落ちのびた先は黒田家であった。黒田はもと、この小寺家の家老であったが、三木戦争のとき小寺家が織田側との盟約をやぶって三木側に付いたため、黒田は小寺を諌言したけれど容れられず、やむなく離反して秀吉にむすんで姫路城をあずけられた。敗れた小寺は、けっきょくこの黒田の庇護をうけたわけだが、黒田は後に豊前中津城主になり、さらに関ガ原役後は筑前福岡城主に移封したから、小寺の子孫が筑前にのこったのである。

三は、作州竹山城主新免家が天正年間に筑前秋月城に奔って死し、嗣子無きため宮本武蔵が新免の遺姓を継い

新免伊賀守の竹山城址（岡山県大原町下町）

だと書いているのは誤記であろう。新免家はそれより前、慶長五年の関ガ原戦にやぶれて九州に奔り、これまた後に黒田如水孝高に頼って死去したから、伊織は完全に事実をはきちがえ、したがって武蔵玄信が新免姓をゆずられた年代を治定する材料にはならない。（竹山城主の新免家でなく、新免無二之助一真の養子になったと宮本系図の一本にあることは後に書く）

四は、武蔵が新免姓になって後に、あらためて宮本姓になったと書いている疑問。

五は、文中に□□としておいた欠字の解読である。一から四までは後にゆずり、便宜上ここでは五の問題だけを、かんがえてみる。

私の用いた書写には右の二字は脱字になっているが、福原浄泉氏の写しには「生仕」の二字が入れてあって、「自分は元和の間に信州に生まれて小笠原家に仕えた」と解説している。

思うに「余コノ髪ヲ続イデ元和ノ間、信州ニ生マレ、小笠原右近大夫光政ニ仕エ、播州明石ニ主タリ」と読んだらしいが、前文に自分の家系は田原姓を称して以来、代々播州米田村に生まれたと書いているのだから、自分だけが信州で生まれるはずのないのは自明の理であり、それに彼が、小笠原に仕え「播州明石ニ主タリ」と文がつづくのが不可解ではないのか。

明石城主になったのは小笠原家で、それが信州から明石に移封されたのが元和三年なのだ。つまり「元和ノ間」とあるのは小笠原家の明石移封年代で、伊織の出生年代ではない。伊織は宮本系図・田原系図から見て慶長十七年出生は明白で、自分の出生は「元和ノ間」などと六、七歳もサバをよむ必要があるはずもなかろう。

□□に文字を入れるなら、領主とか主公とかを意味する文字であるべきで、福原氏が棟札前文の米田出生をまるで黙殺し、「伊織は元和に信州で生まれたと自分で書いているから、これが一番正しく、父の久光も信州に居た」などと素頓狂な妄想を強弁するのは、二文字の誤写をわざと曲解し、無理な解釈を押しつけようとする作為を感じないではいられない。

のこった問題（一―四まで）は、みな幾らか歯切れのわるい疑問が付随していて、私案では解きがたい点が多い。まず肝要なのは家系についてだが、泊大明神棟札にある伊織の父祖代々の人名と、前に省略した伊織ら兄弟も入れて系図のかたちに書きなおすと、〔A図〕のようになります。

〔A図〕赤松刑部大夫持貞（村上天皇第七皇子具平親王の流伝、田原姓に改む）―田原左京大夫貞光（小寺家旗本）
―田原家貞―田原久光
　―田原吉久（吉光の誤写）
　―宮本伊織貞次（武蔵玄信へ養子）
　―小原玄昌
　―田原正久（久次の誤写）

しかるに、『小倉本宮本系図』と類本『宮本家正統記』『宮本歴代年譜』等では〔B図〕となって、その記載また伊織の棟札と同様、誤記・誤写・思いちがいが多い。

冒頭――誰の系図でも、もっとも愚劣でくだらない部分である。先祖の先祖のその先祖、たどりつくところ何々天皇何代の後胤というのがおきまりになっている。大陸から渡来した新羅《しらぎ》系・秦《はた》系など、ごく僅少な例外はあるけれども、

〔B図〕人皇六十二代村上天皇第七皇子具平親王流而赤松貞範孫持貞（赤松刑部大夫）—家貞（田原中務少輔）—某

某—家貞（田原甚右衛門）
　慈性宗円日久。天正五年三月六日没

—長男某（早世）

—久光（田原甚兵衛）
　播州印南郡米田村居。道円日受。寛永十六年二月九日（没）。室、摂津有馬小原城主上野守信利女

玄信
　新免（一本に宮本）無二之助一真の養子。天正十年に生まれ宮本武蔵と号す。新免氏を称して後、宮本に改む。剣術を以て世に鳴る。正保二年五月十日肥前熊本に卒す。六十四歳

—伊織貞次

実はそういう連中だって内地貴族の後裔だと偽装しているのが多い。思うに世のなかには、医者にもなおせない「有名病」というケッタイな病気があって、裏長屋の貧乏人から高層蜂窩《アパートメント》・細民窟《スラム》の住民にいたるまで、よしんば自分の先祖が十七世紀ごろのゴキブリの親類か、鼠の尻ッ尾みたいな卑小者だったとしても、そこにわずかながらも高貴へつながる細い糸をさがし出して、みな何かしら長い長い貴族の尻ッ尾の先にぶらさがって威張っているのである。

　宮本武蔵玄信の大先祖は、村上天皇第七皇子の具平親王の流れ、と伊織棟札にも宮本系図にも一致しているのに、福原氏の棟札の写しには「具」の字が抜けていて、村上源氏の七代目が「平《へい》親王」（平家の公達）だなんてヘンテコなことになっていても、テンで気にならないらしいのだ。まあそんな気の遠くなるほど遠いむかしのことは止めにして、もう少し近い先祖の話をしよう。

　田原系・宮本系の祖は棟札・宮本系図ともに赤松刑部大夫持貞とあり、持貞は宮本系図に赤松貞範の孫としている。さすれば赤松系図の則村—貞範—顕則の次代（四代目）にあたる満貞・頼則・家貞の三人のうち、後に岡本系図につながる頼則の別名が持貞であったとみるのは穏当とおもわれる。私には思われるとしか、いまは言え

ない。ひょっとしたら持貞は頼則とは別人で、父頼則の庶子、その流系が普通の赤松系図に載っていないというケースもかんがえられるからであるが、そういうことは赤松系図そのものの、徹底的研究をした上でないと確かなことは言えない。

それにしても岡本系図と宮本系図の代々人名の、通称や諱が全体的に校合《きょうごう》できないのは最大の難点である。先祖の伝承だけはうまく記憶されても、分派した支流において、分派以前の本家溯源の人名が必ずしも正確でなく、当てずっぽう・脱落・省略・逆置などがめずらしくないことは、私自身、『寛政重修諸家譜』の原拠となった各家所蔵の呈譜《てぃふ》草稿数十例を調査してみて思い知らされたことがある。だから、この問題に正面から取りくむ自信はない。手におえないことを正直に告白し、ずるいけれども今は無停車通過させていただく。

## 田原家居住と玄信出生地

伊織の泊大明神棟札によれば、赤松刑部大夫持貞から姓を田原にあらためたといい、宮本系図には、その持貞の子の家貞から田原中務少輔と称したという。どちらが正しいか、傍証がないと決めにくい。それにしても田原は改姓当時の在名とおもわれるので、その地を旧赤松家の勢力範内でさがすと、後に田原家代々の出生地となった米田村から遠くない加西郡田原村（いま加西町田原）が第一の候補地。すこし離れたところで神崎郡田原村（いま福崎町）、もしまた作州竹山城主の新免家（赤松頼則の弟家貞の系統）に関係があるかも知れないというなら、岡山県作東町田原などもかんがえられる。ただし、田原家の田原村居住期間はあまり長期ではなく、やがて雁南庄の米田村（いま高砂市米田町米田）へ移転したのであろう。

棟札の系譜と宮本系図を見くらべて、もう一カ所あいまいな点がある。宮本系図には家貞という名が前後二度出ていて、家貞（田原中務少輔）—某—某—家貞（田原甚右衛門）となっているのに、棟札のほうには前の家貞が無く、田原左京大夫貞光—田原家貞—田原久光（伊織の実父）となっている。これで見ると岡本家からの田原家の分岐点である家貞とは、宮本系図の前のほうの家貞（中務少輔）で、それにつづく二つの某（人名不詳）の二つめが棟札の田原左京大夫貞光（伊織の曽祖父。武蔵玄信の祖父）だと推察がつく。

右にいう前後二人の家貞の、前のほうが岡本家からの分岐点で、その家貞が岡本次郎満貞の弟であったことは先ず正しいらしい。俳諧史家の、川島つゆ女史が、かつて、雑誌『伝記』に宮本伊織の播州関係遺址を実地踏査した記事を発表されたが、宮本武蔵玄信を早まって「赤松円心五代の孫」と書いていた。これは前出の赤松系図の四代目に満貞・家貞の兄弟のコンビネーションがあるために、うっかりその家貞を宮本系図の家貞（田原甚右衛門）と同一人物視してしまい、年代の矛盾に気づかず、田原甚右衛門家貞を赤松円心から四代目と数えたために、その子である久光・玄信の兄弟を五代目に数えてしまったのだろう。早とちりであるが、岡本と田原の分岐点が、満貞・家貞の兄弟である一証にはなる。じっさいの満貞・家貞兄弟は、赤松円心から七代目の三河房祐次から、さらに四代も後に出てくるコンビネーションなのである。

宮本系図で、いちばんバカげた誤謬は、武蔵玄信を天正十年出生、正保二年歿、六十四歳としたことである。歿年は正しいが、『五輪書』に玄信自信の書くところによって逆算すれば、生年は天正十二年、享年は六十二が正しい。なぜこれほど明確な事実を系図に書きあやまったのか、推察もつかない。

久光・玄信兄弟の父、田原甚右衛門家貞の死去を天正五年三月六日としているのも、とんちんかんである。久光の子吉光・久次・伊織・玄昌四兄弟が、兵庫県三木市本要寺（日蓮宗）に建てた父母供養碑（いま箕ノ谷墓地入口に移す）、および伊織・玄昌両人の死後、残り二兄弟が京都深草山宝塔寺（日蓮宗）に建てた父母兄弟合刻碑に、玄信の兄久光の歿年月を寛永十六年十二月十九日（系図に二月九日としたのは脱字）とし、享年は六十二歳とあるから、逆算すれば天正六年生まれで、武蔵玄信より六歳の年長であるが、久光出生の前年（天正五年）に父の家貞が死んでいたとなると、久光もその弟の玄信もこの世に生まれてくるはずがないのだから、この家貞の歿年は重大な誤記としか言いようがない。

誤記といえば、美作出生説のほうも決して負けていない。美作生まれの武蔵政名の父平田武仁は、その父平田

三木市の宮本伊織四兄弟の父母供養碑（中央）

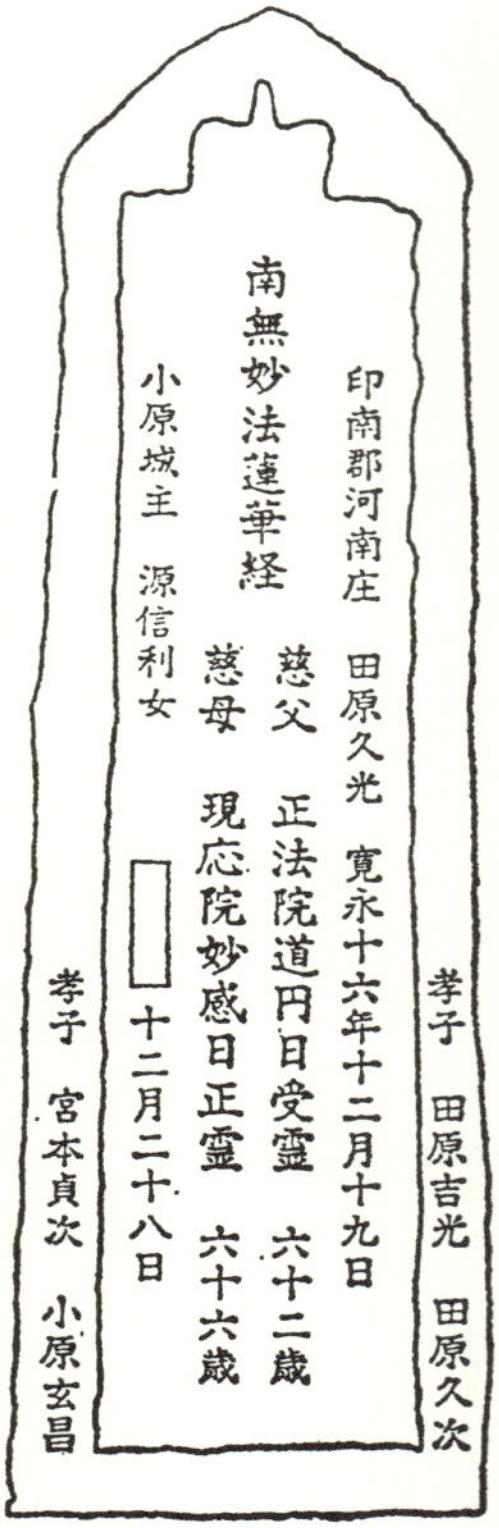


同右の銘刻の翻読

将監の死後二十五年、母の死後二十三年目に生まれたことになっている。そんな非現実的なことを、そのまま信じる無邪気な人は、武蔵美作出生説の主張者（特に富永堅固氏）以外にひとりもあるまい。系図の製作者にしても、よもやそれほど尻の抜けたミスを犯すとは思えないから、そういう不合理はすべて抄写の際に生じるうかつな誤写・脱落がもとになって、後人をまごつかせるのだと言わざるをえない。

『播磨鑑』印南部の記事中に、宮本伊織の父は甚兵衛といって、三木の別所家の侍であったが、三木落城後、米田村へきて住み、伊織を生んだ云々、と書いているのはピンからキリまでまちがっている。これは棟札に、伊織の祖父田原左京大夫貞光が御着《ごちゃく》城主の旗本として別所側に立って戦い、御着城が敗れた（三木落城より前の天正六年七月に落城）とある文に従うべきであろう。御着城の侍たちの多くは後に、豊前中津からさらに筑前福岡城主になった黒田家にたより、黒田家でも御着の者が来れば無条件で召抱える習わしで、黒田騒動の大立物だった栗山大膳なども、もと飾西郡栗山の蓑《みの》売りが旧御着の士・井上蓮清の紹介で召抱えられ、家老にまで出世したのだという説もある。

なお宮本系図の伊織の父久光の条に「米田村居」と初めて出ているが、棟札に赤松刑部大夫持貞が（在名によって田原姓にかわって以後であろう）米田村に来て住み、子孫代々そこで生まれたとあるのに従いたい。ただ三木戦争前後の数年間は、米田居住の事情に大きい変化があったと思われる。

前に書いた三河村から千種へかけての一帯は、赤松一族である広瀬家のつかさどる地であった。広瀬家は赤松円心の子の範資の五男師範（前に出した赤松系図を見よ）を始祖としている。広瀬郷五十波《いかわ》村の朝水山《ちょうすいさん》城（旧、菅野村。いま山崎町の内）を本拠として、天正年代の広瀬下野守祐清に及んだ。

天正六年（一五七八）の春から八年の正月にかけて、播州東部は三木の別所家（赤松系図、赤松則祐の子の持則が家祖）の釜山城を中心に、はげしい戦場に化した。この戦いには広瀬家は、別所の大手の一方をうけたまわり、祐清・為助父子が加古川に近い雁南庄米田村の砦まで出てきて守った。米田は今の高砂市米田町米田で、後に書く宮本伊織の出生地、言いかえれば伊織の父甚兵衛久光の出生地でもあるが、久光の弟にあたる武蔵玄信もまたこの地に生まれたか、どうかは、後考にゆずる。

この広瀬祐清は、作州讃甘《さのも》の新免伊賀守家へ養子にゆく口がきまっていたので、一に宇野民部大夫祐清と称したのは、宇野は新免の本家にあたるからである。天正八年正月に三木釜山城は落城したが、羽柴秀吉軍はその前哨戦として三木側の各地拠点をシラミつぶしに攻めこんだ。

米田の砦は三木落城より前の天正六年に敗退し、広瀬軍はいったん退いて印南郡志方城に拠ったがここでも敗れ、奔って本貫地の朝水山城に逃げもどったものの、天正八年、押し寄せる東軍に抗しきれずして落城した。下野守祐清は作州新免家の竹山城をたよって脱出する途中、追手のために千種川で戦死し、広瀬家はほろんだ。

以上の経緯は信ずべき史料・古記録にあり、げんざい横浜居住の山崎博文氏（宇野広瀬氏の後裔）の系図にも、そのように記述されている。このときには同じ宇野の家系から分かれた御着城主、小寺加賀守則職（宮本武蔵玄信の父甚右衛門家貞がその旗本であったことは後述する）もまた秀吉軍を裏切っているのだから、朝水山城（宇野下野守）がこれに呼応したのは自然の成り行きなのだが、美作出生説の福原浄泉氏は私と面談の際、噛み付くような激しい反対説を述べられた。

理由は、当時の竹山城主新免伊賀守宗貞の妻は、秀吉軍の軍師だった竹中半兵衛の姉であるから、竹山城が秀吉軍に離反することは全くかんがえられないし、広瀬祐清はその新免の養嗣子に擬せられているのだから、新免の意向にさからって三木側に加担することなど絶対にありえない、というのである。

福原氏の旧著『竹山城と平田家』にも、たしかに新免宗貞の妻は竹中半兵衛の姉としているが、これはオドロキ以外の何物でもない。いったい美濃郷士の竹中半兵衛の姉が、なんの因縁でこんな遠い作州の山奥へ嫁に来るものか。いんちきも甚だしい。

よしんば嫁に来ていたとしても、政略は結婚に先行するのが当時の風習だから、そんなことで秀吉軍に新免が遠慮するはずはないし、なによりも事実は、宇野は秀吉軍に抵抗したのである。理屈だけでは、存在した事実を否認することはできない。（福原氏の新しい著書のなかでは、竹中半兵衛の姉でなく竹内半兵衛の姉と訂正されている。

竹中半兵衛の姉さんの方は、いったい何処へ行ってしまったのだろう）。

が、いずれにせよ事実は福原浄泉氏の空虚な理論をうら切り、天正六年の米田砦の敗退以来は御着城・加古川砦・志方城と相次いで秀吉軍に反抗して戦い、敗退と落城の後、朝水山城潰滅の同八年までの三年間は、米田村周辺をはげしい戦闘の渦に巻きこんだ。御着城の旗本だった田原貞光と、その子の甚右衛門家貞は、もちろん米田村の出生と見るべく、甚右衛門の長子は早世、二男久光は天正六年に一歳だったから、これも米田村で生まれたと見てよいが、その年以後の戦乱中の米田居住は、とうてい無理だったろう。戦禍を避けて何処か田舎へ逃げていた、とかんがえなければなるまい。

武蔵玄信は、朝水山城の落城後二年の天正十二年生まれだから、家族がすでに米田村の旧居へ帰住していたとすれば米田生まれかもしれないし、帰住以前なら疎開先の何処かの地で生まれたと見るのが常識である。

『播磨鑑』には武蔵玄信の生誕地を、

「宮本武蔵。揖東郡 鵤《いかるが》ノ庄、宮本村ノ産ナリ。（中略）此宮本武蔵コト、佐用郡平福ノ住、風水翁ノ説ト有相違」

と記し、平福村の田住《たずみ》家出生という異説のあることを承知のうえで、あえてイカルガノ庄の宮本村出生説を唱えている。

この宮本村というのは、明治時代の石海《いそみ》村字宮本いま揖保郡太子町宮本で、竜野市の郊外にあたる。刊年未詳の『播陽万宝智恵袋』はこの説にしたがい、実録本『英雄美談』に播州新見村とあるのも、石海村を石見村、さらに新見村と誤記したものであろう。

この石海村宮本での出生説は、明治刊の『石海村史』に、たった一行の説明があるだけで、その後の歴史家からはまったく無視され、吉田東伍博士の『地名辞書』や、笹川臨風氏の『伝記大日本史』のほか、『異説日本史』その他の学術書は、みな不用意にも美作出生説にたぶらかされてしまった。

私は数年にわたり何度も採訪し、石海神社の社司や太子町常全総代最古老の村瀬亀治さん（故人）その他の古老に精細な質問をし、いろいろと付近の聞込みなどもしてみたのだけれど、宮本武蔵がここで生まれたという口碑がのこっているということ以外には、遺跡や遺物など何の発見もなかった。

この遺跡や遺物が石海村（いま太子町）に無いということが、武蔵がここで生まれたのでない証拠だと、美作の郷土史家は笠にかかった論法である。それにくらべて宮本武蔵（政名）に関する遺蹟が、美作側に余りに多過ぎるのは気にならないのだろうか。過ぎたるはなお及ばざる如しで、こじつけと偽作はいくら多くても事実の証明にはならない。特に美作の政名遺跡にはウンザリである。なぜ政名のことばかりこしらえるのか。なぜ玄信の証明に冷淡なのか。玄信を否定しては出生地の論は全く無意味であると思わないのか。

## 武蔵玄信、新免姓を継ぐ

田原家貞の三男に生まれた武蔵玄信が、宮本村に生まれたから宮本姓を名乗ったというのなら、彼は加冠のときに別家をおこして、初めて宮本姓を名乗ったと見るべく、それなら別に太子町宮本でなくても、たとえば、米田村の氏神泊大明神の鎮座する加古川市木村宮本の地字に拠ったと見ることだってできる——この社は田原家の居住地に隣なり、かつ、田原家の氏神であったからである。

武蔵が別家をおこして宮本姓を創めたのでなかったとすれば、宮本系図の一本に新免無二之助一真の養子となったとある説は、どうか。じつは、この無二之助一真は、姓は宮本であっても新免姓を名乗ったとは私には思えないので（別稿、宮本無二斎と菅六之助正利に詳し）、この宮本無二之助一真の姓を襲ったとは私には考えられない。而して後年、武蔵が新免家系の継承者となったのは無二之助一真からでも新免武仁からでもなく、もと作州竹山城主だった新免伊賀守宗貫の直系からと思われるから（そのことは伊織棟札の文意に読みとれることを前に書いた）、これは記述の混線であろう。

宮本無二之助一真は鉄人実手流の『青木家伝書嗣系』に出ている人で、字は虎千代、元和八年十二月二十日、播州揖東郡栗原で死去した。享年五十三。逆算すると元亀元年（一五七〇）生まれで、武蔵玄信より十五歳の年上であるが、玄信を養子にするには年齢やや接近、おまけにこの一真は新免姓を称したことはなかった、と私は思っている。家譜では宮本武蔵守吉元（円明流権輿）——宮本無二之助一真（実手当理流）——宮本武蔵守正勝（武蔵流）と順次し、この正勝が実は一真の養子になった武蔵玄信のことで、本姓は豊原氏、生国は播州鶴瀬庄と書いているなど、これはまったく我田引水式の作為による人名詐称としか言いようがない。

前に名を出した立花峯均なども、武蔵玄信の父は宮本無二之助といい（一真とは言っていない）、播州の人で黒田孝高につかえていたが、孝高が豊前中津へ移ったとき従って行き二百石をたまわった。玄信は九歳のとき父の武伎をわるく言ったので放逐され、無二之助の弟が近所の寺で僧をしていたので、そこへ行って厄介になり、十三歳まで居た。播州へ武者修行にきた有馬喜兵衛を、十三歳の玄信が打ち殺したときいて、すぐ手もとへ呼びもどした云々という。黒田家豊前入国は天正十五年だから、玄信が九歳で放逐されたのなら天正十九年のことで、すでに九州に来ていたはずだ。近所の寺というのなら遠い播州ではあるまいし、呼びもどされたのも豊前へ、でなければならない。可怪しな話である。

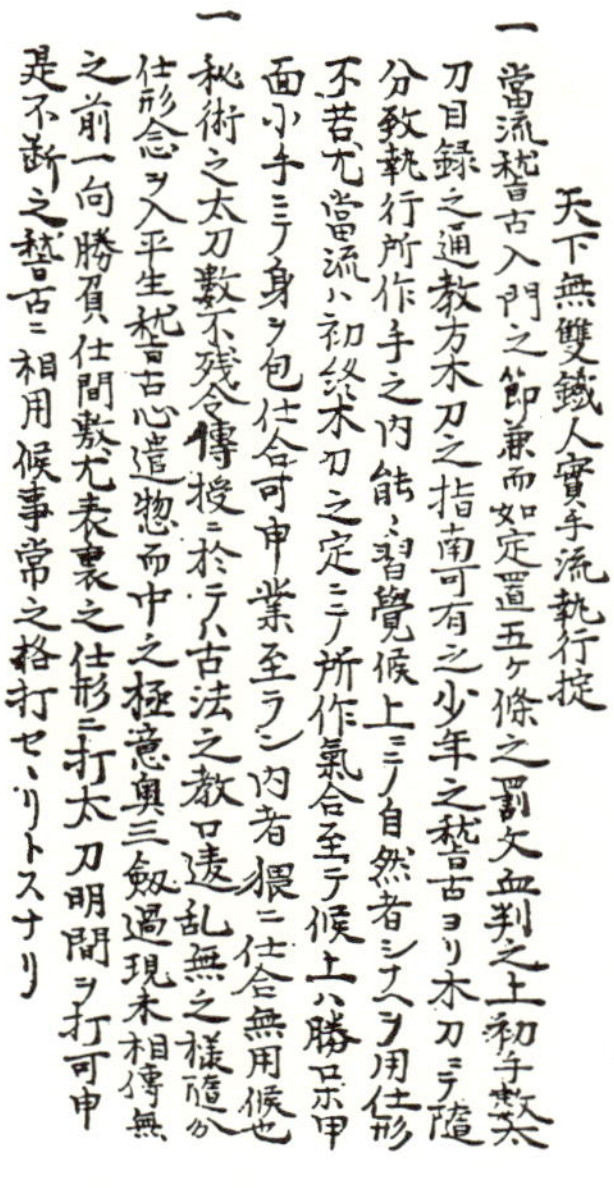
天下無雙鐵人實手流執行掟
一　當流稽古入門之節兼而如定置五ヶ條之罰文血判之上初手数六刀目録之通教方木刀之指南可有之少年之稽古ヨリ木刀ニテ随分教執行所作手之内能々習覺候上ニテ自然者シスヲ用仕形不苦尤當流ハ初終木刀之定ニテ所作氣合至テ候上ハ勝ロ示申面小手ニテ身ヲ包仕合可申業至ラシ内者猥ニ仕合無用候也
一　秘術之太刀数不残令傳授ニ於テハ古法之教口遠乱無之様随分仕形念ヲ入平生稽古心遣惣而中之極意奥三劔過現未相傳無之前一向勝負仕間敷尤表裏之仕形ニ打太刀明間ヲ打可申是不断之稽古ニ相用候事常之格打セヽリトスナリ

『鉄人実手流執行掟』冒頭

美作出生説では、宮本無二之助一真は平田武仁と同じ人間だと決めこんでいるが、証拠は何もない。彼らは武仁の没年が天正八年と墓碑に彫られているのは十八年の誤刻である、と安直に訂正する。独断も甚だしい。しかも武仁は墓碑の存在にかかわらずなお生きのび、訂正した天正十八年よりももっと生きのびて、慶長二年の無二之助一真の真言呪詞切紙、慶長五年の久野連署秘伝書、慶長十二年の友岡宛伝書の一真はみな武仁であると、飴細工式に年齢を引きのばし、取りこみ詐欺みたいな説を主張する。おかしいじゃないか。

宮本無二斎（平田武仁）の墓（大原町川上）

死んでもいない人の墓をこしらえて、よいかげんな死去年月日を彫り、その十年後まで生きていたからといって十の字の脱刻だといって訂正し、さらにそれ以後まで生きていて死んだ日がわからないなんてケッタイな墓を、だれが何の目的で建てるのか。墓は死去した人の標石であるべきで、いつまで生きるか不明な人間のために生前に、よいかげんな死去年月を彫って建てるものじゃあるまい。そんなこと、岡山県だけの奇習なのですか。

　宮本系図の玄信の条に、はじめ新免氏、後に宮本姓とあらためたとあるのも誤解のタネである。作州竹山城主新免家が、慶長五年の関ガ原戦にやぶれて西奔し、後に豊前中津（さらに筑前福岡城主になる）の黒田家に頼った事実を、伊織の棟札には、天正年間秋月家にたより、子孫が筑前にのこったと思いちがいして書いたことは前述したが、その思い違いを踏まえて更らに推測をめぐらせると、玄信は、はじめ田原家から別家して宮本姓を称し、晩年近くなってから新免家の末端である伊賀守宗貫を継承して新免姓にかわったが、旧姓宮本は養子伊織が継ぎ、新免を継がせる人物を定めずに玄信が死去したため、これを一時、二天一流相伝の寺尾家があずかり、寺尾求馬助信行の二男を新免弁助信森として新免家の本家を復活したと見れば、どうやら少しは、筋の通った話になる。

　新免宗貫には三子あり、長子宇右衛門が黒田家につかえて三千石。二男・三男は江戸に出たと新免系図にあり、後嗣があるのに玄信を養子にする必要はないと作州郷土史家は主張するが、実子があっても養子をもらう例は決して少なくない。それに長子宇右衛門が三千石取りの家老格とは――『黒田家譜』『黒田家臣伝』などよく調べてみれば、その事実のなかったことが明確になる。

　なお新免系図の最末端は後人の偽作であるらしい。姫路城主本多忠刻に殉死した玄信の養子、造酒之助（三喜之助）貞為を新免宇右衛門の実子としたのはひどい。造酒之助は伊勢から備後福山に移封した水野勝成の、武者奉行だった中川志摩之助の孫である（『積翠雑話』）。書写山にある造酒之助の墓にも「生国伊勢」と彫ってあって、筑前とはない。

　宮本造酒之助貞為は武蔵の一番目養子で、摂州西の宮で、街道馬の口取りをしていた貧農のせがれを、通りかかった武蔵が見こんで養子にしたと『二天記』にあるのは、フィクションだろう。縁あって武蔵に養われ、姫路城主本多美濃守の嫡、中務大輔忠刻の小姓頭になったが、寛永三年五月七日に主君の忠刻が死去したので、造酒之助は即日、主君の跡を追って殉死した。二十三歳。

　　竜田山、みねの嵐にさそわれて
　谷の紅葉も今や散りける

このとき造酒之助の家来の宮田覚兵衛が介錯して、その場で覚兵衛も殉死した。その殉世の歌は、

　死にともな、あら死にともな死にともな
　　思えば深き君のおなさけ

右の殉死の両墓は共に書写山の本多忠刻の墓域中にある。造酒之助に殉死した若党の覚兵衛は、前に人を斬って造酒之助の家へ馳けこんで助けてもらったことがあるので、その信義に報いて死んだのであった（『積翠雑話』）。なお右の覚兵衛の奇抜な辞世の歌は、辞句に少異があるが、忠刻の父の本多平八郎忠勝の辞世として名高いこと『近古史談』にあり、また根岸肥前守の『耳袋』には、徳川家康の旗本で本多忠勝に付けられた梶金平の辞世としているから、正確なことはわからない。

　おもうに本多忠刻は、例の徳川千姫が我れから望んで嫁入った恋婿であった。俗説を信ずるのでないが、千姫の淫乱のため忠刻は日夜精励これ努め、おかげですっかり吸いとられて腎虚《じんきょ》で死んだということになっている。主人の腎虚の御相伴で書写山の墓前で腹を切って殉死するのでは、主従の義理立てなんか何ともアホくさいものである。

宮本伊織奉献の石灯籠（加古川市、泊明神社）

ついでに言えば、武蔵の二番養子宮本伊織貞次が十五歳で始めて明石城主小笠原忠真の小姓に上がったのは、宮本造酒之助が二十三歳で死んだとおなじ寛永三年であった。

宮本伊織が承応二年に、自分の氏神であった加古川の泊大明神の諸殿を新築奉献したことはすでに書いたが、そのとき堂上家の歌仙三十六枚その他を寄進し、また泊の古宮を米田村へ移築して内宮としたほかに、伊織の母の実家があった加東郡垂井庄宮脇（いま小野市垂井町宮脇）の氏神（住吉神社）にも、伊織は帝《みかど》の宸筆を一枚寄進している。また弟の小原玄昌とふたりで、三木の本要寺に父母の墓碑を建てた。

泊神社の三十六歌仙の掲額は、戦前までは同社に保存されていたが、いまは破砕して一枚ものこっていない。六十×四十センチの板額で、歌仙の肖像は甲田重信（狩野探幽の門人）の筆。歌の文字は青蓮院尊親以下十六名の筆蹟で、一枚ごとに「奉寄附播陽印南郡紀伊村泊大明神、当社建立之願主、源姓宮本伊織貞次、舎弟玄昌敬白」と記入があったという（願文中の紀伊村は、現在の「木村」で、明神社地の小字である）。

また同社の境内には、本社のうしろに伊織が寄進した高さ二・十二メートルほどの大きな石灯籠があり、伊織の母妙感が寄進した一・五十メートルぐらいの石灯籠が二基、これは玉垣の両方の隅のところにのこっている。

伊織の生まれた米田村の薬師堂には、これまた伊織の寄進した一尺三寸径の青銅の鰐口があり、これには正保三年の銘がある。養父玄信の死去した翌年に奉納されたわけである。伊織が母のために宮脇の住吉神社へ寄進した帝の宸筆というものが、その後どうなっているか、私はまだしらべていない。

伊織の弟の小原玄昌は母の姓をついだ人で、医学を学び、典薬寮の法眼に出世した。その末は三木へ移って大きな酒造家となり、一文字屋と称した。この一文字屋の旦那寺が、げんざい三木市にある日蓮宗本要寺である。玄昌の死んだのは貞享三月二十日、享年六十九歳。京都の深草山宝塔寺に伊織と同列の墓があり、そこにも三木と同様な両親の供養碑も建てられている。

宮本伊織は二十歳で小笠原家の執政になった。バカに出世が早かったのは小笠原侯の男色であったからだろう。西鶴の『男色大鑑』に明石城主の男色話が二章も題材になっているのは、当時の一般的風潮とは言え、よっぽどおかま好きの殿さまと見られた証拠である。はっきり小笠原家と書いてはいないが、西鶴の武家物は寛永年代の実話を材料にした例が多いので、どうも小笠原家と断定してよさそうに思う。

小倉藩の士風の見聞をあつめた『鵜の真似』に、寛永御前試合に出た宮本八五郎というのが宮本伊織である、と書いている。銭形平次の子分みたいなこの剣客は嘘ッ八である。伊織は文官としての成功者で、剣術のコンクールに出るほどの手腕は期待できない。もちろん武士としては相当の技術はもっていただろう。剣の系譜は前に書いておいた。それにしても寛永御前試合そのものは、講釈師の張扇からたたき出した架空談である。試合に出たかと出ないとかの論は、まったく無意味である。

## 武蔵のイメージを変改せよ

人間の形成過程には、複雑でいろいろ矛盾した解きほぐし難い奇妙な契機が働いているから、単純な概括や規準で早計にきめてしまうわけに、いかない。それだのに現代のするどい洞察力をもった知識人のなかには、まるで宮本武蔵がガラス製でもあるかのように、何もかもすっかり見抜いてしまっている人たちが多いのに、私は、いつもびっくりさせられる。

プロの「武芸者」という狭い世間の関心は一般社会人の生活からは甚だしく遊離していて、その言行は、とかく自画自讃的で偏狭と独善におちいり易いように、私には思えるのだ。私は、ガラス製でない生きた人間としての肉付けのある宮本武蔵を見たい。彼の内部でうごいている思想や精神について、彼の肉体の表情や言動を通じてのみ語られる事実を聞きたいのである。

いや、もっと慎重にいえば、私は彼の表情に対してすら、もっと懐疑的である。人間の表情は、その人が習慣的に浮かべる上っ面の表現にすぎない。内面のぜんぶを見きわめるには不充分である。しかも一般に誰でも、自己の真実を口にすることを好まない。真実にちかいことを語るにしても、些少でも自分が傷つかないように嘘や感傷がまざるし、弁解や、はったりが混同する。

思うに、史上、プロの武芸者として名をのこした達人の数は必ずしも少なくないけれども、宮本武蔵玄信ほど具体的・実際的で自信に満ちた教則を書きのこした武芸者は他にいなかった。彼が、いかにずばぬけた人間であったかは、彼の書いた『五輪書』を読んだだけで確然として明瞭であるとは言え、それにしても彼は、作家が自己の作品に失望することがあるように、自己の武術の無意味に失望したことがなかっただろうか。

人生のパターンは、たいていは彼よりも平凡で俗っぽい人たちによって織り出される。そして人間は偉くなればなるほど、世間から好き勝手な想像をほしいままにされるだろう。

宮本武蔵玄信には『独行道』と題する二十数個条から成る座右銘があって、現代の人たちの多くは、それらのすぐれた言辞をもって彼の精神的構造を想定し、彼は剣の修行一筋に生きた純粋なる清潔人間であり、殊にその一条に「恋慕の道思い寄る心なし」とあるから、女性関係などは生涯なかったなどと勝手に決めこんでいるようだが、それは少々おかしなひいきの仕ようであるまいか。

『独行道』はもっとも晩年において書かれた文章であり、彼が生涯の最終期にいたって始めて到達した心境の集約であって、いわば、老成した達人の自誡のことばである。

一条の悟りを獲るまでには、かならずや多くの迷い、多くのあやまちをおかした挙句、なにか大きな動機があって始めて理性的に心理や意思の上に、若干の、あるいは最大の転換を生ずる。二十数個条もの名言をひねくり出すまでの雑多な、血のにじむような迷誤《めいご》こそ、彼の人間性を解明する尖鋭な庖丁であると、諸君は、そう思いませんか。

われわれ俗人でも、時に一大決心をして、机の前の壁に、それともベッドのうえの天井に、「禁酒」とか「禁煙」とか「禁パチ」などと書いた紙ぎれを貼り付けることがある。けれど十日とたたないうちに、たいていその自誡は、はかなく破れてしまうのが普通である。

われわれは、とかく意志がくじけがちになるのをおそれて、自己を鞭撻する必要から座右銘を書く。しかも、不履行におわるばあいのほうが、はるかに多い。思うに、座右銘とか格言・箴言の類は、ある種の法律とおなじように、むしろ破られるために存在するといっても、よろしい。だいたい精神薄弱な愚人でさえ、生涯に一つぐらいは感心するような名言を吐くものだ。しかし、いくら宮本武蔵が特別製の優秀人物だったとしても、まさか子供の時分から――それとも、思春期の時分から、異性を遠ざけ名声を求めず、地味な剣術一筋に打ちこむ志を立てたなどとは、どだいかんがえるのが無理である。

それはそれとしても、げんざいの人たちは宮本武蔵に関して、たしかに漠然とした或る種のイメージをもっているようであって、それが多かれ少なかれ、ともかく吉川英治の造り出したフィクションを土台にしていることだけは、事実とおもわれる。つまり、吉川武蔵のイメージを打ちやぶることは、今ではほとんどタブウに近いといわねばならない。

が、真にそれはタブウだろうか。

もしタブウというなら、歴史文学における宮本武蔵という貴重な素材は一種の因襲的な欠番号であり、ひいては文学における真実探求の使命は、些少ならず阻害されるだろう。

私は宮本武蔵が、いまの人たちが思っているよりも、ずーっと偉くない人物であったほうがよい、とさえ思うのだ。偉い人物が嫌いというのではない。偉い人とはつき合いにくいからである。

私は今までにも、宮本武蔵に関して若干の論考を発表して来たけれど、矛盾だらけの雑多な資料を上手に一本につなぎ合わせることには、ついに成功しなかった。ましてや各地の郷土史家や武術史学者たちの、銘々ことな

宮本武蔵玄信肖像

った一方的な主張のぜんぶを満足せしめることは、ざんねんながら、今後とも、とうてい不可能のように思われる。

## 武蔵の自画像

宮本武蔵玄信のえがいた自画像というものが、往々のこっている。本物か擬作品か、私にはよくわからないけれど、いろいろな本にも複製されて出ているから、ごらんになった人も少なくないだろう。両刀を両手ににぎり、軽く下段にかまえた立ち姿である。

彼は体格が大きく、せいが高く、日常の鍛錬で肉も骨も力に充ち、日焼した皮膚はなめし革のような光沢《つや》をもっている。生まれつきの異相——奇っ怪な人相であって、たしかに男前はよくない。怖い醜怪な顔つきで無精ひげをはやし、広い前額《ひたい》が、月代《さかやき》へかけてテカテカと禿げあがっている。

私は彼のこの肖像をみるたびに、いつでも、なぜか痛ましいような気もちがしてならない。それは、この肖像の目付きのせいかと、私は思うのだ。その顔は厳《いか》つい顔面表情に対して、まったく似つかわしくない目つきをしている。よーく見てごらん。彼の目は、ジステンパーにかかった犬の目つきとでもいうか、鸚鵡が、ホーム・シックにでもかかったとでもいうか、そんな目つきである。

この肖像を見て胸が痛むと私がいうのは、そのいやな目つきのためなのだ。思うに宮本武蔵は長くもなかったその生涯を通じて、死ぬまであんないやーな目つきをしていたのだろうか。人生に悩みは付きものであるとは言え、武蔵が大きな悩みを心に秘めていたという印象は、この肖像画から拭《ぬぐ》い去ることができない。

もちろん画というものは、あくまでも画であって、いくらかはカッコウよく粉飾されてあることは止むをえない。それにまた、どうしても正確にえがくことのできない要素も無いとは言えない。

宮本武蔵が生れつき醜怪な人相であったのは、少年時代に胎毒《たいどく》が内攻《ないこう》して、あたまのてっぺんの肉がデコボコになってしまったためで、それが余りみにくいため武蔵もコムプレックスを感じたのだろう、一生涯、月代を剃らず髪を惣髪にしていた。

これらの説明は、後に引用する渡辺幸庵の談話によるのだが、宮本武蔵はあまり衛生をおもんじる男じゃなかった。身だしなみも整えないし、一生、風呂に入ったことがなく、年になんどか手桶いっぱいの水でからだを拭くのが関の山、というきたならしい男であった。

そとを歩くときは徒足《はだし》で外出して、家に入るときは足を雑巾でふくだけだった。そんなわけで衣類がよごれるから、よごれの目だたないように、ビロードの両面仕立ての袷を年中、着ていた。その袷を表向けに着たり裏向けに着たりするだけだから、それじゃあ臭くて耐《たま》ったものでなかっただろう。多毛症の男で、体臭もひどかったろうし、襟首や耳のうしろには垢が縞模様をつくり、指の爪先には黒い物がたまっているといったぐあいで、何にしても朝飯前にはあまりお目にかかりたくない人物であった。

この自画像というものの描かれた年代を、私はよく知らないが、このポーズの肖像の粉本《ふんぽん》になった元の画像は、寛永十二、三年ごろ、つまり武蔵が五十歳前後で江戸でうらぶれた生活をしていた時分に、江戸の町画師の手で描かれたのが最初で、画家の名は不明だが、林大学頭羅山《らざん》の賛を入れた軸物になって現存している。

これは宮本武蔵の古い門弟であった石川主税清宣が、記念のため武蔵の画像を知人の画工に描かせ、それを幕府の儒官林羅山にたのんで賛を書き加えてもらったと『二天記』に出ているもので、そのときの羅山の文章は『羅山文集』におさめられて残っているが、武蔵の二刀のわざを幻術の魔法になぞらえ、

「一手《シュ》ゴトニ一刀ヲ持チ、称シテ、二刀一流トイフ。ソノ撃ツトコロマタ指ストコロ縦横抑揚、屈伸曲直、心ニ得、手ニ応ジ撃テバ摧《クジ》キ、攻ムレバ敗ル」(原漢文)

と賞めているところを見れば、武蔵の剣さばきはよっぽど際立っていたものと思われる。

宮本武蔵はほんとうに強い武芸者だったかと、よく聞かれるが、強かったことはまちがいなかっただろう。彼がその時代で指折りの剣客であったことは、おなじ時代の空気を吸っていた渡辺幸庵が力を入れて保証しているところである。

この幸庵は天正十年のうまれで宮本武蔵より二ツ歳上だが、死んだのが何と宝永八年で、享年は百二十八歳。おなじ空気を吸ったとは言ったが、どうやら今どきの自転車のタイヤに詰めるあの空気とは思えないねえ。むかしはビタミンや強壮剤なんてものテンで無かったけれど、それでも長生きした人間はたしかに現在より多かった。でも、百二十八歳なんていうのは、少々化物に近かったのじゃなかろうか。

渡辺幸庵は徳川家康・秀忠二代につかえて一万石までのぼり、大坂冬夏の両陣にも従軍した。浪人後は支那諸州を遍歴してきたという変わり者で、老後になって『渡辺幸庵対話』と題する回顧録を残した。そのなかに、

——自分は、柳生但馬守宗矩の弟子で、印可も受けているが、そのころ竹村武蔵という者があり自己流の工夫を練磨して剣術の達人であった。竹村武蔵の剣術は柳生但馬守にくらべては、碁でいう井目《せいもく》ほども強かった。

と書いてある。竹村武蔵は江戸で沈湎していた時分の宮本武蔵の変名である。

さてこのへんで宮本武蔵の経歴を、彼の『五輪書』によってザッと書いておく。

執筆年月から逆算して、天正十二年（一五八四）に播州で生まれたこと。十三歳で新当流の有馬喜兵衛を討ち、十六歳で剣客秋山某を討ち果たし、二十一歳で京にのぼって数度の他流試合に勝を制した（吉岡一門の名を出していない）。二十八、九歳までのあいだに六十六度の試合、いちども負けなかった（巌流島の決闘に触れていない）。三十歳を越してからは、剣法の理論に打ちこんで他流試合をやめたが、五十歳ごろ、自然と剣の奥儀に目をひらき、以後、諸芸・諸能は剣理によって自得した。その兵法を二天一流と称し（円明流の流名を出していない）、寛永二十年（一六四三）十月上旬、肥後岩戸山において『五輪書』の執筆をはじめる。時に六十歳。——以上が要約である。

宮本武蔵玄信は、三十代の中ごろから四十代ごろまでかけて、明石藩小笠原家の客臣として、明石に住んでいた。小笠原家は元和三年に信濃から明石へ移封されて来て、明石城を新築したが、このとき城下町としての明石の市街の町割りを担当したのが宮本武蔵であった。このことは明石藩の記録『金波斜陽』にも書いてあるが、いわば武蔵は普請奉行といったような大役を受持ったのである。

客臣であったとは言え、そんなにも重用された宮本武蔵が、どんな理由からか、寛永九年に小笠原家がさらに九州小倉へ移封されたその少し前ぐらいには、浪人して小笠原家から立ち去っている。明石から大坂へ来、さらに高槻へ来てしばらく滞在した。ここで門人をとって剣・柔を教えたが、門人のなかに、もと北条家の家来だった勾坂甚内がまじっていた。後に江戸中をさわがせた大泥棒で、流名を真面流《しんめんりゅう》と書いた文献がある。宮本武蔵はやがてこの道場をたたみ、名古屋の柳生家へ来てしばらく居候をしたりしてから、江戸へ下って名を竹村武蔵と替え、しがない浪人暮らしをすることになった。

明石藩につかえていた長くて十年、みじかくて七、八年間というものは、客臣の待遇であったにしても、いわば宮本武蔵にとっては順調な得意時代であったはずだが、彼にとっては麻上下を付け、左様しからばとシャチコ張った境遇が、やはり一種の鉄のコルセットであったかもしれない。風呂ぎらいで、無精ひげを愛好するヒッピイ・スタイルの宮本武蔵は、けっきょく市井の生活のほうが気が楽だったのだろう。

江戸では彼の門人であった黒田家江戸詰めの重臣小河《おご》久太夫（朝鮮役で虎退治した有名な小河久太夫の、弟の五郎が、兄の名を襲名していた）が、自分の家来の島角右衛門を武蔵の住んでいる裏長屋へ住みこませて、毎日の生活の世話をしていた。小河の私宅は霞ガ関の宏大な黒田家本邸内の侍長屋で、建築も利便も武蔵の裏長屋とは格段のちがいだったが、後には小河はその御長屋から出て、武蔵の裏長屋へ来て共同生活をするようになった（立花峯均『剣法先師伝記』）。

それにしても、ひじょうに順境の生活をしていた人間が、一気に転落して放浪の生活に零落したのだ。好きこのんでの零落か、どうか、そのへんの機微は私には判らない。けれど、宮本武蔵が五十歳ごろ、自然と剣の奥儀に目をひらいたと言ったのは、この苦難時代であったと見なければならない。私が、彼の肖像を見ると胸が痛むというのは、ちょうどその時分の彼の画像なのだ。ジステンパーにかかった犬のようないやーな目付き、それを見ていると、何か深刻な苦悩をいだいた彼の精神が、ありありと見えてくるように私には思われる。

宮本武蔵玄信、ほんとうにそんな目つきをしていたのだろうか。人間は齢をとると、揺り椅子にでももたれ、孫をあやしてぼんやりしているような生活を気楽なものとかんがえるらしい。でも、武蔵はそうではなかった。死の床のさいごのその日まで武術哲学に取り組んで、あい変わらずいやーな目つきをして永久に安らぎのない日を送ったのでないだろうか。

## 宮本武蔵の女郎買い

宮本武蔵が小倉へ下ったのは寛永十一年であったと『二天記』にあるが、『異本洞房語園』に拠れば、寛永十四年の島原一揆の勃発を聞いて、吉原遊廓から九州に向かったという。この『異本洞房語園』は三巻より成る公刊書で、江戸吉原の開基、庄司甚右衛門の六世の孫である庄司勝富（号、道恕《どうじょ》）が、家伝の旧事や伝聞を順序もなくごたごたと書きあつめたもので、刊年は享保五年（一七二〇）であるが、信憑性の多い好資料である。

それによると――吉原の楼主、新町の野村玄意は、そのころ隠れのない柔術一流の名人だった市橋如見斎の門弟で、剣豪宮本武蔵とも懇意であったが、おなじ吉原江戸町二丁目の山田屋三之丞および角《すみ》町並木屋源右衛門の両名が、宮本武蔵の剣術の弟子であり、武蔵は廓内の河合権右衛門という楼のツボネ女郎だった雲井という源氏名の妓に馴染んでいて、そこから島原従軍のため出征したのであると、その事情を、かなり詳細に書いている。

右に柔術名人の市橋如見斎というのは、美濃市橋村の郷士の出で、本名は軍兵衛、後に団野万右衛門定吉と改称した。幕屋与右衛門について新陰流（幕屋新陰流）の剣術を学び、極意をうけた。元和七年（一六二一）、十七歳で京都因幡薬師堂に参籠して六十六手の柔術（柔気＝ヤワラギという）を工夫し、流名を柔気《やわらぎ》流、一に六字流といい、俗には市橋流、後に団野流といった。寛永元年九月、山城国鳥羽縄手で大鳥組のギャング退治をして後水尾帝から参内を仰せ付けられ、天下無双の号をたまわった。それ以後、一時紀州に住し、さらに福井藩松平忠昌に召抱えられて柔術師範となる。慶安四年（一六五一）五月二十八日死去、四十九歳。子孫代々福井藩師範として幕末に及んでいる。

　そのころ吉原はまだ日本橋にあった元吉原の時分で、遊女の階級は太夫・格子・ツボネ・端《はし》の四段階に分かれ、上級女郎の太夫と格子は揚屋へ出かけていって客に会うが、下級女郎のツボネと端は、揚屋入りを禁じられ、自《じ》店《てん》に張見世をして直接に客を引いた。女郎と一口にいっても、ピンとキリでは鯛と鰯ほども違う。武蔵は浪人者のかなしさで、鰯より少々ましな鯵《あじ》ほどのツボネ女郎を買っていたのである。

　彼はその時代は、もちろん厳格な禁欲主義者というのではなかった。しかし前にも書いた醜怪な容貌のため、ほとんどロマンスからは遠い生活をしていた。彼は理性の勝った男で、たいていの欲望は精神力で抑圧できるように日ごろから訓練できていたし、うまれつきの好色漢でもなかった。

　しかし、思いが萌《きざ》せば遊びの女には困らなかった。遊里という、男に何の罪悪感もおこさせない特別の世界があったし、べつだんそれを不潔とする世相でもなかった。

　彼は——姦淫のカタログみたいなエロ小説やポルノ映画をこのむ現代人とは隔絶した人間であったにもせよ、でも、変わった寝床へ入ったときにドキドキしたり、桃色の腰巻きを見てインポテンツになるような意気地なしではなかったのだ。

　それにしても雲井という源氏名の安女郎は、あんがいに実意のある女だったらしい。女郎屋から出征する宮本武蔵のために、黒繻子の陣羽織の裏に自分の紅鹿子《べにがのこ》の小袖を縫いつけ、竹ベラを二本うちがえしにした指物《さしもの》に、ちりめんの袋を縫って、はめてくれたりした。

　途出《かどで》を花々しく祝ってくれたのは武蔵の門弟だった山田屋三之丞と並木屋源右衛門、それに市橋如見斎の弟子の新町の野村玄意の三人である。

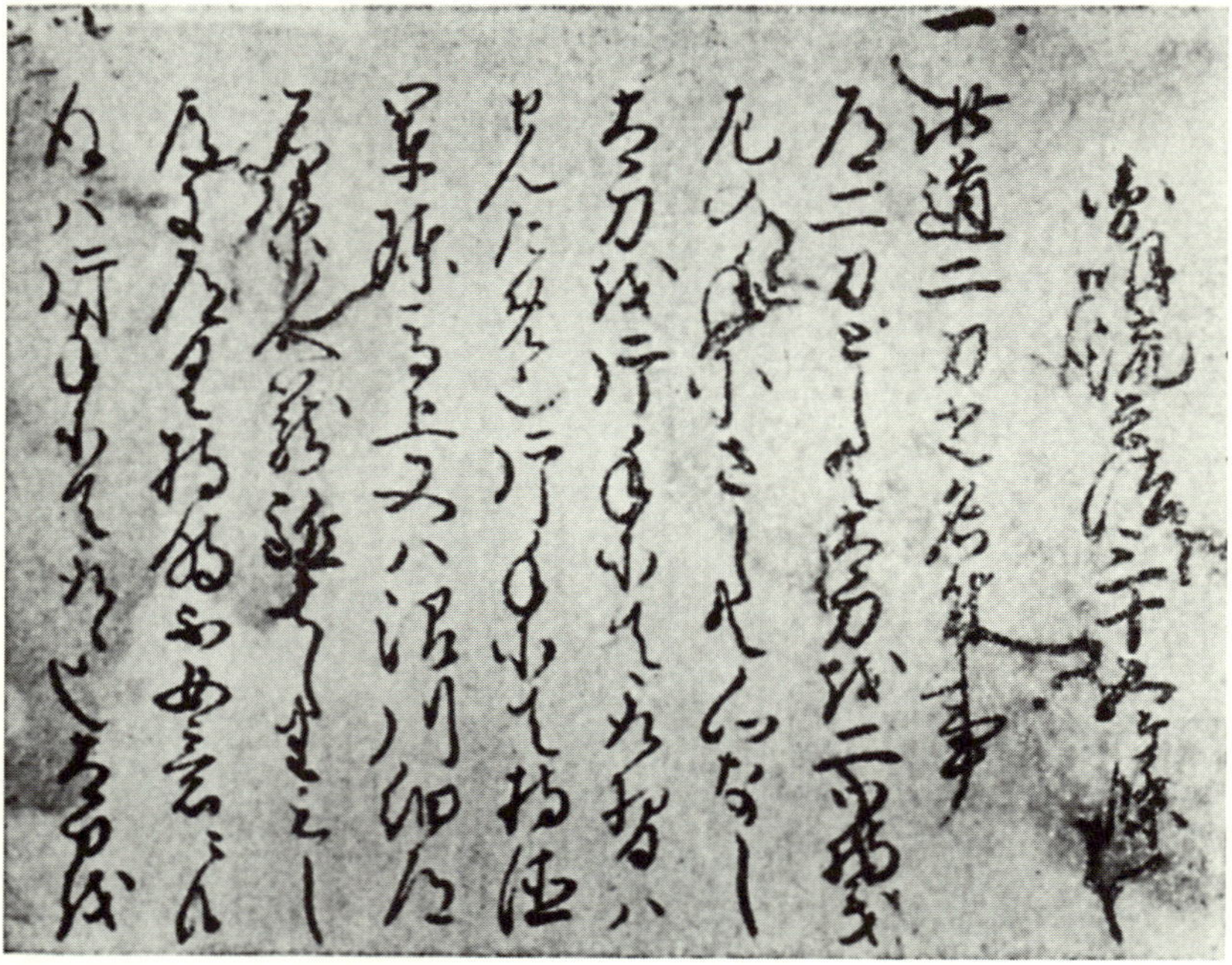

『円明流兵法三十五カ条』冒頭（写本）

太夫や格子の上等遊女たちも、武蔵の名を聞きちがえて、

「武蔵坊とやら弁慶さんとやらいうお人が、いくさに出陣するそうでありんす。見に行きんしょう」

と言い連れて、中の町は押すな押すなのごった返し。

宮本武蔵は照れもせず、あいさつを返し返し、勝ってくるぞと勇ましく大門口まであるいてゆき、そこに用意させておいた迎えの馬にまたがり、手を高く振り上げたかと思うと馬首をひるがえして一散に大門通りを馳け出して行った。（以上『異本洞房語園』の要約）。

このとき武蔵五十四歳。関ガ原合戦に十七歳で初陣して以来、大坂冬夏の陣での陣場稼ぎなどは若年中のことだから、なんといっても出世望みの野心があってのことに違いあるまいが、そのくせ、どこで、どんな働きがあったのか、何の証拠ものこっていない。老年になってから

行徳徳願寺の宮本武蔵墓という地蔵

武蔵塚（熊本市竜田町弓削、泰勝寺細川墓地内）

の島原陣への出征は、死花《しにばな》を咲かせる機会とでもいった心境ではなかっただろうか。

宮本武蔵は島原陣では、旧恩によって小倉藩小笠原侯の維幕に参じたが、直接戦場に出たわけではなかった。養子の宮本伊織は、すでに明石時代から君寵を得て執政の地位にあり、小倉移封後は侍大将という輝やかしい地位を得ていたのである。

寛永十七年熊本藩主細川忠利に招かれて、武蔵は小倉を去って熊本に移った。翌十八年に細川侯へ上呈した『円明流兵法三十五カ条』には、文中に二刀の一流と書いているけれども、まだ流儀の公称は円明流といっていたのがわかる。しかし、この地へ来てから始めて泰勝寺の春山和尚に親炙《しんしゃ》し、春山から二天道楽という法号を、つけてもらった。それ以後、従来の円明流（または二刀一流）の称を、二天一流といい替えたのである。

寛永二十年『五輪書』に着稿。正保二年（一六四五）五月十九日、六十二歳で死去し、弓削村（いま熊本市竜田町弓削）に葬る。世人、武蔵

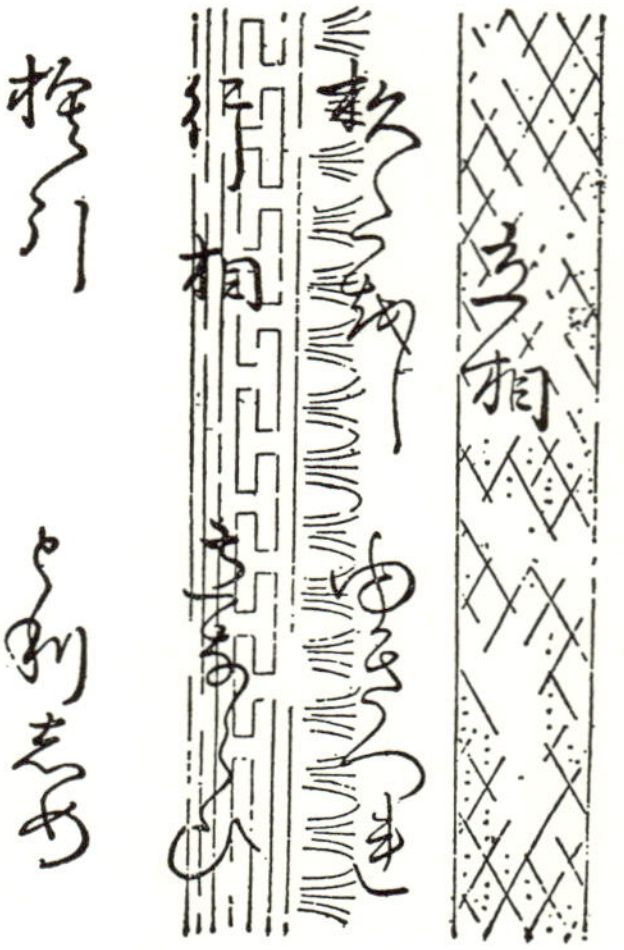

宮本武蔵筆という柔術目録断簡
（『耽奇漫録』所載）

塚という。『名人忌辰録』には、宮本武蔵は正徳二年（一七一二）七月二十四日に死去し、行徳（千葉県東葛飾郡南行徳町）の徳願寺に葬るとしているが、それでは武蔵は百二十四、五歳まで生きていたことになる。徳願寺に現存する武蔵の墓と称するものはじつは単誉《せんよ》上人の建立した石地蔵で、銘文には武蔵に関することは一字も入っていない。だのに美作の郷土史家は、この石地蔵は武蔵の少年時代の塑像だと主張する。まったく彼らの言説たるや、支離滅裂を通り越した筋違いの思い付きの独断そのものだ。

肥後における二天一流の正式相伝者は、同藩士寺尾孫之丞信正、その弟の寺尾求馬助信行、古橋惣左衛門良政の三人だけであった。そのうち古橋惣左衛門には、剣術以外に二天一流柔術をも相伝し、さらに武蔵の絶筆とおもわれる「十智《じっち》の伝」をあたえている。その伝は武蔵から読後火中せよと命じられながら、廃毀できずに秘蔵して人に見せず、晩年、門人の松井市正宗卿に伝えられ、松井はそれによって十智流の流名を創始した。松井は一に市之丞慈雲ともいう。尾張藩主徳川義直の小姓から成り上がって、貞享五年（一六八八）に致仕したときは三千石もらっていた。貫流槍術・神道流剣術・竹林派弓術・孔明流軍学にも達していたが、晩年、江戸牛込の行願寺の住職になって死去した。

玄信の絶筆『十智の伝』の写しは、いま名古屋の蓬左文庫に所蔵されている。内容は、

一、我身を知り地形をきわめ星を知るという事

一、たねを蒔く事

一、人をつかう、人につかわるるという事

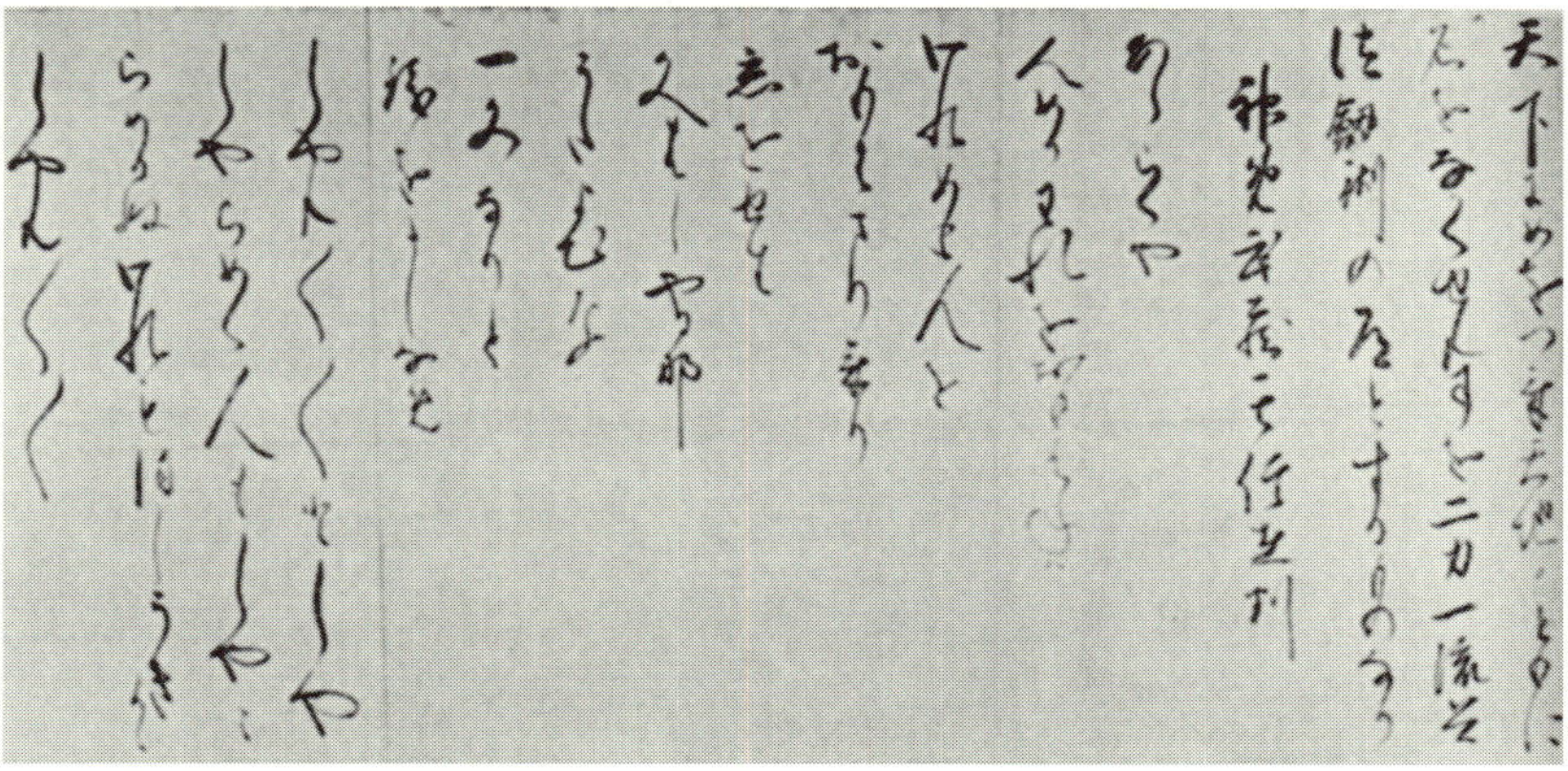

宮本武蔵『十智の伝』の末端部（名古屋、蓬左文庫所蔵）

一、諸人に糸をつけ、わが身に糸をつくる事
一、空をにぎる事
一、縁玉の事
一、天地をしる事
一、つくり変ゆる事、ものごとつくり変ゆる事
一、やみのよの水という事
一、離れものという事

の十条に分かち、おもて向きは武術の用法の利方《りほう》を説くかたちで、実は処世の利方を説いている。かたくるしい教則でなく、ごく砕けた口調で生活の利方を教えたところは、あんがい志の低い通俗教訓書になっていて、宮本武蔵にとっては、とうてい名誉ある著作とは言えそうもない。ここにはその本文を全略し、最末付言だけを読みやすい文字になおして抄出しておこう。

「右十智と名づけんや。古橋氏某、予をしたい、剣術兵法の利を確かに言い教えんやなどと、奉公の余には、他事をすてて、二刀を尊み、精涙数行みちをつとめんのこころざし黙《もだ》しがたく、空風火水地の書（『五輪書』のこと）に顕然たりといえども、品をかえ、雪夜の茶話に書きつけ、長き片身とやならん。抑武士たらんもの兵法をまなばんと思わば、小身は知行になし、知行は一城になし、一城は一国になし、一国は十国、二十国、二十国は天下に目をつけ、天地とともに名を長くせ

ん事を、二力一流兵法剣術の道とするものなり。神免武蔵玄信在判

あら楽《らく》や、人めが我を思わねば、我めも人を思わざりけり。恋をせば、文ばしやるな、歌詠むな、一文なりと銭をたしなめ。

しゃん、しゃん、しゃんと、しゃしゃらめく人も、しゃしゃらめかぬ我も同じ浮世よ、しゃんしゃん、しゃん。

右の写本、流名や武蔵の苗字に若干の書きちがいがある。殊に最末の戯文、何となく、アアコリャコリャ式の巫山化《ふざけ》た調子なのは、武蔵の文章としてなら、最低の下品さであって、どうも焼けのヤン八といった気味があるのを私は味気なく思う。

# 宮本無二斎と菅六之助正利

## 作州菅家の有元氏の源流

朝鮮役での虎退治の話は、加藤清正と黒田長政の両軍にある。黒田家で名高いのが後藤又兵衛で、母里《もり》太兵衛の「日本号の名槍」を賭けて虎を斃したというけれど、それは講釈師が張り扇からたたき出したウソッパチだ。ほんとうは後藤でも母里でもなく、菅《かん》六之助正利・小河《おご》久太夫・林直利の三人であった。

菅は豪傑という点では後藤又兵衛と甲乙のつけにくい大物だが、その生涯を通じての行実をかんがえるのに、人間としての規格の大小はおのずから歴然としている。円満・忠実に黒田家一途に忠勤をはげんで、順調な栄達の道をたどった菅六之助にくらべては、野心と叛骨で主家を見限って浪人し、波乱の多い逆境の苦難に立ち向かいながら、末は大坂に入城して、豊臣家とともに滅びゆく運命に身を殉じた後藤又兵衛の悲愴な冒険は、何といっても気宇の雄大・宏濶さと奔放・積極性において超特別製の大きさを感じさせないではおかない。ざんねんながら菅六之助のほうは、後藤にくらべては平穏・無事な豪傑であった。

私は意識して「豪傑」といった。単なる「武芸者」「剣豪」の謂いではない。と言っても、どの程度区別すべきかは私にも判断がつかないが、すくなくとも豪傑とは武芸の教習を職業とするプロフェッショナルのことではなかった。けれどもことばのニュアンスは武芸者や剣豪より上らしくても、それだからといって武芸者・剣豪を、かならずしも豪傑の下にランクすべきだとも、言い切れない。

思うに、人間の評価は、評する者の主観である。私と貴方とが同一の意見に合致するとは限らないのである。しかも、武芸者のなかにも不世出の偉人が決して少なくないのだ。塚原卜伝・上泉秀綱・柳生宗矩・宮本武蔵玄信らを、果して、一介の武芸者としてだけで片付けることができるだろうか。

プロの武芸者にもそれぞれの格差や異質があるように、豪傑にもまた個性的な性格と運命の差異がある。私は後藤又兵衛が、すくなくとも戦闘の実際に適応する、隊伍指揮の軍法に習熟していたことは、彼の配下の書きのこした『長沢聞書』（『史籍集覧』本）に拠って知るけれども、特に、彼が何かの武芸に精通していたという実証を知らない。しかし彼とくらべては、平凡な豪傑というべき菅六之助にはプロの武芸者として通用する顕著な経歴があった。

彼の事績を説いて、もっとも詳細なのは『武辺叢書』（『史籍集覧』本）巻二におさめられている『菅氏世譜』である。これに貝原益軒の『黒田家譜』および『黒田家臣伝』や湯浅常山の『常山紀談』などを参照すれば、彼の力強い全身像のシルエットが、くっきりした形で見えてくるだろう。

菅六之助の父は七郎兵衛正元といい、剃髪後は一翁と号した。「其先祖代々播州の地士なり」と『黒田家臣伝』に書いているが、それは誤っている。『菅氏世譜』に、

「天満天神の苗裔なる故に菅（を）以て姓とす。その先祖は美作の国の人なり。菅四郎佐弘・同五郎佐光・又三郎佐吉などといひし者、後醍醐天皇の為に忠戦有し事、太平記にも記せり。是皆正元の先祖也」

とあるのに拠るべきだろう。菅氏が、美作の国の有数の名家であることは、『美作名門集』のいうところである。要約すれば次の通り。

――菅原道真九代の孫である菅原知頼が、事をもって美作に流罪になり、はじめは勝田郡豊田庄（げんざいの岡山県勝田郡奈義町の内）に来て仮寓していた。これが美作菅原家の始祖である。知頼から四代目（知頼―真兼―尚忠―仲頼―満佐）の菅原三保太郎満佐にいたり、その七人の男子から七家に分かれて各自に別の姓を名乗った。長男の忠勝は有元氏を称し、その五代目の菩提寺城主有元民部大輔の曽孫（道真二十一世）有元近江守が、久

米郡弓削庄神目《こうめ》鷹栖（げんざい久米南町の内）に居住し、久米の旧族漆《うるし》氏の女をめとって数児を生んだ。そのうち長男の左近将監家利（道真二十二世）が、旧に拠って氏を菅の一字にあらためた。これが美作の菅氏の初祖となった。

左近将監家利は鷹栖城を本拠として、伊勢畑城主赤松家盛に属し、家利―豊前守―納五郎右衛門家晴（道真二十四世）とつづいて、赤松氏に従っていたが、赤松家盛の没後は草木城主赤松則勝に属し、尼子氏の兵が侵入して草木城を攻めたときには、家晴これを破って感状をさずけられた。やがて赤松氏衰えて浦上宗貫に乗りかえたが、宗貫のため領有の過半を没収されたので、家晴は新興勢力の宇喜多直家と結び、旧主の伊勢畑城に籠って戦ったが利なく、天正五年（一五七七）七月、全間蓮華寺城に移り、以後、まったく宇喜多氏に臣属して、独立の豪族としての地位を失った。

この菅家晴は、後に秀吉の朝鮮役に従軍し、文禄二年（一五九三）三月九日、同地で戦死している。その長子菅納三郎右衛門は、慶長五年（一六〇〇）九月の、関ガ原戦に宇喜多軍に従って敗れ、以来久米郡福渡村大字下神目（いま津山市福渡町の内）に帰って土着した――。

菅六之助正利の父七郎兵衛正元は、年代的に見て、右の菅家晴（本家。道真二十四世）の従弟に当たるとかんがえられる。『菅氏世譜』に、正元の父何某が、美作の国を去って播磨に来、越部村に小城を構えて近辺を切りしたがえた。正元は父の跡を継いだが、後に家運が衰えたので、嫡子の正利を黒田孝高（如水）に奉公させ、自分は播州にとどまっていた、云々とあるように、正元の父（名は不明）は、美作鷹栖城主菅納五郎右衛門家晴の父豊前守の弟とおもわれ、別家して、播州揖東郡（いま揖保郡の内）越部村に来て住み、正元はその跡を継いだ。

正元の長男正利は、同書の後文によれば永禄十年（一五六七）卯九月十九日に越部村に生まれ、八年後に次男正周が生まれた。長男の正利は天正十年ごろ（十六歳）、黒田家（当時、姫路城代）にあずけられ、次男弥市右衛門正周は、幼いので父のもとに残ったが、文禄元年の朝鮮役に際し、正元は次子正周をつれて黒田長政に来たり仕えた（『菅氏世譜』）。ただし『黒田家臣伝』には、朝鮮役より前に妻子をつれて豊前に下り、黒田長政につかえたとある。黒田家の豊前下向は天正十四年七月以降で、文禄元年の朝鮮侵略より七年以前である。

菅正元は、黒田軍に属し、豊前において武功を立て、後に豊後の昌部隈城の城代に任じ、後また、名島城受取りの大役を果たして采地千三百石をあたえられた。右に豊後昌部隈とあるのは、天正十五年十月攻略した豊前の日部隈（一に姫隈）であろう。

つづいて朝鮮陣に従軍して功が多かったというが、詳細は不明。この陣に共に出征した長男正利は二十六歳、次男正周は十八歳。美作の本家の菅家晴（正元の従兄と推定）も従軍していて、戦死したことは前に書いた。

正元は慶長十九年九月十七日病死、築前国怡土《いと》郡飯氏村（福岡県糸島郡前原町の内）吉祥寺に葬る。その采地は次男正周が相続した。

ここで少し脇道にそれるが、後の叙述に関係があるから、美作大原町下庄宮本の平田無二斎（武仁。新免姓も用う）の家系が同じ菅原系であることを書いておく。前にも引用した『美作名門集』の英田郡讃母《さのも》村大字宮本、平田氏の条に、

「菅原道真十世の裔真兼より六世の孫にして、菩提寺城主有元和泉守祐高の後、平田将監、明応・文亀の頃竹山城主新免七条少輔則重に仕へ、下庄の内宮本中山を領して家老職を勤む。二子あり、長は正家と謂ひ、後、無二斎と号す。其子無三四は日下開山両刀の元祖にして……」

とあって、道真十世の真兼から六世の有元和泉守祐高というのは、有元氏の始祖有元忠勝から数えて二代あとに当たり、道真から十六世である。平田将監の子を平田無二斎、無二斎の子を無三四とするなどの信ずべからざることは、『武芸流派大事典』（昭和五三年版）に考証してあるからここには書かないが、平田無二斎が作州菅原家の有元氏の出であることは疑いない。

しかし右の有元和泉守祐高のむすめが、当時、作州粟井庄へ配流されていた徳大寺大納言実孝の妻になり、その生んだ子の則重が勅免されて公家か武家に転じ、新免の姓を名乗った初めであった。

このとき、則重の母とおなじ有元氏の出身である将監が、平田姓を称えて有元氏から別家をおこし、小房城主

（後に竹山城主）新免則重の家老職になって移住して来た。それに対して作州菅氏の本家のほうは、道真二十一世の有元近江守のときから鷹栖城に移り、前に書いたような衰退の運命をたどるのである。

## ジンクスをもらった六之助

菅七郎兵衛正元の父某が、美作を去って別家を立て、播磨の越部村に小城をかまえて土着したのは、はっきりした年代はわからないが、正元の生年を後に推算する如く天文七年ごろと見れば、だいたいそれより五年ほど前（天文元年が一五三二）と見てさしつかえないだろう。年代をくらべると、新免則重の家老だった平田将監が、それより三十年ほど前の文亀三年（一五〇三）に死去している。

菅七郎兵衛正元の長男六之助正利が越部村で生まれたのが永禄十年（一五六七）九月十九日である。父正元が慶長十九年（一六一四）五月に、筑前で死去したときの享年は不明だけれど、仮りに、長男正利を生んだ永禄十年に三十歳だったとして推算すれば、死去したのは七十七歳で、生年は天文七年（一五三八）ということになる。

後に六之助の剣師について考察するときの参考に、ついでに書いておく。前に触れた美作の平田武仁（新免宮本無二斎）は『平田家系図』によれば、享禄元年（一五二八）生まれであるから（ということは、父将監が死んでから二十五年もしてから生まれた子である。おかしな話だ）、菅正元の推定年齢より十一歳年長、菅六之助正利より四十一歳の年長にあたる。

菅七郎兵衛が父の跡を継いで住んでいた越部村は、觜崎《はしざき》と平野の中間にある小さな聚落で、むかしは揖東《いっとう》郡越部庄、一に細川庄ともいっていた。いまは揖保郡新宮町大字市野保《いちのほ》と改称され、觜崎・平野と共に新宮町に編入されている。この觜崎は美作街道の公道で、徳川期になってからは、姫路から四里の宿場として本陣のそなえもあった。

越部のほうは史上に話題のある土地で、ここは古くから、御堂関白道長の六男、左大納言長家卿の裔孫が代々領して為家にいたった。為家に嫁した平度繁《のりしげ》のむすめが、良人の死後、北林禅阿尼仏と号し、その領所を自分の生んだ長男為相《ためすけ》（冷泉《れいぜい》家の始祖）のためにゆずられたのに、腹ちがいの為氏が押領したため、幕府の裁判を願って鎌倉へ下る途次の記録が、有名な『十六夜日記』である。阿仏尼の墓は鎌倉の扇ガ谷にあるが、越部のほうにも古い塚じるしが残っている。

菅六之助正利は、初名を孫次といった。十六歳ごろ父の手をはなれ、姫路城の黒田孝高へ武家奉公に出てから、孝高の命令で名を六之助と変えた。黒田家の家来に吉田六之助長利という者があって、たびたびの合戦に武功をあらわしたのに、まだ一カ所の負傷もしない豪傑（後に一カ所負傷する）であるから、その武運にあやかれというのが理由で、後さらに六郎太夫、晩年に和泉と改称した。諱は、はじめ忠利といったのを、二代将軍徳川秀忠の忠の字を避けて正利となる（『菅氏世譜』）。

この吉田六之助の事績は『黒田家臣伝』に出ているが、四百字原稿紙に直して二十五枚に及ぶ長さである。合戦に出ること生涯に五十七度。日本・朝鮮で討ち取った首数は三十七。天正十五年の豊前の攻城戦で頰に鉄砲傷をひとつ受けただけで、他はまったく無傷という珍しい幸運児であった。

彼は天文十六年（一五四七）、播州飾東《かとう》郡八代の生まれで（菅六之助より二十歳年長）、本姓は八代、幼名を六之助、後に六郎太夫、晩年は壱岐、剃髪して翠庵と号した。十七歳から黒田美濃守職隆、ついで孝高につかえ、二十歳ばかりのとき、黒田家の臣に吉田喜三右衛門という者があって、黒田家で第一等の家臣であったから、孝高の意向で八代姓を捨てて吉田姓にあらためた。

つまり、吉田六之助の名は大きい意味では武功と幸運のジンクス、軽い意味でも怪我《けが》除《よ》けのまじないとして、六之助・六太夫という通称ばかりでなく忠利（後、正利）の諱まで吉田六之助長利にちなんで、菅孫次に使用させたわけである。

天正十一年四月、江州志津ガ岳合戦に黒田孝高・長政父子は秀吉にしたがって出征し、柴田勝家と戦った。このとき、菅六之助は十七歳で初陣し、「勇猛を奮い能き敵二人討取り、軍忠《ぐんちゅう》他に超え」、若年なのに働き抜群であると黒田孝高に賞められた（『播磨鑑』に天正十年としたのは誤記である）。

翌天正十二年（正しくは翌々十三年とあるべし）、紀州雑賀《さいが》・根来《ねごろ》の党が兵を挙げ、中村式部少輔の岸和田城（和泉国）を、海陸二手から襲った。秀吉の命によって、黒田長政の手兵が救援に向かい、三月二十日の早暁、二度の合戦に、六之助は一番に敵陣に切り入り、多数の敵を掃討して分捕り、高名をはせた。このとき十八歳とあるのは十九歳が正しい。

天正十四年、秀吉は九州征伐をもくろんで、毛利・吉川・小早川の中国勢、ならびに阿波・淡路・讃岐・土佐の軍勢を九州へ下し、黒田孝高を軍奉行に命じた。孝高は三千の兵をひきいて七月二十五日京都を発し、いよいよ豊前陣が始まった。

緒戦において最大の戦果は、十一月七日の豊前宇留津城攻略で、城内二千余人のうち千余人の首をとり、のこる男女三百七十三人を生捕って磔刑《はりつけ》にするという空前の大虐殺をやらかした（『黒田家譜』）。黒田の軍勢、まことに血に狂った鬼畜としか言いようがないが、母里太兵衛・後藤又兵衛・吉田六郎太夫らがそれに加わっていたのは、私には痛恨だ。菅六之助正利の名が洩れたのが一抹の救いである。

翌十五年三月、秀吉は大軍をひきいて九州に下り、四月四日、筑前秋月城に入る。越えて四月十日、黒田軍は日向国耳川《みみかわ》において大いに島津軍と戦った。

時に菅六之助二十一歳。

多数の敵中へ必死に切りこんで高名し、相手をさんざん蹴散らして軍を引いた。振り返れば足軽がひとり逃げおくれ、肩に鉄砲をかついで走ってゆくのが見える。

「あいつ敵だぞっ」

と、黒田玉松（後、美作）はじめ同僚の諸士が、バラバラッと駈け出そうとするのを、

「あいや、あれは味方の兵だ」

と引きとめたのが六之助だった。だがその足軽はこちらへ来ずに姿を消したから、けっきょく敵の兵であったと気がつく。

「ダメじゃないか。貴公が味方というから見逃がしたが、敵兵だったんだぞ」

ふんがいした同僚たちが、六之助に食ってかかる。

「まあそう言いなさんな。敵のひとりぐらい何てことないです」

「けしからん。貴公は戦場の仁義《じんぎ》を知らんやつだ。自分の功さえ立てば朋輩のことなど屁とも思わないんだな」

「いやあ、これは失敬しました。これからはせいぜい貴公たちを屁と思うようにしましょう」

「何だと――」

「そう眼に角を立てないで下さいよ。たかが足軽ごとき雑兵ひとり討ったとて、敵の弱身にもならず味方の強身にもなりますまい。それにあいつは鉄砲をもっていたじゃないですか。たった一人の足軽を討つために、味方のお歴々が三、四人もかかっていって一発撃たれて見なさい。味方は大損だ。拙者があれを島津の兵と知って見逃がしたのは、お歴々の諸兄を討たせたくなかったからですよ。なあーんだ、諸兄は屁だったのですか、ばかばかしい」

黒田玉松たち、口をあんぐり開けたまま眼をパチクリした。

## 泥田のなかの敗走

秀吉の九州征伐は、天正十五年（一五八七）五月の島津家降参、大隅・日向の帰順で終局をむすんだ。秀吉は箱崎に引き上げて論功行賞をおこなったが、この陣で、もっとも功のあった黒田孝高父子は、その行動力と野望を猜疑《さいぎ》されて恩賞が意外に薄く、わずかに豊前八郡のうちの六郡をもらったのにとどまった。

黒田家の豊前入部《にゅうぶ》は同年七月。京都《みやこ》郡馬ガ嶽城（いま行橋市下稗田にある小丘）に入り、やがて下毛《しもげ》郡の中津川城（いま中津市内。中津川は山国川の一名）に移ってこれを本拠とした。表面上の戦闘は鎮定したものの、六郡内の各所にはまだ旧豪族が割拠《かっきょ》して、黒田家の威令は必ずしもおこなわれない。そこで国内平定の戦闘は、まだ続行しなければならなかった。

同年十月、姫隈城攻略。苦戦の末に落城させた。

それにつづいて同じ月の九日、第一次の城井谷《きいだに》攻めである。『黒田家臣伝』には「同年城井を攻め給う時、諸人にすぐれ忠節あり。このとき当時の褒美として長政手ずから貞宗の脇差を取りて六之助に与え給う」とあるだけで、どんな働きをしたか書いてないので、以下『黒田家譜』『武家雑談集』などを参照しながら、『菅氏世譜』の記事を要約する。

――城井中務少輔鎮房は身のたけ六尺、鹿の角の股を引き裂く大力（『武家雑談集』）の豪勇であるが、城井谷のうち寒田村の奥ガ城に立てこもっていた。黒田長政は十月九日、二千余人の兵をひきいて攻めかかったが、何ぶんにも豊前でもっとも要害堅固な切所《せっしょ》であるうえに、味方は地理不案内のために攻めきれず、あきらめていったん退却することになった。

しかし、敵陣にもっとも近い先手の兵が崩れると、敵の追い打ちに付けこまれる心配がある。そこで、旗奉行の竹中新右衛門（一書には、竹森新左衛門）は、一気に引かないで旗を立てなおしては踏みとどまり、また立てなおしては少しずつ引いたが、退却と見てとった城井側は、嵩《かさ》にかかって討って出て来た。しかも地理に通じているから、一隊は本道を急追すると同時に、別の一隊は山の背後をまわって黒田勢を挟撃しはじめた。

主将の黒田長政、乗馬を泥田に追いこまれて進退の自由をうしない、追いすがる敵兵と戦うために、馬をすてて徒歩になり槍をかまえたが、泥に足をとられて二進《にっち》も三進《さっち》もいかない。旗本の黒田三左衛門、それと見て我が馬からとび下り、

「この馬にお乗り下さい」

と申し入れるが長政は、

「おまえは若輩ゆえ徒歩では戦えまい。えんりょせずに馬上で戦え」

と言って聞き入れない。さいわい、傍についている旗本たちの働きで、どうやら危機を脱して泥田から這い上がったが、このとき長政の馬印《うまじるし》を持っていた徒士が狼狽して、馬印を田の側の木の枝にひっかけたまま、逃げて

来た。それに気のついた長政がすぐそばにいた菅《かん》六之助に、

「あれを取って来い」

と命じる。ハッと答えて馬を引返した六之助、槍をのばして枝から馬印を引きおろして駈けもどったが、乗馬をうしなった主君を見ると、すぐに自分の鞍壺から飛び下りて、手綱を曳いて馬を長政の脇へ曳いて行った。

「さ、この馬にお乗り下さい」

とすすめるが、長政は乗ろうとしないで、鎧の上帯をほどき始めたから、旗本たちがびっくりした。敗軍の恥辱に責任を感じた長政は腹を切って死のうとしているのだ。

これを見て、あわてて飛んで来た三宅三太夫（後、若狭）が、菅六之助と力を合わせて、無理に長政のからだを、六之助の乗馬の鞍の上へ押し上げてしまった。

「我々ふたり生きてあるうちはめったに追手は近付けませぬ。さあ、早くお引き取り願い奉る」

願い奉るときたから、長政おもわずニヤリとなって、腹を切る気が吹っとんでしまった。

まあここまでは、たいていの気のきいた武功者ならすることだ。が、菅六之助はその後でふつうと少し変わったことをした。

泥田を見て躊躇しながらも、追撃の手をゆるめない衆敵の面前で、六之助はいきなり泥田へ踏みこみ、長政の乗馬をつかまえて、苦労して近くの川岸まで曳いてゆき、平然としてごく丁寧に馬の泥を洗いおとし始めた。余りゆっくり、ゆっくり落ちついて洗っているので、敵兵のなかから勇敢なやつが出て来ては、六之助めがけて槍を突っかけて来る。

あやうく身をかわした六之助、やにわに敵の内ふところに飛びこみざま、太刀を抜き討ちに相手の頸筋をガッと斬る。血しぶき吹いてその首が咽皮《のどかわ》だけのこしてブランとなり、次いで、そのからだがゆっくりと川のなかに倒れていった。

おなじことがもう一度あって、六之助はつごう二つの首をとり、それを長政の馬鞍の左右の四緒手《しおで》にむすびつ

けて引っぱり上げようとしていた。そこへ「尻払《しっぱら》い」（退却のとき一番うしろで戦う勇者）の原弥左衛門種良（三十一歳）が、多勢の敵兵に追われながら逃げて来たが、田の中のこととて、進退に窮して動きがとれない。

六之助が急いで助けにゆこうとすると、弥左衛門は覚悟をきめたらしく、敵のほうへ振り向いて、両腕を腰へあてがい、焼けっぽちの大声で謡曲をうなり出した。

沢田に馬を駆け落し
引けどもあがらず打てども行かぬ
望月の駒の頭も見えばこそ
こは何とせん身の果て……

それを聞いた六之助も、思わず声をあわせて朗々とやり出したから、追い迫る敵兵どもはびっくりして気勢をそがれ、泥田へ踏み入ってまで戦う気になれなかったのだろう、口ぐちにガヤガヤ言いながら引き上げてしまった。六之助が黒田孝高から、貞宗の脇差をもらったのは、このときの褒美であった。

城井谷攻めのその後の経過は、益軒の『黒田家譜』に詳しい。黒田軍が、国内の諸豪族の掃滅をおわったのは同年（天正十五年）の十二月下旬で、さいごまで抗戦した城井中務少輔鎮房もついに矛《ほこ》をおさめ、安国寺恵瓊をたのんで和議を申し入れてきた。しかし、その降参後、わずか二カ月を経た翌年二月の中旬、長政は城井鎮房を中津川城に呼び寄せて謀殺してしまった。

以上の戦闘経過のなかで、とりわけ目ざましい働きをしたのが後藤又兵衛であるが、菅六之助正利に関しては、特別に顕われた事績がない。明くれば天正十七年、黒田孝高は家督を息子の長政にゆずり、長政は同年六月従五位下諸大夫に叙され、甲斐守に任ぜられた。この年から翌十八年にかけてが小田原陣である。この陣でも後藤又兵衛の方は「雷火砲」という珍発明をして大功を立てた（『真書太閤記』）、などという花々しいけれどインチキ臭い話があるのに、菅六之助については特別の消息は聞かれない。

思うに、文禄元年（一五九二）の朝鮮侵略戦争がはじまるまでの中間期間は、菅六之助にとっては豪傑休業中であったというべきかも知れない。とは言っても、六之助は朝鮮陣従軍のときようやく二十六歳。今までの功績はむしろ青二才の出来過ぎで、本領発揮は今後の働きにかかっていた。だから、後藤又兵衛みたいな超ベテランと比較するのは、むしろ気の毒と言わねばなるまい。

## 新免無二斎の疑問

このへんで、菅六之助の武芸の師系について考察しておこう。彼は、十七歳で志津が嶽の戦いに初陣して、相当の武功があったけれど、まだ若年だから、当時、どれほどの術技に達していたか疑問である。その後、十九歳の岸和田戦、二十歳以降の九州陣を経て二十六歳の朝鮮陣従軍までが、青年期の武術修行時代と見てさしつかえないだろう。

六之助が特に剣術にすぐれていたことは後に書く、虎退治についての『黒田家譜』の記事のなかに、「六之助は勇気人に優《すぐ》れ、殊に剣術の達者なりしが……」とあるのでも知られるが、彼は剣術は新免無二之助の門人、槍術は疋田文五郎の門人であった。『菅氏世譜』――史籍集覧本は校正者に人を得なかったためか、概して誤記・誤植・脱落が多く、また戦場の特殊用語に通じないために、多くの誤まった傍注を加えて、いたずらに読者を混乱にみちびく難点があるが、他に善本を獲ないから、ともかく同書の一節を左に引用する。

「正利は、新見（新免の誤記）無二助に剣術をならい、その後疋田又九郎（文五郎の誤記）、号、柄雲之助（栖雲斎が正しい）にも学び、二流に達して奥義を究め知り、長政公、筑前に入国し給いて後、何国の者なりしにや剣術の名人にて、長政公に仕えんことを求めて来たれる者あり、正利に命じ、福岡の城、本丸において木刀にて仕あいをさせられしに、三度打ち合いて三度ともに正利勝ちければ、剣術者恥かしくや思いけん、いずくともなく逐電したりとなん。正利は身の長《たけ》六尺二寸あり。力群に勝れたり。天性勇猛の質有るのみならず、仁愛のふかく忠儀の志浅からず、智恵、才力も人に越えたりとかや。播州にて日々に合戦のありし時より、西国・朝鮮・関ガ原に及ぶまでその戦功あげて数えがたし」

さて、この新免無二之助が問題である。新免無二之助が果たして宮本姓であったか、どうか。また、無二之助と無二斎が同じだという通説に考慮の余地がないだろうか。まず、似た名前の人物について、それぞれの適否をしらべてみよう。

作州讃甘《さのも》郡大原村下庄宮本（いま英田郡大原町宮本）には、ふたりの宮本無二斎がいた。ひとりは赤松系から出た平尾太郎右衛門で、家紋は巴《ともえ》。宮本に住んでいたから宮本姓を名乗り、宮本無二斎と称した（『平尾家相伝古文書類』『平尾家系図』）。

もうひとりは、平尾家の隣家に住んでいた菅原系の平田武仁で、家紋は梅鉢、号は無二斎といい、これも宮本に住んでいるので宮本無二斎と称した。そこで両家の系図をならべて見ると、奇怪にも平尾の無二斎と平田の無二斎の妻の俗名は同じお政であり、法号も葬地も同じ、死去年月だけが過去帳には天正十二年三月四日、武仁夫妻の墓碑には同年十二月四日となっている。

どうやらこの両無二斎は、お政という妻をふたりで共有していたらしい。そりゃあ隣り同士だから（現在でも隣家である）、一人の女性を両家の女房としたのであろうかと、うがった見方が出来ないこともないが、それではあまりに不条理であり、そんな背徳生活はかんがえられない。地元の研究家（特に福原浄泉氏）は、宮本と平田は親類であるから、そんなこと問題じゃないと答えられた。へえ、問題じゃないですか。

ただ「新免」という姓だけに限って言えば、平尾の無二斎には新免姓を称する理由がぜんぜんないけれど、平田武仁のほうには天正十七年に、城主新免宗貫から憎しみを受けた本位田外記之助を、主命によって討つことになったが、老骨のため自信がなく、門人小守勘右衛門・同何助の兄弟（共に新免姓をゆるされた）に手伝わせて殺害し、その功によって主家の新免宗貫から新免姓をあたえられたという資料が『東作誌』に出ている。

では、平田武仁の年齢を菅六之助正利と比較して見たら、どういう計算になるだろうか。前に書いたように、六之助が播州揖東郡越部庄に生まれた永禄十年（一五六七）には、美作国大原の平田武仁は、享禄元年（一五二八）出生で、すでに四十二歳である。武仁の死んだのは墓碑名で算えれば五十三歳（過去帳では五十歳）で、このとき六之助わずか十四歳。それも播州越部に生まれて父の家にいたのだから、十四歳以前に、美作の平田武仁について武芸を修行する機会はない。げんざいの姫新《きしん》線を利用しても六、七時間はかかるはずだから、泊りこみ以外には教えてもらいに行くのも、教えに来るのも無理だろう。

美作の郷土史家や武蔵研究家の富永堅吾氏は、平田無二斎は、その墓碑銘とは無関係に長生きしたという説の信奉者で、また、新免無二斎が宮本無二之助一真と同一人物であるという、証拠のないコジツケ説を主張しており、殊に富永説では、菅六之助を平田の新免無二斎の門人であったと明記している（『史実宮本武蔵』『剣道五百年史』）。

もちろん、平田武仁がその墓碑銘より長生きしたのが事実なら、六之助が就学する可能性はある。だが六之助は十六歳ごろから姫路の黒田家へ奉公し、十七歳で志津が嶽、十九歳で和泉の岸和田城、二十歳から九州へ下向して播州を去っている。しかも美作の無二斎が本位田外記之助を殺したという天正十七年には六十二歳、もはや老耄《ろうもう》して、自力で殺す自信がなく、門人の小守兄弟と三人がかりでダマシ討ちにしたほどの古物《ロートル》であって、とうてい「剣豪」では通用しない。そんな骨董武芸者を、天正十八年の二十二歳から、朝鮮出征の二十六歳までの期間の、血気の菅六之助が、果たしてよろこんで師匠にしただろうか。

富水氏は、平田武仁が墓碑銘（天正八年）より後、慶長十二年まで生存した証拠として、一巻の伝書目録を呈出された。奥付に「天下無双。慶長拾弐年九月五日、宮本无二助藤原一真（花押）。友岡勘十郎殿」とあるということだが（『剣道五百年史』）、何たること、それは平田武仁の宮本無二斎でなく宮本无二助（無二之助）藤原一真の伝書じゃないか。平田無二斎が無二之助といった確証はない。平田の家系は菅原氏で、藤原氏ではない。一真という法号を用いた証拠もない。菅原系で梅鉢の家紋を用いる武仁が、何故、藤原一真なのか。

宮本無二之助一真の剣術は、実手当理流という。右の伝書以外にも別の資料がある。一は慶長二年に、奥田藤左衛門にあたえた真言咒詞の切紙。これは生駒宝山寺にある。二は慶長五年五月に、久野九郎右衛門と連署で出した秘伝書で、内容の術名はすべて新当流から出ており、

世の中に弓鉄砲の無かりせば
わが兵法に誰《た》れか勝つべし

という和歌が添えてある（『久野氏所蔵文書』）。

一真の孫門人、青木鉄人金家の書いた『円明実手流家譜』によれば、無二之助は字は虎千代、剃髪して一真といった。元和八年（一六二二）十二月二十日、播州揖東郡栗原庄鶴瀬に死す。五十三歳。逆算すると元亀元年（一五七〇）生まれだから、美作の平田武仁より四十二歳も年少なわけだが、この一真を武仁の後半生と見て合算すると、慶長十二年に友岡伝書を出したとき、武仁は八十歳のヨボヨボ爺さんで、元和八年には九十五歳で死去したことになる。

（付記）宮本無二之助一真の父は宮本武蔵守吉元で、円明流剣術を称した。はじめ家信。熊五郎、右馬允を経て天正十六年（一五八八）八月から武蔵守吉元とあらため、慶長三年九月入道して蓮信と号したが、慶長五年（一六〇〇）二月十八日死去、七十四歳。逆算すると大永七年出生で、平田武仁出生の前年に生まれている。

無二之助一真の死去した揖東郡栗原庄鶴瀬という地名は、ずいぶん調べたがまだわからない。

豊原の地名は、現在の赤穂郡上郡《かみごおり》町にあって上豊原・下豊原に分かれているが、庄の旧名とは思えず、所属の郡もちがっているし、鶴瀬の小字も見つからない。似た小名では今の姫路市内に「鶴ガ淵」の俚称を記憶しているが、所在を忘れた。これも旧郡名は飾《しき》東郡で、揖東郡ではない。

旧揖東郡では越部庄（菅六之助の生地）に隣接する觜崎《はしざき》が、川ばたの山の形が、鶴の觜（くちばし）に似ているところから出た地名と伝え、川添い地に鶴瀬の俚名が期待できるものの、伝承もないし豊原庄の名も結びつかない。今は不明としか言いようがない。

宮本無二之助一真が生まれた元亀元年（一五七〇）には、菅六之助は四歳になっていた。六之助の剣術修行期は、

少年時代では越部の父の家にいた時分の十歳ぐらいから十五、六歳までで、姫路城へ出仕するまでの五年ほどと、二十六歳で朝鮮へ出征するまでの約十年の期間だろう。少年時代では三歳年下の師匠はかんがえられず、また六之助二十六歳でも、二十三歳の師匠は余り適当と思えない。

視点を変えよう。『小倉本宮本系図』『宮本家正統記』『宮本歴代年譜』に、宮本武蔵玄信を、新免（一本に宮本）無二之助一真の養子と書いている。小倉系の資料は玄信を天正十年生まれとしていて『五輪書』と二年違うが、一応、天正十年に玄信一歳だったとすると、そのとき無二之助一真は十三歳で、一真が五十三歳で死んだときには武蔵玄信四十歳である。

一真が例えば、三十歳以上になってからなら、十八歳の武蔵を養子に取る可能性はないとも言えない。けれども武蔵の養子伊織の泊明神社棟札によれば（文意はなはだ不正確ながら）、どうも新免姓は無二之助一真からでなく、関ガ原役務に西奔して、黒田家に頼った作州竹山城主の新免伊賀守宗貫から譲られたように思われる。もちろん、私はまだ決定的結論を得ないが、宮本無二之助一真は新免姓を用いず、平田武仁は一真とは別人と信じている。

## 六之助の師系

菅《かん》六之助正利の武芸の師系しらべ――おもしろくもない年数計算を、このうえ続けるのは読者めいわくと思うが、もうしばらくご辛抱ねがいます。前のつづきで、又しても富永堅吾氏の説を引用すると、菅六之助（後、和泉）のほかにも、細川家の家老長岡佐渡興長、および同藩士の塩田浜之助（号、松斎）らが、平田武仁（新免無二斎）の門人であったという。

細川家は、本姓は清和源氏で、足利氏から出ている。和泉半国の守護、細川元常の養子になった三淵《みふち》藤孝（号幽斎）から、足利・織田・豊臣に歴任し、姓を一時「長岡」と称した時期があるが、天正八年（一五八〇）七月、丹後国田辺城主（いま舞鶴市）に封じられ、嗣子忠興のとき、天正十七年、同国において十一万七百石の領主になった。慶長五年（一六〇〇）二月、豊後国速見郡木附（いま杵築市）六万石を加増され、同九月、関ガ原合戦に徳川氏に属して戦い、十一月、豊後国国東郡《くにさき》（いま西国東郡・東国東郡）を加えて三十万石の大々名に封じられて、豊前仲津城（仲津は旧郡名。明治二十九年、福岡県京都郡に編入して旧名を失う）に入部、慶長七年、豊前小倉城に入城した。その後、忠興の子の忠利のときの寛永九年（一六三二）、熊本五十四万石に移封して明治維新にいたった。

細川家の家老、長岡佐渡興長は本姓を松井といい、天正十年十一月の出生。父の松井康之とともに豊後杵築へ移ってきたのが十八歳のときであった。

平田武仁は墓碑銘によれば、長岡佐渡の出生した二年前に死去しているから、入門どころか、面会さえ不可能なはずだが、美作の郷土史家や富永氏の説では、墓碑銘以後まで生きていたとする。さすれば、本位田殺しの天正十七年には、武仁六十二歳で長岡佐渡は七歳。長岡杵築入りの十八歳以後の入門では、武仁は七十三歳以上のパクパク爺さんで、いくら「腐っても鯛」でも、こんな老朽武術家に何ほどの権威があるだろう。

前にも述べたように、平田武仁と宮本無二之助一真を同一視するのは、ただ無理々々に、武仁の年齢を飴細工式に引きのばすだけの、インチキな手品にすぎないのだ。そこで改めて無二之助一真を、平田武仁とは別人として、長岡佐渡の年齢と比較すると、佐渡一歳のとき一真は十三歳、佐渡十八歳は一真は三十歳で、十二歳ちがいの師匠なら十分に有り得ることである。

もうひとりの塩田浜之助が、無二斎の門人であることは浜之助の碑銘にあるそうだが、それが平田武仁という決め手はない。浜之助は播州佐用郡塩田村（げんざい佐用郡佐用町本位田字塩田）の出身で、目と鼻の先が岡山県境である。西へ釜坂峠を下れば麓が大原宮本であるから、剣術を習いに通学するのは便利だけれど、浜之助の死んだのが慶安元年（一六四八）六月二日で、享年七十余歳。これを仮りに七十歳として逆算すると、天正七年の出生ということになり、武仁の墓碑銘では武仁死去のとき浜之助二歳で入門不可能。武仁がまだ死ななくても三歳ちがいの長岡同様、武仁の古物《ロートル》の嘆きは拭いきれない。

要するに、平田武仁を長岡・浜田の剣師と見るのは、確かに不適当だけれど、無二之助一真のほうなら長岡とは十二歳、塩田とは九歳の差となるから、師弟関係は不自然でない。菅六之助のばあいだけは、逆に、六之助のほうが三歳の年長だが、柳生十兵衛と荒木又右衛門などは、師の十兵衛が荒木より六歳も年少である。少年時代での師弟は成り立たないが、中年になってからなら考えられることだ。六之助も朝鮮陣以後の入門なら、妥当でないとは言えない。入門以前に虎退治をしても別に不思議はあるまい。篠《ささ》の才蔵などは実戦で、さんざん武功を立ててから後に、あためて奈良の宝蔵院へ留学したではないか。

## 虚像人間か実像人間か

それでも、なお無二之助一真が妥当でないと言うなら、宮本無二之助一真か新免無二斎の本物が別に居たと見るしかないことになる。私の人物研究にはいつも偽者が出てくるというので、読者の反感を招きやすく、自分ながら閉口する。宮本武蔵など、十何人も並らべ立てて、まるで観兵式ほどの盛観で読者をあきれさせた。だが、かんがえれば新免無二斎にだって、怪しげな虚像人間がいないわけではない。

＜A＞『東作誌』に、平田無二斎（平田将監の子）は、延徳三年（一四九一）の合戦で大活躍したと書いてあるが、このとき仮りに二十歳だったと見れば、武仁墓碑の天正八年死去のとき百十歳になるわけだ。これはおかしいというので、美作の郷土史家も富永氏も、この件については黙殺をきめこんでいる。

＜B＞山田次朗吉氏の『日本剣道史』には、新免無二斎は播州三木の別所家の家来であって、別所家滅亡後、浪人して上京し、足利軍の上覧で、吉岡憲法と試合したという。三木戦争終結は天正八年（一五八〇）正月十七日で、足利氏最後の将軍義昭の治世は、それより前の天正元年七月十九日まで。それ以後は地方に流泊して京都にいない。京都将軍上覧試合など有り得ないとすれば、この新免無二斎はウソの人物だろう。

＜C＞無双神島流柔術・縄術の祖に、宮本無二之丞兼次という人物がある。生没年月は不明だが、慶長二年（一五九七）に和田卜斎宛てに出した伝書があるから、一真とほぼ前後する人らしい。けれど、名もちがうし、武技も柔術だから別人と見られる。

菅六之助のもうひとりの師は疋田文五郎である。疋田は引田・侏田ともある。通称は豊五郎・分五郎と書いた例もある。字は景兼・景忠・正定・興信など。晩年、栖雲斎と号した。加賀国石川郡の疋田主膳景範入道道伯の二男で、初名は小伯また虎伯という。母は上泉秀綱の姉というから秀綱の甥にあたるわけだが、『柳生流秘書』（史籍集覧本）には、彼を柳生石舟斎宗厳の腹ちがいの弟とし、また赤穂義士の間《はざま》喜兵衛の書いた『剣術系図』（水戸彰考館本）には、彼を上泉の門人としないで、石舟斎の門人としているのは不審である。

流名は俗に疋田流・分五郎流といい、疋田陰流の流名を立てたのは、三代目の山田浮月斎からだという説がある。武技は槍術で知られ、直槍・鍵槍・十文字槍を用いるが、薙刀も付属しており、剣術・鎖鎌術なども総合していた。

疋田は、上泉秀綱の二回目の上京の際（永禄六年）、ともなわれて出京し、上泉がいったん帰郷した後も久しく大和の柳生にとどまっていたようである。その後、天正八年に丹後国田辺城主になった細川幽斎にしばらく仕え、同十七年二月から豊臣秀次に刀槍の術を教えたが、すぐに辞して武者修行に出た。豊前中津に移封された細川家へ来て再仕したのは慶長六年からで、そのとき、武者修行中の回国記を細川侯に上呈した。年代不明に細川家を浪人して大坂城に入り、慶長十年九月三十日に城中で死去したとも、同年九月二十一日に中国地方で死んだともいう。享年六十九歳とも七十歳ともいい、正確を期しがたい。

慶長十年といえば、大坂陣より九年前であるから、疋田は一時、豊臣秀頼につかえたのだろう。享年七十歳だったとすれば、天正八年に丹後国田辺城に細川氏が入部したとき、疋田は四十五歳で、彼の仕えたのは、それより何年か後のことだろう。大坂で豊臣秀次に教え、同じ年に豊前中津（翌年から小倉）へ来て、細川家に再仕したのが慶長六年で、六十六歳のときにあたる。

菅六之助の年齢と比較すると、黒田家の豊前入部の天正十七年に六之助は二十歳、疋田は五十四歳で、大坂（豊臣秀次）を辞して武者修行に出た年だ。疋田が細川家に再仕した六十六歳は六之助三十七歳。その後、疋田は大

疋田文五郎本平（『武者修業巡録伝』）

坂に入城する慶長十年（六之助、四十一歳）まで浪人している。したがって疋田は五十四〜六十六歳の回国時代と、細川家を辞してから大坂入城までの不明期間（長くても三年間以内）に、黒田氏の中津または小倉城下へ滞留する機会はあったから、六之助二十一〜三十三歳の間、およびその後、数年の不明期間に入門・習学できたはずである。

なお、熊本の泰巌寺に疋田文五郎の墓と称するものがある。文禄二年六月二十八日死去とあるそうだが、回国記の執筆以前に死んだとはかんがえられない。これは他人の墓の当て推量だと思われる。

## 栄光ある醜貌

文禄元年、朝鮮の役。以下『黒田家譜』『菅氏世譜』その他によって書く。黒田長政は秀吉軍の先手三将の一人として出陣した。これより先、菅六之助は采地二百石をたまわり足軽二十人をあずけられてその組頭になっていたが、長政にしたがって朝鮮へわたったのが、二十六歳のときである。

四月十三日、小西行長が釜山城を抜き、一日おくれて黒田長政の軍が安骨浦から上陸して金海城を抜き、二十日、加藤清正の軍が慶州城を抜いた。

六月十三日、平城攻略戦。まず小西軍が嘉山城の手前の大河（『菅氏世譜』に平安川）で苦戦におちいったのを、黒田軍が横から援軍に出て大いに奮戦したというけれど、その日の個々の功名では、吉田又助と後藤又兵衛の名ぐらいしか、特に記載されてい

『疋田新陰流兵法絵目録』（部分）

ない。

翌十四日の戦いでは、菅六之助が騎乗して黒田軍の最前線に突出し、敵の一番駆けの騎馬武者と組み合って地上に落ち、敵の首をかき切って立ち上がると、すかさず敵の二番手の徒士兵《かち》が走ってきて六之助に立ち向かったが、太刀業の早い六之助が斬り勝ってその首を搔いた。つごう、首二つ取るのを長政が見ていて、あとで恩賞をあたえた。

同年十月、そのころは戦闘は膠着状態であったが、ある日、川沿いの大土堤で敵のゲリラに出くわした。それは朝鮮兵ではなく明国から応援に来ている傭兵部隊（『菅氏世譜』に漢南人と書いている）で、怖さ知らずの強剛な戦争プロフェッショナルである。

黒田軍の野市右衛門祐時という十七歳の少年武士が、とつぜんその傭兵隊のひとりに襲われた。そいつは鎖鎌の名人だった。たちまち野市の膝口を鎌で割りつけ、たおれたと見るや背負っている棒で抜きうちに肩先を強くなぐったから、野市少年、痛手に昏倒して立ち上がることができない。

それと見るなり、黒田軍の篠倉喜兵衛が馬をとばしてやって来た。

「おいこら、野市を助けろ」

振り向いて野市の従者に大声でどなる。従者がチョコチョコと出てきて、主人を肩にかついで行くのを待たずに喜兵衛、乗馬に蹴りを入れて一目散……、土堤のうえを逃げてゆく漢南兵の馬、追う喜兵衛は土堤下を走りぬけて、相手の横側へ乗り上げた。

漢南兵、手綱をしぼって馬をとめ、大声でさけぶ。まさか「今日は《ニー・ハオ》」なんてアイサツしたのじゃなかろう。

「ナンジ来タレルヤ」

とでも言ったのかもしれない。さけぶなり敵の鎖鎌が又しても飛んで来て、喜兵衛の兜を後頭部から前へ引っかけて撥ねおとし、ついでに鎌の刃が喜兵衛の前額《ひたい》をザクリと斬り裂《くだ》いた。ドッと流れる血が眼に流れ入る。

しかし喜兵衛も然《さ》る者だ。眼をつむったまま馬をいったん駆け抜けさせ、手早くふところの手拭いを出して顔の血を拭き、キリリと血止めの鉢巻きをした。次の瞬間、追いついた南漢兵は、鎖鎌を手操り、棒ににぎり替えて喜兵衛の肩先をしたたかになぐったから、喜兵衛は落馬しそうになりながら、刀で受け返して相手の棒を二つに切る。相手は避けようとして思わず白刃の部分をにぎったから、指三本を引き切ってしまった。これで形勢逆転だ。喜兵衛は馬をぶっつけて相手を地上へ引きおとし首をとる。

この戦いをさきほどから見ていたのが六之助だった。喜兵衛あぶないと見て、助けにゆこうと身構えた途端、敵の従兵がふたり、主人を助けようと馬をとばして走りかかる。六之助はそのまん中へ乗馬をとびこませ、右に左に両人を追い落して、その首をとった。この六之助の軍功は漁夫の利というべきである。

このあともう二回、六之助は長政から恩賞にあずかったが、時処をつまびらかにしない。一回は功によって再拝（采配）を賜わった。これは嘉山城の戦いと『黒田家譜』にある。もう一回は、斥候に出てきたらしい敵将を広い草原に待ち伏せていた六之助が、いきなり飛び出して斬り倒して首をとった。その兜のなかから敵軍の配備図が出たので、黒田軍だけでなく、全日本軍の作戦計画に利するところが大きかったという。

日朝間にいったん和議が成立して、日本の遠征軍の大半が復員したのは文禄三年二月。その間、碧蹄館の戦い・晋州城二度の攻略などの大きな作戦に、派手な武勇咄は決して少なくないが、ざんねんながら菅六之助の名はあらわれてないようだ。

## 虎退治の実際

黒田長政の軍は日本へ引揚げず、まだとどまって機張《きちよう》の城を守っていたが、日常の退屈しのぎに長政は山へ行っては虎狩りをする。その話を『黒田家譜』から要約する。

㈠　文禄三年二月十三日。長政の撃った鉄砲が一頭の虎の眉間に命中したが、虎は下の岩穴へ落ちたので死んだか生きているか確かでない。うかつに穴の中へ調べに入るのも危険というので誰もが躊躇していると、小河《おご》久太夫が「おれが見てくる」と言って足先で岩場をさぐりながら、暗い穴へ下りていった。虎はまだピクピクしていたが、鼻先へ手のひらを当ててみると、ほとどん呼吸は止まっていた。

㈡　二頭目の虎が飛び出してきた。菅六之助の足軽がふたり、刀を抜いたがアッというまにやられた。虎は一人の肩をくわえて投げ出し、もうひとりの腕を食いちぎって引き倒した。六之助は朱色の具足を着けていたので目につきやすかったらしく、虎は一転して六之助めがけて猛然と飛びかかった。

六之助は身をかわさないで逆に踏みこむ。抜打ち…、間が詰まっているので太刀でなく脇差を抜いたのがよかった。柄元《つかもと》から引き切りに虎の頸をザクリと割る。虎は一声ほえて斃れた。その脇差は備前吉次の作で二尺三寸一分。後に林道春、これに銘をあたえて「南山」といい、印銘の文は『羅山文集』に収録されている。後、さらに禅僧春屋が「斃秦」の銘を贈った。

㈢　別の日。林太郎右衛門（後、掃部）が虎を殺している。とびかかる虎の口の中へ槍を突き入れたが食い折られ、「南無三」とばかり刀を抜いて斬り殺した（ここまで要約）。

右のうち菅六之助の虎退治は『常山紀談』には、菅がとびつく虎をかわしながら虎の腰の骨を深く切りつけたのに、虎は後脚で立ち上がってもういちど跳びかかろうとした。そこへ馳けつけた後藤又兵衛が、虎の肩先を乳の下まで斬り下げたので、その間に菅は刀をとりなおして虎の眉間を割りつけて殺した、と書いているけれど、又兵衛の出てくるのは文飾らしい。

慶長二年正月から朝鮮の再征が始まった。菅六之助三十一歳。九月七日、全羅道の全義館の戦い。つづいて稷山・梁山の戦い。六之助が右の耳たぶを、敵の矢に射切られたのは稷山の戦いである。生涯無傷のジンクスがやぶれ、ひどい悪運が始まった。

その敵将は弓の名手と見えて、味方の将兵相次いで射斃される。長政見かねて「あれを討ち取れ」と六之助に命令した。

駆け向かった六之助は敢戦してその首をとったが、耳を射切った矢は附子《ぶし》を塗った毒矢であった。それ以後、膿《うみ》と血が止まらず、顔の肉がだんだん腐って醜く恐ろしい形相に変わった。

慶長三年六月、加禄三百石、足軽五十人の頭になる。同五年、関ガ原の役、三十四歳。金吾中納言秀秋を徳川方へ内通させる使者となり、戦場でも軍功が多かった。

黒田家の筑前福岡入国後、六之助の采地三千石。黒田長政は六之助を家老に挙用したいと思ったが、顔面腐爛して公儀を勤めにくいため思いとどまり、家老並みの待遇で、万事の取りしきりに家老と連署させて優遇した。信じられないほど役に立つ男、そして説明できないほど醜い人間だった。元和七年隠居。嫡子主水重俊が相続。寛永六年六月二十九日死去、五十九歳。博多聖福寺内順心庵に葬る。

# 吉岡憲法一族

## 吉岡流の伝系

吉岡憲法、一に拳法・兼房・建法・剣峰などともあるが、『吉岡伝』(史籍集覧本)に憲法とあるのに従いたい。流名は、鬼一法眼の京八流の末というのが通説であるが(『武芸小伝』)、神道流、また新当流の末とした文献のあること(『和漢三才図会』『剣術系図』)に留意しておきたい。俗に吉岡流、また憲法流という。ただし『日本武術諸流集』には、吉岡伝七郎のときから吉岡流と称したとあり、伝七郎は直綱の弟、又市直重のことである。

憲法兄弟の曾祖父、吉岡憲法直元(天文年中)は、足利十二代将軍義晴につかえて軍功があったその弟の直光(これも憲法)もまた足利将軍につかえて兵法師範であり、道場を「兵法所」といって今出川(現在の同志社大学付近)に住んでいた。父の直賢(これも憲法。『剣術系図』に吉岡又三郎とする)は足利義昭の師範で、新免無二斎と試合したという俗説のあるのはこの直賢らしいが、無二斎の出京年代には疑問が多いから、無理に治定する必要はなかろう。

吉岡直賢の子の両人、兄が源左衛門直綱、前名は清十郎、後に父を継いで憲法という。弟は又市直重である。

宮本武蔵玄信が京の吉岡一門と血闘して勝ったのは慶長九年(一六〇四)春、武蔵二十一歳のときであった(『二天記』)。しかし吉岡側の記録『吉岡伝』には、宮本武蔵が吉岡側に敗れて逃げていったと書いている。それらのことについては、いずれ後で書くことにして、まずはじめに吉岡家の剣の流儀について、根本的に明らかでない点の多いことを指摘しておこうと思う。

とりあえず、通説の基本になったと思われる『武芸小伝』の記事を、左に口訳する。

――吉岡は京の人である。刀術に達し、室町家（足利将軍家）の師範で、兵法所（将軍家剣術指南役の意）といった。ある人の説によると、祇園藤次という者が刀術の妙を得ていたのを、吉岡が学んでその技術を相続したといい、また一説では、吉岡は鬼一法眼流といって京八流の末であり、鬼一が八人の鞍馬の僧の門人に教えたのが、京八流であるともいう。吉岡は宮本（武蔵玄信）と勝負をしたが、共に達人であるから勝負がつかなかった云々（ここまでが前半である。後半については改めて考察する）。

吉岡憲法直元――吉岡憲法直光
　├吉岡憲法又三郎直賢
　│　├吉岡源左衛門直綱（七左衛門・清十郎）
　│　├吉岡又市直重（伝七郎）
　│　└吉岡清次郎重堅
　└祇園藤次（鬼一流）

講談・俗説によれば、吉岡憲法の刀術は誰から教えられたわけではなく、彼の家業が染物業であったから、業務に使う糊のヘラで蠅をたたき殺すのが上手になり、それより工夫して小太刀一流を編み出したなどというが、吉岡は剣術を止めてから染物屋になったので、染物屋から剣客に転業したのとは違うのである。

吉岡憲法の刀術が鬼一法眼流の末であり、京八流の内であるという解説は、あるいは正しいかも知れないが、鬼一法眼その人はずいぶんと怪しい存在であって、まだ合理的な説明もできないし、なんの確証もない。そして吉岡の師が祇園藤次であったとするのが誤りであることは、上記の吉岡流剣術系譜を見てもらえば一目でわかるだろう。

## 疑問の鬼一法眼

鬼一法眼流は、軍法および剣術を合併した流儀と推測され、吉岡憲法直光の門から出た祇園藤次が、鬼一流の称を用いた点からかんがえても、吉岡の剣系は元来、なにかしら鬼一法眼の伝承を汲んでいるように見られてい

吉岡拳法《よしおかけんぽう》

京都《きやうと》の出生《しゆつしやう》にて染物《そめもの》の弟子《でし》なりしが常《つね》に武芸《ぶげい》を好《この》みて祇園《ぎおん》藤次《とうじ》といふものに学《まな》び其《その》一流《いちりう》をきはめ後《のち》に鬼一《きいち》法眼《ほうげん》の流《りう》を汲《くみ》て鞍馬《くらま》の僧八と同流《どうりう》なりしが其《その》八流《はちりう》とかや拳法《けんぽう》は室町《むろまち》将軍《しやうぐん》につかへ御師範《ごしはん》となりて旅中《りよちう》のころ京都にて出合《であい》試合《しあい》を望みしに至《いた》て勝かたなし

吉岡憲法（『武者修業巡禄伝』）

る。けれど、いったい鬼一法眼は『義経記』に出てくる伝説的な人物で、京の一条堀川に住む陰陽師《おんみょうじ》、おまけに文武両道の達人である。牛若丸がその鬼一の末娘になじんで六韜《りくとう》の六書を盗むというプロットは、多分に作為的なものとしか思えない。

鬼一の実体は今もって不明である。一に帰一、名は憲海、伊予国吉岡村の出身で、今出川に住んで今出川義円と自称したという説もあり、例の義経が鬼一から盗み出したとか盗写《とうしゃ》したとかいう、いわゆる『虎の巻』の「相伝血脈之事」の条には、黄石公から始まって数十代を経、大唐の障奄公から日本の大江維時に伝え、十四代後の源義家―義円（今出川鬼一法眼）―源義経という、天からフンドシ式のやたらと長い系譜が付いている。

俗書ではあるが、高井蘭山の書いた『復讐銘々伝』のなかでは、

「この人はその来歴知らず、かの異国の鬼谷子《きこくし》になぞらえ、また張良が黄石公のたぐいなるべし」

とフィクション説さえ唱えている。そのモデルになった鬼谷子というのは周・戦国の縦横家で、『鬼谷子』と題する術数に関する撰書がある。また黄石公が途上で漢の高祖の臣張良に出会った節、兵書をこれにさずけたという話があるのを、鬼一対義経の話に作り替えたのだろうと蘭山は言ったのである。

また『武稽百人一首』、これも典型的な俗書だが、

「鬼一は伊予の国、傔杖律師三代目の孫、吉岡憲清が子にて、幼名を鬼一丸といえり。陰陽博士主税頭安倍泰長が門人となり、天文・地理をきわめる暦算・推歩の術にくわし。曽《か》つて兵法を好み、鞍馬の多聞天に祈りその道に達せんことを願う。

あるとき多聞天の示現により、左府頼長公について六韜・三略を乞い、ついに兵法において天下万世の師と仰がれけり」

と書いているなども、もとより『義経勲功記』などの俗説の亜流であろう。

ただ、鬼一という陰陽師が実在しなかったとも、言いきれない。荻生徂徠ほどの大学者が、その著作『南留辺志』に、鬼一は紀一であろうといい、篠崎東海の『不問談』に、紀氏の惣領の意と書いているくらいだから。

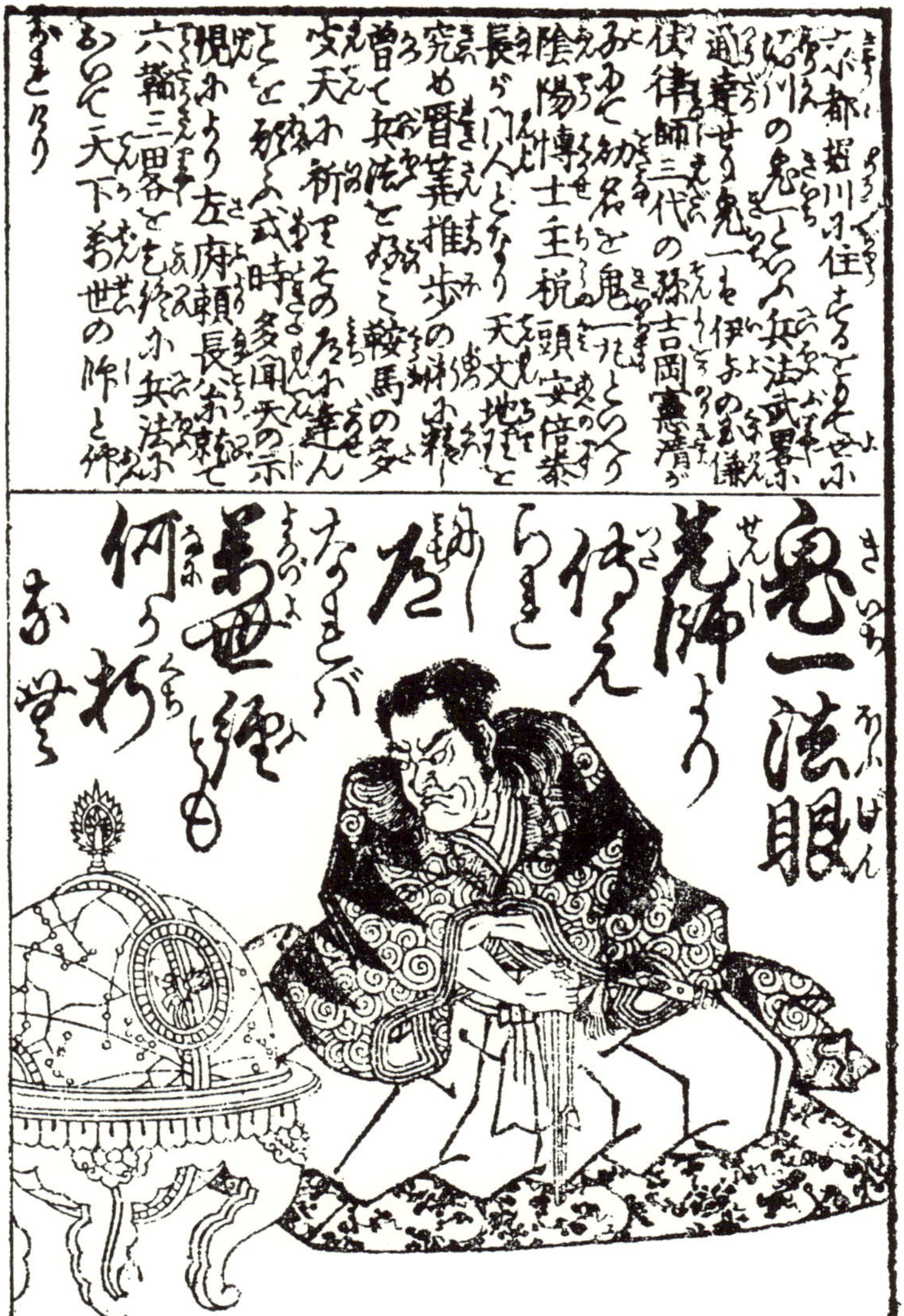


鬼一法眼（『武稽百人一首』）

それにしても、今出川に住んで吉岡憲海、また義円と称したということになると、今出川は、後に足利将軍家の兵法所になった吉岡憲法代々の住地であるから、鬼一の俗名も、まぎらわしい吉岡憲海などと作為したかの疑いを生じる。そのうえ義円というのは、じつは義経の兄（幼名は乙若《おとわか》。後に円成）が、円慧法親王の坊官であったころの僧名であるから、これを取りあわせて合成したかと思われ、なんとなくあんに鬼一法眼の後裔を吉岡憲法に想定させるようなコジツケが感じられる。

なぜそんなインチキが必要なのだろうか。思うに鬼一法眼はもともと架空の（あるいは架空でなくても実体不明確な）伝説的人物であるが、実在する吉岡憲法の先祖らしく示唆《しさ》することによって、なんとなくウソらしくない感じが生じてくるからだろう。

『武芸小伝』の岡本宣就の条によれば、『六韜・三略』の兵書は、醍醐天皇のとき、大江維時が入唐して持ち帰ったもので、和訳本を『訓閲集』といい、全百二十巻。二本あり。一本は小笠原家に伝え、一本はずっと古い奈良時代に吉備真備（遣唐使）が持ち帰ったもので、鞍馬寺におさめられていた（綿谷いう。大江維時入唐のことは史上に確証がない。吉備真備入唐のこと、また帰朝後兵書を講じたことは『続日本紀』に明記されている）。後白河帝時代に鬼一が手に入れたのは鞍馬寺の本で、それを源義経が鬼一の娘に通じて秘かに写し取った。

本のほうは鞍馬法師に受け継がれ、祐頼―清尊―明範―性慶―隆慶―光慶―光祐―性祐―了尊―戒円―玄窓―賢智―了呼―慶海―能尊―重宥―通大―慶義―延宥、と伝授した云々という。

ここで便宜上、判官流剣術の伝書にある承伝名を写してみると、鬼一法眼―源判官義経とあって、別に、祐頼・清尊・朝範・性尊・隆尊・光尊・性祐・了尊（綿谷注。前記の鞍馬寺本伝授の祐頼から了尊まで九名の内の八名らしいが、傍点以外の名には異字がまじっている）の八名を挙げて、「右八人鞍馬法師なり」とある。けだし「鞍馬八流」の称は、この八名から発したのだろうか。

京八流に対して「関東七流」、一に「鹿島七流」の語がある。貝原益軒の『知約』に、

「鬼一法眼は、堀川の人なり。兵法を知れり。軍法・弓馬・剣術ことごとく人に教う。鞍馬の衆徒八人に伝う。

剣術に京八流というは、鞍馬八人の衆徒の伝えし流なり。義経もその八人の内の弟子なり。世俗に天狗に逢って剣術をさずかるという。虚誕《きょたん》の説なり。また関東の七流というのは鹿島の神官より出たり。およそ剣術の流は京八流・鹿島七流より外はなしとぞ」

この関東七流というのは、『本朝古今剣術名数』に、良移流・鹿島流・香取流・本心流・卜伝流・神力流・日本流としているが、他に傍証はない。特に良移・本心・神力・日本の四流を関東の古流武道と見る根拠は不明である。この機会に一つ書き加えておきたいことがある。剣道史家が眉をひそめるかも知れない奇説であるが、私にとっては大きな疑問点なのだから、私の悪い癖だと思って読んでいただきたい。

正徳五年（一七一五）刊の『和漢三才図会』兵器類の序に、義経が僧正ガ谷で習った剣術を神道流と書いている。神道流とは義経よりも後に、関東香取の飯篠《いいざさ》長威斎によって編み出された流儀というのが常識であるから、これは著者の無智による誤記なのだろうか。いや待て、同書よりさらに以前の元禄三年（一六九〇）に、赤穂義士間《はざま》喜兵衛光延が書いた『剣術系図』（水戸彰考館蔵本）には、吉岡憲法や祇園藤次を新当流の末流と書いている。

新当流とは常識的には、義経よりずっと後代の塚原卜伝によって、これも関東の香取に発祥した流儀であったはずではないのか。神道・新当、文字の差異は別にしても、京八流・京流と俗称される吉岡家の上方の剣系が、なぜ関東系の流名と同じように書かれたのだろうか。そう言えば、もう一つ材料がある。前に引用した判官流伝系のほかに、もう一つ同名の判官流伝系が、これは関東にある。鹿島大掾家に古くから伝わった古流武術で、流祖は飯篠長威斎、つまり彼の神道流の編成される原型となったもので、長威ははじめ判官流十二カ条之太刀を得て、正天狗流として伝えた。これが後に水戸藩に伝承したのを、土岐卜胤斎が独立させたのが判官流で、この流では中極意までを「正天狗流」と称している。ちなみに古伝の判官流十二カ条の太刀は、そのまま鹿島新当流に採りこまれている。

思うに、義経が鞍馬の武術を習った時代には、いまだ漠然としてきまった流名などなかったのを、やや後にこれを神道流とか京流とか呼び始め、さらに時を経て神道流のほうは関東の鹿島家へ来て根をおろし、飯篠長威斎によって大成された、と見るのが至当でないだろうか。

なおもう一つ付け加えるなら、義経―俊乗―坊重源―八尾別当顕幸―岡本三河房、と伝承した「源流《げん》」剣術は、源家古伝兵法という意味からの流名であるが、これも古くは「陰《かげ》の流」と呼んでいたという。

この流も常識的には、ずーっと後年の天文年代（一五三二〜五五）以降に愛洲《あいす》移香斎が創始したことになっているけれど、その淵源もまた京八流からの脈をひいていなかったとは、言いきれない。しかも愛洲の陰の流を完成して「新陰流」を創始した上泉伊勢守秀綱は、同時にまた小笠原系の『源家訓閲集』に准拠する氏隆《うじたか》流軍法の承伝者でもあることをかんがえれば、京と関東を分かつに至った武術文化もまた、そのもっとも古い淵巣《えんそう》は、けっきょく京であったと見なければならないだろう。

## 朝山三徳と八坂の血闘

史籍集覧本におさめられた『吉岡伝』は、内容はなはだ杜撰《ずさん》で、前後三人の試合相手となった朝山三徳（天流）・鹿島林斎（新当流）・宮本武蔵（無敵流）というのも事歴はデタラメで、ぜんぜん信憑性がない。

朝山三徳はそれとなく浅山一伝斎の名を匂わせながら、吉岡との血闘場面は天流の斎藤伝鬼坊の最期を写した作りものであり、鹿島林斎は漠然と塚原卜伝をモデルに使っているらしい。宮本武蔵を無敵流といい、かつ越前忠直の臣と書いているなど、まるで事実を無視している。

しかし吉岡側の記録としては他にまとまった文献がない上に、吉岡兄弟の名や事績については、さすがに詳しく書いてあり、貞享年代（一六八四〜八八）に書かれた相当古い記録であるという点にも若干の価値がみとめられる。以下、しばらくその記述によって、吉岡兄弟の事績に触れてゆこう（原文を要約する）。

――ここに洛陽に吉岡兄弟あり、兵法者流の名を得、古今未曽有の妙術である。兄源左衛門直綱（以下本文によれば、この直綱を吉岡憲法に当てて書いているのがわかる。この人、前名が清十郎である）、弟は又市直重である。これがいわゆる憲法兄弟で、家風として古風をこのみ、義を守り、法律にしたがって正直であるから、世人これを称して憲法といった（憲法の語義に関しては、後にもういちど触れる機会がある）。

――曽祖父の直元（天文年中ごろの人）が万松公（万松院曄山道照。足利十二代将軍義晴の法号）に仕えて軍労があった。祖父直光（足利将軍につかえて兵法師範だった憲法はこの人だろう）、父直賢（この人の名も憲法で、足利十五代将軍義昭の師範）、またその術をよくしたが、吉岡家の刀術が日々新しく、月ごと盛んになって、前代以上に栄えたのは、この兄弟の代になってからであった。

――けだし応仁の大乱以来、日本の国中が不穏な世相になり、盗賊が横行して世人は心を安んずることができなかった。そこで公卿・大夫から工商農人にいたるまで、みな自衛のために剣術を学んだので、剣客の数も多くなり、師となって弟子を教える者が急増したけれども、本邦諸人がこの人こそ妙術の使い手であると推賞するのは、まあ四、五人ほどに過ぎなかった。

その中で、朝山三徳は天流と号して西筑九国（九州の筑前・筑後）でもっとも有名であり、鹿島林斎は新当流を称して関八州に鳴り、宮本武蔵は無敵流を号して北越・奥羽に名が鳴りひびいていた。そのほか太田河内守・土佐金乗坊らも有名で、いずれも門弟数百人を有して天下にその覇をとなえようと機をうかがっていた。

――一番手に京へ乗りこんで来たのは朝山三徳である。ある日、三徳は弟子をあつめ、大声で声名を発していう。

「今世、兵法者として売り出した者は数百家もあるが、ほんとうに強豪というべきはただ数名にすぎない。拙者はこれより諸州を廻行して各地の群雄を征服し、一日も早く、我こそ天下第一の剣客であるという名誉を揚げたいと思う。どうだ、諸君の意見をきかせてもらいたい」

それを聞いた門弟はみな声をそろえ、それこそ我々一同の希望するところであります、と答えた。

ここにおいて朝山三徳は、弟子たちといっしょに旅装をととのえ、あまねく、諸国を遍歴して至るところで連勝した末、ついに目的の京へのぼって来た。すぐに使者を吉岡家に送って、いわく――

「うけたまわり聞けば当家御兄弟の兵法は、世を挙げて妙手ということでござったので、かくはお訪ね申した。

御一見願わしゅうござる」

吉岡兄弟こたえて、

「兵法鍛錬・諸国遍歴の志、神妙に存ずる。勝劣は試合によって決しましょう。さりながら……」

といい、あいにく目下、兄直綱が病臥中であるから、日を定め場所を約束して、そこで試合しようと約束した。

当日、朝山側・吉岡側とも門弟をしたがえて参集した。三徳、身長六尺余、手に七尺ばかりの棒をもって吉岡直重に対し、たがいに手段を尽して戦ったが、吉岡は身を開いて三徳の背後にまわり、一躍して三徳の頭上を打ち砕いた。三徳は即死である。時に慶長九年八月十五日。吉岡直重二十四歳。場所は東山の八坂であった。

## 鹿島林斎との血闘

『吉岡伝』のつづきである。

――朝山三徳が吉岡直重との試合に負けて即死したという情報は、はるか関東の鹿島林斎の耳にもほのかに達した。林斎は門弟たちをあつめ、怒声を発した。

「京都の吉岡、それも、大した腕前でもないチンピラのくせに、みだりに瓦釜《がふ》をもって雷鳴をなす（凡庸の人物のくせに評判が高い）。がまんがならないから、拙者が出かけていって一刀に撃破するのが最上の策であろう」

こう言って林斎は鹿島を出発し、遠路はるかに京都にのぼった。かくて彼は吉岡の兵法所へ使者をもって申し入れた。

「我はこれ関東の鹿島林斎でござる。昨年、三徳御当地にいたって貴殿と試合い、即時に命をおとす。まさに希《き》世《せい》の勇武というべきである。我かねてより好敵手を求めていたが、未だこれという人にめぐり合わざるを恨みに思っていたが、貴殿の勇名を慕って今回ここに上京した。必勝は我にある。試合の日時と場所を指定していただきたい」

吉岡兄弟これを聞いて、

「よし、おれが出よう」

「いや、拙者が当たる」

と、たがいに先をあらそったが、どちらが試合するか決定しないまま、とにかく日時は明日、場所は林斎の宿所に近い今宮の下松《さがりまつ》と約束して、使者は帰った。

翌朝――まだ早暁《そうぎょう》だというのに、兄を出しぬいた弟の吉岡直重が、こっそり林斎の宿所に駆けこんで面会をもとめた。

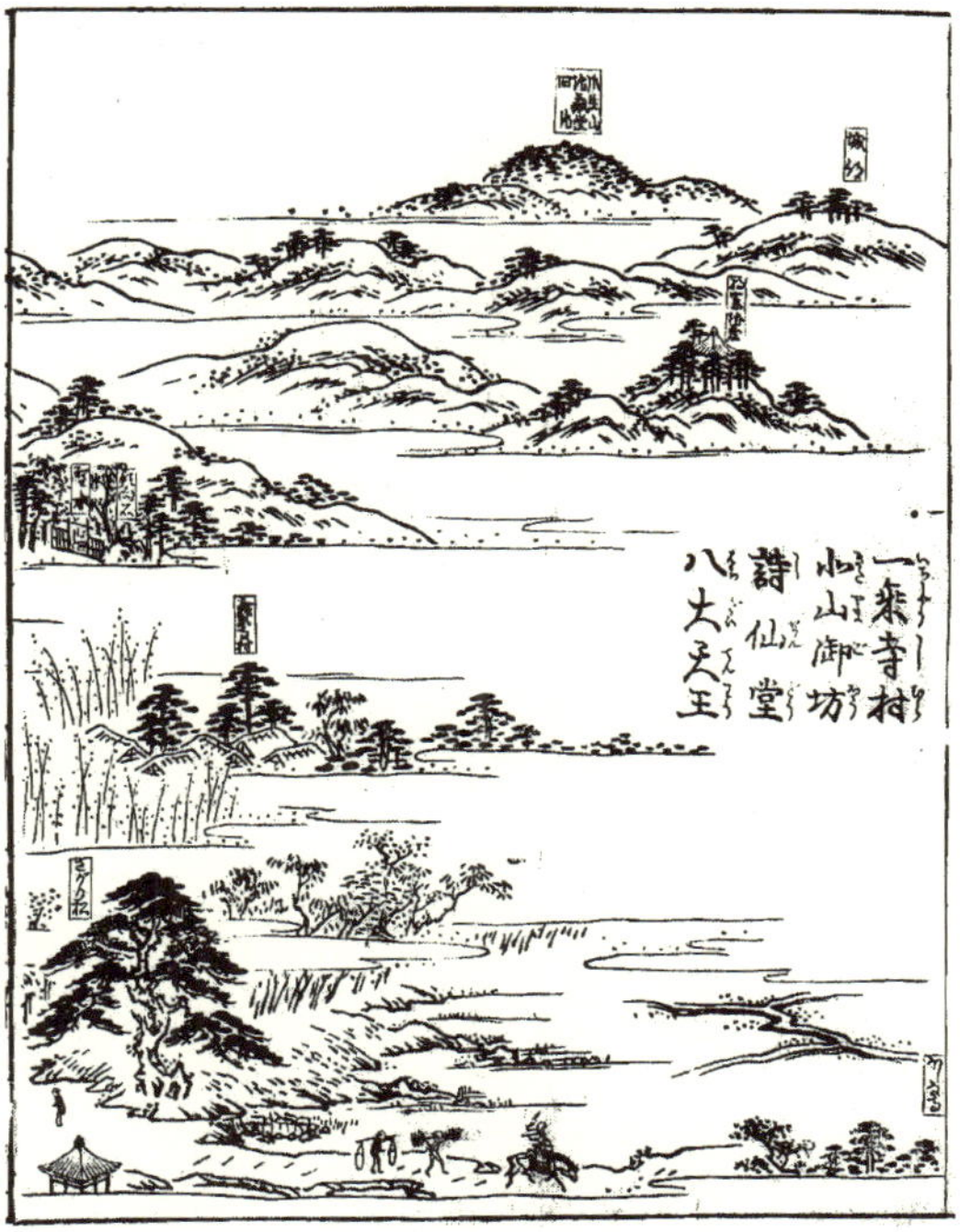

一条寺村下り松（『都名所図会』）

「貴名をお名乗りなさい」

取次ぎが尋ねたが、首を振って答えない。

「まあよかろう。座敷に通せ」

と林斎がいう。

座がきまると、直重が尋ねた。

「関東の太刀筋は特別のことがあり申すか」

「そりゃあるよ。見せて進ぜよう」

林斎は門弟二人を呼び出して、五法八箇の組太刀をして見せた。直重、せせら笑い、

「どうも初心の技に過ぎないようにお見受け申す。もっと実のある技はござ

らんのか」

　という。林斎こころのなかにうなずく。

「貴公、吉岡憲法だな」

「いや、憲法ではない」

　林斎の眼がギラリと光った。

「身は椰子《やし》のごとくして名は天下にとどろく貴公。我が相手として申しぶんはござらぬ」

「さらば拙者が試合相手ときまり申したな」

　ここで初めて本名を明かし、試合の誓文をとりかわして約束した下松へおもむく。ところが弟にだし抜かれた兄の憲法直綱、弟の身を気づかって、数百人の弟子をひきいて下松へと追跡して来た。林斎と直重の試合がすでに始まっている。

　鹿島林斎は身長六尺。腕力が強い。前頭部は禿げ上がっているのに、後頭部の髪の毛がぜんぶ逆立っている。髯は伸びて胸に垂れ、かなつぼ眼が丸くて落ちこみ、口は大きくて耳まで裂けているというのだから、まるで仁王様の御面相である。にぎり持った棒の長さは七尺有余、棒の先に一尺五寸の真剣が仕込んであるばかりでなく、棒の石突きに、二尺の鎖の先に大きな鉄丸をつけたものが仕込んであるというから、これはいわゆる「振《ふ》り杖《づえ》」と「乳切木《ちぎりぎ》」を兼ねそなえた仕掛け道具だ。これを軽々と振りまわしながら、大道のまん中をずかずか追いこんでくるから、さすがの吉岡直重もびっくりした。

「関東のへげたれ、卑怯な道具をもち出したな」

　じり、じりっと退《さが》りながらも相手から目を離さない。しかも上方人の性格として、喧嘩でも試合でも、とかくに手の動きより口の方がよくまわる。

「やあやあ林斎、こけおどしの道具を用いての力勝負は、兵法の本筋を知らざる者のすることだ。なんじの一命、もはやこの一瞬にきわまる。念仏となえてかかって来い」

「うぬ、何たる広言。勝負はこれからだっ」

さけぶや否や振り杖の刀が一閃し、避ける間もおかず、石突から鉄丸つきの鎖が宙を舞って飛来する。

直重のからだは、三百五、六十疋の蚤《のみ》に一遍に嚙み付かれた時の猫のように、超特急のスピードで跳躍した。この跳躍こそ直重にとって最大の活路となった。彼は相手の仕掛け道具の攻撃範囲の寸法を推測し、刀か鉄丸が六、七寸近くの身に迫った瞬間に、一跳擲却《いっちょうてききゃく》して飛ぶこと六、七間ならば攻撃に移れるだろうと計算した。

林斎もまた抜群の使い手、隙をあたえないように激闘を加えてきたが、直重は機を見て身を低くちぢめ、林斎を下から突き上げると見せたのこそ必殺の擬勢だった。哀れ林斎、棒を返して打とうとするところを、吉岡直重一気に跳躍して林斎の頭部をガッと打つ。

頭くだけて血のほとばしること滝の如く、目くるめき、棒をにぎったまま吽々漫廻《うんうんまんかい》（グロッキーになる）数遍、口をパクパクして気絶した。林斎の門人たちが師に薬を飲ませ、手足をかつぐようにして宿所へ連れもどったけれど、数日たたずして死去した。時に慶長十年（一六〇五）六月二十六日である。

## 宮本武蔵との血闘

――宮本武蔵は越前少将忠直の家臣で、二刀を使う術の名手であった。忠直は武蔵を師として日々その術を習い、座右を離さずこれを重んじていた。あるとき武蔵が京の聚楽第へ忠直のお供をして行った際、忠直これに問うて言う。

「吉岡憲法兄弟が朝山三徳・鹿島林斎の両名に連勝したのは、正に兵法の骨髄を得たものというべきである。だがなあ武蔵、もしお前が吉岡と試合をするとしたら、果たして勝負はどうであろう」

武蔵はつつしんで答えた。

「直饒（直綱の誤記）とその弟の直重が、一時にふたりでかかって来ても、とうてい不肖の刀には及びますまい」

自信家らしく、エヘン、エヘンといった態度である。

忠直卿はよろこんで、武蔵の言を板倉伊賀守勝重（京都所司代）に自慢した。そこで板倉は吉岡兄弟を喚問して武蔵の放言を告げ、

「貴公ら兄弟、もし宮本武蔵と勝負を決したいという望みがあるなら、この際さっそく試合をして優劣を決定してはどうじゃ。予が取り持ってとらせるぞ」

と言った。兄弟その命をうけ、試合の契約をかわし、まず最初に、武蔵は吉岡憲法直綱と戦うことがきまった（『吉岡伝』には、その日時と場所を書いていないが、それについては後で書く）。

試合当日になる。武蔵も憲法もたがいに心力を尽し、相当時間が長びいたのに勝負がつかない。そのうち武蔵はついに眉間を撃たれて出血が多かった。憲法は一歩しりぞいて勝敗の判定を待った。

「憲法直綱の勝ちである」

と皆が言ったが、誰かひとりが、

「相撃ちである」

という。憲法怒って、

「相撃ちというなら続行して、ハッキリと勝負を決しようじゃないか」

と主張したが、武蔵は同意しない。

「ともかく憲法との試合はこれで終わった。この上は日をあらため、吉岡直重どのと試合をしたい」

と言う。

「よかろう」

と吉岡側で折れて出た。そして別の試合日を定めて再戦しようと、手ぐすねを引いていたが、武蔵は約束の日を待たず、跡をくらまして逃げて行ってしまった。「これを以って、世を挙げて皆いう、直重座して勝を得たりと」云々。

右の『吉岡伝』の文章では、宮本武蔵が吉岡に完敗して、逃げていったことになっている。こういう文献を引用すると、たいていの人はギョッとするか、「なにをバカなこと」といって武蔵の負けを信じる気になれないだろう。もちろん宮本武蔵側の記録では、いずれも武蔵が大勝、吉岡が惨敗したということになっている。武蔵自筆の書といわれる『五輪書』には、吉岡と試合したことは書かれていないけれども、ともかく生涯六十六度の試合、いちども負けたことがないと自慢している。

宮本武蔵玄信の養子宮本伊織が、養父の死後九年目の承応三年（一六五四）に建てた春山和尚撰文の頌徳碑（場所は熊本城下の田向山。明治後、小笠原家の祈禱所延明寺に移した）にも、宮本は明確に勝ったとあり、ほとんど信用するに足りない実録本の『二天記』も、当然、武蔵の勝を宣揚する。

しかし、こういった種類の記録には、身びいきやハッタリが付きものだから、勝負の厳正な判定は無理であろう。前に書いた『武芸小伝』には相打ちと書いているが、武蔵のほうが負けたという記録は『吉岡伝』ばかりでなく、間喜兵衛の書いた『剣術系図』（水戸彰考館蔵本）に、武蔵に勝ったのは吉岡憲法の甥吉岡七左衛門尉で、この七左衛門尉は後に、九州の立花飛驒守につかえた、と書いている。

さてその武蔵と吉岡の試合した場所だが、前にいった春山和尚撰文には、両者の試合場面を次のように描いた。

――後、京都にいたる。扶桑第一の兵術吉岡という者あり。雌雄を決せんと請う。彼の家嗣清十郎、洛外蓮台野（蓮台寺の北、千本通の西、総土手の内を蓮台野といい、遠矢場があった）において竜虎の威を争い、勝負をするといえども、木刃の一撃に触れて吉岡たおれ、眼前に臥して息絶ゆ。あらかじめ一撃の諾《だく》あるによって、命根《めいこん》を輔弼す（止めを刺さなかった）。彼の門生ら、板上に助け乗せ去る。薬治・温治してようやく復す。ついに兵術を棄てて薙髪しおわんぬ。しかる後に、吉岡伝七郎また洛外に出て雌雄を決す。伝七、五尺余の木刃を袖にし来たる。武蔵その機に臨んで彼の木刃をうばい、これを撃つ。地に伏し、たちどころに死す。吉岡が門生、冤《えん》をふくみ、ひそかに語って曰く、

「兵術好きをもって敵対すべきところにあらず。謀りごとを帷幄《いあく》にめぐらさん」

と。而して吉岡又七郎、事を兵術に寄せて、洛外下松（愛宕郡修学院村一条寺の別名で、いま京都市左京区に入る）の辺に会し、彼の門生数百人、兵杖・弓矢を以ってたちまちこれを害せんと欲す。武蔵、平日、機を知るの才あり。非義の働きを察して、ひそかに吾が門生に謂って言う。

「なんじ等は傍人《ぼうじん》（無関係の者）なり。すみやかに退け。たとい怨敵群をなし隊をなすとも（手出しをするな）、吾れにおいてこれを視ること浮雲のごとし（おれからみたらヘッチャラだ）。なんぞこれを恐れん」

衆敵を散じ、走狗の猛獣を追うに似たることあり。威をふるって皈《かえ》る。洛陽の人これを感嘆す。勇勢・知謀、一人を以って万人に敵する者、実に兵家の妙法なり。

これによりさき、吉岡代々、公方の師範たり。扶桑第一兵法術者の号あり、霊陽院義昭公（足利義昭）のときに当たって新免無二を召して、吉岡と兵術の勝負を決せしめ（綿谷いう。この新免無二については疑問が多いが今は省略する）、限るに三度を以ってす。吉岡一度利《り》を雙《え》、新免両度勝ちを決す。ここにおいて新免無二をして日下無双兵術者の号を賜う（綿谷いう。このこと足利義昭の時とあるのだから、義昭の死去した天正元年（一五七三）より以前でなければならない。山田次郎吉氏が天正八年以後の試合と推察されたのは、誤りであろう）。故に武蔵洛陽にいたり、吉岡と数度勝負を決す。ついに吉岡兵法の家泯絶《びんぜつ》す――。

春山和尚、書きも書いたりだ。吉岡憲法直綱をたたき伏せて廃人にしてしまい、弟の吉岡直重をぶっ殺して武術家としての吉岡家をつぶしてしまった、というのだから、すさまじい。褒めるのもここまで褒めると、なんだか聞かされる方の尻の穴がくすぐったくなるような具合である。

吉岡家に武術の名誉が高まるのは、じつは下松血闘より以後のことであり、吉岡家が武術者という看板を下ろしたのも、さらに後年のことであって、なにも宮本武蔵が吉岡兄弟を武術家の地位から引きずりおろしたわけではないのである。

## ウソが多すぎる

『武芸小伝』宮本武蔵政名の条の末文には、信州上田藩士中村十郎右衛門守和の談話として、吉岡対武蔵の血闘について別の状景をえがいている。いわく、

――武蔵と吉岡の試合で、武蔵は柿《かき》色の手ぬぐいで鉢巻をし、吉岡は白手拭で鉢巻をしていたが、吉岡の太刀が武蔵のひたいに当たり、武蔵の太刀も吉岡のひたいに当たった。吉岡は白手拭だから血が早く見え、武蔵は柿手拭だから、しばらくしてから血が出たという。

――また一説がある。このとき吉岡は、まだ前髪立ちで二十歳になっていなかった。武蔵よりさきに、弟子をひとりつれて試合場に来、大きな木刀を杖について武蔵を待っていた。ところへ武蔵が竹輿《たけごし》（江戸でアンダと称した略式の駕籠）に乗ってきて、すこし手前のところで下り、ふくろに入れてきた二刀を出して袋でぬぐい、左右の手にたずさえて前へ出た。吉岡は大木刀で武蔵を打ち、武蔵はこれを受けとめたが、鉢巻が切られて地に飛んだ。しかし武蔵は気にもとめず、とっさに身を沈めて相手の脚もとを薙いだから、吉岡のはいていた皮袴の裾が切られ、裂けた部分からボロがさがった。一方は鉢巻、一方は皮袴を切る。なるほどどちらも優劣のない達人であると、見物の耳目をおどろかしたということである。

――また一説。武蔵はふつうは二刀を使うのだけれど、試合のときはいつも一刀で、二刀は用いなかった。吉岡との試合も一刀であったという、云々。

右の聞書には、なんとなく自信のない弁解がましい感想文が付いている。いわく――想うに、ウソかほんとうか、よくわからない。語り伝えはまちがいが多いというが、ともかく今は聞いたままを書きつけておく、というのだ。これで聞書のねうちが、ドッと安価になった。

武蔵と吉岡一門との血闘は、慶長九年春、武蔵二十一歳のときであった、と『二天記』にある。信憑性の薄い

『二天記』以外に傍証を得ないのは残念だ。初度の試合は洛外の蓮台野、再度は一条下松というのは通説だが、『古老茶話』には初度の場所を北野七本松とし、このとき武蔵はわざと遅れて行って相手をおとしいれようとしたものの、けっきょく相打ちに終わったと書いている。

武蔵が「試合遅刻主義」（そんな主義があるとして）のダーティー・ファイターであるようにいわれる半面、それをコジツケの武術哲学で弁解する人が多いのは、私にはなんだか武蔵のために気のどくに思う。彼ら豪強剣士たちは、たいていみな長年の生涯を通じて、自分を最強の人間だとかんがえて来たのだ。決して他人に屈しないという自信かうぬぼれを、もっていたのだ。いつまでも、そしてやがて、その自信のつぶされてしまう人生の終局がおとずれる日まで……。

それにしても、勝ったといい、負けたといい、水掛け論式な矛盾した文献の競合を、考証によって判定せよというならば、私は途方に暮れてしまわざるを得ない。現在のような幻滅の時代には、悪だくみを包懐しない純粋にフェアな人間は、まあたいていはうまく生きのびて行くことができないだろう。徳川時代初期などという、ほぼ変則的な社会構成の中でも、武芸で身を立てようとする浪人者などの野心が一種の悪だくみでなかったと誰が言い切れるだろう。

宮本対吉岡といったような勝負を、それも不確かな記録、偏愛的な観察記によって判定するなんて、私には何の関心もないことだ。なるほど結論的な断定を知りたい気もちは、誰にもあるかもしれないと、私は思う。吉岡憲法兄弟については、剣よりも人間的な意味での追求が、まず必要なのだ。

## 禁裏騒擾事件

宮本武蔵対吉岡憲法兄弟（兄は直綱、弟は直重）の一乗寺下松の血闘が、慶長九年（一六〇四）春、武蔵二十一歳のときであったというのは『二天記』の記事であるが、その年月については他に明確な傍証がなく、勝敗についても判定がつかないことは、前回に書いた。

なににせよ、まだ戦国時代の最末端期で、世の中も殺伐の気風に充ち満ちていたから、よしんば『吉岡伝』のいうように、武蔵がさんざんのていたらくで逃げ去ったにしても、その血闘は、しばらく京の人士の巷間の語りぐさになったにちがいない。しかし人の噂も七十五日、戦争でもないかぎり、剣客同士の個人戦などは、現代の暴力団組織の大出入りにくらべても、決して長い記憶にあたいするような事件ではない。まして、もし武蔵側の文献が筆先をそろえて書いているように、その試合が、武蔵の圧勝におわったとしたなら、吉岡は武名を上げるどころか、逆に武名をおとしてしまっただろう。

「なんじゃい、あほくさい」

京の人たちはそういい、そして記憶のなかから、さっさとそんな不景気な話題は忘れてしまっただろう。十年ちかく経過する。慶長十八年である。その年の夏、京の世人をびっくりさせるような異変がおこった。吉岡家の剣名が京の人士に永く記憶されるようになったのは、宮本武蔵との決闘よりも、むしろ、この異変のためであった。

説明を簡便ならしめるために、前に引用し残した『武芸小伝』の記述の後半を、ここに要約する。但し、その文に吉岡又三郎と書いたのは明らかにまちがいである。又三郎は吉岡憲法直賢の俗称であって、右の事変に関係したのは直賢の子の、憲法と直綱兄弟の従弟にあたる吉岡清次郎重堅でなければならない。

（以下要約）――その子吉岡又三郎（正しくは吉岡清次郎重堅）は箕裘《ききゅう》（父祖重代）の芸（ここでは武術）を伝えて大いに有名であった。たまたま慶長十九年六月二十二日に、朝廷において猿楽の興行があって、京の市民にゆるしてその興行を見物させた。

――吉岡もまたその席にいたが、雑色《ぞうしき》の者（雑役。駆使をつとめる官位のない下役人）が持っていた警杖が、誤って吉岡にあたった。吉岡は怒って、こっそり禁門（禁裏《きんり》の御門）から出て家へもどり、刀を衣服の下へこっそり隠して、もういちど禁門から入りこんで、さっき無礼をはたらいた雑色の者を斬り殺したから、さあ大騒動がもち上がった。

——下役人どもがドッと吉岡めがけて集まって来、吉岡をやっつけようと周囲から取り巻いたが、この騒ぎで、もう猿楽の興行どころでない。見物客は右往左往して逃げまわるし、猿楽の太夫も囃《はや》し方も、てんでんばらばらに逃げ出して能舞台もがら明きになってしまった。いち早くその舞台へ駆けのぼった吉岡は、まず一呼吸、二呼吸、気をしずめ体調をととのえてから、ふいに舞台の床を蹴り、ひしひし取り巻く雑色の者どものまんなかへ飛び下りた。

——大乱闘になった。禁裏の庭は阿鼻叫喚である。吉岡は小役人をバッタ、バッタと斬りおとして、機を見てはまた舞台へ飛び上がる。このようにすること前後数度。雑色はたくさん死傷者を出した。吉岡のほうも穿《は》いている袴のひもが解け、ずり落ちた裾を踏ん付けて転倒する。そこを目がけて大勢がドッと寄りあつまり、めった斬りにして惨殺してしまった。（要約おわり）。

この事件、諸書に吉岡清次郎としないで、吉岡憲法と誤記するものが多い、清次郎は憲法の名を襲《つ》がなかったのだけれど、世間では吉岡直系の代々名である憲法の名を、無造作に唱えたのであろう。

なお事件の年月について、『武徳編年記』は右とおなじ慶長十九年六月二十二日としているが、『古老茶話』には同十六年六月二日とし、『撃剣叢談』には同十七年、後水尾天皇即位の祝日とし、『吉岡伝』には同十八年としている。しかし最も信じるに足るのは『駿河政事録』の記事で、同書慶長十九年六月二十九日、京都より伊賀守（京都所司代、板倉伊賀守）注進して申して曰《いわ》く、

「今月二十二日、禁裏御能。しかるところに、狼藉者、立ちながら見物す。警固の者これを制して門外に追い出す。くだんの者、羽織の下にひそかに刀を抜き、脇にかくし、また御門に入り、警固の者をきり殺す。すなわちその者は当座に殺され、御庭に血をながすゆえに晴天にわかに曇り、雷雨、云々。右の狼藉者は建法という剣術者、京の町人なり」

とある。

また『積翠雑話』『常山紀談』『撃剣叢談』等には、右の禁裏騒擾事件で吉岡を斬り殺したのは、所司代板倉勝重の家人、太田忠兵衛であったとしている。吉岡を杖で打ったために仕返しをうけて吉岡に殺されたのも、おなじ所司代の役人只見《ただみ》弥五左衛門であった（『吉岡伝』）。

## 吉岡清次郎重賢斬り死

『吉岡伝』には右の事件をどう描いているだろうか。文章は前に書いた宮本武蔵が再度の試合を約束しながら一乗寺下松へ来ないで卑怯にも逃げ出して行った、という条につづけて「これに加えて、世に兵術を以つて世に鳴る者、ことごとく下風に立たざる者なし」と自画自賛をしておいてから、いよいよ従弟、吉岡清次郎重堅の斬り死の状におよぶ（以下要約）。

――吉岡憲法兄弟の従弟にあたる吉岡清次郎重堅、また剣術をよくし、大胆不敵、京で名うての軽捷《けいしょう》な使い手であった。時に慶長十八年癸丑、右僕射《うぼくや》（右大臣の唐名）豊臣秀頼公が東山大仏殿を再興したが、すでにその工も終わったので、六月二十二日、禁裏において御祝いの能が催された。勅許によって庶民の見物がゆるされたので、貴《き》となく賤《せん》となく僧俗ともに入りまじって、禁門内はごったがえしの人波になった。

――このとき吉岡重堅は、まだ病気上がりであったけれど、禁裏開放はめずらしい機会なので、市民の人たちにまじって見物に臨んだ。このとき禁門の守護に当たったのは所司代の役人たちであるが、そのなかに只見弥五左衛門という者があった。かねて一流の武芸者であり、吉岡重堅に好感情をもたず、折あらばやっつけてやろうという下心があった。その男が諸人の通行整理をしている時に、諸人にまじった吉岡を見つけたのだから、平穏で済むはずがない。

――只見は見物人のならび方を喧しく指図し、「おい頭を低くしろ」とか、「背の高い者はうしろへまわれ」とか言いながら、右手に持っている杖で人びとを制止しながら、意識的に吉岡重堅を三度もひどくなぐった。

「只見っ。なぐるならなぐるで、相手をよく見てからにせい」

と吉岡はどなったが、只見は聞こえないふりをして何処かへ行ってしまう。

あいつ、おれと知ってなぐりやがった。そう思うと黙ってすまされない気がして来た。吉岡は、何かこころに期するところがあるらしく、ひそかに門を出、家から常用の刀をもち出してきて、衣類の下に匿してふたたび禁門をくぐった。禁庭での佩刀は、ゆるされないからである。

——群集のなかでも整理役の所司代役人の姿は、すぐに探し当てることができた。ぐんぐん人波を分けて吉岡は、只見に近寄るなり、「覚えたかっ」といって、一刀のもとに斬り倒してしまった。原文に「みずから怨を報ずと称して、即時に裁断す。只身の頭上より腰下にいたる。一刀両断なり。重堅従来妙手、これをふせぐ者なし」と書いているから、いわゆる真甲唐竹割りである。

——大殺陣が始まった。役人の侍たちが集まって槍ぶすまを作って突き出す。吉岡はその槍のうえを飛び越えざま、身をひるがえして一時に槍の柄三十本を斬りおとした。けがをした者十四、五人。死者が六、七人という修羅場が現出する。重堅の地を翔ぶや、あたかも竜虎のごとく、風雲を鼓舞し、防ぐ者は逃げまどった。が、やがて重堅は刀を地上に投げすて、合掌・念仏して、言った。

「拙者がもし心にまかせてこのうえ格闘すれば、手向かう者ひとりとして命のたすかる者はあるまい。しかし、そんなことをしては禁裏に対して畏れ多いきわみである」

覚悟して抵抗をやめたのだ。そしてそのことばの終わらぬうちに、ついに役人たちに突き伏せられて惨死した。禁門内を血にけがしたのである。だが世評は、吉岡重堅の勇猛奮戦の豪強を、いっせいに褒めたたえた。（以下原文）事《こと》、江府《えふ》に聞こえ、相決して吉岡の一族を滅せんと欲する也。東照神君仁慈のあまり、芸術を嘆称し（その武勇に感じて）、命を下して曰く、這回《このかい》吉岡不礼を禁内に作《な》すといえども、当人すでに死するの間、刑罰は一族に及ぶべからざるものなりと。ここにおいて一族宥恕《ゆうじょ》をこうむり、死罪に及ばずといえども、なおかつ跡をくらますこと一年余、大神君命じて曰く、今より後。すべからく兵法の指南を停《と》むべしと。

この文によれば、吉岡一門は吉岡重堅の連帯従犯をまぬがれたが、武術指南の看板をはずして道場を閉じることを命じられた。一説には禁門事変のとき、吉岡憲法の一族・一門の者たちもその場に居り合わせたが、禁門内の事件だから不敬の罪を畏れ、重堅の私闘だからといって手出しをせず、これを見殺しにしてしまった。所司代ではその配慮を賞して一族の従犯を不問に付したという。そのかわり、重堅を見殺しにした一族に対する世間の風あたりは冷たく、これを卑怯であるとする批判もあったようである。吉岡兄弟は世間態に恥じる気もちもあって、一時、京から姿を消したものとかんがえられる。

## 大坂落城後の栄転の倫理

こんどは『吉岡伝』の記事のつづき。

――越えて明くる年（慶長十八年）冬、大神君、秀頼を討たんとし、諸軍をひきいて大坂城を攻めた（いわゆる大坂冬の陣）徳川家康は京都所司代に命じて吉岡一族または門人どもを探させ、大坂城に入城して豊臣側に付くことを禁じた。「従来出陣の志はなはだ切《せつ》なる余りといえども、欽命に依つてこれを誓ふ」と原文にあるから、吉岡一門は当初から大坂入城の方針を堅持していたのを、無理に所司代の命令によって入城中止を誓ったのである。が、それにもかかわらず吉岡一門はその誓文を破った。

――吉岡兄弟が家康の命令、所司代への誓文まで踏みにじって大坂城へ入城したのは、翌慶長十九年四月のことであった。かねて情誼を通じていた三宿越前守政友からの一片の手紙が、吉岡兄弟の尻を煽り立てたのである。（以下綿谷注）三宿越前守は俗称を勘兵衛という。もと小田原北条家の松田尾張守の家来で、十六歳のときに功を立てて豪勇の名が売れた。その後、結城秀康につかえたが新参者御払いのために浪人し、関ガ原合戦には西軍で働いてあやうく逃れ、大坂冬の陣の直前、雑兵二、三百をひきいて新座の浪人大将として入城した。松浦鎮信の『武功雑記』巻四に、大坂城中にあつまった浪人衆は多いが、その中では後藤又兵衛と御宿勘兵衛の両人以外にはロクな人物はいない、と「権現様（徳川家康）御意被成候由」とあるのは、かなり片びいきの強い表現ではあるが、御宿が余程の人物であったことは考えられる。この御宿は夏の陣の終末戦に、真田幸村らと同じ日に壮烈な戦死をとげた。

——ところが、その三宿に招かれて大坂城に入城した吉岡兄弟は、もちろん家康から武術を禁じられたうっぷんもあったろうし、二年前の吉岡重堅の禁庭騒擾事件に巻き添えになるのを怖れて重堅を見殺しにしたため、京都市民の同情を失って人気凋落して、気をくさらせていたところであったから、家名の回復と身の栄達を望んで、大坂城に入城しながら、時すでに大坂城の衰退は蔽うべくもなかった。吉岡兄弟は、まことに武家倫理に悖《もと》ることに平然たる程度に厚顔にして賢明であった。

——原文にいう、「兄弟、三宿越前守の招きに応じて籠城一月余、軍労多しといえども大坂城陥り、功を論じて益無し。京に帰って西洞院に居住す。ここに明《みん》人、李三官、黒色を染める方を伝へ、以って家業として眷属《けんぞく》を扶助し、永く富家たり。世人これを憲法染と称し、また吉岡染と号す。嗚呼、人世およそ智ある者は、名清く身貧し。智無き者は、心濁り家富む。智福相兼ねる者幾希《いくばく》ぞや」云々。

思うに、大坂に入城すること僅かに一カ月余、「軍労多し」などとキレイなことは書いてあっても、じっさいどんな戦いに出て、どんな手柄を立てたのだろう。それを証拠立てる伝聞はない上に、夏の陣終戦直後の、徳川家のきびしい残兵狩りにも引っかからず、のうのうと隠れ忍んで武家を捨てて町人に転向し、染物業を営んで家富み栄えたのを、智福相兼ねた成功者と自讃していたらしいのは、どう考えても武芸者の身の処し方とは思えない。

——なお『吉岡伝』の文末の部分を要約しておくと、吉岡家の先祖の直光は天性慈愛の心が人に超え、正直であったから、憲法という名で代々家業（当初は剣）をおこない、和歌の趣味に徹した風流の人豪であった。子孫の直綱・直重は老後は天竜寺の大徳円鑑国師に帰依し、直綱は透関不住、直重は学室宗才と号し、家富み長寿を得て死去した。吉岡直綱の弟栄位の子の吉岡直令が宗才（吉岡直重）の養子となって家職を継いだ。私はこの直令の親友であるところから、依頼を受けて吉岡家の往事の美談を綴って伝を作った、云々とあって文を結んでいる。専ら富をなした点だけを重視した成功伝で、武家の事績としては面を背けたいような内容である。

染物業としての吉岡家については『雍州府志』に適当な記事がある。

「西の洞院四条の吉岡氏、はじめて黒茶色を染む。ゆえに吉岡染という（綿谷注、一に兼房染ともいう。布に型紙をあてて防染糊をぬりかわかしてから、豆汁に染料を入れて刷毛で引き、かわかして糊を洗い去ると、黒茶地に小紋模様があらわれる方法で、これを兼房小紋という）。倭俗《わぞく》、毎事《まいじ》如法《にょほう》にこれをおこなうを憲法という（綿谷注、あらゆることを法律のさだめ通りに、きっちり実行することをいう。如法はもと仏法語で、仏および祖師の定めた規律にしたがうこと）この染家《せんけ》吉岡の祖、毎日かくのごとし。ゆえに兼法染と称す。この人剣術を得たり。これを吉岡流（一に憲法流）と称し、今におこなわる」

吉岡染め・憲法小紋の流行した証文は、西鶴の浮世草子その他にも多く見えるところであるが、ここでは、そのことに触れる必要はなかろう。右に引いた『雍州府志』の一文は、吉岡の家職は元来、黒茶染め一流を染め始めたのであって、剣術もまた上手であったというのは、剣術は、副業であったみたいに読みとれるが、これは伝承を取りちがえて書いたのだろう。黒茶染めの技術はもとは日本には無かったのだけれど、たまたま吉岡の道場で剣術を修行していた明人李三官が、本国においてその業に通じていた。禁裡騒擾事件によって剣術を業とすることを禁じられた吉岡兄弟は、事件直後から一年有半、京から姿をくらましていたと『吉岡伝』にあるように、以後は禁止され、剣術で秘密に世渡りするわけにもゆかず、やがては何か別の仕事を身につけて一族を養う必要があったのだろう。

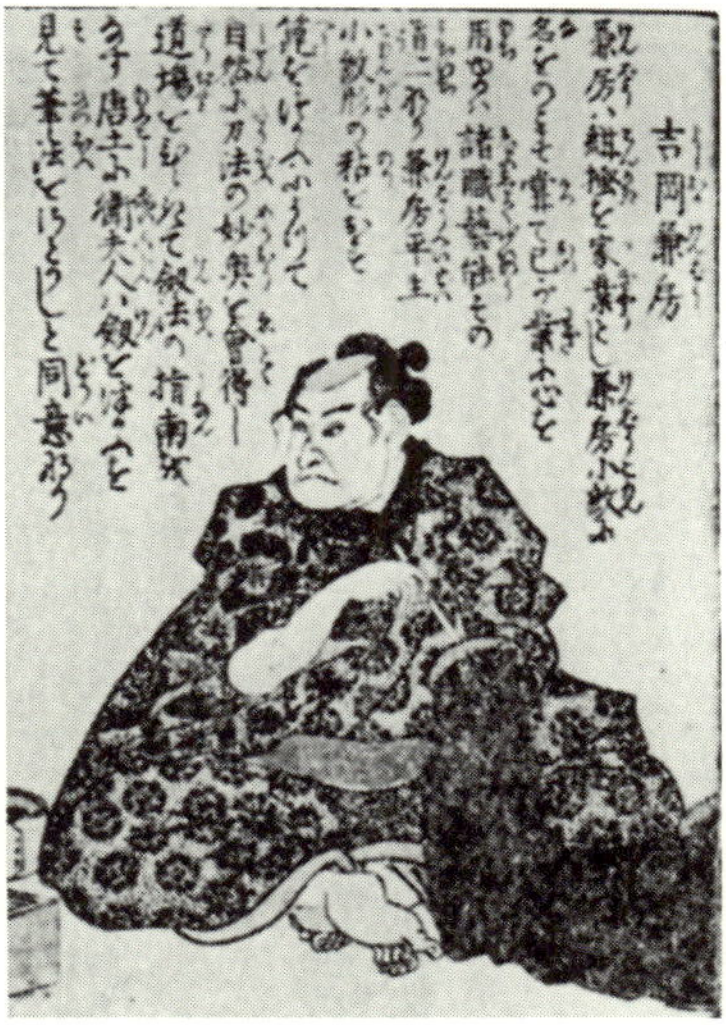

吉岡兼房（『復讐銘々伝』）

この期間に門人の李三官が、本国から伝えた黒茶染めを吉岡に伝授した可能性がないともいえない。あるいは又、吉岡は大坂入城によって剣客としての将来の生活を取り戻そうという思惑がはずれ、万止むをえず、三官に頼って染物屋に転向したのであろう。『復讐銘々伝』に、吉岡兼房は染め物に使う糊ベラの用法から、小太刀の奥秘をさとって剣客になったと書いたのは話がおもしろく、講談にも採り入れられているけれど、フィクションであろう。

なお『雍州府志』の文末に、吉岡流剣術は今におこなわれていると書いたのは正しい。吉岡家は染物屋に転向したが、剣術は細々とその系統をつづける門系があったので、尾張藩士近松茂矩の『昔咄』に、「其末今は吉岡加兵衛といふ者伝来の由」とある。

# 松山主水大吉

## 二階堂流と中条流

宮本武蔵玄信の門人石川主税が、江戸の町絵師に武蔵の肖像画を描かせ、それを幕府の儒官林道春《どうしゅん》のところへ持ちこんで題詞を乞うた。その文章は『羅山文集』に収録されているが、道春（羅山）は武蔵の剣技を「幻術《げんじゅつ》」になぞらえている。幻術というのは平安時代にはマボロシ、室町前後から江戸中期ごろにかけてはメクラマシ（目眩し）ともいった。武蔵は不思議な魔法を使うかと思われるほど強い、と賞讃したのである。

ところが渋川流柔術四代目、渋川伴五郎時英の『薫風雑話』には、こう書いてある。

——宮本武蔵は、あれは幻術がうまかったのである。この技は功利をむさぼって人をだます手段をおもんじるから、いろいろと人の耳目をおどろかすようなことをして、自分の技芸を衒《てら》うわけである。また塚原（卜伝）なども飯綱《いづな》の妖術を使ったという。あの時代の芸者（武芸者・遊芸者など、一般に芸者という）にはその類のことが多い。そういう詐術を見破って、天地自然の武の大道を教える者は世にあまり多くはないと思う（以上、口訳文）。

飯綱使いというのは、荼枳尼天《だきにてん》の法・摩利支天の法をおこなう妖術者をいう。宮本武蔵も塚原卜伝も、その余りの強豪さをにくまれて、あれは魔法を使ったのだ、正当の剣士でないと、渋川時英は多分に悪意的に解説したのだろう。

私は無論、卜伝や武蔵を魔法使いだったとは思わないけれど、しかし二階堂流平法《へいほう》の松山主水大吉に関しては、当時から飯綱使いの評判が高く、一種の魔法使い的な怪剣士であったことを、必ずしも否定する気にはなれない。彼の二階堂流の最奥《さいおう》の秘儀であった「心《しん》の一方《いっぽう》」と称するものは、一に「縮《すく》みの術」ともいって、いわば瞬間催眠術応用の超能力的な金《かな》縛りの術であったからである。

二階堂流平法は鎌倉大名の二階堂氏に発している。二階堂氏は藤原南家の裔である。伊豆の豪族伊東氏の系統で、鎌倉の豪族工藤氏から分岐した。曽我兄弟に復讐された工藤祐経（?〜一一九三）が工藤氏の本家で、彼は初めて平重盛に仕え、後、源頼朝の鎌倉開府とともにこれに仕えて材木座（いま同四丁目の実相寺のある所）に住んでいた。

工藤氏から分岐した行政《ゆきまさ》はおなじく鎌倉幕府に仕えて二階堂に住んでいたため、二階堂氏を称するようになった。この二階堂というのは頼朝の大倉幕府の東接、二階堂川（滑川の支流）の両側にわたる相当広い地域で、四ツ石小路・西ヶ谷・亀ヶ淵・向荏柄・稲葉越・熊野谷・杉本小路などの小名に分かれている。文治五年、頼朝が奥州征伐の後、平泉で見て来た大長寿院を模してここに二階大堂永福寺《ようふくじ》を建立したのが地名の起源で、永福寺（いま廃寺）は、げんざいの大塔宮の南をまわり、端泉寺のほうへ進む左側のテニス・コートの辺にあり、字四ツ石に寺の総門があったという。二階堂氏の居館は大倉の辻から東北への、旧永福寺に通じる二階堂小路（旧道）に面していたと思われる。

建保六年（一二一八）、前記の二階堂行政の長子行光が政所《まんどころ》の執事に補任されて以来、子孫代々これを世襲して繁栄し、鎌倉・室町時代を通じて幕府の重職を占める一族であった。

その子の行盛（一一八一〜一二五三）もまた父の職を継ぎ、特に北条政子の信任が厚かった。貞応二年（一二二三）九月、政子が方違《かたたが》いのため行盛の山荘に来たことがあり、政子の死後は出家して行然《ぎょうねん》と号したが、なお政所執事の要職にあり、後に評定衆にえらばれて御成敗式目の制定にも関与している。

二階堂行光の弟の行村は、評定衆をつとめて出羽守に任ぜられて、以後、四代のあいだ美濃の一部で地頭になり、稲葉城主をつとめた。二階堂の武術の権輿《けんよ》となったのはこの行村の子行義と孫義賢で、この両人は当時、雪ノ下若宮大路に住んでいた中条兵庫頭長秀と往来し、共に念阿弥慈恩《ねんなみじおん》に学んでおのおの流派を開創したのが二階堂流・中条流であると『本朝略名伝記』に出ている。

中条氏の始祖家長（一一六五〜一二三六）は武蔵七党の小野氏の出で、鎌倉大倉幕府の南門の前に住んでいた八田知家（生没年未詳）の養子になったが、八田家はもう一人の養子だった太郎知重（朝重とも。？〜一二二八）が相続し、家長は新しく中条氏を称して北条氏につかえ、宿老・評定衆になり、三河国高橋三万七千貫の地頭、挙《ころ》母《も》城主を相承して永禄四年（一五六一）まで持続した。

家長から数代の後に中条出羽守判官頼平の名が、宝治元年（一二四七）の京都大番役に見えるが、この頼平のころには家伝の剣術を工夫して、すでに中条家流と称していたという。

中条頼平の孫、中条長秀のときから前に書いた二階堂行義・同義賢と往来し、ともに念阿弥慈恩に学んだことになるわけだが、いったい念阿弥慈恩の生没年月については信憑性のある確説がない。いちおう、樋口念流の樋口家伝書類を信用するとすれば、慈恩が応安元年（一三六八）に筑紫の安楽寺で剣の奥儀を感得したのが十八歳のとき。信州波合《なみあい》に長福寺を建立して自《みずか》ら念大和尚と称したのが応永十五年（一四〇八）、五十八歳であったことになるから、どう考案して見ても念阿弥慈恩のほうが中条長秀・二階堂義賢より余程若年であったように思われる。比較推定の基礎になる正確な数字を得ないので、この点については、存疑のまま後考にゆだねるしかないが、案ずるに、若狭小浜藩伝の中条流伝書に相州寿福寺神僧栄祐―奥山慈恩（祐智居士）―中条兵庫頭長秀……としている。この栄祐が慈恩の師であったとすれば、年代的に見て中条・二階堂ともに、この栄祐に学んだと推察できるかもしれない。

二階堂家は前にも書いたように、行村以降四代のあいだ岐阜の稲葉城主であったので、西美濃十八将のひとりだった松山刑部正定の一族、松山主水が二階堂流の伝を得、今まで学んでいた上方系の源流《げんりゅう》剣術を参照して、新しい二階堂流平法を開創したのである（『積翠雑話』には、二階堂流は義経流に発すると書いてある）。

## 松山主水久助の経歴

右にいう松山主水は、魔法使いの怪剣士といわれた松山主水大吉の祖父であって、この人の前半生に関しては『武家雑談集』の巻三と巻四に相当くわしい記事が書かれている。

彼は竹中半兵衛の母方の従弟であった。半兵衛は竹中遠江守重元の長子、重治《しげはる》で、美濃の国の郷士の出身であった。永禄七年、十九歳のとき弟の久作重隆とともに十六人の士卒をひきいて、斎藤竜興の居城、岐阜城をうばった。後、浅井長政、織田信長、木下藤吉郎秀吉にしたがって歴戦殊功《しゅこう》を立て、天正七年（一五七九）の秀吉の中国出兵に木村隼人（常陸介）の手にしたがい、播州平山の陣で病没した。時に三十六歳。

松山主水は竹中半兵衛の旗本として数度の軍功があったが、半兵衛の死後、山崎合戦（天正十年六月）に木村軍に属し、明智光秀の母衣頭《ほろがしら》稲次《いなつぎ》万五郎と一騎打ちをして壮烈に戦った。

稲次万五郎は名うての豪傑。大兵で豪力だった。三尺以上もあるベラボウに長大な太刀を、しかも片手でブーン、ブーン振りまわしながら踏みこんでくる。さすが手だれの松山主水も斬り立てられて、全身数知れない負傷で血だるまになった。もはや敗色歴然《れきぜん》、へたへたっとその場にたおれたが、棹尾《とうび》に絶望的に振るった一閃《せん》が幸運にも相手の急所にきまった。

主水は、しばらくは、ただぼうぜんと坐っていたが、やがて気力が回復したので万五郎の死骸に這いよって首級を上げ、死んでもまだ放さなかった相手の太刀を、記念として分捕《ぶんど》った。

これには後日の話がある。松山主水は致命傷こそなかったけれど、なにしろ数カ所の深手で進退意にまかせない。そこで治療のために陣場を離れ、有馬温泉へやってきた。このとき同じ山崎合戦で重傷を負った黒田如水の家来秦桐若《はたきりわか》も有馬へ療養に来ていて、温泉を飲めば入湯以上に早く癒るにちがいないと言って、がぶがぶ飲み過ぎたために傷口がやぶれ、ついに死去してしまった。桐若は生涯に敵の首を三十一も取った豪の者として世に知られている（貝原益軒『黒田家臣伝』）。

松山主水のほうは順調に快癒して来たが、ある日、宿の湯女《ゆな》が部屋へやって来て、

「旦那をたずねて、お客さんが見えました」

と、いう。

「客……。はあて、何という人だ」

「稲次壱岐さまとお名乗りでしたよ」

「何、稲次――」

松山主水の予感が、ピーンと突っ走る。稲次といえば万五郎の一族だな。もとより戦場での勝負は遺恨とは別のことだ。しかし、それだからといって討った相手を、いつまでも怨む人間がないとは言えない。

「ここへ通せ」

そう言いつけてから、彼は刀がすぐ抜ける手近かにあるか、どうかを、たしかめた。

稲次壱岐は座について、いんぎんにあいさつした。とくべつの隔意《かくい》はないようである。

「御用のおもむきは――」

「はあ、じつは戦死した兄につきまして少々……」

と、いう。おもざしが似ていると思った。さては万五郎の弟だったのだな、と主水は心のなかでうなずいた。

「兄万五郎を私の口から褒めるのは、いかがかと存じますが、まったく、世にも勇力無双な男でございましてねえ」

と、しみじみした口調だった。

「左様、拙者の勝ったのは時のはずみに過ぎません。実力はたしかに負けでございました」

「いえ、松山さま。あれほどの兄をお討取りなされたのは、まことに比類のない御功名。ただただ感嘆のほかはございません。ついては一つお願い……」

勝負をせよと言うのだな、と思って口をとざして待ちうけていると、そうではなかった。

「兄の手より分捕りなされし太刀は、わが家重代の品でございますれば、乞いねがわくば御返却くだるまいかと存じまして」

松山主水の肩から、スーっと緊張のほぐれてゆくのを、壱岐の目は見なかったろう。

「おう、たやすいこと。ただいま手もとにありませぬが、京の仮寓からすぐに取り寄せましょう」

主水は、つれて来ていた小者に命じて、すぐに京へ走らせ、太刀をとりよせて壱岐の手へ送りとどけた。

負傷が癒えてから松山主水は、従前通り木村常陸介（木村長門守の父）につかえていたが、主従のあいだの感情がしっくりせず、このままではうまくやって行けそうにないので浪人し、こんどは前田利家につかえることになった。

ところが、それに対して前の主人の木村常陸介が「奉公構《ほうこうがま》え」の苦情をもちこんで、せっかくの奉公口をこわしてしまった。「奉公構え」とは前の主人が新しい主人に対して、

「あの男は我が方から不法に退身した者であるから、相手にしないでほしい。むろん貴藩で召抱えるのは中止していただきたい」

と申込むのをいう。当時は家来に対する旧主人の追及権がそれほど強いものとされていたので、意地のわるい主人に追われたりすると、なかなか新しい主取りが困難であった。

松山主人は、木村常陸介のやりかたが余り執拗なのにふんがいして、

「よーし、こうなれば拙者にも考えがある」

と、いい出した。彼は中国出兵軍以来、秀吉によく見知られていたから、ちょくせつ秀吉にうったえて、旧主人の追及権を断ち切ってもらおうと思いついたのである。もっとも、そう思いつくまでには、こらえきれないほどの手痛い追及のくり返しに、いたるところで仕官の口をこわされ、その間、約十年の苦難の浪人ぐらしを放浪のなかで過ごしてきている。

天正十八年の小田原陣のさいちゅうであった。前に讃岐の領地を召上げられた尾藤右衛門が、この陣に発向す

る秀吉を追って来て、旧領地返還のことを直訴したが、秀吉は虫の居どころでもわるかったのか、ひじょうに怒って、その場で尾藤を成敗してしまった。

その翌日、秀吉の手勢は東海道三島まで押しだして来て滞陣する。それまで旧友たちの軍勢にまぎれこんで来た松山主水が、ここで急に秀吉に直訴するといい出したから、僚友どもがおどろいて、とめた。

「きのう尾藤が殺されたばかりじゃないか。上様は軍陣中で気が立っていなさるのだ。直訴などしてみろ、尾藤とおなじ運命は知れている」

と、口々にいう。しかし主水は聞き入れない。

「なあに大丈夫。びくびくすることはない。諸君はまあここで待っていたまえ」

と恐れ気もなく本営に伺候して、拝謁を申し入れると、

「おう、主水か。めずらしいのう」

と、すぐに会ってくれたばかりでなく、秀吉は彼の苦情を心よく聞きとどけて、今後はどこへ仕官しようとも苦しからずと、幕下の将たちの面前で公式に言明した。

その後、松山主水は熊本の加藤清正につかえ、朝鮮陣にも従軍して大功をたてたと『絵本太閤記』にあるが、その後、加藤家が取りつぶされるよりずっと以前に退身したらしく思われる。晩年は鎌倉に隠棲して、ついに世に出ず、そこで大成した彼独特の剣法を孫たちにさずけるのに専心した。

(付記) ここに困った記事が一つある。貝原益軒の『黒田家臣伝』下巻の杉山主水の条、本文中には椙山主水とも書いている。記事の冒頭に「少之助久助と号す」とあるのは、『武家雑談集』に弟の名を久作としているのに照応するから、正しいと思われる。以下の記事は前記『武家雑談集』と大差なく、山崎合戦で稲次万次郎を討取る件、有馬温泉で稲次壱岐に刀を返す件、木村常陸介、前田利家、小田原陣、加藤清正に仕えて朝鮮陣で功を立てるまでは同じであるが、それからが違う。主水は加藤清正から暇をとって肥前唐津の寺沢志摩守に仕え、名を内匠とあらためたが、清正の死後また寺沢家を浪人して熊本へ帰り、五十六歳で病死した。その子諸左衛門が後

に肥後を去って筑前の黒田長政に仕え、長政の没後は黒田長之に仕えて諸士頭になり、江戸城天主閣営造の奉行をつとめた。寛永十五年の島原一揆に従軍して負傷したが、嫡子文太夫・甥権太夫ならびに家僕と共に功を立て、子孫黒田家において繁栄したという。

益軒が松山を杉山にあやまったのは、文字が似ているからだ。加藤家を浪人するまでの話は益軒にとっては単なる伝聞であって、その子の諸左衛門以降の記事は黒田家へ仕えてからであるから、益軒が松山主水を杉山とあやまって諸左衛門の系列に相承させたのは思いちがいというしかなく、杉山諸左衛門は杉山主水の子かも知れないが松山主水の子ではないと見なければならない。杉山家の裔孫は福岡市に現存し、同市の承天寺に諸右衛門以下の墓があるとのことであるけれど（杉山久吉氏書翰）、だからといって杉山主水が正しいとは私にはどうしても思えない。この杉山諸右衛門の系からは、後の怪剣士松山主水大吉は出てこないのである。

## 茜染め日野絹の掛襟

松山主水久助の孫、同苗《どうびょう》主水大助の事績については、岡山藩剣術師範源徳修（確斎）の書いた『撃剣叢談』巻三に記事があり、これは活字化されて流布しているから必ずしもめずらしくない上に、内容も簡略にすぎて生彩にとぼしい。

そこで私はこれからの記述を、拙蔵の写本『積翠雑話』（延享改元夏四月の序あり、筆者は不明）巻八によって書いてゆこうと思う。この写本はまだ翻刻も紹介もされていない上に、松山主水大吉の事情に関する限り、私見の及ぶ範囲内でこれ以上に詳細な記録はほかにないからである。以下その本文の要約、ただし、必要な個所には私見を補っておく。

——松山主水は剣術に妙をえた達人で、祖父は関東（美濃とするが正しい）の人、世人は二階堂と呼んでいた。祖父主水の子は主膳といったが、これは早世して孫二人があとに残された。兄を大蔵、弟を大吉という。この大吉が祖父の名をついだ松山主水大吉である。

祖父松山主水は、子主膳の死に浮世をはかなんで山中に草庵をむすんで隠棲してしまった。のこされた主膳の未亡人の苦難は言うべくもない。が、彼女は大蔵・大吉の二少年に愛育を尽すこと至らざるなく、けなげにも女の細腕で生活を立て通した。

大蔵十三歳、大吉十二歳（『撃剣叢談』には兄十二歳、弟十歳とする）の時、母は両人を祖父の草庵につれて行って、剣法を教えてやってほしいと頼んだ。

祖父は、はじめのほどは隠遁の身だから剣法など教えたくない、と拒否していたが、たっての頼みに気が折れた。

「よしよし。それほど言うなら教えてとらせよう。だが修行するからは天下に名を上げるような名手にならねばならぬ。よいか。怠ってはならぬぞ」

と彼は幼ない二人の孫のあたまを撫でながら、やさしく言った。そう言いながら彼の目に沁みこむように映っているのは、悄々《やつやつ》しく貧げな装いの二少年の、袷《あわせ》の襟にかかった新しい茜《あかね》染めの日野絹の掛襟《かけえり》だった。

女手ひとつの貧しいやもめ暮らしの中で、可哀想に、こうして子供だけには気をくばってちゃんと襟に絹をかけてやっている。何と心がけのよい嫁だろう。そう思えば剣術とても他人事《ひとごと》とは言えぬ。あの貞節な嫁のためにも、きっと孫どもを立派な剣士にしなければならぬという気もちが、しぼり出すように祖父の胸の内に衝き上がって来た。

いよいよ孫たちに武術を教えることになった松山主水、いざ稽古となれば、優《やさ》しい祖父も決して孫どもを甘やかしはしなかった。ぴしぴしときびしい。教える手順も合理的で、覇《は》気《き》のある子供なら自然と釣りこまれて熱中してくる。たとえば、こうである。

「さあ二人とも、木刀をもって、しっかりかかって来い。爺《じい》は、今日は麻殻《おがら》いっぽんで相手しよう」

と、ヘナヘナした麻殻をもって庭へ出る。

「えんりょするなよ。その木刀で爺が痛いというほど、ひっぱたいて見ろ」

「うん」

唾を木刀の柄《つか》につけ、一声おめいて大蔵が打ちこむと、ひらりと身をかわしざまに麻殻のさきを大蔵の振袖のたもとへ突っこむと見るや、ふわりと相手の顔へかぶせてしまう。

しゅんかん、弟の大吉が打ってかかる。それもかわして、おなじように麻殻のさきをチョイと動かすと、たもとがふわりと跳ねあがって大吉のあたまにスッポリとかぶさってしまった。

兄弟は、もぞもぞやって、たもとを頭から払いおとし、

「ずるいや、爺……。たもとをかぶせるんだもの。何も見えなくなって身うごきができないじゃないか」

と、いう。

「さあ、それがわかれば爺にたもとを取らせぬようにすればいいのだ。もっと用心してかかって来るんじゃ」

ざっとこんな調子である。

祖父は弟の大吉のほうが、ずっと手筋のよいのを見こんで、これに自分の編みだした秘手をことごとく伝授しようと、腹のなかできめた。

年月は矢のように過ぎた。

兄の大蔵は惜しくも夭逝したけれど、弟の大吉は果して祖父の期待にそむかず、ついに秘術のすべてを体得した。

「もうよかろう。教えることはほかにない。大手を振って世間へ踏み出してゆくがいい」

と、祖父は言った。

大吉は祖父の名を継ぎ、松山主水大吉と名乗って江戸へ出た。

わずかのゆかりを求めて芝増上寺の方丈に寄宿しながら、どうして一人前の人間として世に出ようかと、機会のくるのを心がけている。そのうち、ついに二階堂平法《へいほう》の真髄、「心《しん》の一方《いっぽう》」の魔力的な発現が、はじめて世人の目をおどろかせる日がやってきた。

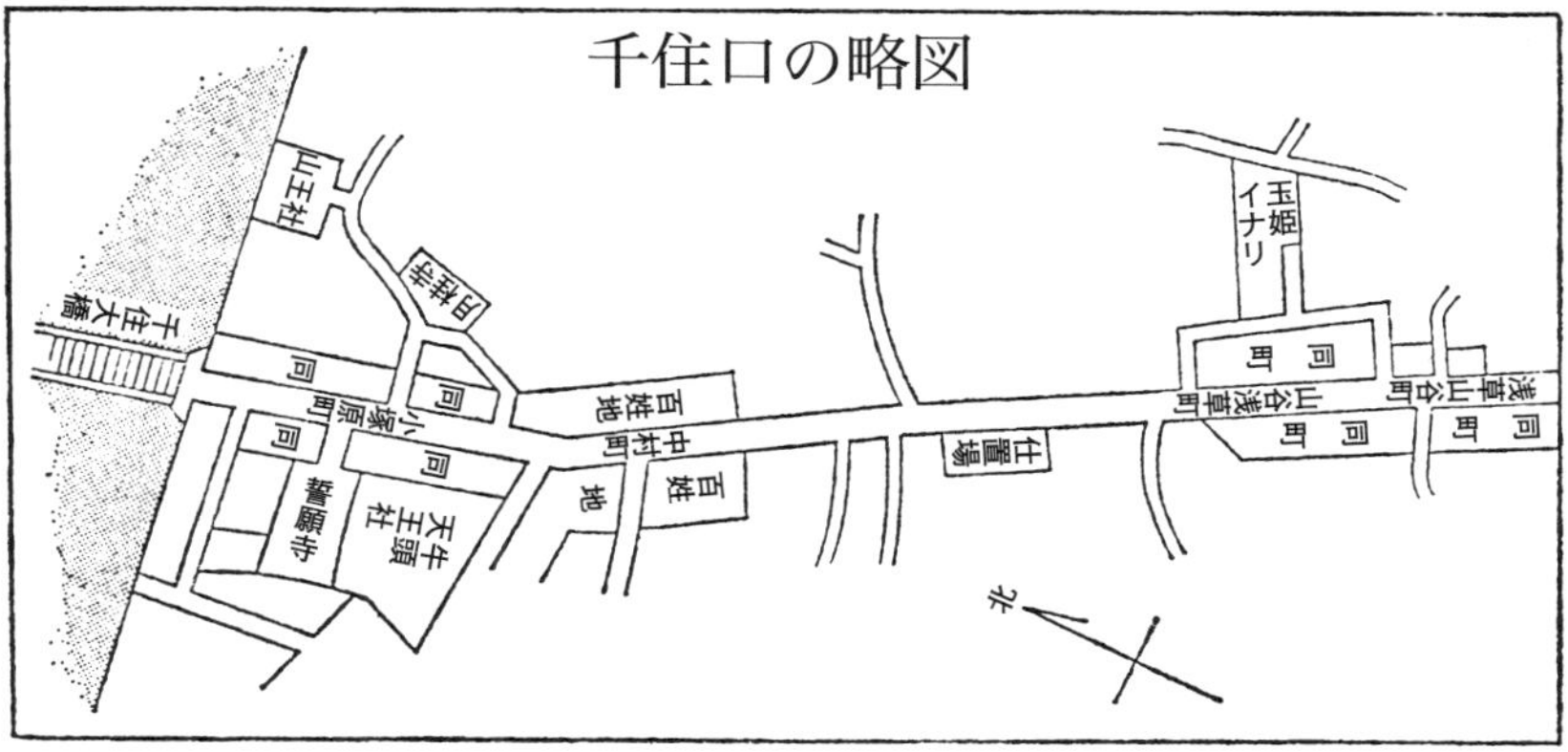

千住口の略図

## 千住口の喧嘩

田舎出の青年、松山主水大吉、江戸の芝増上寺の方丈を足だまりにして、毎日ぶらぶらしているうちに、何ということもなしに同じ年ごろの浪人友だちができる。

どこかの大名で召抱えてくれるところはないかと鵜の目・鷹の目だが、げんざいのように入社試験もなければ、もとより職業安定所なんて機関もない。戦争でもおこればだが、大坂冬・夏の陣があって以来というもの、世の中は変にコチコチに融通のきかない平和の谷間へ、こずんでしまっている。

人の世の空気までが重苦しく澱《よど》み、大きく搔きまわされるということもないから、とかく血気躍動的な若い人間なら、せめて町へ出て喧嘩でもしないことには気分が晴れるときがない。で、彼らにとってもっとも簡便で安上がりなレクリエーションは、喧嘩と相場がきまっていた。

一日、松山主水大吉は、友だちと二人づれで下町へ出た。行くほどに、浅草口御門を過ぎ、金竜山浅草寺を左に見て待乳山から田圃のあいだの道を、小塚原の仕置場を通り過ぎたあたりで、どこかの藩の若侍たちと、どちらから仕掛けたともなく喧嘩がもち上がった。

はじめはごくつまらない売言葉・買言葉のやりとりに過ぎなかった

のだが、相手のひとりがやにわに抜刀して友人を斬りたおしてしまったから、大吉も本気になって刀をぬく羽目になった。むろん、抜くと同時に、友人を斬った相手をただ一刀で足もとに斬って落していた。

が、相手は十数名である。それと見るなり一せいに抜刀する。

「手ごわいぞっ。逃がさぬように取り巻いて、めった斬りにしてしまえ」

と、障壁《しょうへき》をめぐらすように、大吉の身辺をぐるりと取りかこんでしまった。その上、気のきいたやつが木戸の番人をおどしつけて、逃げられないようにと、町木戸をピタリと閉めきらせてしまう（町木戸と書いたのは少々疑問。江戸幕府内に町木戸の制が布《し》かれたのは、天明五年（一七八五）以来のことである。もっとも千住は江戸からの出口の宿場だから、東海道口の芝の札の辻、甲州街道口の四谷大木戸のような古い木戸門が置かれた時期がなかったとも言い切れないが、調べてみたが文献も口碑も痕跡もない。もしあったとすれば、地理的に見て、千住南組の中村町の内、高札場という小名の場所だったかと思う）。

松山主水大吉、このとき腹のなかで、こう考えた。友人を斬ったやつは仕止めたのだから、この上の斬り合いは無用だろう。そこで、取り巻くやつらをぐるりと見まわしながら、しずかに言った。

「拙者はこれで止めてもよいと思うのだが、もしそれで気がすまないというなら遠慮には及ばぬ。かかって来るがよろしい」

「いうにや及ぶ」

果して、数をたのんで一時に斬りかかって来た。が、これを大吉がどうさばいたかはよくわからない。ともかく、いっしゅんの後には彼は、十数名の重囲の中心から抜け出して、町木戸を背にして立っていた。

「こやつ、身の軽いやつだ。くそっ、くたばれっ」

正面から二、三人、きっさきを揃え体当《たいあた》りのいきおいで斬りこもうとしたが、咄《とつ》、まことに奇妙なことが起こった。足がもつれる……。爪先が地面にねばりつく。からだが縮んでいうことをきかないのである。

松山主水大吉はと見れば、不思議な構え――抜刀をまっすぐに胸前に突き出したまま、左の手のひらを刀の棟《むね》にかぶせるようにしながら、すっくと突っ立って微動だもしない。

が、やがてその構えをゆっくりと崩して、刀の血を懐紙を出してていねいにぬぐい、紙をすててパチンと鳴らして鞘におさめた。

「もうよかろうな。拙者は失礼する」

言うなり、やっと、掛け声もろとも、そくをそろえて二丈ばかりも空中に飛んで、町木戸の向こうへ飛び下りた。

「うぬ。逃がすな。追っかけろっ」

若侍たちは急いで町木戸を押しひらき、ほこりを蹴立てて追跡にうつった。千住口の茶屋前を通りすぎて、やがて彼等は松山主水に追いついた。

「待てっ。逃げるとは卑怯なやつ。立ちどまって勝負をしろ」

べつだん急ぐでもない主水大吉。ゆっくりと振り返ると、吐き出すようにいう。

「勝負はことわる。しかし諸君が斬ってかかるというなら、防禦《ふせぎ》はしよう」

ギラリと抜く太刀。先刻とおなじく、きっさきをぐいっと突きだして胸前にまっすぐ構え、左の手のひらで刀の棟をおおうと、ふしぎや、彼の両眼がキラキラと、目に見えない電波をするどく発電するのではないかと思われた。

若侍たちは立ち眩《ぐら》みするような妖気に当てられて、どうしても爪先が進まないでいるうちに、大吉、やにわに「やあーっ」と大喝するや否や、突き出していた刀の握りをストンと下に落し、きっさきを上に向けて立てて、左の手のひらをくるりとねじるように半転させると、それにつれて若侍たちは構えをくずして、ぐにゃりと腰砕けになって地面へ平倒《へたば》り張りこんでしまった。

見れば大吉は、刀を鞘におさめ、もうすたすたと歩き出している。

「何くそっ、おのれ」

がむしゃらに起きあがって、駈け出す一人——どうにか追いついて、うしろから拝《おが》み討ち、「やっ」とさけんだが、そのまま動作がとまった。刀が振り下ろせないのだ。

しゅんかん、振り向きざまに大吉が、

「えいっ」

と斬り返す気合い。片足でトンと地を蹴けると、若侍はとんぼ返りを打って地に落ちた。

あとからドヤドヤと追って来た連中も、結局、ここで追跡をあきらめてしまった。

## 総登城日の大手前

だいたい二階堂平法の教則は、一文字（初伝）、八文字（中伝）、十文字（奥伝）の三段階で、それだから一八十の字画《じかく》によった平の字を用いて、平法、また平兵法《へいひょうほう》ともいった。奥伝以外に「心の一方」とも「すくみの術」ともいう秘儀がある。『積翠雑話』の原文を引いておこう。

「主水の剣術を、平兵法と号す。一文字・八文字・十文字の三段の伝授あり。平の字、一八十の画ある故也。元来、義経流の剣術より出たり。初学の者には一文字の業を教へ、すでに熱する時は八文字の伝をさづく。十文字は極意の伝也。くだんの追手を転倒させたるは心の一方と号し、或はスクミを掛けると言ひて、もっとも高上《こうじょう》の秘術也」

千住口の喧嘩で、「心の一方」の秘儀で多勢の相手を煙に巻いた松山主水大吉、いよいよ時期到来して、増上寺の方丈の口ききで細川越中守忠利の近習に召出された。扶持は二百石。これは忠利の剣術相手として、とくべつの優遇であった。

細川忠利は、細川三斎忠興（宗立）の子。元和七年（一六二一）父が隠居したあとを継ぎ、寛永九年（一六三二）、肥後で十二郡、豊後で三郡、あわせて五十四万石に封ぜられて、取りつぶされた直後の加藤家（清正の子の忠広）の旧熊本に入る。

このとき父三斎は、まだ健在で、肥後の八代城《やつしろ》へ入った。旧加藤家の扶持を放れた浪人たちで、そのまま新熊本城主の細川家に召出されて仕えた人が多かったのを見れば、加藤家浪人の孫にあたる松山主水大吉が細川家に召出された因縁も、祖父との旧縁にあったと思われる。

細川三斎は正保二年（一六四五）十二月二日死去、八十三歳。子の忠利は父に先んじて寛永十八年三月十七日死去。五十六歳であるが、この父子二代のあいだに召抱えられた有名な剣客が前後三人ある。トップが佐々木小次郎で、これは慶長十七年（一六一二）四月十三日、下関の船島（巌流島）で宮本武蔵玄信と決闘して、殺された。むろん父三斎の時代で、当時は豊前藩小倉城主の時代である。元和七年に三斎は隠居して、その子忠利の代になり、寛永九年、つぶされた加藤忠広（清正の嗣子）のあとの肥後熊本へ小倉から移封になり、その小倉城へは、宮本玄信の養子伊織が執政をしている小笠原忠真が、播州明石から移ってくる。

この細川忠利の時代に武術師範に迎えられたのが松山主水大吉で、彼の召抱えられた年代はよくわからないが、三斎が隠居した元和七年以降であることだけは確かだろう。松山主水大吉が死去して後に、宮本武蔵玄信が客分の形で迎えられた。これは寛永十七年のことであるから、細川忠利の死ぬ前年ギリギリのことであった。

以下ふたたび『積翠雑話』の記事にもどって、松山主水大吉の後半生をえがいてみる。

――細川忠利は正式には柳生宗頼《むねより》（後の但馬守宗矩《むねのり》）の門人であるが、内密で松山主水に学ぶようになってからは、すこぶる強くなり、但馬守と試合しても、ちょいちょい勝つようになった。但馬守はそんなこととは知らないから、なぜ急に忠利の手が上がったのか、不思議におもったという。

忠利が一文字の伝授を修了して、いよいよ八文字の伝授をうけたときのこと、近習の侍たちは三間もへだたった遠くの部屋へ遠ざけられていたが、時どき忠利の声で何か異様な気配が洩れてくる。不審でもあり心配でもあったけれど、呼ぶまで来てはいけないぞと言いつけられていたから、ただ顔を見合わせてモジモジしていたが、ついにたまりかね、いっせいに立って御居間へ近づいた。

ちょうど伝授がすんだと見えて、今まで閉めきってあった障子がガラリと開き、忠利侯がお出ましになる。見れば羽二重の小袖が汗びっしょり。

「ほんのわずかの時間だったのに、あのように汗をおかきになったのは、いったいどうしたことだろう」

と、あとで近習たちがボソボソ言い合った。

主水大吉が召抱えられたのは、もとより忠利が江戸在府中である。彼は主君が江戸城へ登城するときには、いつも供先に加わって警護に当たった。

何ぶんにも式日の総登城などには諸大名の行列が一時にかち合って、大手前は大さわぎになる。黒鍬組《くろくわぐみ》の者がたくさん整理に出ていて、あやめ革色わさびおろし小紋の木綿のあんどん袴の仕着《しきせ》、六尺棒をもって走り廻り、権柄《けんぺい》ずくで棒を組みちがえ、かたっぱしから行列の供先を押し止めてしまう。

今の東京駅の乗客みたいに、おとなしく並んで順に入ればよさそうなものだが、むかしは階級・格式がやかましいから先着順なんてことはない。御三家などの行列なら、平大名など押さえつけて、まっさきに嚮導《きょうどう》するといった具合である。

さすが大大名の加賀の前田侯の行列でも、あっちでさえぎられ、こっちでこづきまわされて捗々《はかばか》しく参らないのに、見れば細川侯の行列だけは、まっすぐに列も曲らず、ずんずん平気で踏み分けてゆく——供先に松山主水大吉がいるからである。

「おっと、その行列はお待ちねがいたい。待て待て、これ——」

六尺棒をもった黒鍬組の者が駈けあつまってくる。が、先頭に立っている松山主水が例の「心の一方」で、左の手のひらを下に向けて前へ突き出している限り、彼らは、その行列の手前もう二、三歩というところで魔術にひっかかって、きゅうに足がうごかなくなる。遠くから勢よく走ってきた連中などは、そこで魔力とぶっつかって引っくり返ってしまう始末。

登城日ごとにこういう有様であったから、松山主水大吉の存在は、またたくまに諸大名の家中に喧伝されるようになった。

「細川殿では、とんだ調法な御家来を召抱えられたようだ。摩利支天《まりしてん》というのは、あのような男をいうのだろう」

と、諸家とりどりの話題になる。

やがて大吉は、細川忠利の入部《にゅうぶ》のお供として熊本へ行った。八百石加増されて合計千石を給せられる。忠利侯の剣術相手だけでなく、道場をかまえて、藩士の養成を命じられた。多くの門弟中で、もっとも傑出したのが村上吉之丞で、藩中の剣士だれ一人として大吉の「心の一方」を破る者のなかった中で、この吉之丞だけが、呪縛《じゅばく》されながらもジリジリッと、爪先《つまさき》刻みに進み得たこと何寸。それで吉之丞は、二階堂平法の次代の相伝者と目されることになった。

地元の熊本では、松山主水大吉が非常に神秘な術をおこなったという話を、いろいろ伝えている。小山寛二君（この小山家の寺で大吉は暗殺されたのである）から聞くところでは、大吉は自宅の高い石垣の上にそびえている松の木の枝を、ふところ手のまま歩きまわったり、千里眼のような透視をしたり、壁に駈けのぼった勢いで、そのまま天井をさかさまに歩いたなどということだが、これには誇張もあるだろう。

『積翠雑話』には、大吉が忠利侯の書院で、畳の下をくぐって見せた話が書いてある。それも一枚じゃない。畳の端に手をかけたと見るまに、やにわにくるりと引き担《かつ》いで下方をくぐって向側へ出る。と、もう二枚目の畳をくぐり、三枚、四枚、五枚、それも一列でなく縦横無尽、またたくまに四、五十畳をくぐり抜けること「電《いなずま》などのひらめく如し」というから、すさまじい光景だ。

## 松山主水大吉、暗殺さる

細川忠利は、隠居している父三斎忠興と、とかく気が合わなかった。忠利は熊本城、三斎は八代城《やつしろ》と、へいぜいから別居生活をしていて、熊本付きの家臣と八代付きの家臣とのあいだも、ややもすれば角突《つの》き合いになることが多かった。

それに江戸在府から所領へ入部するときなど、どうしても両側の家臣が同時に旅行することになるので、そのため道中いろいろな小紛争が、しょっちゅう起きるのだった。

九州の大名は、たいてい大坂で船に乗って船路をとって国に帰る。川口で乗船する前から、ごたごたと何か激しくいい合っていた忠利側と三斎側の家臣たちは、べつべつの船にわかれわかれに乗船してからも、舳をならべて漕ぎ出した両方の船ばたから、まだ何やかやと喧ましく言い募ってやめない。

そのうち、誰がどんな悪罵を放ったものか、きゅうに両方とも殺気立った怒号を応酬しはじめた。

いくら激しくいい合っても、いつもならそれだけですんだのである。何といったって動いている船の上だし、ならんでいるといっても、あまり近づくと舷側《げんそく》がぶっつかる危険があるから、あいだは二、三間もの青黒い海水をへだてている。

ところが、今日にかぎっては大ごとになった。というのは、その二、三間もの海水の開きが、何ということなく一間ほどの近さに接近した時を見はからって、ヒラリと飛んで向こうの船ばたへおどりこんだ男があったからだ。それは松山主水大吉であった。

彼は、はいていた自分の下駄を両手に片々《かたかた》ずつにぎって、おどりこむなり手近かのやつの面体《めんたい》を、がっとなぐる。

「やっ。こいつ――」

いまさらあわてたとて、どうにもならない。せまい船ばた。総立ちになった面々、とめようとしてはなぐられ、立ち向かっては蹴倒され、みるみる一人のこらず海面にドボン、ドボンと追い落されてしまった。

忠利側の船でも、ほうってはおけないので救助の手をつくし、おかげでどうやら水死人は出なかったけれども、三斎側の家来で誰ひとり負傷しなかった者はない。

「主水。やり過ぎであるぞっ」

と、忠利侯も叱らざるをえない。が、叱るといっても表面だけの怖面《こわおもて》で、内心では、大吉のやつ、よくやったとほくそえんでいたらしくもある。

その場はまあそれですんだが、八代城に帰ってからの三斎の憤慨《ふんがい》はたいへんなもの。どうもただではすみそうにない形勢と見てとって、忠利は、すぐに松山主水大吉の身がらを人知れぬ場所へかくさせてしまった。

三斎、こうなると是が非でも腹いせしないでは気がすまない。八方探索させ、ほぼ主水の隠れ場所をつきとめたから、ある日、部下のなかから手ききの荘林十兵衛を選び出して、

「松山大吉を討ち取れ。手段はかまわぬ」

と、ひそかに言いわたした（荘林十兵衛の名を『積翠雑話』に小林庄七郎と書いているのはまちがいだから、ここで訂正しておく。荘林は加藤清正麾下の大豪傑荘林隼人佐の弟で、加藤家退転のとき、細川三斎に望まれてその家来として召抱えられたのである）。

まともに向かっては、とても手に合う相手でないことはわかっていたから、荘林は相手の不意をおそって暗殺しようと機を見ているうちに、ある午後、しのびこむと大吉は昼寝をしていて、あたりに人の気配もない。

「しめた」

荘林十兵衛の墓（八代市細工町・盛光寺）

白刃をまず抜いて、足音をしのばせ、そーっと部屋に這いあがるなり、いきなり胸元を刺し通して走り出そうとしたら大吉はガバッと半身をはね起こした。胸前は血だらけだった。血はまだおびただしく流れ、みるみる大吉の膝へひろがってゆく。

「うう……むっ」

急所の痛み、声も出ないが、さしのばした左手、手のひらをうつ向けて秘伝の「心の一方」がかかると、逃げ出そうとした荘林の足がすくんで、バタリと前のめりに縁側へたおれる。

大吉の右手が、枕元の硯刀《さすが》（あいくち）をさぐった。もとより立ち上がる気力はなかった。にぎった硯刀を眼前の畳に突き立て、腕に力を入れて、からだを前方へ這いずる。さらに硯刀で畳の前方を突きさし、それを力に這い寄ること数尺。

転倒した荘林十兵衛は血刀を杖に立ち上がろうとしたが、大吉の左手に足をからまれ、ふたたびドーッと倒れるのへ、にじり寄った主水大吉の硯刀が、脇腹をグサッとえぐった。

「うーむ」

と荘林は、その場にのけぞった。縁側にバタバタと足音をひびかせて、家人が走りこんで来、

「おう、これは――」

と、立ちすくむ。

「おれ……おれを刺し殺すとは……よほどの豪の者だ。丁重《ていちょう》に葬ってとらせろ」

と大吉は声をふりしぼって言い、そのままがっくりとなった。

彼の二階堂平法は、一文字・八文字の伝までは細川忠利と村上吉之丞に伝わったが、十文字の奥伝と心《しん》の一方の秘伝は誰にも伝わらず、彼の死とともに墓場の下へはこばれてしまった。ひそかに誰かに伝授したのではないかと調べた結果、山門の僧（『撃剣叢談』には比叡山の僧としている）が十文字の伝授をうけているのがわかったけれど、心の一方の相伝者は、けっきょく一人もいなかった。魔法の秘密は、ついに大吉一代で終ったのである。
松山主水大吉暗殺に関する地元の所伝は、右に書いた『積翠雑話』の記事とは、いくらか差異がある。いま、小山寛二氏の談話、『八代郡誌』の記事、松山守善氏の記録その他によって、幾分の補訂を加えておこう。

寛永十二年（一六三五）、細川三斎参勤の節、忠利は船取締のため松山主水大吉を随伴《ずいはん》させたが、三斎の船手頭荘林十兵衛を、大吉が眼中におかず、若輩《じゃくはい》あつかいして、ひやかしたり嘲笑したりすることが度々であった。

たまたま航海中風浪が激しく、人々は生きた心地がなかったが、ただひとり大吉だけは人もなげに打ち興じ、木の葉のように動揺する船のなかを駆けまわり、しまいには三斎の御座所のうえを飛び越したりしたので、荘林

も見かねて大いにこれに抗議したが、大吉は歯牙にもかけない。

しかし八代へ帰城後、大吉の所業について三斎は忠利をひどく戒告《かいこく》した。

忠利は、大ごとにならないうちに事をおさめようと、

「主水。お前から八代城へ出向いて行って、謝罪したほうがいいだろう」

と命じる。

松山主水は八代へゆき、荘林を通じて、

「おわびに来ました」

と申し上げたが、三斎は目通りをゆるさない。大吉はしかたがないので八代はずれの松江村（いま熊本市内）の光円寺に滞在し、拝謁の機を待っていたが、一方、三斎は荘林に主水大吉の暗殺を示唆して刀をあたえた。

荘林は光円寺へやって来て、

「松山氏は御宿か」

と聞くと、取次ぎに出てきた十六、七歳の小姓侍が、

「御病気で御就寝中でございます」

と答えて引っこむ。そのあとに付けこんで十兵衛は、いきなり病室へおどりこんだ。見れば大吉は異様な夜具をきて臥《ね》ている。あとさきに襟があり、袖が四つついていて、どちらを頭にして臥ているのかわからない。が、荘林は、いさいかまわず飛びかかり、胴中とおぼしいあたりを刀で刺した。

小姓侍はびっくりして刀を抜き合わせた。そのあいだに大吉はかろうじて起きあがり、

「荘林、卑怯だぞ」

とさけび、手拭《てぬぐい》で傷ついた胴を縛って、枕刀をにぎった。立って戦うことはできなかったが、それに力をえた小姓侍は、手水鉢の水を飲もうとしていた荘林のうしろから、がっと斬りつけたからたまらない。

「あっ」

荘林が水をのんだ手洗鉢（八代市・光円寺）

といって庭へころげ落ちるところへ飛びかかって、二の太刀で荘林の息の根をとめてしまった。それを見た大吉は、

「でかしたぞっ、小姓」

といい、にっこり笑って息を引きとった。

八代市細工町の盛光寺に荘林十兵衛の墓は現存し、同寺の過去帖に「荘林浄薫居士、寛永十二年未十月」とあるから、それが松山主水大吉の暗殺された年月でもあろう。主水大吉の墓は前記松江の光円寺にあり、明治のはじめごろまで五輪の笠石だけが残っていたが、明治二十九年、鉄道用地として収用されたとき以来、所在不明になってしまった。

この光円寺は松江山と号し、寛永十三年に小山宗順（伊左衛門といって、もと三斎の家臣で代官をつとめた人物。小山寛二氏の先祖である）が出家願いをして建立したもので、その前年に死んだ松山主水大吉が止宿していたとするのは一年の無理が生じるが、思うに寛永十三年は正式の許可年度で、事実はその前年に寺堂の設営が終っていたのであろう、ということである。

なお松山主水大吉の居宅の跡は、いまの加藤神社の北部であったという。

大吉の死後、荘林を討った小姓侍（姓名不詳）は逐電したが、やがて荘林側の者にさがし出されて殺され、荘林十兵衛の子の半十郎もまた、翌年七月、松江の堤で誰かに槍で突き殺された。その下手人はわからずじまいだった。

松山主水大吉の血脈は、彼一代で絶えた。光円寺では弟子坊主の某に松山姓を名乗らせることにし、子孫は今に及んでいる。

## 村上吉之丞と二階堂流の終結

大吉の門下で最強といわれた村上吉之丞が八文字の中伝にとどまったのは、彼の太刀筋、理《り》が技《わざ》に過ぎているので、わざと十文字の奥伝を教えなかったからだが、それでも村上の剣は強過ぎるほどであったと『積翠雑話』に書いている。

『肥後物語』によれば、吉之丞は主君の細川忠利と二人同時に中伝をさずけられたが、その際、遠ざけられていた近習たちのなかで、ただひとり障子に穴をあけてその場をのぞいていた者がいた。それは小姓の寺尾求馬助で、このとき十三歳。忠利が、

「何故のぞいた。相伝の秘事だから固くのぞくなと言っておいたではないか」

と詰問すると、求馬助は、

「さりながら松山主水大吉は新参者ゆえ、いかなる害意をいだいているかも知れませぬによって――」

と答えた。この寺尾求馬助は、後に、宮本武蔵玄信の二天一流の相伝者となった三人のうちの一人で、元和七年（一六二一）うまれで、このとき十三歳といえば八文字の伝授は寛永十年にあたる計算で、つまり島原陣のあった年。もとより細川家も出陣して戦っているのだが、陣中では、村上吉之丞の逸話はあるけれど、松山主水の従軍した話は伝わっていない。

ここで一つ、宮本武蔵が村上吉之丞を怖れて逃げたという奇談を書いておこう。

――熊本の城下にちかい住吉明神は、古木うっそうとして風景も絶佳であるから、夏になると城下の諸士が三々五々、納涼にやってくる。細川家へ奉公をのぞんで来た宮本武蔵も、毎夜そこへやって来て自己宣伝をやり始めた。彼は身のたけ六尺有余。衣裳・刀・脇差までが甚だしく異様で目立つ上に、あたまは大がっそうといって今の芝居でする石川五右衛門ほどの大型立髪《たてがみ》の惣髪ときている。まなじりが裂け、世にいう天狗山伏といった形装《ぎょうそう》

であった。

こんな異様な男が毎夜、社前にある差渡し《さしわた》二間ばかりの池の上を、身軽に身体をひねって、ひょい、ひょいと、あちらへ飛び越し、こちらへ飛び越して見せる。生絹《すずし》のひとえ羽織、その当時はひどく裾のながい羽織の流行《はや》った時代だから、着丈《きたけ》はキビスにとどくほどもある。その長い裾が、池のうえを飛び越すたびにパーッと広がるのが、なんとも勇壮で異妖であったから、あの天狗浪人は大した剣術使いらしいという評判が立ち、それをきいた細川忠利侯が、

「皆がそれほどいうなら召抱えてもよいぞ。さしあたり客分として二十人扶持の合力金《ごうりききん》でも遣《つか》わそう」

と仰せ出される。ところが、それを聞いた村上吉之丞の胸がカチンと来た。

「当藩には拙者という者がいる。ともかく拙者の道場へ呼んで腕前をためしてやる」

と、使者を立ててその旨を武蔵に通達したが、武蔵のほうでは試合を避けようと、酢のこんにゃくのと言い抜けをして、応じようとしない。なんど使者をやってもそんな調子だから、村上吉之丞も業《ごう》を煮やし、

「よーし。それでは拙者のほうから押しかけて行って試合する」

と言い出した。と知った宮本武蔵、こいつはかなわぬと夜逃げして熊本を立ち去った。

以上の話は『積翠雑話』ばかりでなく『撃剣叢談』にも出ているが、どうもそのままには受けとれない。村上に挑まれて武蔵が逃げたとすれば、それは松山主水大吉の死後、つまり寛永十二年十月以後のことであろうが、宮本武蔵は寛永十七年には正式に細川家の客分として仕えているのである。村上から逃げた卑怯者の武蔵を、わずか数年後に礼を尽して藩の師範に迎えるだろうか。迎えられる武蔵の方も、照れくさくないといえば余りにも厚顔でないか。第一、村上吉之丞が承知すまい。なるほど住吉社の納涼にあらわれた武蔵のからだつきや頭髪・面貌は、いくらか武蔵玄信に似ていなくもない。しかし生絹の長羽織はどう考えても似合わしくない。彼は風呂ぎらいの垢だらけ、体臭のひどい男で、垢光り《びか》のする両面仕立ての袷を年中着ていたことは、『渡辺幸庵対話』に詳しい。だから右の話は武蔵を中傷するための作り話か、でなければ何人も存在した偽武蔵の話と思われる。

いずれにせよ村上吉之丞は、ひじょうに豪毅・粗暴の熱血漢であった。忠利侯の試合相手をしても、ぎゅうぎゅうとっちめて仮借《かしゃく》せず、「参った」というまで攻めたててやめなかった。

試合の中途で、忠利を縁先の長さ三間の手水鉢に投げころばすようなことをし、しかも「けがは有りませんか」とも聞かず、「益もないことに着物を濡らしたわい」などと、ぶつぶつ自分本位のことを言っている。だから扶持は一生、百五十石より上へはのぼらなかった。加増したらもっと笠にかかって粗暴に手がつけられなくなるだろうと、忠利がわざと手心したのである。

吉之丞は島原の陣に従軍している。細川家の攻め口にも井楼《せいろう》が上げられた。井楼というのは木材を井《い》げたに高く組み上げ、敵の城内を見下ろす監視所であり、鉄砲をここから射ち込む攻撃台にもなる。射撃しやすいかわりに、敵からの弾丸も集中する。そこへ村上吉之丞はのぼっていった。彼は鉄砲は撃たない。単なる観戦である。

「それ、井楼に人がのぼったぞ」

というので、島原城内の鉄砲が、いっせいに彼を目がけて集中しはじめた。

「あぶない。吉之丞を下ろせ。早く下りて来るように伝えろ」

と下から忠利侯が気をもんで命令する。

「下りろ下りろ。村上、殿のおことばだぞ」

陣中の者がやかましくさけぶと、村上は下方へふりむいて言った。

「うまれつき心の剛なる者は少ない。拙者はどれぐらいまで剛か、それが知りたいんだ」

しばらくして彼は下りて来た。

「どんな気持ちでした」と誰かが開くと、村上は声を低くして答えた。

「鉄砲玉ってやつ、存外に当たらんものだねえ。しかし顔の近くをこすって通る時には何かキューンと貫乳《かんにゅう》(陶器の上薬による亀裂《ひび》)のようなものが顔にできる気持だった」

村上吉之丞は元禄四年に隠居した。没年は不詳である。

二階堂流平法は彼の死とともに歴史を終った。彼の子村上平内正雄は、父の流儀を承《う》けず、新免弁助に学んで村上流二天一流をひらいている。

# 万能武芸者　市川門太夫とその周辺

## カブキ者林八平の武勇と諧謔

『南紀徳川史』に、市川門太夫の武術談というものが載っている。同書にはその武術談のほかに、門太夫の逸話二条を長沢伴雄編『竜之稜威《みいず》』から抜書きしているけれども、そのほうはみじかい漢文であり、その話題は前記武術談にも出てくるから、特に触れる必要はあるまい。

武術談に述べるところ凡そ三十条、まとまりのない並列《へいれつ》ながら、江戸時代初頭の豪邁《ごうまい》な武人の日常を写し出してあますところがない。以下、いくぶんの解説をはさみながら、適当にダイジェストしてお目にかけることにする。

市川門太夫は、市川門左衛門（大御番組頭、二百五十石）の別家で、初代門左衛門（寛文四年病死）の実弟である。はじめは目付役で二百石。後、大御番組頭に進んで三百石になった。

市川門太夫は、剣・槍・弓・銃、すべての武技にわたって鍛錬していたが、特に剣術は、若年のころ同藩の西郷市郎左衛門の門に入って練磨の功を積んだ。

西郷は後に紀州家を浪人して、彦根藩井伊家の臣となったから、紀州側にはその家譜が伝わらず、井伊家関係の資料をしらべて見るまでは、彼の経歴の詳細は知りがたい。剣術の伝系は、林八平―古川源之助―西郷市郎左衛門となっている。

林八平は小倉藩小笠原家の臣。家系も生歿年月もわからない。剣術よりも侠客風の豪勇者として知られていて、剣術の流名なども伝えていないが、私は新影流でなかったかと思っている。

彼の事績の大体は『福岡県篤行奇特者事蹟類纂』に出ているから、ここにはそれをかんたんに要約してみる。

——林八平はちんちくりんの小男のくせに、胆力甚大《じんだい》、性は剛毅《ごうき》果断《かだん》、磊落不羈《らいらくふき》、他人から屈辱を受けたことのない快男子である。当時流行の、奴風《やっこふう》のカブキ者（侠客）であったが、いささかも粗暴・嬌慢《きょうまん》のふるまいがなく、かえって、ずいぶんと念入りな小笠原式礼法で折目正しい挙措《きょそ》進退をして、世人の賞讃をうけていた。だから小笠原侯が参勤《さんきん》で江戸へ行くような時には、かならず八平を随従させ、諸家・諸侯への使番《つかいばん》の役目を仰せ付けるのが例になっていた。

おかしい話がある。

あるとき林八平は、公用で備前侯池田家へ出かけていった。池田侯はかねがね八平が難事に渋滞《じゅうだい》せず、よく機智と小笠原式礼法で切りぬけるといううわさをきいていたから、

「よし。一つ彼をこまらせて、ためしてみよう」と思い、ひそかに方策を近習にさずけた。

用務がすむと、お酒とおサカナが出る。使番を正式にねぎらうので、どこの御屋敷でもすることだが、あとで湯づけ飯が出たときに、おとし穴があった。

飯椀に白飯。それはよろしいが、かんじんの箸がない。

給仕の者は引っこんでしまい、大きな声で箸を求めるわけにも、いかない。

八平、坐辺を見まわした。サカナの台膳は塗物だが、飯の盆は白木である。彼はもういちどあたりを見まわした。

給仕はいつまでまっても来ない。サカナは手をつけずに下げてもよいが、飯は食わぬと礼にもとるのだ。

八平は顔色も変えなかった。腰の小ヅカを抜いて、白木の台の端をけずって二本の箸を作る。

いざ食べようとすると、意地わるく給仕がちょこちょこと入ってきて、そばに坐って一礼する。これは手をつけなかったサカナを台所へ下げるためである。

八平、箸をおろして、両手をひざにそろえてていねいに答礼する。

給仕が一品を下げていったあとで、八平が箸を上げようとすると、またちょこちょこと入ってきて坐って一礼する。答礼しているまに、つぎの一品を下げていく。これでは飯をたべる時間がない。

「ははあ、こまらせようとしているんだな」とさとって八平、又やって来た給仕にジロリと流し目をくれてから、指をのばして椀中の飯粒を一つつまみ、自分の鼻さきへもってきてヒョイとくっつけた。

給仕はそれを見てふき出しそうになったが、そんな無礼なことはできないから、顔をタモトでおおって逃げ出してしまう。

八平は飯に湯をかけ、サッサとかきこんでから、鼻先の飯ツブをとって口にほうりこみ、ゆうゆうと辞し去った。

池田侯が八平のたべた箸をとりよせて見ると、箸のさき濡れることわずか五分。

「さすがに小笠原流だのう」と感嘆された。

またこんな話がある。

江戸の劇場で彼が芝居見物をしていると、そばにいた数名のいたずら侍たちが、喧嘩でも売るつもりか、彼に声をかけた。

「座席がこんでいて、煙草のすいがらを捨てる場所がござらん。暫時お手前のあたまを借り申すぞ」

そう云うや否や、のんでいたバカでかいきせるから、火のついたすいがらを八平のサカヤキの上へたたき出した。

八平は熱いけれども辛抱して、人ごみの中で喧嘩を買うのを避けた。

悪侍たちは、よってたかって後から後から、すいがらを彼のあたまの上へたたき出す。

ところが芝居がはねての帰途、とちゅうの水茶屋で林八平が彼等の来るのを待ちうけていたのである。

「来た来た。亭主、おまえのけずっているカツオブシを、ちょっと貸してくれ」というなりひったくって、つかつかっと彼等の面前に来て立つ。

「やあ、諸君。拙者はさきほど諸君にあたまを貸してやったんだ。どうだ、返礼に誰れか、手を貸してくれんか。亭主にたのまれたカツオブシをけずりたいのだ」

「カツオブシ？　どうするんだ？　まあやってみろ」と、一人が片手を前へのばす。

「けずったカツオブシを手にうけてくれればいいんだよ」

小ヅカを抜いてけずりはじめたが、固いから刃がすべる。すべると刃先が相手の手をチクリと刺す。

「痛いじゃないか！」と云いも果てぬに、又、チクリ。手のひらは血だらけだ。

「もうかんべんしてくれ。失敬する」

侍たちは逃げ去ってしまった。

八平は町の銭湯へ入浴に行った。

町のきらわれ者どもが浴室を占領して、傍若無人《ぼうじゃくぶじん》にふるまっているので、ほかの者たちが入浴できないで困っている。

「よしよし。拙者が追っぱらってやる」

八平は刀のコジリの少し上から切り落して、剣先が外に出るようにし、下褌をしたままその刀をさして浴室へ入った。

ふざけたりあばれたりしていた裸かの連中、うっかり近づくとケガをするので、ぶつぶつ云いながら、みな出ていってしまった。

江戸には、そのころ《五人男》といわれて侠名の高い男達《おとこだて》が五人いた。ある日両国橋で八平に行き会い、道をふさいで通行をさまたげたが、八平は平気で中を押し分け、両側にいるやつの足を力を入れて踏みつけて通った。

「やいやい。待て！」

血相を変えて詰め寄ろうとすると、

「拙者は林八平である。文句があるか」と、吐き出す。

五人は顔を見合わせて、手出しするのを中止した。

『鵜の真似』にも林八平に関して、よい記事がある。

——八平の持槍のサヤには、結び文に《人々御中へ参る》と書いてあった。敵の腹を突き破るという意味だが、ともかく彼は常人と変った異様の言動のなかに、武勇と諧謔をひそめていた人物であったというべきだろう。

　林八平の門人、古川源之助。この人も紀州家の臣というだけで詳しい履歴はわからない。江戸にいるころに林の教えを受けたのだろう。この人と、その門人西郷市郎左衛門の武術談も『南紀徳川史』に引用されているが、枚数が延びるから今は省略する。

## 木村彦左衛門と渥美源五郎

　かねて剣術自慢の市川門太夫が、西郷市郎左衛門に入門するようになったイキサツには、一条の逸話がある。門太夫は剣技すぐれ、なかなか見事な腕前なので、西郷市郎左衛門はかねがね門太夫を我が門弟にとって、みっちり仕込んでみたいという気持ちがあった。それで顔さえ見れば、いつでも口ぐせのように、

「どうだ。拙者の門弟になる気はないか。きっと名人に仕込んで見せるがなあ」と云いかける。

　が、おのれを持することの高い門太夫は、いつでもいいかげんに云い抜けて、うんと云わない。

　ある日、門太夫が西郷の道場へやってきて見物していると、また同じような問答がはじまった。

　あまりたびたびのことだから、門太夫は今日ばかりは不得要領の返事ですますわけに、いかぬ。

「いや。拙者は指南をうける意志はありませんよ」と、彼は云った。

「どうしてさ？　何か気に入らんことでもあるのかね？」

「気に入らぬというわけじゃありませぬが……拙者は、お手前と試合をしても負けないだろうと思うからです」

「ふむ？」

　市郎左衛門の顔に、チラと不快の色が走る。

「よーし。それでは君が勝つか拙者が勝つか、ここで一番立ち合ってみようじゃないか」

「いいでしょう」

「条件がある。もし君が負けたら拙者の門弟になると、約束したまえ」

「よろしい。条件承知です」

両人は竹刀をもって、立上った。

西郷は藩の師範家ではないから、私邸の道場は、いたって手ぜまである。八畳の居間を改造したものだ。

市川門太夫の竹刀はこびは、たいへんするどかった。市郎左衛門は、たちまち片隅のほうへ追いこまれた。

「しめた！」と門太夫。身をしずめて一なぐり、サッと相手の裾を払う。

が、

「えいっ！」気合いといっしょに市郎左衛門の足は、いっしゅん、うしろの戸ざしを踏まえて宙へとび上り、門太夫の頭上をとび越しざまに、相手の背後からピタッと両ひじを押さえるとあたかも盤石。門太夫、もがいても力んでも動かばこそ。

「参った！」

門太夫はついにカブトをぬいで、西郷の門弟になった。

西郷は撃剣はうまかったが、心事《しんじ》はあまり円満でなかったらしい。彼は門弟に対するエコヒイキが強く、気に入らぬ門弟を、お気に入りにくらべて目に見えて区別した。

同門の某という者、年来稽古して仲々功者な剣士であるが、何としても市川門太夫に勝つことができない。師匠の西郷はこの某に特別に肩入れして、何とかして勝たしてやりたいと思い、稽古場の片隅に渋紙をはっておいて、その某と市川とが試合をする場合には、きまってその直前に某だけを渋紙のかげに呼びこみ、とくべつに秘手をさずけるのが常であった。

市川門太夫はそういう不快が度《たび》かさなったので、とうとう西郷の道場へ足ふみしないようになった。

門太夫は西郷と義絶後、あらためて木村彦左衛門の門弟になった。彦左衛門の家譜も伝わっていないが、この人は西郷市郎左衛門の皆伝の最高門弟だった。

この木村の道場で門太夫の剣技は急速に完成し、もはや門弟中一人としてこれに勝つ者がないようになった。その進境があまりにも目立ったので、相弟子の丹羽七郎兵衛（後に書く丹羽久左衛門とは別人）が、ある日、ひそかに師の木村を訪うて不満を述べた。

「先生はきっと、市川氏だけに特別の伝授をなさっているのでしょう。このごろの市川氏の太刀のまわりの早いのには、道場の者一人としてかなう者がありません。市川氏だけにエコヒイキせず、拙者たちにも秘伝の伝授をしていただきとうござる」

すると木村彦左衛門は、苦笑しながら云った。

「それは君、とんだ誤解というものだ。門太夫は西郷先生から伝授された技術を、自分の工夫でいろいろに習熟したに違いない。師匠といっている拙者のほうが、もはや、とうて勝つことができなくなっているのだよ」

「まさか――先生……」

「いや本当さ。このほども彼と立ち合ってみたが、拙者の肩先や二の腕にあたった彼の竹刀の痕が、まだこんなに残っているよ」

肩をぬいで見せると、なるほど打身の痕が点々と、黒いアザになって斑点をつけている。

「――聞けば門太夫は、巻藁《まきわら》を射る者のかたわらに立って、飛んでくる矢を十本に七本までは竹刀でたたき落すということだ。それほど速い太刀ワザでは、もはや拙者のおよばぬも無理ではない。拙者も早々《そうそう》に旗を巻いて、西郷先生からいただいた奥伝の印可状を、気前よく市川氏にゆずり、逆に拙者のほうで指南にあずかろうかと思っている始末でなあ、ははは」

西郷門で奥儀をゆるされた門弟のなかで、西郷が紀伊藩を浪人する直前に最後の印可をもらったのは、渥美《あつみ》源五郎だった。これは三代目源五郎正明である。

初代は源五郎勝吉といって、もと徳川家康の旗本で三百石。永禄以来の諸戦のたびごとに敵の首を取らぬことがなかったので、《首取り源五郎》のあだ名があったと、『兵家茶話』巻十にも出ている。後、紀州南竜公に配属されて千百石。二代目源五郎正勝のとき二千石。三代目正明は正勝の二男で長男十郎兵衛が江戸の旗本の名家坂部三十郎の養子にいったので、二男の正明が渥美家を相続し、大御番頭に昇進した。

この源五郎、かつて江戸在番中、同藩士橋爪万右衛門・村上道知等といっしょに某旗本邸に参会したが、談たまたま勇気・臆病論に及ぶ。座中のひとりが、

「気の臆したときには小便が出ないものだということだねえ」と、いう。

すると村上道知が、いきなり立上って着物の前をヒンめくり、

「ほんとうか、どうか、やってみる」と云うや否や、そばにあった火鉢のなかへジャアジャアやり出した。

その粗暴にあきれて、一座がきゅうに白けたので、見かねた源五郎が、

「南竜公がお目をおかけ下さる豪傑連のなかには、なかなか格別な者がありましてねえ……こうして敢て無作法な実験をやる者があると、もう後からそんなバカげた真似をする者は出ないでしょうて」と取りなしたから、一座の空気がふたたび和らかになったと、『南陽語叢』にある。

この逸話でみると渥美源五郎という人、なかなか弁口のある円満人らしくもあるが、しかし剣術にかけてはズバ抜けての自信家で、

「拙者の勇猛なること、正に鬼神でござるぞ！」と放言してはばからない。

そんな次第で、かねて紀藩随一の強豪と称される市川門太夫に対して勝負を決したいという希望をもち、機を見ては門太夫に試合をいどんでくるのだが、門太夫はせせら笑って応じない。

「たとえ貴殿が鬼神にもせよ、とうてい拙者と試合して勝つことはできないでしょう」というのが返事である。

「たって試合を望む！」と渥美のほうも、ねつこい。

「そりゃ、しないでもないがねえ。でも貴殿が負けると、せっかく鬼神と思いこんだ自信に傷が、つきはせぬかね」

これでは火に油だ。けっきょく試合をことわれなくなった。

が――結果はあっけなかった。

むろん源五郎が負けたのである。三本勝負で三本とも、彼の竹刀は、門太夫のからだをかすることさえできなかったのだ。

「世のなかには、とんだ化物もあるものだ」と、渥美源五郎は後で人に語ったという。

## 寺島武右衛門と戸塚五左衛門

市川門太夫について習う者も多く、彼の私邸内にも道場ができていた。彼の門人中もっとも傑出していたのは寺島武右衛門だった。

武右衛門は生まれついての巨漢で、豪力。普通の寸尺の刀では物足りないので、刀工の文珠重国に註文して、三尺余というベラボウに長い重い刀を打たせて常用していた。彼が庭でその太刀をふりまわすと、太刀先の風で木の葉がそよぐ、というからすさまじい。

彼は江戸在勤中、剣術指南をし、他流試合の申込みに応ずると宣言していたが、手心をせずにピシピシやっつけるので、

「あいつは鬼だ」と評判が立ち、だれ一人恐れて試合を申込む者がなくなってしまった。

それほどの寺島だけれど、帰国後また市川門太夫の道場で稽古していると、師匠の門太夫が、

「まだまだ手ぬるいなあ。そんなことではダメだ。証拠を見せてやろう。拙者にかかって来てみい」と、いう。

そのときの門太夫はあいにく病中で、からだがフラフラして一人では立っておれぬほどだったが、若い門弟に腰をおさえさせて立上り、寺島武右衛門と試合をした。

あまり動けないから、すぐにツバぜり合いになる。

「やっ！」

門太夫がツバ元に力を入れると、もつれていた寺島の竹刀、もがいてもあがいても振りほどくことができない。

「おう」

それを苦労して、

「うーむ。何くそ……」

満身の豪力でやっとはずしたと思ったら、しゅんかん、門太夫の竹刀はその虚をついた。

寺島の巨体は、ものの見事にその場は仰向けに転倒していたのである。

市川門太夫は、槍術は《樫原流》の祖、樫原文五左衛門（もと五郎左衛門）の門弟であった。

樫原は、『紀伊人物誌』に、

「姓は樫原、名は俊重、五郎左衛門と称す。神道流。一に樫原流。槍法に達し、国祖君（南竜公）に仕え、二百石を領す」（原漢文）

とあり、『元和五年御切米帖』に、

「高二百石、樫原五郎左衛門。寛永二十未年文五郎左衛門と改む。明暦元未三月病死。跡目わからず」

という。『南陽語叢』によれば、飯塚山城守綱門の、薙刀で有名な穴沢雪斎に学び、カギ槍の達人になったとあるが、一説に、樫原はもと直槍であったのを関口柔心がカギ槍の利点を忠告して後、カギ槍を主にするように改めたとも『大人雑話』に書いている。

いずれにせよ、宝蔵院流と同じく穴沢流の薙刀の影響が多いから、刃先ばかりでなく石突《いしづき》の功用を大きく利用した槍法で、そのため槍の穂と石突の長さを同じ五寸に作るのを本式とする。この寸法の製法は宝蔵院流・樫原流だけで、他の流儀にはないことだ。

さて、そのころ戸塚五左衛門という槍術者が、同じ紀州藩にあった。流名は正しくは《大島流》であるが、その奥儀をゆるされて後、多くの門弟を取立て、あらためて《戸塚流》の称を立てていた。

大島流は大島雲平吉綱（後、伴六）が流祖で、この人はもと加藤清正の臣。大阪役に前田利長にしたがい、辞任後、柳生但馬守宗矩のすいせんで紀伊南竜公につかえ、七百五十石。明暦三年六月病死、七十歳。その子二代目雲平常久（後、伴六。号草庵）、父の槍法を大成して、これを《大島草庵流》という。元禄九年七月病死、七十四歳。

戸塚五左衛門は、この二代目雲平門だ。あるとき市川門太夫と参会の節、槍法を論じた末に試合をすることになった。

戸塚は直槍。市川はカギ槍。ところが何べん立合っても戸塚は市川のカギにからまれて槍を落され、てんで勝負にならない。

「こうなったら槍をすてて入身《いりみ》で行く！」

彼は得物を竹刀に替えた。

戸塚の入身というのは、そのころ紀藩では名物になっていた奇手で、相手の槍の下へ、太刀でかぶりこんで行くという豪快果敢な戦法である。

「よろしい。入身でも、かぶりこみでも、何なりと勝手にやりなさい」

門太夫、カギ稽古槍をかまえたまま、一向に動じない。

「よーし。目にもの見せてくれる」

戸塚五左衛門、いかり心頭《しんとう》に発して容赦なく付けこんで行こうとするが、相手の門太夫、平気の平左でポンポンはね返して寄せつけない。

「そーれ。もうよろしいな。よろしければ突き申すぞ！」

さそいのすきに、戸塚が入身になろうとする鼻を見こんで、ニューッと槍を突き出すと、あやまたず相手の胸元へ、ピタッ！

さすがの戸塚も、これで完全に敗北となった。

市川門太夫の芸術たるや、およそ皆かくの如きであって、試合を申込む者で彼に勝つことのできた例はほとんどなかったと云っていい。

紀州藩に武術師範家の多いなかで、とりわけ代表的な流儀は《田宮流》の居合であるが、田宮流は林崎重信の抜刀術に出で、林崎門の田宮平兵衛重正が流祖である。重正の子長勝（対馬、号常円）のときに紀伊南竜公に出仕して八百石、その子平兵衛長家（掃部）にも二百五十石を給せられた。長家の長男三之助朝成（号常快）は六百石（元禄十五年四月病死）、朝成の長男次郎左衛門成道（初三平、号快林）は三百石、大番に列す。（享保十九年八月卒す。）

四代目朝成常快の門弟で丹羽久左衛門（金十郎氏治、三百石）という者、なかなか抜刀の功者で、少々自慢のつよい人だったが、これが門太夫に試合を申込んだときにも、門太夫は素手で立ちむかい、相手のひじをおさえたり、足を出してきっかけを失わせたりして、どうしても抜刀して斬りつけることができなかった。

城下の八百屋で嘉兵衛という者があった。剣術・柔術をならって強いのを誇り、藩士の道場などへも出入りしていたが、市川門太夫は友人たちにすすめられて嘉兵衛と立合うことになった

嘉兵衛は二尺七、八寸の長竹刀。門太夫は、「ほんの腹の虫ごなしだぜ。拙者に勝てば金一歩進呈しよう」といって、一尺ばかりの小竹刀をとる。

嘉兵衛、意気ごんで踏みこみ踏みこみ攻め立てたが、なんと門太夫は小竹刀のツカをにぎらずにまん中を持ち、ちょこちょこちょこと小細工のように受け払いながら、左手をのばして嘉兵衛の鼻をつまんだり、耳をひっぱったり。

「あかん。そんなことされたら照れくそうでかないまへんわ」

嘉兵衛はあたまをかきかき引き下った。

市川門太夫、常にいう――

「兵器を選み候は、武道のために如何《いかが》なり。芸術に暗きゆえなり。仔細《しさい》は、道具は長くても短かくても、重くても軽くても、そのほか如何ようの道具にても、あり合せを取り合い利を得ずしては、芸術の甲斐なし」

## 軽身の跳躍三間半

市川門太夫は身のかるいこと、正におどろくべきほどであった。大番所の縁下の御白洲《おしらす》からひょいと飛び上がり、外側の敷居を越えて落縁の上のヌメ敷居に、ふーわりと足がつく。また御番所のこちらの地面から、向うにある石垣の上までヒラリと飛ぶ。

その時分は、そういった軽身《かるみ》のワザを身分の高い者までが座興にしていて、紀藩の国老《こくろう》、三万五千石新宮城主の水野対島守（重仲。但し重仲は元和七年十一月和歌山で死去しているから、その子淡路守重良とするのが正しいか）までが、門太夫と同じく御白洲からヌメ敷居まで飛んだことがあるが、足が下につくときにゾッキリという音がした。門太夫はその音さえ立てなかったのだ。

（ついでに書く。この水野淡路守の子、大炊重上は大力で有名。川舟から遠方の陸地や山の名をたずねるのに、重いイカリを片手に持ち上げ、まるで扇子で指さすようにしたという。大食漢で鶏卵をこのみ、いっぺんに七十個ずつ食したと、『祖公外記』にある。）

市川門太夫の身のかるいことでは、まだ話がある。

田宮流の居合に《一ツ目》といって、目にもとまらぬ早ワザの抜刀法があるが、これが門太夫に対しては、きかない。彼のうごきはそれよりも早く、抜刀の一瞬前にその手もとへとびこんでしまう。もっとも、これは特別に習熟したので、練習のはじめごろはそううまく行かず、まま抜刀が彼の膝にかすする程度のことはあった。

門太夫が御供番として江戸在勤中、同勤の小笠原三郎右衛門がきゅうに乱心した。（年月は不明だが、三郎右衛門勝定が父の病死によって相続したのは正保四年であるから、それ以後と見て門太夫は晩年に近い年ごろであったろう。）

江戸紀藩邸の御長屋で、ふいっと狂気を発した三郎右衛門は、具足・カブトを着用し、秘蔵の波平の刀を抜いてあばれ出したから、家来の者がよってたかって、どうにか二階へ追いつめて取りこめてしまったものの、さあそれからさきの手段に窮した。

乱心・抜刀した取りこもり者の鎮圧は、ひじょうむつかしいとされていて、無理に取りおさえようとすれば必ずあとからあとから死傷者が出るのである。

気のきいた小笠原家の若党が、市川門太夫に頼むのがよいと思いついて、門太夫の長屋へ走っていって急を告げた。

「よし。いま行く」

寝巻のまま飛び出した門太夫、小笠原の長屋へきて階下の部屋から見定めると、若党の云った通りだ。

門太夫は、ためらわずに階段をのぼり、

「おい、どうした」と声をかける。

「何い――」と云いざまにひらめいた刃影の下をくぐって、太刀をにぎった腕ぐるみに前から押さえこみ、無造作に太刀をもぎ取って、膝下に三郎右衛門を組みしいてしまった。

それほど身の早い門太夫であるから、無刀で、相手に槍や薙刀をもたせて掛からせても、前後左右に飛びかわして決して打たれるようなことはない。

はば三間の堀ぐらいなら、手槍を地について他愛なく飛び越える。

藩中の人たちが塩浜へ出て、ランニングや走りとびの稽古をしたものだが、彼は走りとびなら三間半は常のことだった。当時の武士は二間四尺から二間半までを走りとびのレコードとしている。三間半とは信じられぬ寸法である。堀や人家の壁の足もとに四、五寸でも安全な足がかりの地面があれば、その手前に一間半乃至二間半の水たまりがあっても、ぜったいに足を濡らさず飛び越える。壁の根もとまで水がたまっている時などは、壁を横にふまえて走ったと云うが、それまでは云い過ぎらしい。

あるとき来客があり、五、六人前の膳を出した。おりから庭で鶏犬がおびただしく鳴きさわいだので、

「何事だろう？」と云うなり、ひょいと並べた膳の上をとび越えて庭まで出たというから、まったくアキレた御

仁である。

門太夫にはまだ得意な技術がある。水泳と鉄砲だ。弓も晩年は中風にかかって不自由になったとは云え、射れば五寸的ははずさなかった。

水泳で《いな飛び》というのは門太夫の工夫したもので、これは水泳中に水を切って空へとび上がり、ふんどしの結び目までが水面上に出るのをいう。

鉄砲はとくべつ巧者だった。

前に書いた渥美源五郎の屋敷へ、門太夫がフッと立ち寄ったことがある。たまたま堺の鉄砲師が新張りの鉄砲を売りこみに来ていた。

門太夫は鉄砲師にむかって、

「鉄砲の目当《めあて》（照準）というものは、いったい何の役目で付けてあるのかねえ」と、きく。

「そりゃ旦那。目当がなくちゃ的のネライがつきませんや」

「ふーん？　変だなあ。拙者などは的をねらうのに、べつだん目当をたよりにしていないがねえ」

「あはは。旦那。それじゃあ命中は無理でさ。目当なしで命中するぐらいなら、この鉄砲を無料《ただ》で差上げてもようがすとも」

「ほう、その鉄砲をくれるか。それでは一つやって見よう」

鉄砲をうけとって的をきめ、玉薬・弾丸をつめて、適当の距離をとって庭に立つ。

普通は銃床を頬のところにピタリと当てがい、片眼をつむり、目当（照準）と的を一直線にするわけだが、門太夫は銃床を頬に当てない。無造作にねらって無造作に撃つと、それが難なく的に命中した。

鉄砲師は大いにあやまって、鉄砲を進呈するという前言を見のがしてもらった。

門太夫が射撃を練習するときは、たいてい姫瓜を的につかう。それを糸で釣り、糸によりをかけて放すと、きりきりとまわる。それを目がけて撃つと十発に七発は、しくじらなかった。

また一尺角に九曜の紋様をえがいて、はじめにぐるりの八つを次々に打ち抜き、さいごにまんなかの星を打ち抜くようなこともする。

その時分、鉄砲に弾丸を賭けて競うゲームが紀藩で流行した。鉄砲上手といわれた野々山七左衛門と、小笠原作右衛門と、市川門太夫と、この三人がそろって出場するときまって賭けの弾丸をマス一ぱい取って帰ったものだった。

右に名の出た野々山七左衛門は、三代目七左衛門友政、五百石、大番の士である。つねづね武蔵坊弁慶の図を床にかけていた武張った人物で、かつて小栗主税宅での友人連の会合に、小栗は大きな鉢に皮クルミを山盛りにし、クルミ割りの道具として、わざと大きくて持ちあつかいにくいほどな大鉄槌を付けて出した。これは悪戯である。まさか誰れも手を出すまいと思っていたら、野々山七左衛門は平気でその鉢を床の前へもって行き、大鉄槌をふり上げて床のふちでクルミを割ろうとした。そんなことをしたら床の間がこわれてしまう。小栗はあわてて詫びてやめてもらったという話が、『南陽語叢』に出ている。

もう一人の小笠原は二代目作右衛門正信で、これも五百石。前に書いた乱心した小笠原とは別の家系である。

## 柔術に対する剛術

市川門太夫は元来、大力のうまれつきであったらしい。彼の兄門左衛門も紀州では知られた大力で、小さい網舟などは艫先《ろさき》へ肩を入れてヨイショ、ヨイショとかつぎ歩いたということだが、弟の門太夫は目に見えた力持ちのワザはして見せなかった。

しかし、とっ組み合いや押し合い、引合いに負けたことがなく、相撲がたいへん強かった。彼は持ち前の力による勝身と、武術のワザによる特殊的な勝味を区別している。生得《しょうとく》の力といえども、ワザによらなければ充分に発揮できない、というのが彼の持論であった。

路上で慮外者などに出あって、行きちがいざまに投げつけるようなことがある。普通だと投げつけられてもすぐに起きあがって再び飛びかかってくるものだが、門太夫に投げつけられると一度で息切れがして起き上れなくなる。

「門太夫どののように、無造作に、そのくせ小っぴどく投げつける人は、ついぞ他に見たことがない」と、戸田弥太夫が常に云っていた。

相撲の手に《四手》というのがある。これは両者が双差《もろざ》しになる型で、これから相手の腰を引きこんでひねって投げるのを、四手投げとか、四手ひねりといい、また四手のまま寄り切るのを《四手の詰め》という。

紀州は相撲のさかんな土地柄で、地元から職業的力士もたくさん出ているが、武士のあいだにも相撲は大流行だった。

四手の詰めを紀州では《四手押し》といって、これは投ワザではないが、軽スポーツとして武士間のなぐさみに大いにおこなわれた。この四手押しをして市川門太夫が敗れたことは、かつて一度もない。

柔術の関口柔心門で強豪ときこえた芝田四郎兵衛（正武の子、正清である。大御番五百石。元禄十五年五月隠居）が、この四手押しが強く、市川門太夫にいどんだけれども、どうしても勝つことができなかった。（門太夫晩年の話で、市川は芝田より二十三歳も年長だった。）

関口流柔術の元祖柔心（弥六右衛門氏心《うじむね》）の長男、二代目氏業《うじなり》（八郎左衛門魯伯）が、ひじょうに相撲上手で、ことに《押出し》の名手といわれていたが、これだけの人にも苦手があったと見えて、同藩の戸田弥太夫には、相撲ではとうていかなわない。

ところが、それほど強い戸田が、市川門太夫にかかると物の数ではないのだ。戸田や二代目関口の盛行時代といえば、門太夫はもう老年期のはずだが、血気の戸田がいくら工夫してみてもテンで歯が立たぬ。

「……どうもねえ、門太夫というおやじは、土俵ぎわまでは体を殺しておいて力を出さず、もう少しで押し勝つと思うしゅんかんに、にわかに生き返ったみたいに、えらい力で押し返してくる。四手になっていて締めつけられると、まるで藤カツラにからまれたようで、まったく手も足も出ないのだよ。年寄りのくせに、けったいなおやじだ」と、戸田は嘆息した。

門太夫が、野々山七左衛門（前出）・丹羽金十郎（前出の久左衛門）の両人といっしょに、有馬温泉へ湯治にいったことがある。ここで、明石という名の西国の関取と知り合った。

明石は身長六尺余。風呂の中戸口を通り抜けられぬほどの肥満漢で、旅亭のおもてで力ワザをして見せたが、米六俵を三俵ずつ左右に、俵口に棒をつき通してかたげ、片手で五、六度も上に差上げたりして見せる。それから又、四斗俵四個を一間半、二間半も投げ上げて、片手で手玉にとって見せたりした。

旅泊の退屈しのぎに、門太夫等はこの関取を呼んで相撲話など聞いていたが、ふと丹羽金十郎がいい出した。

「ここに居られる市川どのは、紀州で名だたる相撲巧者であるが、どうだ明石、なぐさみに一番とってみないか」

明石は苦笑して、

「そりゃダメでごわしょうなあ。こちとらは相撲が稼業。おさむらいさんの強いというのは、しろうとワザでごわいますで……」

「そうばかりも云えまいて」

市川が自分から挑戦したので、明石も立ち合う気になった。

——が、明石は他愛もなく負けた。門太夫は得意の《越後ひねり》という手だった。

明石はからだを二重に折って門太夫の足もとにひっくり返り、あたまを上げて、門太夫の顔をつくづくと見つめてから、いった。

「お手前さまは、人間ではありませぬのう……」

門太夫は若いころ、関口柔心について学ぶようにと、人からすすめられたことがある。

市川は少し乗気になったらしく、

「うん。入門してもいい。しかし念のためにたずねるが……、柔心のいうヤワラ（柔術）には、こちらのからだを動かさないで人に勝つ術がありますか！」と、問うた。

答えは否である。そんな、なまけ者のマジナイみたいな珍術の有りえようはずがない。

相手は、あきれて答える。

「いや、ヤワラというものは土台《どだい》、そんななまくらなワザではござらんよ。こちらのからだを動かさないで人に勝つ、そんな無精者の武術はこの世にありますまい」

すると門太夫は、フフンと云った。

「――どうもねえ、それでは習うほどのことはなさそうだ。からだを動かして人に勝つことなら、何もヤワラの術を習うまでもない。いまの拙者にもでき申すわい」

関口の体術をヤワラ（柔術）というのに対して、市川門太夫の技法をコワミ（剛身）という。これは門太夫が自分から命名した術名だが、型や方式の規範を定めたものでなく、要するに十八般武技の自己練成を基礎とする、臨機の闘技の総称であるから、流儀物としての承伝はなかった。要するに、型物的な技法に対する暗黙の皮肉であって、あくまでも定石よりも霊感的な反射訓練を重んじていたのである。

「世人は関口柔心を名人々々という。世のなかに名人と称する者は少くないが、もしそれらを掛け合わせて勝負させれば、けっきょく名人は一人だけになってしまうだろう」と彼は昂然《こうぜん》としてそう云う。

その一人とは、おそらく彼自身に対する大なる自負《じふ》ではなかったろうか。

# 関口柔心氏心

## 関口柔心の「やわら」

関口流柔《やわら》術の創始者関口柔心の通称を、『本朝武芸小伝』に八郎左衛門としたのは誤っている。二代目の関口八郎左衛門氏業と混同したのであろうが、正しくは弥六右衛門氏心《うじむね》、号柔心としなければならない。関口氏心は今川氏の一族で、祖父は関口刑部大輔氏興《うじおき》（一書には少輔親永《ちかなが》）といって、今川義元の妹婿であり、岡崎城主松平信康の外祖父にあたっている。

今川氏の滅亡にあたって、柔心の父の関口氏幸は三州の山中にのがれて身をひそめていたが、松平信康が岡崎城主として始めて入城した節、旧縁によってその附人となり、その後、信康が切腹を命じられて家がほろんだので、氏幸は剃髪して山中常全入道と号して世をのがれた（以上『関口氏旧記』）。したがって、その子氏心は慶長元年（一五九六）に三州で生まれたのであるから、日向の人とか、近江の人とか、加州の出身とかいう従来の諸説は、みなまちがっているわけである。氏幸の子氏心（後に柔心）は、このとき加納姫の縁で松平飛驒守に出仕し、さらに飛驒守の死後その縁によって大和郡山城主本多甲斐守に呼び出されて、これにつかえた。

しかるに『大人雑話』には、この本多を江州膳所城主本多氏とし、なお柔心の俗称を弥左衛門とあやまって、そのころの童謡に、

向こうへ来るは弥左衛門

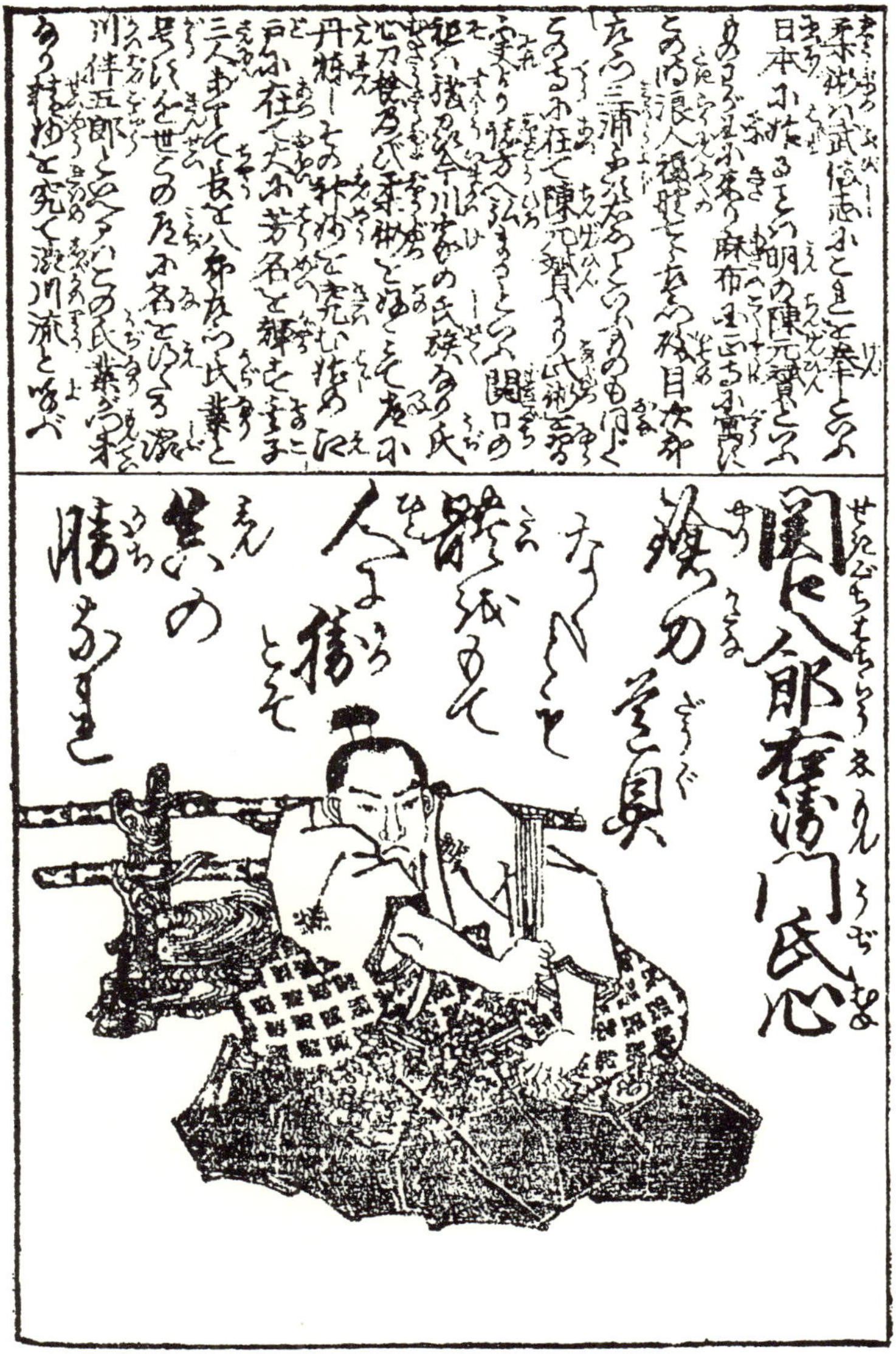


関口八郎右衛門氏心（『武稽百人一首』）

あれにさわるな弥左衛門
よけて通せ弥左衛門……

と唄われたというのみならず、この柔心が物好きでこしらえた袴を「弥左衛門仕立て」というと書いているのは、とんだ思いちがい。けだし袴の弥左衛門仕立てというのは、『八水随筆』に、「これ御仕立道心池永弥左衛門なり。憲廟御在世に召出されたり」とあって憲廟は常憲院すなわち五代将軍綱吉のこと――柔心の時代よりずっと後世にできた袴の裁《た》ち方である。

柔心は林崎甚助から居合（神夢想林崎流）の伝をうけ、三浦与次右衛門から組打ちの法（三浦流）を習ったが、諸国修行して肥前長崎へ行ったとき、たまたま支那の拳法・捕縛の法をよくする老人を見つけ、これに従って学んだ。これより工夫して一流をひらいたのが関口流（一に新心流ともいい居合と柔術を組み合わせた）で、はじめ大和郡山の本多家につかえていたが、後、寛永十六年（一六三九）に紀州藩主徳川頼宣に招かれて勤仕した。南竜公みずから日々稽古するのみならず、若殿にもすすめて学ばせた。当藩では後に八代将軍になった吉宗にいたるまで代々、関口流を近侍・小姓に稽古させたという（以上は『嘉良喜随筆』『紀藩柔話集』その他による）。

関口新心流の居合が林崎甚助から承伝したというのは通説であるが、異説がないわけでない。『和《わ》言黔驢《ごんきんろ》外編』に、

「居合四流、林崎（前出）の一貫、土屋（土屋市兵衛の土屋流剣術居合）の一伝、安曰《いわ》く、吾が邑《むら》に関口性信と由留《よしとめ》あり、関口氏は弥左衛門、紀州の人。これ或いは柔心の族か。性信の流祖は清水一夢となす。由留流の祖は滝野右京亮（この人は元禄ごろの人）となす。余少時この三伝を習う。右四伝とその異同を知らざる也」

とあって師を清水一夢と書いたのは、他に所見がなくて珍しいが、清水一夢についての文献の傍証もない。なお長崎で支那拳法を習ったということについては、『紀士雑談』にいう。

「かつて長崎にあそんで、西洋人の拳法をよくせる者あり。いまだ人に授けず、ひとり氏心を奇としてことごとくその秘を授く」（原漢文）

西洋人は中国人の意味らしい。案ずるに津村宗庵の『譚海』に、明暦のころ支那から王道元という人が来て長

崎で教えた。これが日本柔術のはじめであると書いている。

明暦年中では関口柔心の修行時代より余程年代が下るから、王道元は柔心とは無関係であり、いわんや王道元が日本柔術のはじめとは余りに過言であろう。

渋川流四代目の渋川伴五郎時英《ときひで》の『渋川時英随筆』のなかに、「柔心先生伝」と題する一文がある。内容は伝聞のあやまりも多いが、記述が詳細で、あまり人に知られていない面にも触れているから、以下わかり易く要約しておく。

——関口柔心は日向の人で（これはまちがい）、名乗りは氏成（これも誤り。長男の氏業の訓と混同したか、あるいは柔心の甥の関口弥左衛門頼宣を、はじめ氏成、後に成政と改めたのと混同したのだろう。同じ誤りを『張藩武術師系録』もおかしている）。初名は滝尾矢六左衛門といった（滝尾姓は唱えたかも知れないが、傍証がない）。生まれつき剛勇で才智が人にすぐれ、世にいう「一枚あばら」であった（一枚あばらとは、肋骨がほとんど隙間なく並んで、あたかも一枚の骨のようになっているのをいう。そんな胸の人は豪力だと言われている）。武芸熱心で弓馬・刀槍・捕手・居合を修行した。彼が十六歳のとき、捕手の師匠が不届きなことをして、とうてい死罪をまぬがれないと覚悟して、二階にこもって反抗したのを、

「わが師匠ではあるが、国法にそむく罪人であるから私が捕えましょう」

といって二階へ上がると、

「おう、小せがれ来たな」

というのに構わず突進して、からめ捕った。このとき小脇差で柔心の左脇に負傷させた疵が、あとまで残った。その後、諸流をきわめること十八流、それらを抜粋し自分の工夫を加えて一流を編み出したのである。

後、大和郡山城主本多家につかえていたが、気に入らぬことがあって立ち退き、紀州へ行った。その節、目付役人へ使者を出し、

「御家を立ち退きます故、討手の者を仰せ付けられよ」

と言わせた。討手の者がさし向けられたけれど、日ごろの手並みに恐れをなして近寄れないうちに、ゆうゆうと立ち退いた。紀州南竜公に仕えて二千石を給わり小姓組頭になった（誤り）。その後本多家から度々使者をおくり、柔心を返せと掛け合ったが、南竜公はそんな者はいないと取り合わず、滝尾の姓を関口に改めさせてごまかしていた。

柔心は生知安行《しょうちあんぎょう》（生まれながらにして事物の道理を知り、無理に努めることなく安んじて道理にかなったことを行なうことをいう。『中庸』にある語）の人物で、試合などでも相手が仕掛けるにまかせ、自在に受けて負けなかった。あるとき招かれて行った先で、

「どうぞあの席へ」

と亭主が言うのに、

「いや貴公こそあれへ」

とゆずり合って果てがなく、亭主がもどかしがって、

「しからば貴公を抱いて、あの席へ据《す》え申そう」

「いや、それはいかん」

といって柔心がうしろへ寄りかかると、盤石のごとくビクとも動かなかった。

これほどの人物であったが、残念ながら無筆でイロハさえ書けなかったから、人を教えるのに物の道理を説いて理解させることができず、仕形だけをして見せた。しかしその仕形や、時にふれて言い置かれたことはみな天地自然の道理にかない、後世の模範として今に伝わっている。

柔心の長子八郎左衛門氏業が諸国修行して紀州へ帰ったとき、母堂が柔心にむかい、

「惣領はなかなか筋が良いようですから、あなたからよく教えてやって下さい」

と申された。柔心それを聞き、

「何をくどくど言うておる。もう何もほかに教えることなどないのじゃ。ただ臍腸《へそちょう》食い抜いてでも勝てと申せ」

と言ったという。まことに手強い教えようである。

柔心は右の通りの人であったから、他国から聞きおよんで試合にやってくる者が多かったが、みな柔心に負けて弟子になり、そのままその地にとどまって稽古をつづけた。またそれらの入門者の内のある者に対しては、柔心は、「きみは年来修行してこれほどの腕前になったのだから、やはりこれまで通りのやり方でいいと思う。関口流の許可状は出してあげる。うろたえさえしなければ負けはせん」

と言って允可《いんか》した。こんなわけで関口流を称する者でも術の内容が違っている者が少なくない。

また柔心は術の教法は立てたが、右のように文盲のため、術の名儀を何とつけたらよいか考案がつかなかった。そこで紀州へ行ってから南竜公の仰せがあって、儒者などへ論議させた上で、「柔」という名をつけてもらった。柔というのは「柔順」と続く文字で、人の気質について言えば何事も自分ということを忘れ、万事につけて人にしたがい人にさからわないことを意味するから、この身の形無くして心のままに自由に働き、心次第になるということを主眼にして、「やわらか」という和訓を下略して「やわら」としたのである。

以上が、渋川時英の「柔心先生伝」のダイジェストであるが、「やわら」という語について、儒者たちが論議をつくした上での決定であるという点については、一考の余地が有りはしないか。「やわら」という名儀ができるより以前に、柔術に相当する術技の総称として、もっとも古い名儀が「和義《やわらぎ》」であったことは、前に塚原卜伝の章のうち、無拍子流和義について説明した際に書いておいた。「やわらぎ」は「やわらぐ」（柔らげる）という動詞を名詞にしたことば――すなわち、柔らげること、硬いものをやわらかくさせること、その方法をいう。すでに「やわらぎ」という名儀があって関口柔心以前に相当流布していた以上、関口流の「やわら」は「やわらか」の下略と見るより、「やわらぎ」の下略と見るほうが、はるかに自然でなかろうか。

## 本多家から紀州家へ

以下、関口柔心の逸話をまとめておく。

まだ紀州藩へ来て仕えるより以前の話であるが、あるとき何気なく庭を見ていると、おりからの春暖、それでなくても居眠り好きの猫が一ぴき、屋根のうえでうつらうつらやっていたが、あまり寝呆《ねぼ》けたと見えて、おもわず屋根の勾配をコロコロと転がり落ちた。ところが猫は本能的に宙でヒラリと一転して、うまいぐあいに四足を地面につけてヒョイと立ち、すたすたと向こうへ歩いて行ってしまう。これを見て柔心が感心した。

「人間にだって、やってやれないはずはないだろう」

そう思って、さっそく地面に藁束をたくさん積上げ、うえに布団を厚く敷いて、屋根のひさしから飛び下りる稽古をはじめた。最初のうちはなかなかうまくやれなかったが、習練を積むにつれ段々上手になり、しまいには下に藁束や布団がなくても、高いところから飛び下りても怪我もせず、うまく地面に立てるようになった。この猫の落下するのを見て工夫をする話は、『紀州柔話集』には柔心ではなく、長男氏業の逸話としてある。

そのころ当身《あてみ》の名人(『絵本英雄美談』には越前の岩城団右衛門と書いてあるが、架空人名かも知れない)があった。この人は八寸の柱を蹴折るというほどの男である。これが柔心に試合を申しこんで来た。柔心は受身の術で、下にすわって待ち受ける。と、その男、つかつかっと走って来て柔心の顎めがけてガーンと蹴る。柔心は相手の出ようを見るためだから、あえて逆らわない。いきなり仰向けにたおれて、相手の蹴りを避けただけであった。と、すぐに二度目の攻撃がやって来た。おなじ蹴りかただから、関口もおなじ姿に身を避ける。三度目……こんどは違う。柔心は、蹴ろうとする相手の足首を、やにわに引っつかんで、どうっと向こうへ振りとばした。男は「ギュッ」と言っただけだった。遠くへ飛んでゆき、地面へたたきつけられて目をまわしていた。

柔心は、はじめ二家ほど仕官して、どちらもすぐに退身し、それから大和郡山の本多家に仕えた。彼の柔術は好評で入門者も多かったが、本多侯があまり武芸に熱心でなく、関口柔心を重用視しない。これでは将来がおもいやられると失望して、退身を願ったが許されず、しかたなく辞職願いの書置きをして和歌山に奔った。『家譜』には、彼は郡山退身後大久保加賀守の客分になり、それからまた立ち退き、さらに紀州藩に招かれた、と書いてある。

南竜公の面前へ始めて伺候したとき、

「そちは何ができる」

と下問があった。

「はい。拙者は馬の沓《くつ》をつくることができます」

と答える。南竜公笑って、

「いや馬の沓ではない、武芸は何が得意かと聞いているのじゃ」

「はあ、武芸の儀なれば何にても得意にございます」

謙譲なすべり出しで、昂然とした自負におわった。答えを聞かれた南竜公、こころの中で、

「ほほう……なかなか言う口じゃなあ」

と思ったか、どうか。

この馬の沓などというものを引き合いに出したのを、今の人の耳には、どんな素頓狂ないい草とひびくかも知れないが、武士が馬の沓をつくるのが上手だということは、当時にあっては特別へんなこととも言えない。馬の脚に蹄鉄を打つようになったのは日本では明治後、外国流馬術が移入されて来てからである。アメリカの西部劇映画を見ても、騎兵隊の馬は蹄鉄を打っているが、インデアンの馬は徒足《はだし》である。日本では馬や牛には藁沓を穿かせた。武士の乗る馬の沓はその乗り手がつくるのが普通であって、馬の沓ばかりじゃない、自分用の木刀や竹刀でも、下人につくらせるようでは心懸けが好いとは言えない。

閑話休題《それはさておき》――関口柔心が紀州藩に仕えたと聞いて、旧主の本多侯がカンカンになった。

「憎っくきは関口のいたし方である。当方にても身分相応に食禄もあたえておいたのに、その恩義をもかえりみず、隣国の紀州に仕官いたすとは旧主をないがしろにする人でなし、いそぎ引きもどして切腹申しつけろ」

と家臣にいいつけたが、相手が御三家の一で格式が高いから、「奉公構え」の通告も出しにくい。

そのうち紀州家から、土屋但馬守を仲裁役にたのんで、関口ゆずり受けの所望をして来たので、ついに有耶無耶になってしまった。

――以上の諸条は『南陽語叢』『武林隠見録』『乞言私記』等によったが、なお『紀士雑談』には、本多家との事情があるため、柔心は死ぬまで紀州家臣のあつかいではなく、扶持も知行でなくて御合力金七十五両で、あくまでも浪人客分というサラリー形になっていたと書いてある。

関口柔心は寛文十年（一六七〇）三月七日病死した。享年七十四。法号は全性院柔心日了と『家譜』にある。

関口柔心には三男二女があった。長男を八郎左衛門氏業（号、魯伯）、次男を万右衛門氏英（号、了性）、三男を弥太郎氏暁（号、蟻楼）、長女を義、次女を家という。各人の名から、八、万、太郎、義、家、と連続させて八幡太郎義家に成るとは洒落た人である。自分が清和源氏の流れだから、子どもたちに、それにあやかる名をつけたのであった（『紀士雑談』）。

なお実録本『拾遺遠見録』に、関口流元祖を関口奥右衛門とし、長男万右衛門、二男八郎右衛門、別家関口弥太郎・隼人・慶左衛門・庄右衛門、末葉に関口万助、関口勘解由などあるのは、すべてフィクションで信用することができない。『慶安太平記』では由比正雪が、紀州藩師範関口隼人と紀州公の御前で試合することになっているが、もちろん絵空事である。関口柔心の一族では、柔心の甥の関口弥左衛門頼宣（氏成、後に成政）の伝系がかなり多く伝承され、そのため柔心と氏成を同一人に混同する誤説が生じた。

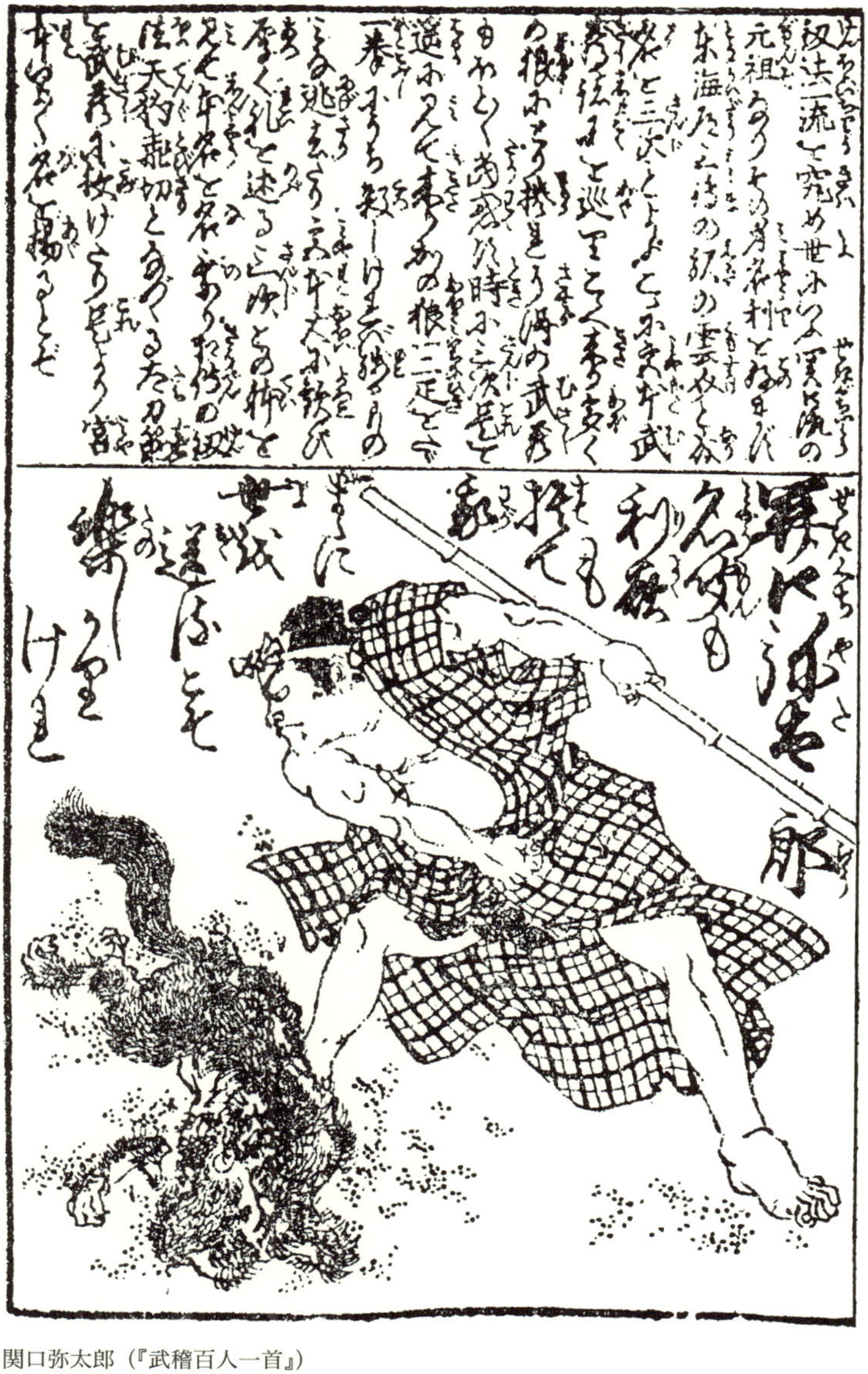

関口弥太郎（『武稽百人一首』）

# 渋川伴五郎義方

## 渋川伴五郎破門さる

関口弥六右衛門氏心《うじむね》（号、柔心《じゅうしん》）の関口新心流から出て別派をたてたのが、渋川伴五郎義方の渋川流である。ありきたりの人名辞書や百科事典類には、渋川伴五郎は品川の根芋村に住む島津家浪人、起倒流柔術の名人渋川蟠竜軒の子であると書かれることが多い。しかし、それは講談の俗説を不用意に踏襲した誤説である。

第一、根芋村という村が品川にはない。広く荏原郡一帯をさがしてもない。思うに旧時の芝車町のうち俚俗に「七軒《しちけん》」といった南に接して、いわゆる大木戸がある。その大木戸のすぐ北脇を西へ入るみじかい横丁があり、道往寺という浄土宗の寺に突きあたる。げんざいの港区高輪二丁目の北堺に近い一七、一八番地堺を入る横丁で、この横丁をむかしは「根芋横丁」といい、右へまがって左へ登れば伊皿子へ通じる。道往寺の開山を念無《ねんむ》和尚といったのを訛って根芋横丁というようになった（『御府内備考』）。横丁の両側は旧時は車町の町家で、一時、岡場所として栄えた。

渋川蟠竜軒の住所が、よしんばこの根芋横丁であったとしても、蟠竜軒その人には信ずべき根拠が皆無である。無理に推測するとすれば、初代伴五郎の門人に、元禄・享保の間に、おびただしい著述を刊行して世に知られた肥後藩士、井沢蟠竜子（また蟠竜軒）がある。通称十郎左衛門、名は長季。山崎闇斎の門人で、居合・柔術を初代渋川伴五郎に学び、肥後流を称して長大な佩刀を愛用した。『武家高名故事』五巻、『広益俗説弁』五十巻、『武

渋川伴五郎（『武者修行英勇寿語録』より）

士訓』一巻その他の著作の中で『武士訓』はもっとも広く読まれ、およそ教養ある武士なら井沢蟠竜子の名を知らぬものは無かったほどだから、その知名度の高い名を講談のほうへ借用したのではないだろうか。

伴五郎が、父から勘当されて魚屋になり、父が暗殺されたので敵討ちをするなど、すべて実録講談の常套的パターンで問題にするに当たらない。ついでに言えば寛永十一年（一六三四）の御前試合で、渋川伴五郎は関口弥太郎と試合をしたことになっているけれど、その年は関口弥太郎の生まれるより六年前、渋川伴五郎の生まれるより十八年も前にあたる。まことに講談の嘘っぱちたるや、ただあきれるほかはない。

渋川伴五郎は、じっさいは紀州和歌山のうまれとも、大和のうまれともいうが、確説はない。『先祖書』によれば、渋川伴五郎の先祖は渋川中務大輔の四男で小四郎といい、足利家の旗本であったが、叔父設楽《しだら》遠江守（後に遁世して武州の聖金坊という）

の家督を継いで、設楽修理大夫と称したという。伴五郎の曽祖父、設楽五郎左衛門（本国は越前今立郡）が、宇喜多家を浪人して遠州に来て禅門になり、設楽浄円と称し紀州へ来て病死した。祖父は母方の姓を名乗って中野五郎兵衛といったが、父は旧姓にもどって設楽善兵衛と名乗り、紀州に居住していた、とある。足利時代の渋川姓・設楽性に関する調査は後まわしにして、今は省略する。

『八水随筆』には、伴五郎の父は京都の人で渋川友右衛門といい、この人も柔術の名人であったというが、この友右衛門が先祖書にいう設楽善兵衛と同一人か、否か、まだわからない。仮りに同一人物だとすれば、友右衛門という通称は後に渋川流二代目伴五郎になった弓場驛右衛門政賢《まさかた》が、渋川伴五郎義方の養子になってからの通称に用いているから、祖父の通称を孫が継ぐ、そのころの風習から見て、初代義方の父も友右衛門であったという妥当性は、みとめたい気がする。

右の『八水随筆』には、父の友右衛門について次の逸話をかかげている。

——板倉甲斐守は長いあいだ渋川友右衛門について柔術を習っていたが、いっこうパッとした派手な術を教えてもらえず、自分の技《わざ》が上達したかどうか、さっぱりわからない。そこである日、友右衛門にむかって言った。

「わしはもう何年となく、そなたについて稽古しているわけだが、今までこれぞといったむずかしい術の伝授を受けていない。他流では、当身《あてみ》とか人を投げる術とか、自由自在の妙術を伝授するというじゃないか。そなたも何故そうしないのか。これでは折角稽古しても張りあいがなくておもしろくない」

すると友右衛門が答える。

「当身というものは何も個人対抗の、力わざばかりにいうべきではございません。ところにより変《へん》に応じて槍や刀を用い、鉄砲のそなえを立てたりするのこそ用兵の当身と申すべきでござる。それゆえに伝授の書などというものも、平和の時代には経書をよみ、戦乱の時代には孫呉《そんご》の兵書を用いれば充分なのであります。師匠の印可なども、つまりは師匠ひとりだけがみとめたというに過ぎないのですから、一般世間の人が見て名人であるというようにならなければ、まことの名人とはいえないのでございます」

まさに毅然たる識見ではあるが、これでは習うほうに張りあいがないから、長つづきする門人は少なかった（ここまで要約）。

さて友右衛門の子の伴五郎義方、これも晩年は友右衛門と名乗ったという説があるが、まだその確証を私は知らない。義方は宝永元年（一七〇四）五月に五十三歳で死去し、高輪の泉岳寺に墓がある。逆算すると承応元年（一六五二）の出生である。四代目渋川伴五郎時英の書いた「柔心先生伝」に、

「時英が曽祖父、義方（初代伴五郎）は、十六歳のとき八郎左衛門（関口流二代目の魯伯氏業）の門弟になり、二十九歳の時に許可を得て、江戸に来たれり。その時、故ありて師弟義絶なりし故、柔心の行年ならびに存生の歳月等も詳ならず」

とあるのを前記の伴五郎の年齢に照合すると、十六歳入門は寛文七年（一六六七）で、関口柔心は七十一歳（死ぬ三年前）。二代目魯伯は五十歳、江戸滞在中で紀州にはいなかった。伴五郎二十九歳は延宝七年（一六七九）で魯伯は六十二歳。この間魯伯は承応三年の三十七歳から延宝元年の五十六歳までの十九年間、江戸に滞在していたことは関口家の『家譜』に明記するところであり、江戸では芝の浜松町に道場をひらいていたという。

してみれば伴五郎が、紀州の関口道場に入門してから術技を習う機会があったのは、柔心の最晩年わずか三年関と、二代目魯伯が江戸から帰って来てから後の六年間でしかなかったわけで、柔心の死去した寛文十年から魯伯の帰郷した延宝元年までの三年間は、三代目万右衛門氏英か、四代目弥太郎氏暁の薫陶をうけ、さいごに二代目魯伯に六年間おしえられて免許をもらったと見ねばならない。

ともかく、渋川伴五郎義方は、前後十三年（足掛け十四年）のあいだ、関口道場で修行し、二十九歳で皆伝をもらった。免許をとるとすぐに和歌山城下で道凝《どうぎ》館という道場をひらいたが、おそらく同じ城下で師家とおなじ関口流の看板をかけたのが、魯伯の怒りに触れたのだろうと思う。義絶・破門を申しわたされた理由は、それしか考えられない。

これは二代目関口魯伯が江戸滞在中、ひどく異風な歌舞伎者《かぶきもの》の気風にかぶれ、三尺三寸の長大刀の鐺《こじり》に小車を

つけて引きずってあるき、小者に石川五右衛門式の百日カズラのような頭をさせて伴れ歩いた（渋川時英の『柔心先生伝』）、というほど自己顕示欲のつよかった人物なればこそ、渋川の行動を権威に対する反抗と見て破門したのであろう。初代の関口柔心ならば決して怒りはしなかったはずだ。

前の柔心の章にも書いたが、彼は門人の個性をおもんじ、関口流の仕形に拘泥せず、自己流の者でも強い門弟には平気で免許をあたえたため、技術の内容が関口流と相違する系統も少なくなかった。柔心の門人で地元で弟子をとった下村鉄心などは、その一例である。

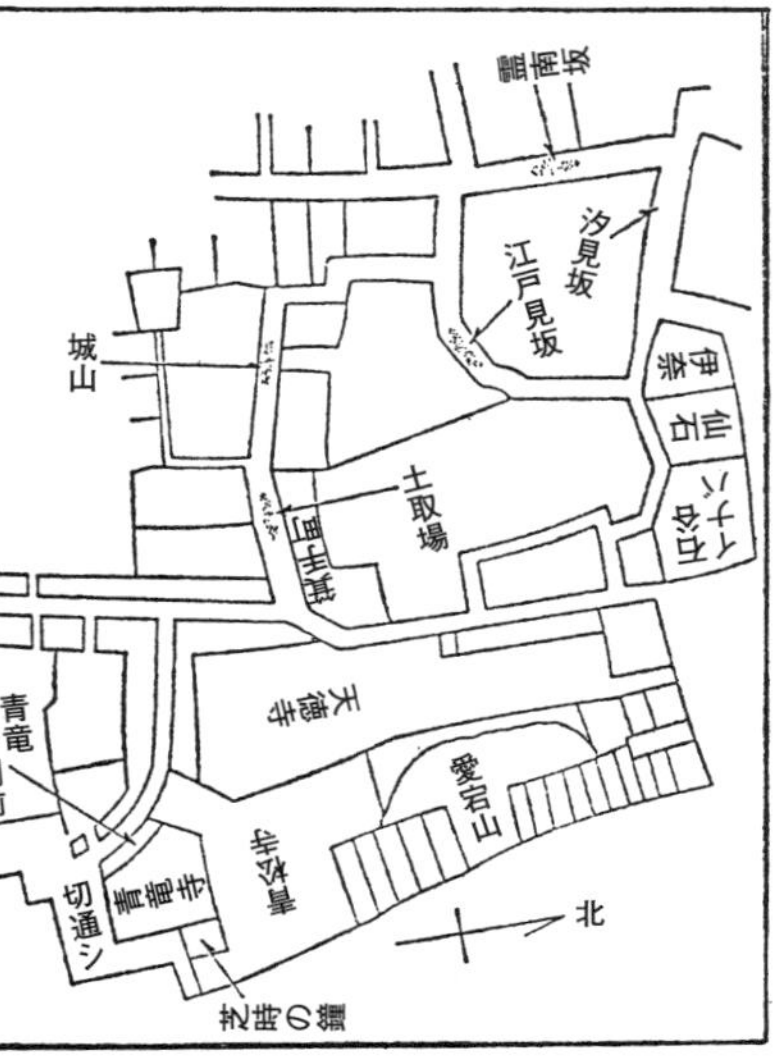

芝城山より切通し近辺の図（万延図より）

師から義絶された渋川義方は、しかたなく城下の道場を閉め、天和年代のはじめごろには江戸に出て、芝の西久保城山に道場をひらき、これを武義堂という。道場の場所については『雑話筆記』に、はじめ山王町、後に芝切通しに住す、ともしている。

右のうち山王町というのは、げんざいの中央区銀座八丁目のうち、汐留川に架けた難波橋（土橋と新橋の中間）北畔の西側をいう。延宝年代前後の銀座は、ようやく一丁目から四丁目へんまでが商業地区としてやや賑わったとはいえ、とうてい後世の殷賑《いんしん》はなかった。

山王町は今でこそ銀座八丁目のうちというものの、通町の芝口近傍で東海道の駅路に近いのが取柄《とりえ》というだけの町屋で、その当時は店屋より庶民の住宅のほうが多かったが、大名屋敷街の丸の内や外桜田からの人出は、たいてい常盤橋門か山下門（一に鍋島門）を抜けて下町へ出るので通行人は意外に多い。町家に住んで道場をひらくには、まず適当な場所ともおもわれる。

西久保城山というのは、げんざいの港区芝西久保城山町から芝葺手町一帯にわたる地域の俚称で、ふるく土取場といった土砂採取所から江戸見坂へんまでにわたっていた。寛永以前からほとんど全域が士宅地であり、町地は元禄年中になって初めて小地域が葺手町になっただけであるから、渋川がここで道場をひらいたとすれば、士宅の一部を又借りしなければならなかっただろう。

また芝切通しというのは旧時の青竜寺門前町の俚称で、切通坂上につづくところ。ここは当時は寺社奉行支配地ながら庶民に開放された町屋であるから、武芸者が道場をひらいたり、密娼が客をひいたりするのに最適の場所と見てよかっただろう。

## 『紀州柔話集』の悪評

『翁草』巻三八の記事によると、伴五郎は二十四歳のとき紀州から出たといい、その門に学ぶ者千人を超えたが、当時江戸に菅谷某という柔術の達人があり、この菅谷と三田の仏乗院で試合をして伴五郎が勝ったので、よけい有名になったという。

仏乗院は三田南町にある。高島山歓喜寺といい、真言宗真福寺末。もと八丁堀にあったが寛永十二年に現地へ移って来た。寺地は五百八十坪（『寺社鑑』）。菅谷某については傍証を得ない。なお伴五郎二十四歳のときに江戸へ出たとすれば、それは延宝二年（一六七四）であって、二代目関口鲁伯が延宝元年に紀州へ帰国してから、たった一年しか就いて学ばなかったことになる。大いに不合理である。

伴五郎義方は、じつは江戸へ出てから鲁伯について修行した、という説も別にあった。『南紀徳川史』の関口流代々を記した中に、

「伝聞に因るに、関口流は柔術の元祖にして、渋川流も是より出づ。初め渋川伴五郎、柔心の門に入り学びたるに、力量強く、我意《がい》の術ありしより、流意に適せずとて柔心に破門せられ、後、渋川の一派を立しに、

魯伯武者修行のとき出逢い、伴五郎勝負に負けたるより、ふたたび魯伯の門に入りしと云う」の一条がある。

柔心の門に入って破門されたとすれば、十六歳で入門した伴五郎は、十九歳のとき師の柔心が死去したから、それ以前の破門であろう。そして魯伯が江戸武者修行中に伴五郎が試合して負け、魯伯の門人になって学んだというのは、承応三年から延宝元年までの期間のうち、寛文十一年から延宝元年まで、伴五郎二十歳から二十三歳以前の、ほんの二、三年間の修行に過ぎない計算で、やっぱり少々不合理な気がする。

それに、我意の術ありしによって破門というのも、柔心が個性尊重主義で関口流の仕形《しがた》に拘泥せず免許を出したという話に、まったく背馳《はいち》する。殊に柔心晩年は伴五郎はまだ十七、八歳の生意気ざかりの少年に過ぎない。そんな少年に手こずるほど、柔心は不錬成の人ではなかっただろう。

『紀州柔話集』にも、次のような記事が出ている。やはり伴五郎が江戸で魯伯に入門したという説で、二十九歳まで紀州の関口道場にいたという制約を考慮の外に置き、魯伯が承応三年から延宝元年まで十九年間江戸に滞在した期間中のことであるとすれば、義絶・破門の経緯も、既述のそれとは異なっていただろう。それにしても『紀州柔話集』の記述はあまりにも残酷だ。伴五郎を、とんだ卑劣漢にえがいている。

――渋川伴五郎は、関口二代目氏業魯伯が江戸の芝浜松町に道場をひらいていた時分、入門した弟子である。この伴五郎、術技のほうも達者であったから、師匠がよく教えこんだので大いに上達した。しかし、どうしたことか武士の道にそむいたという怒りをうけ、その門から放逐された。

伴五郎はおそれ入って、

「それがし先生のおかげをもって身を立てようと、この年ごろ随身してまいりました。それを思いがけない御怒りに触れたというのをきいて、道門の傍輩たちがそれぞれ私のためにお詫びをしてくれ申しましたのに、師は廉潔一徹で、それでは筋道が違うとおっしゃって、なかなかお怒りが解けません。まことに恐れ入ったことでございます。それがし師の御教導によって日夜の修行おこたらずにつとめましたのも、これ畢竟《ひっきょう》わが身を立てようとの願いからでございます。しかるに今かかる御怒りにあい、まことに武門の冥慮《めいりょ》に尽き、氏神にも見はなされたのでありましょうか。されば身の進退、今日ここにきわまり、腹でも切って死ぬよりほかに道がございません。されども人と生まれ、一事の功も立てないで朽ち死せんことは残念であります。なにとぞこの上の御慈悲には、ただいままで御伝授下されましたる術技《わざ》や仕形《しがた》を盗んでそのまま私の教則とはいたさず、御指南いただいた技法を基本にして他の形に変えて教え、それをもって渡世して生活を立てることにしたいと存じますので、その段をば是非におゆるし給わらんことを、お願いいたします」

と、傍輩たちの口添えで懇願したから、師匠の魯伯も、

「生活ができなくて飢渇《きかつ》すると言われては、男一匹見殺しにするのも不憫《ふびん》だ。よろしい。こういうことにしよう。関口流を教えるというのであれば、おれは一切これを許さない。今までおまえが稽古したことを根本にして、自己流に工夫をほどこして教えるというならば、あえて許そう」

と返答した。伴五郎頓首再拝して、このきびしい戒めをまもり、新しく心の練りということをかんがえ出して関口流の形を改変し、師の教則の順次を前後にならべ替え、渋川流と名づけて教えたという（以上、要約）。

関口流も後世になると、いろいろと術技の名目がふえ、複雑な手数に分割されて目録も段階的に併列し、文化・文政時代になると詳細な術技の彩色図巻までできて、大いに整備されるようになったが、初代の柔心は無筆で繊細な術技も身ぶりを使って教え、門弟の個性はそのままに残して無理に関口流にしようとしなかったほどだから、流義の基本なども煎じつめれば彼の好んだ角力の手を基本にして、投げ、締め、四手押しに心法と称する精神力学を加えて、わずか四カ条に凝結することができるほどに簡単であった。二代目魯伯が、初代の手数にどれほどの要素を加えたかは私にもわからない。しかし渋川伴五郎が、師の教則に無理にも変改を加えなければならない立場になったとき、まず心法を中心にして心の練り（練心）を武術哲学として標示したのは、もっとも賢明な方法であったと私は思う。

『紀州柔話集』は著述の性質上、どんな形でも紀州に背いた人物については、無理にも悪口を書かねばならなか

った。黒田家の藩儒貝原益軒が、脱藩した後藤又兵衛を、とことん悪く書いたのと同様である。

だから私は、渋川伴五郎についての右書の表現が、具体的に書かれた悪態であっても、かならずしも信用しない。いや、年代的に見て、伴五郎が江戸で魯伯に入門したという話そのものを、信じる気になれないのである。

附記。初代伴五郎義方には『質材鈔』『柔術百首』等の著述がある。文才の士であったらしい。

# 松林左馬助蝙也斎

## 前名西村四左衛門時代の逸話

松林左馬助、諱は永吉。『武芸小伝』『撃剣叢談』『日本武術諸流集』等に、常陸国鹿島の人で、鹿島流を学んだとしている。しかし鹿島の出身というのは誤説である。剣はたしかに鹿島の流裔であった。そのことは後に書こう。鎌原桐山（佐久間象山の師）の『朝陽館漫筆』巻二に拠れば、松林左馬助というのは世に出てからの名で、前名は西村四左衛門といい、信州松代の近郊、長礼村（埴科郡東条村長礼）に生まれたという。一説に、この四左衛門は文禄二年（一五九三）、信州飯田藩士の二男として出生したとあるが、桐山はそのことには触れていない。

左馬助の武術は剣・居合・手裏剣・槍・棒・薙刀・柔の総合で、一流をひらいた当初は夢想願流と称していたが、後には正称を「願立《がんりゅう》」の二字に定めた。リュウを立と書くのが正式で、俗には願流または願立流とも書いた。眼流と書いた例もあるようである。願立は左馬助の号を採ってそのまま流名に用いたのであるが、後に無雲《むうん》の号を用いるようになってからは、一に無雲流という流名もつかった。後さらに、蝙也斎《へんやさい》（蝙蚰斎）の別名をも用いている。

ちなみに言う――流名に立の字を用いた例は、他に秋月藩士安倍五郎太夫頼任の安倍立《あべりゅう》以外にない。頼任は左馬助より後の寛永元年（一六二四）生まれだから、願立の先例に倣《なら》ったのかもしれない。

以下、四左衛門時代の左馬助の逸話は、前記の桐山の記事に拠るのだが、実はこの記事、彼と同藩士の畑太左衛門からの聞き書きであり、若干は桐山自身の感想なども混っている。そして畑太左衛門その人もまた、武術で指折りの人物であった。まず四左衛門についての記事を要約する。

――松林左馬之助という兵法者がある。彼は松城《まつしろ》（松代）近辺長礼村の産にて、西村四左衛門といっていた者である。夢想権之助という者が当国へ下ったとき、四左衛門はこれに入門して修行した。その修行には純粋の武技ばかりでなく、現術《げんじゅつ》（幻術をいう。幻術とは古来の目クラマシ、西域伝来のマジック的な体技のことで、戦国時代ごろには、忍びの術の基本だった軽業《かるわざ》・軽身《かるみ》の術が主になっていた）なども少し混ぜて稽古したらしい。ここの宮、かしこの岩屋といった山奥の幽所に百日参籠したり、あるいは三七二十一日の断食祈願をしたりして、せっせと心身を鍛練した。

愛宕神へ立願したときなどは寺尾の大橋の上から、うしろ向きに逆さまに川へ飛び下りて、あわや水面と見た瞬間に跳ね返って水面からもとの橋の上へ飛び返る練習をした。まるで嘘のような話だけれど、寝ても醒めても橋のうえへ走って行って、バタン、バタンと飛びこんでいたものだが、とうとう、水面から跳ね返れるようになり、しまいには馴れてしまい、練習に退屈して、やめてしまったそうな。

「いずれが真《まこと》やら」と畑太左衛門が言ったというところを見ると、相当の誇張話であるらしい。

左馬助はこういう練習を積んだ末、一流をひらいて夢想願流と称したが、桐山、付記していう。自分の知っている時代でも、あの大橋の下は水際まで、ずいぶん高く見えたものだ。左馬助の若いころなら、水もずんと深かったことだと思う、云々。

四左衛門（松林左馬助）の師匠だった夢想権之助は、諱は勝吉といった。本姓、平野。通称は権兵衛。木曽義仲の臣木曽冠者大夫房覚明の後裔という。神道流を桜井大隅守に学んだ。宮本武蔵玄信との試合に敗れて発奮、筑前の宝満山に登って神託を得て、四尺二寸一分・径八分の杖の用法を発明した。杖術を基本にして棒・剣・縄術をあわせて一流を創め、流名を神道夢想流という。後、筑前黒田家につかえ、同藩に伝統した。左馬助は師の夢想流に従ったから、初め夢想願流の称を立てたのである。その略系は左のごとし。

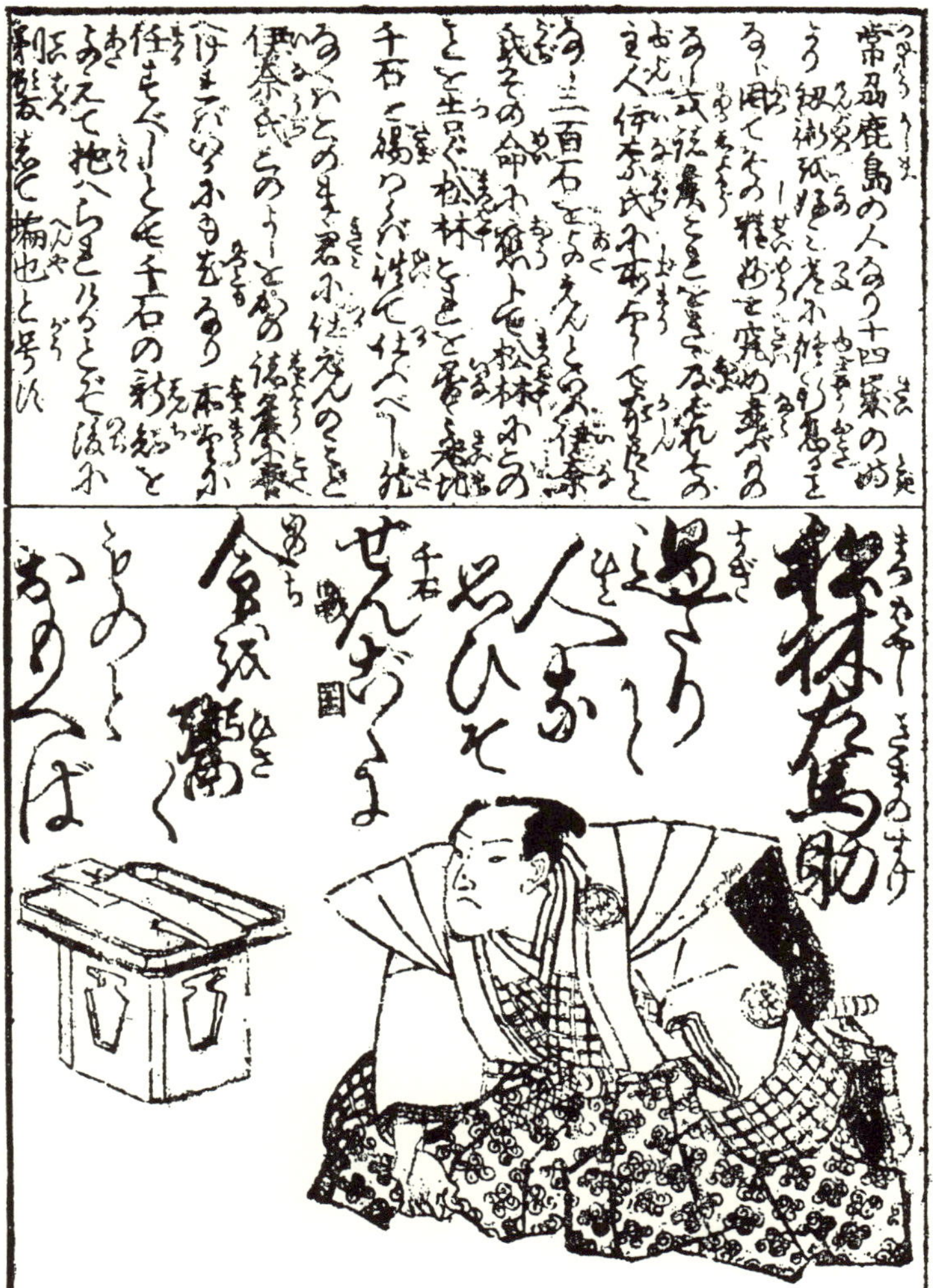


松林左馬助（『武稽百人一首』）

飯篠長威斎家直（神道流）
　松本備前守政信（鹿島神陰流・神流）
　　松本右馬允政元─小神野越前守幹道
　　真壁安芸守久幹（霞流）─桜井大隅守吉勝
　　夢想権之助（神道夢想流）
　　西村四左衛門（松林左馬助・夢想願流）

鎌原桐山の文にはまだ付記がある。左馬助の若い時分の門人某の、その又門人に下田重郎兵衛という者があって、天和年代（一六八一～八四）の話であるが、美濃において母の仇敵を討ち、その事によって松平若狭守二百五十石で召抱えられた。云々。

さいごに桐山は、松代近辺出身の武芸者三名を品評して、そのランク付けをしている。

「当初よりは、長礼村より四左衛門、東条村せぜきより市左衛門（吉川市左衛門）これよりほかは何の芸者ども出たることなし。畑（太左衛門）は芸を他国に施さず候えば、右両人には劣りたりと存じ候也。されども、流の伝来するところは、吉川よりは畑の方上也」

こういう比較論が出たからには、どうしても吉川市左衛門、畑太左衛門両名の武芸について、いちおうの記述は省略すべきでなかろう。

## 吉川市左衛門と畑太左衛門

吉川市左衛門については前記の『朝陽館漫筆』に、左の記事がある（要約）。

――吉川市左衛門は直指《じきし》流の兵法の上手である。彼は松代の東条村に生まれたが（この人も西村四左衛門と同様に、松代藩士の家の生まれでないらしい）、江戸へ出て武家奉公人になった。主人は坂巻治兵衛といって、阿部豊後守の家臣であった。この坂巻は川崎次郎太夫（宗勝）の弟子で東軍流を学び、その後、みずから工夫を加えて直指流を開創した。

吉川市左衛門はこの坂巻に長年奉公するうち、後には刀を差す身分にとり立てられて門弟に列したが、大成して後は、その術が師を凌いだと噂された。寛文十一年（一六七一）ころ、信州の土口村において死去した、と云々。

右の記事、若干のミスがある。坂巻の主人は阿部でなくて安藤右京亮である。阿部は坂巻の師の川崎次郎太夫宗勝のつかえる主侯であった。この次郎太夫宗勝は東軍流の祖川崎鑰《かぎ》之助五世の孫で、同流の剣・薙刀・軍法・馬・砲術に通達した上に、なお宝蔵院流槍術初世の胤栄の直門に列していた。たまたま諸国修行中、武州熊谷で某剣士と試合をして殺害してしまった。同派の門弟数十人が復仇しようと追跡し、阿部正秋の領内忍《おし》の原（埼玉県行田市忍）で大殺陣となった。宗勝よく奮戦したが多勢に対してただ一人の戦いだ。ついに三カ所も負傷し、逃げきれずに村民に捕えられた。藩侯その武勇を見こんで召し抱えたが、後、辞して江戸に住した（『武芸小伝』に拠る）。

坂巻治兵衛は一に図書助という。信州の出身というが詳しいことはわからない。吉川市左衛門は同郷のよしみで奉公口に有りついたのだろう。坂巻は前記のごとく正しくは安藤右京亮の臣であり、江戸在住中の川崎宗勝に学んで一派を立て、東軍直指流また坂巻流ともいった。術技は和悦・棒・剣より成っているから、東軍流の技目から馬・砲・軍法・薙刀が脱落したわけである。新しく付加された和悦の意味は私にはわからない。柔術系統でもあろうか。なお「直指」の文字は、東軍流の太刀五を選んで「直指人心見性」の仏語に準じて流名にしたという。

前記の桐山の文には、坂巻の流名を「直指流」と書いている。これは略称であって、正しくは東軍直指流である。直指流と称する武術流派は他にも数派あるから、略称を用いると他の系統とまぎれ易い。念のため他系の直指流を並記してみよう。

直指流―剣・居合・捕物。元禄ごろ、松平大学頭頼貞。号、直指居士。伝統、昭和に及ぶ。

直指流─槍。庄内藩に伝承した。

直指流─剣。祖は山中平内重政。山中鹿之助の嫡子と伝えるが、確証を得ない。丹波沓掛山中に住し、夢庵と号す。二代目長谷川十郎左衛門紀隆から大いに世に弘まり、豊後岡藩に伝統して近代に及んだ。

直指流─捕縛。天野大和守が中興。

直指流─柔。徳島にあった。

直至流─剣・心術。文字が違うが、宝暦四年（一七五四）に江戸で一騒動をおこした『三額剣術珍剣記』で有名。なお坂巻流（東軍直指流）によって師を凌いだ吉川市左衛門は、晩年郷里の信州に帰って大いに門弟を養成した。この流の略伝系を次に示しておく。

川崎次郎太夫宗勝(鑰之助五世)
─坂巻治兵衛(図書助)─吉川市左衛門
─間淵十郎兵衛─梶原久三郎保景
─明石治右衛門重成……(以下略)

鎌原桐山が品評した三人目の畑太左衛門は新当流の槍術にすぐれていた。いわく、

──畑太左衛門は畑正右衛門の子である。父の正右衛門は真田信吉侯の家来で、安田大膳の直弟子として間《あい》の太刀まで修行し、免許をうけた使い手であった。太左衛門は父の伝を承《う》けて、兵法（剣術をいう）も教えていたが、なんといっても槍の名手であった。当地で新当流の槍をつかう者は、みな畑太左衛門の手筋である。私は彼が老衰してから後であるが、数年のあいだ毎日会って交際した。背丈が高く、大柄で骨太で、力も強かった。上手か下手かは別問題にして、ともかく威勢のよい使い手であった、云々。

新当流は、いうまでもなく塚原卜伝の流名である。略伝系は次のごとし。

塚原卜伝高幹―塚原小四郎幹秀
―安田大膳亮康秀―畑正右衛門
―畑太左衛門―山寺藤左衛門

## 仙台藩の松林左馬助

話を松林左馬助に戻す。

左馬助は諸国修行して後に、はじめ関東郡代の伊奈半十郎忠治につかえ、赤芝領七千石の陣屋（埼玉県北足立郡安行村字赤山）に住んで武術を教えていた。その名声をきいた仙台藩主伊達忠宗が、ぜひ自分の旗本として召抱えたいからゆずってくれ、と伊奈氏に懇望した。

伊奈は承知して、松林左馬助に三百石やってもらう約束をし、さて左馬助を呼んでこのことを告げると、左馬助は承知しない。何も無理に突っかかる習癖があってのことではないけれど、ゆうべの寝酒の飲みすぎで、彼は二日酔いだったのだ。

「いやですよ。拙者にはゆうべの酒が残ってるんです。静かにしゃべって下さいよ。権柄《けんぺい》ずくで嚙みつかれると、ガンガン響いて頭が割れそうなんです」

伊奈は、いやーな顔付きをした。

「左馬助、主人のおれの顔をつぶしてもらいたくないのだ。仙台侯には義理がある。大事な話なんだから素面《しらふ》になって返答しろ。どうだ。おれの命令にしたがって仙台へ行くだろうな。新知《しんち》三百石下さるのだぞ」

「そりゃー拙者は当家の冷飯食《ひやめしぐ》いだから、主人の命令には従うことになっています。たいては今まで、そうして来たのです。しかし、こんどのばあいは事情が違やしませんか、てもんです。拙者は強い人間で、他人にバカにされるのは嫌いだ。やり手で抜け目がないから気のくわんことには屈しませんよ。へん、新知三百石——気に入りませんね。きたない雑巾で顔を拭《ふ》かれたような気分だ」

「左馬——ちと口が過ぎやしないか」

「へえ、過ぎますか。しかし悪臭のする飯を嗅いだときには、犬だって拙者のようなしかめっつらをするでしょうな」

「仙台侯が拙者に千石お出しになるなら、行って仕えましょう。でなければ拙者はこのまま御当家でこき使われている方がよろしい」

「不足というんだな」

伊奈は無理押しもできないのでありのままを仙台侯に申上げると、侯は笑って言った。

「余も初めから、三百石ではウンというまいと思っていた。よろしい。いう通り千石にいたそう」

と、これで話がまとまり、松林左馬助は仙台に移った、と『武芸小伝』に書いている。仙台の太守伊達侯ともあろう人が、こんな商人くさい掛け引きをするだろうか。あるまじき文飾だ。左馬助が仙台へ転任したのは寛永二十年（一六四三）、五十一歳のときで、采地は三十貫文、後に三百石に替算になったのである。ここで『伊達家世臣伝記』を引用しておこう。

「松林左馬之助永吉は、信州の産なり。（中略）かつて伊奈家に寄寓し、武州赤山邑《むら》に住し、門人数多にしてその名遠近に発す。十八世忠宗君これを聞きたまい、寛永二十年癸未にこれを徴《ちょう》して采地三十貫文を賜う。永吉時に五十一歳なり。大猷公の世、慶安四年（一六五一）辛卯三月、永吉が技芸の妙あること台聴に達し、城上に召して剣術を上覧にそなう。門人阿部道是をともないて組太刀二十箇条の術をいたし、つぎに仕合の秘術、足譚《そくたん》（これ剣術の名なり。敵の附入る太刀を足を以て蹴落し、その余足《よそく》を以って働くの術なり）等の働きを尽す。因って賞として時服三領を賜うと、云々」

昔、源義経は柳の枝を空中へ投げて切るのに、八断《はちだん》してもまだ水に落ちなかったというが、左馬助が真似てやってみると、水におちるまでに十三に切断したほどの速刀だった。彼は日課として抜刀千遍、死ぬまでその日課をやめなかった（『東藩史稿』）。

門弟をつれて蛍の名所へ遊びに行ったことがある。

飛び交う蛍に見とれている左馬助の背後から、やにわに門弟の一人が、肩を突いて突き倒そうとする。

いつでもよいから、おれを驚かしてみろと、かねて言っていたからである。

が、左馬助は瞬間、さっと向こう岸へ跳んだ。その翌日、その門弟を自邸へ呼んで左馬助が、

「昨日なにか失《な》くさなかったか」

と聞く。

「はい。大切なものを失いましたが、どこでどうしてなくしたのか、さっぱりわかりません」

「これじゃろう」

と笑って、褥《しとね》の下から弟子の腰刀の中身をさし出したので、弟子は開いた口がふさがらなかった。

あるとき南部藩の某剣士が、藩の身分ある家の娘をそそのかして仙台に逃がれて来た。南部侯から仙台侯あてに捕縛方の依頼があって、左馬助がその命をうけた。彼は一塊の鉛丸をふところにして、駆落ち者の旅宿に行った。相手は威嚇するつもりか、時どき二階から白刃をのぞかせる。左馬助はその白刃めがけて鉛丸を投げつけ、剣士が反射的に斬りつけてくるその足をさらって階下へ引っぱり下ろし、待ち受けていた捕吏どもにしばらせてしまった。（右の二条は『揚美録』に拠る）。松林左馬助は寛文七年二月一日死去した。七十五歳。荘厳寺に葬る。願立（流）の略譜は上記のごとし。

松林左馬助─松林仲左衛門実俊…（以下家伝）
├阿部七左衛門道是─和田随心（無鑑流）
├佐藤嘉兵衛尉…（二代略）─鈴木一翁（三徳流）
├三浦岡雲斎
├進藤勘四郎儀次…（無雲流）
└上遠野伊豆守常秀…（二代略）
　└上遠野伊豆守広秀（上遠野流）

左馬助の願立（流）の内、手裏剣は特に蟹眼流《かにめ》という。技のなかに蟹眼の大事ということがあるからである。手裏剣の打法《だほう》は直打法《ちょくだ》で、流裔に上遠野《かどの》流の上遠野伊豆広秀が出ている。

上遠野は蔵髪《ぞうはつ》の手裏剣を打った。

これは頭髪に笄《こうがい》として差す珍しい方法であるが、思うに願立の手裏剣が元来、蔵髪であったのでなかろうか。

# 芝愛宕山の騎馬天狗

（春風得意馬蹄疾、一日看遍長安花）

## 曲垣平九郎は架空の人物

曲垣平九郎の芝愛宕山騎馬登攀の事蹟は、あらゆる事典類・人名辞書・馬事史の類・又ある種《しゅ》の歴史年表にまで、すべて講談の説くままに採録されていて、今ではそれが正確な事実として一般に信じられ、いやしくも疑ってみようとする酔興な人はほとんどないようである。

だが、曲垣はまったくの架空人物であり、事蹟はすべてフィクションである。曲垣ばかりでなく、いわゆる《寛永三馬術》は三人が三人ともフィクションなのだ。

もっとも、モデルはある。曲垣平九郎は元禄ごろに愛宕騎上をした備前藩馬廻役、市森彦三郎。向井蔵人（奴の百々平）は市森の槍持仲間寸戸《すんと》右衛門。この寸戸が江戸で人を斬った事件から、市森は寸戸を郷里に閉居せしめて一時脱藩放浪したのが基盤的なネタで、それへうんと時代ちがいの、慶長十二年に肥前唐津藩天草城代高畑新助が、主君の嫡子と島津家姫君の縁談について薩摩から来た使者の伊勢平右衛門を、接待の席で斬殺した事件をくっつけ、この高畑を筑紫市兵衛と名を変えて『曲垣実伝、愛宕山馬術勲《いさおし》』という実話小説ができ、それが講談に俗化されたのである。

そのこまかい考証は前に書いたことがあるから、ここにはくり返さない〔本書「寛永三馬術」参照〕。

ここで書いてみたいのは、芝愛宕山の騎乗登攀物が、いわゆる曲垣平九郎以外に何人あったかということだ。もちろん記録の上に見えるものだけで、記録以外のものの実数まではわからないが、私の知っている限りでは四人――それも仮作の曲垣まで入れて――以上を数えている書物が皆無であるからである。私の数えるところでは、ザッと十人になる。（旧藩時代の記録をあされば、おそらくもう若干の登攀事蹟が出てきそうである。）

まず江戸期初頭に、かさい雅楽《うた》がある。（かさいは葛西とおもわれる。）証拠のためにその記録を引用する。

――大坂の陣に、後藤又兵衛の組にぞくして従軍した長沢九郎兵衛という人物。この人の父七右衛門・兄十太夫ともに、同じ後藤の手にぞくしていたのだが、九郎兵衛は長生きして、後に『長沢聞書』という見聞書をのこしたが、そのなかの一条に、

「其頃（慶長元和のころ）馬乗手。上方にて上田吉之亟。大坂にて蜷原八蔵。江戸、かさい雅楽《うた》。右之かさいは江戸愛宕の石のきだ橋を上り下り、自由にて乗り申され候」

とある。右のうち上田吉之亟はひじょうに有名な馬術家で、家系も履歴もほぼ分明だが、他の蜷原・かさいの両人については一切不明。ただ、後者が愛宕山騎乗登攀の名誉を世に賞讃されていたことだけが、わかる。

そのつぎが曲垣平九郎のモデルになった市森彦三郎で、代々備前藩馬役、百五十石。父彦七は有名な奴《やっこ》（俠客）きどりで粗暴なおこないが多く、一たん改易されたが、延宝七年十二月帰参。息子の彦三郎も父に似た奴きどりで、ついに仲間寸戸《すんと》の殺傷事件で出奔した事蹟については、『吉備温古秘録』にくわしい。同書にはどうしたものか愛宕騎上のことは書いていないけれど、その事実があったことは、伊藤燕晋《えんしん》の『撃壌余録』と、喜多村信節の『嬉遊笑覧』にあり、また『積翠雑話』巻八には、彼一人でなく、鳥取池田藩の依藤孫兵衛とふたりクツワを並べて、しかも石階のふちの雁木を上り下りして平地を行くが如くであったと書いている。

依藤孫兵衛長守、鳥取藩随一の馬術家で、大坪流。荒木元満の門人である。

奥州では二本松藩に愛宕騎上の経験者が多い。

山田友右衛門正喜、号林侯。八十石。後、百石。安永年代に芝愛宕山の石階を騎上。天明四年三月歿す。七十一歳。

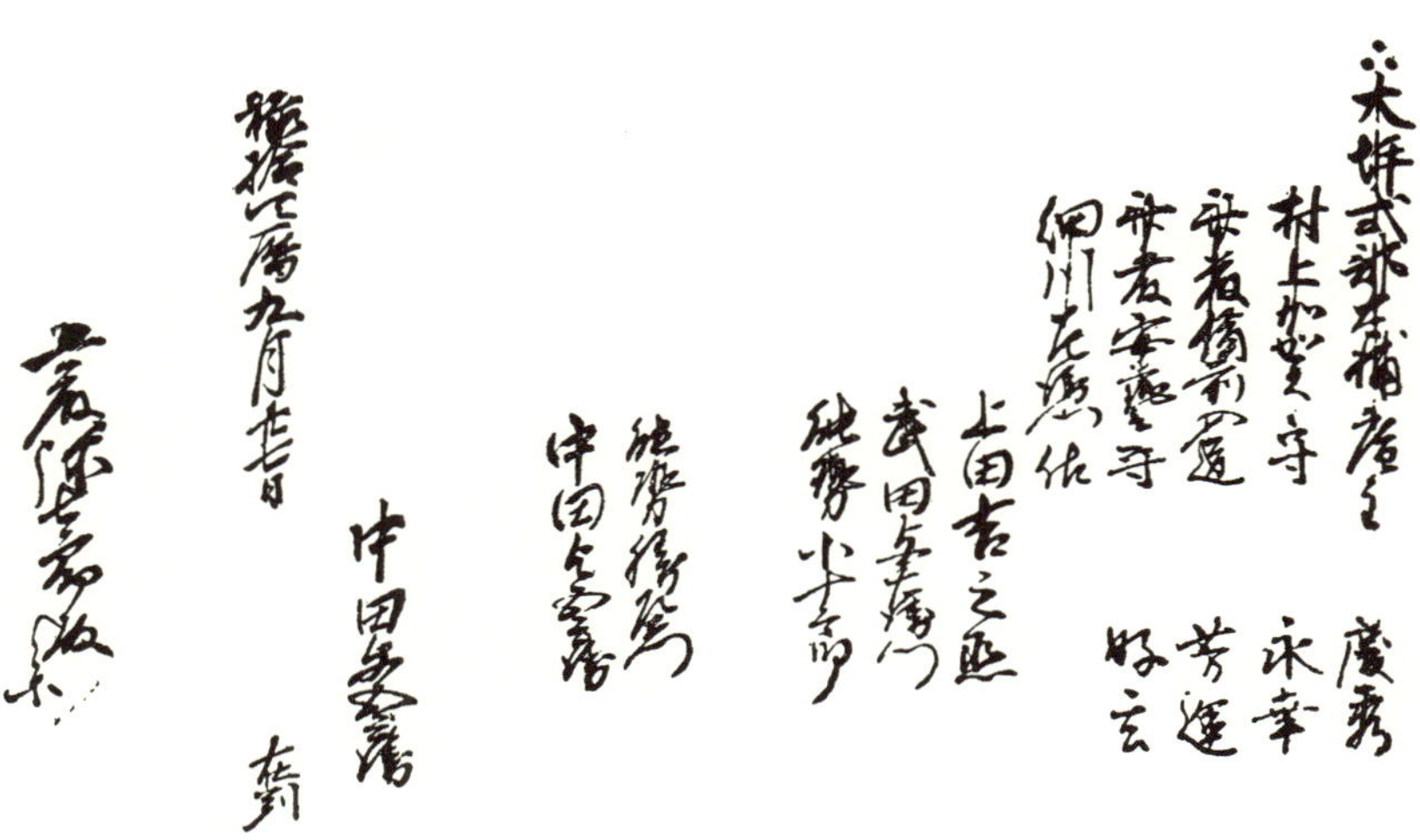

大坪流手綱秘伝書（奥書）

その孫、山田友右衛門直紀。一に三継。号松軒。この人も出府中、愛宕山の石階を騎上すること数回。世人から《騎馬天狗》と云いはやされた。馬相・馬術・調馬の大要をイロハ歌に作った。明治元年八月、米沢に死す。八十五歳。

同藩に大島文之進義明という馬の名手がある。天保以後のことであるが、出府中、前記の山田友右衛門と馬の競技をすることになった。

「愛宕山の石階を上り下りしよう」と友右衛門が、いう。

「いや。あんなことは児戯だ。それより芝・程ガ谷間を休みなしに馳け通してみようじゃないか」と義明は提案した。

「よろしい。さあ走らせるぞ」

二騎は勢いよく走り出した。

所要時間は不明だが、まず義明の馬が帰着した。乗りつぶされてヘトヘトになっていた。

やがて友右衛門が、ほんの二、三分おくれて帰ってくる。

「おれの勝ちだぜ」と、もう地上に下り立っていた義明が迎えて、鼻をうごめかす。

「さあ、どうだかねえ」

友右衛門の馬はほとんど疲労の色をみせていない。立髪をふるい、ヒヒーンといななく。まだ三里や五里なら平気らしい。

義明の馬は脚を折りまげて、地上にへたばってしまっていた――そして四、五日後には百匁五十円の馬肉に変ったのである。

安政元年四月五日、豊後臼杵《うすき》藩の士、雄島多太夫のせがれ勝吉が、馬で愛宕男坂の石階を上下した。馬は奥州三春立、四才青毛と、『続々泰平年表』に記されている。

文久三年、南部藩士四戸三平、おなじく愛宕山石階を馬で上下したという。この記録は私は知らないが、水谷温氏の著書で知った。

近代になってからでの騎上登攀者が、三人ある。

明治十五年六月。宮城県人石川晴馬。

大正十四年十一月八日。参謀本部員岩本利夫。この岩本の壮挙を記念する額が愛宕神社の社殿にかかげられ、このとき同時に社前にある曲垣平九郎手折りの源平の梅というものの傍に駒札をたてて、

「梅折るやほまれも高き馬の上」

という下手くそな俳句を標記し、とうとう講談から偽造史蹟が生れ出ることになった。

昭和十一年に、東京荒川区日暮里の里見国啓（五十歳。もと騎兵学校出身）が乗馬登攀に成功したが、爾来今日まで、誰れも試みた者はないようである。

## 大坪流手綱口伝の歌

文字を記憶させたり、一般的教養や身だしなみをおぼえさせるために、昔の人は多く和歌の形でその教則を作っている。芸能いっぱんを通じて、その基本的文法ともいうべき本則は、たいてい和歌の形式になっていて、これは茶道・華道はもとより、文楽人形の使い方に至まで同様であり、武芸のほうでも例外ではない。

前に書いた二本松藩山田直紀の馬術関係のイロハ歌を私は知らないが、馬術の本家というべき大坪流にも、も

ちろん『大坪流手綱口伝歌』と題する百首がある。

こういう口伝の歌は、形が三十一文字の組み立てであるというだけで、しごく平凡な説明にとどまり、その道の人以外が読んでは至極つまらぬものであるけれど、こころみに百首中、いくらか一般的に意の通る歌を若干、ここに抜き出して見よう。

静まりて後は遠くも乗りぬべし、はねてあがらば近く乗るべし
尻去《しざり》つつはねてあがれる馬ならば、水ぐるまにて折りこめて乗れ
物を見て馬猛《たけ》くして人喰うを、口よく乗れば直ることあり
出はあらき馬は心と鞍の下、手の内あぶみくつぐりて乗れ
過て行くときは心と鞍の下、残る二つはあぶみ手の内
人の見て下手というとも口伝して、乗ればいかなる馬もしたがう
馬の口は人のおもての如くにて、似て似ぬものと心得て乗れ
馬の口は引いて引かざるものなりと、稽古をすれば馬は知らする
はやる時いかにも負て乗りて後、静まるときに口を引くべし
一も二もすきより外の事ぞなき、三つにとりては器用なりけり
叱る声鞭にしずまる馬もあり、それを用いぬ馬もこそあれ
乗りようは大かけ・廻し、りゅうご型、つづら折りにてだくだくを乗れ
人の如く心臆病なる馬は、手綱もいらづ物におどろく
口強く牙にかけつめて行く馬も、さざ波父母を乗れば口入る
鞍の下手の内あぶみ我が心、よく合いぬれば馬もしずまる
百曲の馬というとも長鞭に、一度せむればしたがいぞすれ

以上にとどめる。

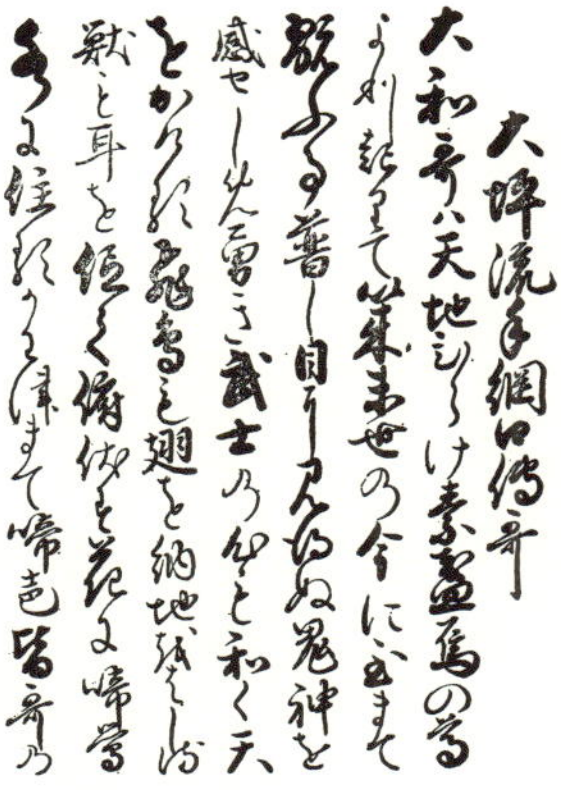

大坪流手綱口伝歌

# 詳伝　拳骨和尚武田物外

## 不僊流開祖

物外和尚伝の根本資料として最も信用できるものは、物外の弟子、木鈴《もくれい》和尚が壮年時代に書いた稿本『物外一大鏡』（済法寺蔵）で、その全文は雑誌『通俗仏教』第十二号（明治三十四年三月刊）に発表されている。高田道見の編集した『物外和尚逸伝』（明治三十七年一月刊）も、右の資料を基本にしているが、他におびただしい聞き書きが加えられ、また物外の俳句を手広くあつめてあるのが珍しい。以下右の両資料を中心に、なお若干の文献を渉猟してまとめることにする。

備後の国、尾道市の町はずれ——正しくいうと御調《みつぎ》郡栗原村の在、大宝山ふもとのささやかな庵室。これが拳骨和尚こと、武田物外の住んでいた曹洞宗、済法寺である。「拳骨和尚のお寺」といえば、だれでもよく知っている。もって生まれた超人的な大力で、拳骨では天下ずい一といわれた奇僧。いかなる堅い板でも和尚の拳骨で打てば、かならずへこんだものだ。これは大力だけでなく、平常の訓練によってそうなったのである。

むかしは心がけのよい武士などは、特にこういうことを常に訓練していたので、幕末剣豪中の指折りだった平山行蔵なども、昼夜読書のときなどには、きまって傍に槻《つき》の木の板を置いて、これを拳骨でなぐりながら読書した。「本を読むといっても、手のほうを遊ばせておくのはムダじゃないか。だから拙者は読みながら拳骨を堅めるんだ」

と、口ぐせに言っていた。

武田物外は、拳骨和尚という俗称で世間に知られたが、武術なら何でも来いだった。剣法は不僊流開祖という。不僊は彼の諱《いみな》である。柔術は高橋猪兵衛満政について習った難波一甫流であるが、これも自分では不僊流といっていた。鎖鎌は山田流、槍は宝蔵院流、馬術は大坪流であった。

右のうち難波一甫流は、略して一甫流という。技目《ぎもく》は腰の廻り・剣・杖・取手・縄術である。流祖は長州の人、難波一甫斎久永。元和年代の人、又はそれ以前の人ともいうが明確でない。流裔は広島藩に宇高専三郎直次があったから、物外の師の高橋はその門系であったのだろう。

山田流鎖鎌の山田心竜軒（俗に真竜軒）は幼名真之助、天正九年（一五八一）、肥後国宇土郡山田村の出生という。新陰流関口刑部左衛門忠親の門人という説もあるが、この関口は架空人名としか思えない。山田の名は、念阿弥慈恩を初祖とする一心流（棒・捕縛・鎖鎌・手裏剣）の系譜の四代目に見えている。ちなみに一心流という流名は、六代目の丹一心から発したとおもわれる。

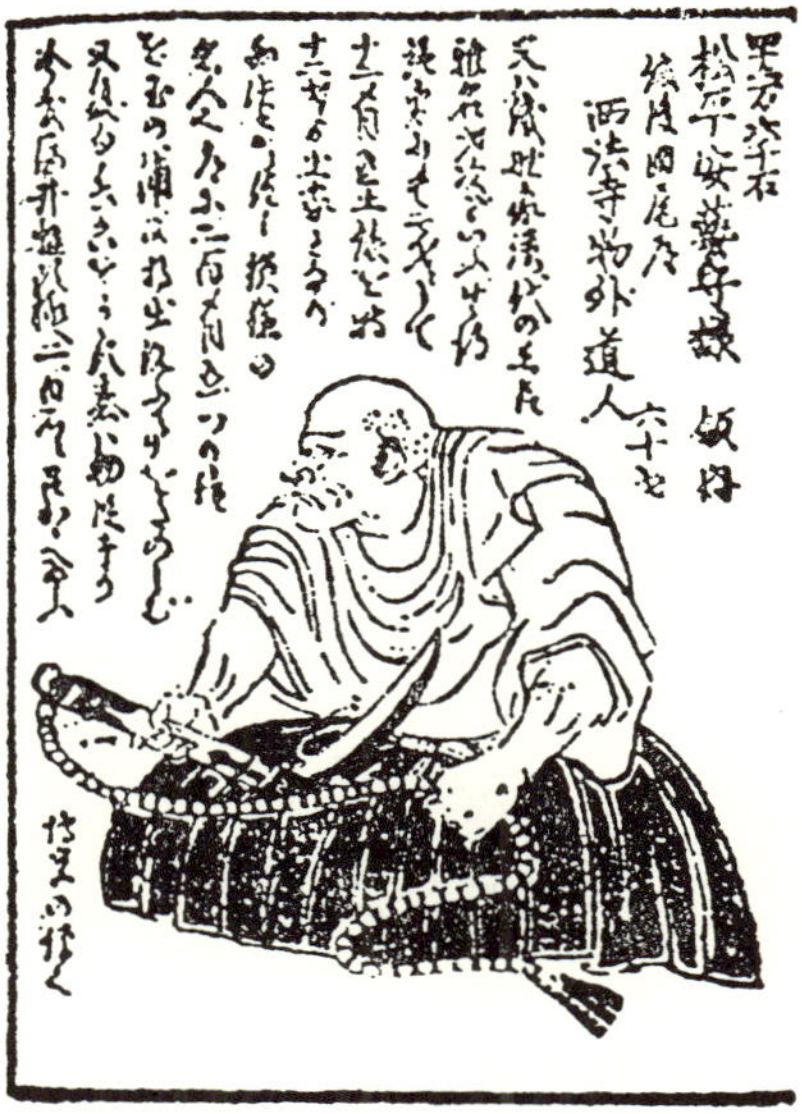
武田物外和尚肖像（『今世日本勇士鑑』）

『今世日本勇士鑑』に、

「四十二万六千石、松平安芸守様領内、備後国、尾道、西法寺物外道人、六十歳。

父は浅野家譜代の長臣。雅名才次という。生得強勇にして、二歳にして十二貫目有る土俵を持ち、十二歳より出家となり、西法寺に住し鎖鎌の名人也。常に二百貫目あるつり鐘を玉の浦に持出し、洗うことをたのしむ。又発句はいかいをよくす。碁は初段なり。今度酒井雅（楽）頭様へ、二百石に召かかえ給う。

博学の僧也」

誤記もあるが、鎖鎌を持つ画像をえがいているのは、その特技で著名だった証である。『物外和尚逸伝』拾遺にも、武芸中、一番得意だったのは鎖鎌で、某藩へ遊んだ際、藩士が入浴中の物外を槍で襲ったが、物外は匿し持った鎖鎌で槍をからめ取り、寸々に切断してしまったという話を書いている。

寛政七年（一七九五）、伊予の松山うまれで、父は松平隠岐守の家臣、三木兵太。母は森田太兵衛のむすめである。この寛政七年説は、彼が天保元年（一八三〇）に、尾道の済法寺の住職になるときの願書に、「今年三十七歳にまかり成り候」とあるのに拠るので、これによれば後に慶応三年（一八六七）に入寂したときは、七十八歳ということになる。

別説がある。彼は幼名を虎雄といい、寅の年、寅の月、寅の日、寅の刻にうまれたという。寅年ならば寛政六年であるが、これは付会の説らしい。寅のそろった生まれの人は豪力の傑物であるという俗説があるから、怪力の物外をそういうふうに言い出したものと思われる。

また別な珍説もある。彼の母は、結婚前には松山城のお風呂女に上がっていて、そこで藩主松平隠岐守のお手がついた。物外は藩主の落胤であったというのであるが、どうも講談的マンネリズムに過ぎないようだ。かつて三田村鳶魚翁から聞いたことだが、将軍や大名が奥女中に手を付ける例は多いけれど、お風呂女中を風呂場で手込めにすることは、ほとんど有り得なかっただろうとのことであった。

## 塩辛小僧のいたずら

物外は寛政十一年五月、山越の竜泰寺の祖燈和尚のもとに小僧にやらされた。五歳である。ずいぶん手におえないいたずらばかりしている。

十歳のころ、広島の中島本町の伝福寺観光和尚（『物外一大鏡』には伝福寺円瑞としているが、円瑞の名は確証がない）が道後温泉へ入湯に来て、旧知の祖燈をたずねた。そこでいたずら小僧に目がとまる。

「手におえない小憎らしいな」

「うん。どうも、手こずっている」

「じゃあ、おれが一つ引きとって、しこんで見ようじゃないか」

ということになって、広島へつれもどった。

観光和尚は弟子を育てることが上手で、嗣法の弟子は十人以上もあったとのことだが、さすがにこの小僧には手こずった。なるほど祖燈の言った通りで、箸にも棒にもかかったものではない。土地の方言で腕白のことを塩辛という。そこで塩辛小僧の名が売れはじめた。十二歳ごろ和尚さんに内緒で、撃剣や柔術のけいこに通い始めた。むろん、子供に似げなく腕力がすこぶる強い。

あるとき半町ほど西を流れている本川に、洪水で大きな石地蔵が押しながされて来た。見つけた子供やおとながガヤガヤさわいでいると、ひょいと飛びだして来たのは塩辛小僧だ。じゃぶじゃぶ水のなかへ入ってゆくと思ったら、その石地蔵をちょいと抱きかかえて、あっけにとられている見物人たちを尻目に、すたこら運んで帰って、

「どっこいしょ」

と、伝福寺の門を入ったすぐ右手の場所にすえた。高さ五尺、幅四尺、厚さ一尺あまりで、もとより大の男でも一人では無理な重さであるから、何にしても大した怪力小僧である。

十三歳の冬、伝福寺を去って、広島藩主浅野家の菩提所、国泰寺に移った。

一、二年は無事だったが、十五歳のとき、広島の西方、茶臼山で子供の喧嘩があって、武士側の子供軍と、町人側の子供軍が雌雄を決することになった。塩辛小僧は弱いほうの町人側の味方、しかも参謀格といったところであった。

この喧嘩は、町人側の子供の親たちが心配して役所へ届け出たため、未然に中止させられたが、役人が国泰寺へ行って役僧と談判中、秘密破れたと知った塩辛小僧はすぐに小供なかまの連判帳を手洗場へもってゆき、線香

の火をつけて焼きはらい、すましこんでいた。役人は茶臼山の陣立てを検分して、地雷火のような物を仕掛けたりした、大がかりなのを知り、小僧を役所へ呼び出して取りしらべると、こんどのことは『太閤記』を読んで工夫したと答えたので、大いに肝っ玉をうばわれ、国泰寺に勧告して小僧を放逐させ、伝福寺の観光和尚からも勘当を申し付けられてしまった。

物外は十六歳から十八歳まで大坂にいて、儒学を学んだ。十八歳の文化九年（一八一二）十二月中旬から雲水の生活がはじまる。二十三歳のころ、東海道の府中に庵を結んで修行していたが、時に遠州の竜泉寺に江湖会《ごうこえ》および授戒会《じゅかいえ》があったのに参詣した。そのとき雲水僧の盛んな問答があり、物外は群衆のなかから墨染の直綴《ころも》に袈裟をかけて問答に加わった。助化師《じょけし》として指導したのが、山城宇治の興聖寺磨甎《ません》とて有名な大和尚であったのを機縁に、物外は宇治に掛錫《かしゃく》すること三年、弁道《べんどう》大いに努めた。

文政二年（一八一九）二月中旬、京都へ出、尾州に行き、ついで江戸本郷の吉祥寺、いわゆる駒込の栴檀林《せんだんりん》（駒澤大学の前身）の加賀寮に入った。文政三年。時に二十六歳。

駒込栴檀林は、そのころ小石川伝通院の学寮とならんで双璧といわれていた。宗派の学寮は各宗ともあるが、江戸では芝増上寺の学寮はお上品で富裕な学僧が多く、栴檀林の学僧は貧乏で覇気が強かった。

だいたい仏学をやるためには、基礎になる儒学がどうしても必要なので、当時唯一の官学であった湯島の昌平黌から、すじのよい、よくできる学生を、学寮へ呼んで講義をきく。これを湯島の学生なかまでは売講《ばいこう》といっていたが、駒込栴檀林の学僧たちは、なけ無しの銭を出し合って講義に来てもらうのだから、受講には真剣で、つねに鋭い質問を連発して、儒仏両学の優劣論を吹っかけたりする。それで栴檀林へ売講にゆくのは鬼門だ、と言われていたくらいだった。

物外が浅草蔵前の古道具屋で碁盤を買った逸話は、そのころのことであろう。

「いい碁盤じゃないか、いくらだ」

と物外がたずねると、店主はもみ手をしながら、

「へえ、一両二分でございます」

という。

「いま金をもっていないから、後でもらいに来る。ひとに売らないでくれ」

「でも何か、手付けでもいただかないと……」

店主の催促を軽くうけとって、

「ああそうか、では――」

と物外は、碁盤をうら返し、鉄のような拳骨をふるって、ポカーンとなぐりつけると、そこにあざやかな拳骨の痕がつく。

「これならよかろう」

亭主、目を白黒させ、あきれ返った。

物外の拳骨については『物外和尚逸伝』に左の記事がある。

――師が一たび拳骨を入れられれば、堅木もまた凹むのである。けれど徒らに拳骨と濫用せらるる様なこともなし。滅多にその力を出さるることはなかったので、余程憤激せらるるか、さもなければ非常に意気込まれぬと本当の拳骨力は出なかったのである。師の生前を知っている人より聞くに、師がわざわざ碁盤にでも拳骨の痕をのこそうとして入れらるる時は、玉だすきを掛け、非常なる力をこめ、さも恐ろしそうなる身構えをなし、その勢いに乗じて入れらるるとのことである。

（中略）今でも済法寺には、和尚の入れられた拳骨の痕がついておる碁盤がある、云々。

## 底抜けの大力

その年（文政二年）の夏、芝の近辺で三人組の辻斬りが出て通行人をおびやかした。

「拙僧が行ってやめさせてやろう」

物外は暮方から出かけてその場へ行く。果たして三人の辻斬りが出た。説論してやめさせようとしたが、血気にはやってその一人が斬りかかって来た。

「このバカ者っ」

物外は一声さけんでその者の小手をつかんで投げつけたが、また起きあがって取っ組んで来たから、物外、そいつを小児のように軽々と引っつかんで振りまわしたから、他の二人もおどろきあわて、我れ先に逃げ出した。

おなじころ、日本橋を通りかかった、会津藩の武者修行者と肥後藩の侍が、刀の鐺《こじり》が当たったことから喧嘩になり、両人とも、真剣勝負でケリを付けようということになり、その筋へ願い出て許可された。決闘の場所は御堀外広場で、目付の指図で竹矢来がつくられた。両人その中に入って斬合いが始まったが、ふたりとも腕が立つと見えて勝負がつかない。時間は経つし、息は切れるし、くたびれてフラフラになってしまったが、やめるわけにもゆかないで睨み合っていると、通りかかった物外が中へとびこんで「貰い」をかけた。見物人も片付かなければ立ち去るわけにゆかず、何とも食い切りの悪いところであったから、物外の仲裁は時宜を得ていた。

「お坊さまの名は何といいますか」

「拙僧は駒込吉祥寺の物外といいます」

これから物外の名が、江戸の人士にやや知られるようになった。

その後、越前に行って、永平寺の学寮にいた。

あるとき誰がしたのか、寺の釣鐘をおろした者がある。こまったのは雲水たち。朝夕の行事の合図に梵鐘を鳴らすことができない。みんなで総がかりで動かそうとしても、鐘はびくともしない。そこへやって来たのが物外。

「ごちそうしてくれたら上げてやる」

「ごちそうというのは何だね」

「うどんじゃ」(一書には茶飯)

うどんのごちそうの約束で、物外は軽々とその鐘をもち上げ、もとの位置に釣下げた。むろん鐘をおろしたのは物外だった。それ以後もうどんが食べたくなると、すぐに釣鐘をおろしたというから、ずいぶん厄介な坊主もあったもの。

それと前後するころの話とおもわれるが、彼が加賀の大乗寺へ雲水にやってきていた時分、ここにも珍聞がのこった。

彼は皆から「安芸の物外」といわれ、力の強いので有名だった。寺の柱をもち上げて下に藁草履をはかせるなど、凝ったいたずらをしたが、あるとき、役僧たちと寄食している雲水たちとが大喧嘩になり、寺の大旦那だった本多安房守が、取りしずめのため手兵をさし向けた。

ところが、誰ひとりとして物外にかなう者がない。かたっぱしから物外につかまって本堂へ投げこまれ、入り口の扉がピタリと閉められてしまう。このときのつかみ合いで、物外は大乗寺の大木魚を投げつけたので割れ目ができた。

彼は行脚抖藪《とそう》の旅中では、いつも三人力の鉄棒をかついでいた。越前永平寺にも彼の拳骨の手形のついた柱があり、四本の指痕まで判然としていたという。

加賀方面では、「安芸の物外と甲斐の素暁《そぎょう》」といって、この両人を禅僧の古今の二名物と称している（稼堂叢書『三州遺事』）。この素暁というのは、むかし大乗寺にいた鼻たらし小僧で、金沢の献珠寺へやってきた黄檗宗法嗣の高泉和尚を、小僧のくせに巧みな弁口でへこまして名を揚げた。これは物外よりずーっと古い時代の話、寛文十二年（一六七二）のことである。

物外が金沢に滞在中に、剣豪を相手に力くらべをするという奇談がある。

――ちょうど、犀《さい》川の橋の上をわたっている時であった。向こうから立派な武士が来かかった。どちらかが右か左へ避ければ何でもなく行き違うのに、ふたりとも道をゆずらない。何を、と威張っているからたちまち衝突して取っ組み合いになり、その拍子に橋の欄干がこわれて、両人ともドスンと川の中へ墜落してしまった。ドスンというはずだ。水中でなくて、小石と砂利ばかりの河原だった。

――それでも阿吽《あうん》の取っ組み合いは止まらないでつづく。強力と金剛力の対抗。たまたま通りかかった見物人も少なくなかったが、あまり凄じい光景に仲裁に入ることができない。両人は組み合ったままでズズッ、ズズッと押してゆくので、河原の小石が十間も二十間も掘られてゆく。見ている者は魂げてしまった。いつまでやっても勝負がつかないから、とうとう武士の方から声をかけて腕をほどいた。

「もうやめよう。貴僧のような力の強い者に会ったのは初めてでござる」

ここで両人が名乗り合った。武士は加賀前田家に、新規召抱えになった戸田越後守であった。『武田物外逸伝』に、この戸田越後守は戸田流の開祖で、気合の術が得意。十間も二十間も離れている人を睨み倒すことができる、と書いてある。

戸田越後守の名は、古い時代から疑問が多いが、江戸時代後期の戸田越後守は、室町時代の戸田次郎右衛門頼母（気楽流水橋隼人の門人）を祖とする戸田流柔術の末らしい。技目には捕手・鎖・遠当《とうあて》法・縄をふくみ、遠当は実は目つぶしの術であった。

## 海蔵寺の勧進相撲

物外は文政四年（一八二一）の冬、周防の瑠璃光寺に入って立身し（僧位を取った）、翌五年、二十九歳のとき広島の伝福寺に帰省したが、天保元年（一八三〇）、四十歳ちかくなって尾道の済法寺の住職になった。道場を建てて門人を教えたのは、それ以後である。一説には、道場を建てたのでなく、庫裏を道場にしたともいう。

大力の逸話は広島方面にも多くのこった。

天保年中に大日照《ひでり》があった。

「物外さん。こう雨が降らんでは百姓は日干《ひぼ》しになります。雨乞いしてくださらんか」

農民どもの願いである。和尚、人工降雨術のほうは得手でないが、頼まれては引受けざるを得ない。

「よし。きくか、きかんか、やってみよう」

ところで、そのやり方が変わっていた。

済法寺の鐘をはずして吉和村の海岸へかつぎ出し、二隻の船のあいだに繋《つな》いでこれを海上にうかべ、十七日のあいだ昼夜を分かたず祈願した上で、こんどは褌ひとつになって鐘の竜頭《りゅうず》に手をかけ、大喝一声、二、三間も遠く沖へ投げこんだ。

何しろ、百貫目以上もあるという巨鐘をひとりで投げこんだのだから、これには八大竜王もびっくりしたに違いない。たちまち霊験があって、沛然《はいぜん》と雨がふりだした。

「物外さんの雨乞いは、きき目があるのう」

ということになり、それからも日照りがあるたびに、物外に雨乞いを頼むようになった。

海中に投げこまれた鐘はその後、漁師の網にかかってもどって来たが、鐘のイボが八個欠けていた。八大竜王が一個ずつ受納されたのだろう、と物外さん、うまい解釈で信心家を感心させたものだ。

市内の海蔵寺で勧進相撲があった。大関の御用木《ごようぎ》というのが拳骨和尚のうわさを聞き、かげ口をきく。

「へん、力持ち、力持ちといったところで、たかがお坊さんの力じゃ知れたもんでごんすわな。はばかりながらこの御用木の大力といえば、そんな子どもだましじゃごっせん」

それをきいて知らせた者があるので、さすがの物外もちょっと腹にすえかねた。すぐに海蔵寺へやって来て、御用木に言った。

「おまえさん、たいへんお強いそうだのう。どうだろう、拙僧の拳骨を、おまえさんの頭で受けることができるじゃろうか」

「できるとも。やって見なさるがようござんすわい」

しかし、そばにいる人たちが心配した。

「物外さんの拳骨を頭で受けるなんて、とんでもないことだ。やめさっしゃれ」

「そんなに強いのか」

御用木、ちょっと心配になる。

「強いとも強いとも。そなたの頭が割れるのは必定《ひつじょう》じゃよ」

「ふうん……」

語尾がすこしふるえる。いまさら止《や》めるとも言いかねて、もじもじしていると、

「決心がにぶったらしいのう。拙僧は何も、おまえさんの頭でなくちゃならんというわけではないよ」

ちょうど側にある海蔵寺の門柱をぐわーん、と一発くらわした。

そこだけポコンと、へこんだ。その痕が戦前までのこっていたが、大戦の原爆投下で吹っ飛んでしまった。

天保十五年（十二月改元、弘化元年）、五十一歳。済法寺で江湖会《ごうこえ》を修す。

嘉永元年（一八四八）、物外五十九歳。文人画の名手として知られた貫名海屋《ぬきなかいおく》が京から下り、物外を訪問して力業を見せてもらいたいと頼んだ。

物外は寺のうらの竹林に入り、素手でその枝葉をしごきおとし、指先でひしいで襷《たすき》にし門人と剣術をして見せた。何人かに勝ち抜いてから、こんどは四人の相撲取に船の艫綱《ともづな》を持たせ、それを物外の腰に巻きつけて、四人で力限りに引っ張らせたけれど、物外は大磐石のごとくでビクともしなかった。

済法寺のうらに大きな石があった。厚さ一尺五寸、長さ一間以上、これを六人の人夫がかついで門前へ移そうとして、大いに手こずっている。するとそこへ物外さんが、のこのこ出てきた。

「何だ、まだぐずぐずやっているのかい。よしよし、おれにまかせろ」

物外は人夫たちを押しのけ、そばにひろげてある菰《こも》のうえにその大石を抱きあげたと思うと、手ばやく菰につつんで持ち上げた。

「玄関へすえればいいのだな。そこをのいてくれ。歩くのにじゃまだよ」

すたこら運んで行ってしまう。

おなじ嘉永元年三月のころ、九州から武者修行者が済法寺へやってきた。和尚に対面してお茶を喫んでから、しばらく雑談をしていたが、突如手にした茶飲み茶碗を鷲づかみにして、ミリリッとといわせて砕いてしまった。物外、顔色も変えないが、こころの中では、こやつは力のあるのを自慢で無礼なまねをしやがる、と思ったから、自分の持っている茶飲み茶碗を三本の指で三べんキリッとまわしてから、指先だけで微塵に砕いて見せたので、武士は自慢の鼻を折られ、会話をそこそこにして辞去して行った。

あるとき備中岡田の藩士、身のたけ七尺もある豪勇の武士が、物外和尚と力くらべしたいといって訪問した。それでは、と物外は寺のうしろの山から二十貫目余りもある、餅搗き臼に似た丸石を小脇に抱き、片手で数珠をつまぐりながら帰って来たので、武士は肝をつぶし、ほうほうの態で逃げ去った。

## 泥仏庵由来

済法寺の門前に高さ二尺余、幅三尺、長さ七尺ばかりの花崗岩《みかげいし》の手水鉢がある。ある日、和尚が中庭の掃除をしていると、ひとりの武者修行者がやってきて、言った。

「物外和尚は御在宅でござるか」

「いや、ただいま不在であります」

と答えたのは物外。めんどう臭いのでそういい、だんだんに掃き進んで門前の手水鉢のところまで来たが、左の手でヒョイと手水鉢の一角をもち上げ、右の手の箒で石の下のごみを掃き出した。見ていた武士がおどろいた。弟子坊主がこんなに大力では、和尚の大力は推察に余る、と感ちがいしたのだろう。

「はあ御不在なら止むをえぬ。また御在寺のとき出直して参ろう」

それっきり二度と来なかった。

尾道の着船場に、米俵が十五、六俵積みかさねてあった。それを、仲仕たちが大勢で運ぼうとしているところへ、物外が通りかかり、つい何気なく、

「いやどうも、これだけの重量があれば、お前方にはずいぶん骨が折れるだろうな」

と言う。

「そういうお坊さんには、大して骨が折れないというのかね」

と仲仕のひとりが言い返した。

「おのれに担げる覚えがなければ、そういう口はきけないはずだぜ。いっちょう、かついで見せてもらえないかねえ」

と、もうひとりの仲仕がいったので、物外も相手になる気が起こった。

「試しに担いでみるだけのことなら、いやだよ。その米俵をのこらず拙僧にくれるなら、やって見る。ムダな骨折りはしたくないからのう」

これが大力で有名な物外和尚と知らない仲仕連中、へへら笑いで承知した。

「おもしろい。米俵をやろうじゃないか。しかし、この十六俵、一肩《ひとかた》に担いだら、だ。わかっているな」

「わかってるとも」

一肩ということになると、工夫が要《い》る。物外は港口へ行って、大きな船の帆柱を、船頭から借りてきて、八俵ずつを両側にくくりつけ、下駄ばきのままでそのまん中へ肩を入れた。

「どっこいしょ」

掛声もろとも軽々と担ぎ上げたから、仲仕どもがおどろいた。やるとは言ったが米俵は問屋の米だ。一俵たりとも持って行かれてはたまったものではない。人をみだりに嘲ったのは自分たちの無調法、和尚さま勘弁して下さいというわけで、銘々平蜘蛛になってあやまったから、

「そう言うのなら勘弁しよう。何もこれがほしいという訳ではない」

と言って別れた。そのとき済法寺の物外と名乗ったので、その後、仲仕なかまから毎年、盆暮れの礼儀を欠いたことはなかったという。

ちなみに言う、関西では米一俵は三斗一升が明治後の規格だが、維新以前は三斗三合入りであったそうだ。十六俵では目方にして二百二十貫目以上である。

嘉永二年、六十歳。この年、物外は姫路城の酒井家から毎年二百石の扶持をもらうことになる。その機縁《きえん》、また彼の大力にあった。

ある日、物外は須磨の浜辺を通りかかった際、姫路藩の家老・諸役人たちが船遊びをしているのに出会った。物外はうっかりしてその船の艫綱に蹴つまずいた。彼はいつもの破れ衣を着て、見すぼらしい風俗をしていたので、乞食坊主が粗忽《そこつ》な無礼をはたらいたように見られたらしく、何処の僧かと咎められ、備後尾道の済法寺の物外であると名乗ったところ、

「なに済法寺の物外――すると貴僧があの大力で知られた和尚でござるか」

と、急に態度がかわり、その物外さんなら是非自慢の大力を見せて下されとせがまれ、それならばといって船遊びの千石船の艫綱をつかんでプッリと捻じ切って見せた。それから物外は千石船に招待され、さらに姫路城に招かれて二、三日逗留の上、藩公に謁見して法談を言上した。これより酒井公は彼に帰依して、済法寺を祈願所とさだめ、祈願料として毎年二百石（一に二百五十石）下され、物外も年に一度かならず城中に伺候することになった。

右の記事は『物外和尚逸伝』に拠ったのだが、同書拾遺には、いくらか変わった説明をしている。

武田物外には泥仏庵という別号がある。元来、禅語に「泥牛月ニ吼エ、木馬風ニイナナク」の語であって、これは機語《きご》といって言語動作によっては外面的に解説できない。心中にチラと感じる可能性、とでもいうしかあるまい。この機語を採って庵号ができたのには別の理由があるのだった。

但馬国出石《いずし》藩士、山本庄蔵が仔細あって出石を退去し、姫路藩に出仕して酒井公の寵をうけていた。この山本

は以前から物外和尚と入魂《じっこん》だったので、ある日その怪力談を公に申上げたところ、ぜひ会いたい、招待せよとのことである。そこで済法寺へ行って君命を伝えると、物外も承知して、姫路の白鷺城へ同候し、謁見を給わった。その節、公から怪力を見たいとのことであったので、日を代えて須磨の浦へ出かけていった。物外はまず漁船の手皿洗いをして見せ、碇綱《いかりづな》をつかって七十人を相手に力を競い、さらに碇綱を寸々に捻じ切った。これによって物外に七十人扶持を給い、姫路に一庵を新建して物外の来錫《らいしゃく》にそなえた。物外、その庵に名づけて泥仏庵という。藩公は物外の怪力のタネを後世に伝えたいと思い和尚に侍妾《じしょう》をすすめたが、もはや老年であるからとことわった。

「それでは、せめて拳骨の遺物を――」

と請うたので、物外は槻《つき》の一寸の厚板、長さ一尺六寸の額面に、「敬遠」と書き、落款《らっかん》の下に拳骨の印をつけたもの三面、一つは藩公に、一つは山本氏に、一つは泥仏庵にのこされた。時に安政元年（一八五四）という。

## 拳豪往来

安芸の剣客で一滴斎河内治郎という者、そのころ武術をもって関西に鳴りひびいていたが、武者修行のため東遊する途次、物外の武名をきいて訪ねてきた。

「そこもとの御来意は何であるか」

と、物外は、だしぬけにたずねた。一滴斎、応えていう、

「僕は和尚の拳下《けんか》に殺されんがために来たのであります」

物外、その言を奇なりとして、数カ月のあいだ一滴斎を膝下にとどめたが、一日、和尚は左の一句を書きあたえると共に、ことばを付け足した。

　雷公《なるかみ》の力も蚊帖の一重かな

「柔道の極意というのは、すなわちこのことである。老いたる拙僧が、そこもとを殺活《せっかつ》して授けるところは、右

のほかにないぞ」

嘉永五年（一五八二）六十三歳。大本山永平寺でおこなわれた道元禅師六百回大遠忌に上山随喜して、総都監の重責を果たした。このときにも越前家の武士十六人が中重門から乱入したが、豪気の物外は彼らの襟髪をつかんで投げ出したため、備後への帰途、福井の城下で待ち伏せられて刀槍で囲まれたが、和尚、屁ともおもわず、全員をつかまえて奉行所へ突き出した、という武勇譚もある。

そのころ金沢藩士某が、京都に滞留中の物外と出会って宿屋で碁を囲んだ際、竹篦《しっぺい》の打ちくらべをすることになり、まず某が和尚の手の甲に竹篦を入れた。

「ずいぶん痛いわい。さて次は貴殿が受ける番だ。手を出されよ」

と言う。某、やむなく右手を差し出す。ところが和尚が力を入れて打とうとする、そのしゅんかん、物外の顔色の物凄さに急に怖気づいたと見えて、ひょいと手を引いたため、和尚の指は流れて下に置いた碁盤の面を、ぴしりっと打つ。その指の痕だけが、盤面にへこんで残った。某は大いにおどろき、その碁盤を所望して国元へ持ち帰り、前田家にこれを納めたという。

かつて東海道の旅先で泊った宿屋で、隣室の二人の武士が騒ぎ出した。

「この宿屋じゃ士分を待遇する礼儀がなっとらん」

というのだ。番頭は平身低頭して許しを請うが、怒気はひどくなるばかり。物外、すてておけずに割って入った。

「御立腹はもっともながら、大勢の客が迷惑いたす。どうか許してやっていただきたい」

二人の武士は、余計な口出しをしたといって物外に食ってかかり、手打ちにすると言い出した。

「へえ、手打ちですか。よろしいでしょう。坊主は死人同然、だまって斬られてもよいけれど、死ぬには支度をせねばなりません」

「じゃ、支度するんだなあ」

「チョイいそがしくなりおった」

といって法衣を着け、庭前にあった五人がかりでないと動かないような巨大な岩石を、ひょいと庭のまん中へもって来てその上で結跏趺坐《けっかふざ》して、

「さあ斬れるものなら斬ってごらん」

と大見得を切ったから、武士たちは肝をつぶしてコソコソ宿屋から逃げ出した。

あるとき弟子をつれて大坂へゆく途中、舞子の浜で風光に見とれていると、鼻先の岸の近くを尾道の荷船が米を積んで、順風満帆で進んでゆくのを見た。和尚は大声で、

「おーい、尾道の船だろう。おれは済法寺の物外じゃあー。大坂へゆくのなら乗せてくれんかのー」

とさけぶ。船はとまらない。船頭がさけび返した。

「こちとら順風に乗って走ってるんじゃー。無益に時をついやすことはできん。いずれは天保山に着きますわい。和尚さん後から、ゆっくりおのぼりなさーい」

船頭は、からかっているのだ。

「いうことききかないと船を止めるぞっ」

物外、いきなり尻をからげて股のところまでまくり、じゃぶじゃぶ水のなかへ踏みこんで、船首をグッと両手でつかんだ。

「これこれ、どいて下されよ、あれ、どうするつもりだ」

船頭のさわぐのを尻目に、物外は船をひっぱって砂の上を松の根もとまで引上げた。

「さあ、こうしておけば、やがて大潮で船もゆるゆる動き出すだろうて。後から御座れ」

と言いすてて歩き出そうとしたから、船頭も顔色を変えて、あわてた。

「和尚。冗談《てんごう》するな。乗せてゆくから船を水へ戻して下され」

そこで和尚は弟子に手伝わせて船を岸から押し出し、船頭に手をひっぱってもらって船に乗った。

因幡藩士の小林南越《なんえつ》が、播州三日月に近い山中を通行する折から、

「誰か助けて下さーい」

という女の悲鳴をきいた。いそいで駆けつけてみると、四十年配の婦人が八、九歳らしい女児をつれて、数疋の大きな野猿《やえん》に取り巻かれている。野猿は母子の四方を囲み、牙を鳴らして威嚇しているのだ。

南越は足もとの石をひろっては猿に投げつける。数投げるうちには猿に命中する石もあるが、それくらいのことでは野猿を追っ払うことができない。そこへ通りかかったのが物外和尚である。

「お武家さん。そんなことではラチが明かんわ。よっしゃ、愚僧が加勢しよう」

野猿の囲みのうちへ飛びこむなり、右に左に拳骨をふるって、なぐりかかった。超人的な剛力だから、あたまをなぐられた猿は頭蓋骨を打ち砕かれ、目と口から血を流して即死してしまった。助けられた婦人は、蔵井又十郎という郷士の妻であった。

右の母子を家まで送りとどけようと物外は小林南越と同道して出野の宿場へゆき、小さな飲食店で一杯のんでいると、戸外で騒々しい人声がする。

「亭主、えろう騒がしいが、あれは何じゃな」

ときくと、

「この先の北条に、愚痴の多吉という馬子がいましてなあ。こいつ酒を食らうと手におえませぬ。自分の馬に荷物が着いていないと、往来している旅人の荷物を、無理に我が馬に着けさせろといってぐずるんです。今もどこかのお女中が、ことわろうとして難儀しているところでなあ……」

「荷物さえ着けてやれば、その馬子は得心《とくしん》するのじゃな」

と物外がきくと、亭主は、そうですと言った。物外はぐるりと見まわした。

「亭主。そこにある角石は何にするのでござるか」

一個で四十三、四貫はありそうな石が、二個おいてあるのだ。

「はあ、これは氏神さまの鳥居の根石《ねいし》にしようとて、取り寄せました」

「しばらく拝借しますよ」

どうするつもりか、古い酒菰《さかごも》を二枚もらって、その石を一個ずつ包んだ。

「そこにある小倉の帯、もし損じたら愚僧が償《まど》います。二筋とも貸して下さい」

そういって一筋ずつの端に一個ずつの包みを結びつけ、二筋の他の端を結んで、まん中へ肩を入れて担ぐと、多吉の馬のところまで運んで行った。

「なあ、多吉さんとやら。いやがるお女中の荷物を無理に着けることもあるまい。賃銭ははずむから、この荷物を馬にたのんます」

「ああ助かった。それじゃ……」

と言ったが、包みが余りおもたいので持ち上げることができない。

「上がりませんか。加古川まで馬に載せてってもらいたいのだがなあ」

「ええ、載せて行きますとも。ううむ…ううむ……」

気張ってもいきんでも、びくともしない。

「上がらなければ拙僧が載せましょうか」

「たのんます。馬は力が強いから」

「それほど強いとよいのだがのう」

そう言って物外がその荷を馬の背中の両側に載せると、馬はヒイーンと一声、前脚を折ったかと思うと、すぐに横倒れになった。

多吉は、わんわん泣き出した。

「馬を助けようと思うたら、この和尚さんにお願いするんだな」

と亭主は言った。

「さあ頭を下げて、これからは酒をつつしみますと言え。愚痴も言わない、馬の荷物のことで無法なことは致しませぬ、どうぞ助けて下されと言え」

亭主に責められると、多吉は両手をあわせた。

「お願いだ。いう通りにします。いう通りにします」

年代は判らないが、物外が江州から京へ帰る道で腹痛をおぼえ、駕籠をやとって叡山越をした際、東山の裏手で駕舁《かごかき》が夜盗に変わった。物外はその一人を谷へ蹴落とし、あとの一人に荷物をもたせて京まで歩いた、という話がある。

伊賀上野藩藤堂家の柔術師範、大力で知られる某が、物外の大力を聞き、何ほどのことがあろうと軽蔑して、面会をもとめた。物外は左の腰に常びていた紫檀製の木扇（長さ一尺余・厚さ七分ばかり）を目前に突き出し、

「坊主は忍辱《にんにく》柔和を本といたすから、腕力などは思いよりませぬなれど、いささか護身のためにこの具を用います」

と言った。某は冷笑して、

「ほう。僧の武術とは甚だ迂遠なものでありますな」

その瞬間、物外の右腕むんずと伸びて、相手の上膊をグッとつかんで引き締めたから、たまらない。苦痛をこらえてムムッと唸るばかりだ。

「甚だ迂遠でお気のどくでしたな」

と物外は皮肉をいう。男は主人に叱られた馬のような目付きになって、ひたいぎわが青白くなった。手を放すと男は腕をさすり、声を出すこともできずに辞去した。

## 落語『三十石船』

曹洞宗では古来、転衣《てんい》参内《さんだい》ということであって、転衣というのは大本山にのぼって一夜住職をなし、本山から公文《こうぶん》というものを下付され、それまで黒衣であった者に色衣《しきえ》着用をゆるされる宗規のことで、これで大和尚の位

になるのである。それについで京にのぼって参内をゆるされ、御綸旨《りんじ》をいただき、宝祚《ほうそ》長久国家安全を祈る旨を仰せ出されるわけであるが、維新以来、御綸旨頂戴の儀だけは廃止された。

物外は万延元年（一八六〇）九月上旬、この転衣参内のために尾道より大坂にのぼり、同所から三十石の川船に乗り込んで伏見へ向かった。が、途中ひと睡りして目ざめると、ふところに入れておいた三十両の金子を盗まれているのに気付いた。そして、まだ伏見へ着いたわけでもないのに、枚方《ひらかた》へ着船したおり、船を下りていった者があるのを知った。物外は金子を盗まれたことは色にも出さず、船頭にむかって、

「これ船頭さんよ。まだ船が出るまでに時間があるのなら、そのあいだこの船の舳先《へさき》をさかさまにして、これから大坂へ下るような様子にして下さらんか」

という。

「坊さん、何を言わっしゃるのじゃ。今から大坂へ船は返せませんや。ほかのお客がめいわくじゃないか」

「いや実際に大坂へ下るのでなければ、よいだろうじゃないか。愚僧はこんな物をもっている。粟田の宮さまより三十石御免の旗だ。無理をいうて船を大坂へ戻させてもよいのだよ。だが船を戻せとは言わぬ。ただ舳先をさかさまにして、下り船に見せかけるだけでよいのだから」

「けったいなこと、せいと言わっしゃる。が、まあ言う通りにして上げよう」

舳先をなおして、しばらく待っていると、下り船だと思って新しい船客がひとり乗りこんで来た。大坂からいっしょに乗って来て、ここで下船した男にちがいなかった。こいつが盗人だとすぐわかる。さっきは上り船、今は下り船で、ちがう船だと思って乗って来たところが、同じ船だと知ると、盗人はギョッとし、顔を土いろに変えた。

「おお、あんたじゃったのう。さいぜんの金を返しておくれでないか」

和尚の一言、盗人は恐れ入った。

右の話は、大坂落語の『三十石船』に、そっくりである。物外の逸話から落語ができたのか、落語がもとで、物外の逸話ができたのか、さあ、どちらがどちらとも決められない。

物外は無事に上洛した。参内して孝明天皇に拝謁仰せつけられたのは、この時である。

文久三年（一八六三）三月、物外は備中松山に行って、門人の建次郎という者の家に逗留し、ついで六月の末、雲州松江の宗仙寺の隠寮を借りて滞在した。

たまたま伯耆から、身のたけ六尺八寸という巨大漢の侍がやって来て、

「尾道の今弁慶どのにお目にかかりたい」

と申し入れた。

「拙僧は物外だよ。今弁慶などという名ではないぞ。帰んなさい」

「いや、今弁慶でも物外和尚でも、わしは構わんわい。勝負をしに来たんじゃ。立ち合わっしゃい」

と嵩にかかって吼え立てる。

物外は身のたけ五尺七寸ぐらいだったというから、これでも普通人にくらべては相当長大だ。しかし何にしても相手の侍は六尺八寸もあるというのだから、向かい合っては見上げ、見おろすほどの違いだ。一尺一寸のちがいといえば、正にくらべものにならないはずだろう。道みち、「おれは今弁慶をやっつけて見せる」と、大言を吐き吐きやって来たらしく、これは見物《みもの》だというので弥次馬連がワイワイガヤガヤはやし立てながら、たくさんついて来ていた。これでは物外、いやだといって逃げを打つわけにも参らない。

「ほう、試合がおのぞみかな」

「おのぞみか、なんてそんな手ぬるいものではないぞ。ぜひ、やってもらわねばならんのだ。それも、すぐだ。この場でだっ」

「あはは、そう気のみじかいことを言わっしゃるな。試合となれば、場所も選ばねばならんし、土俵も……」

と言いかけて相手の姿をジロリと見まわしてから、

「そうだな。あんたのからだつきじゃ撃剣じゃあるまい。力くらべというなら柔術か相撲だ。やっぱり土俵を造ることにしよう。場所はこの寺の広庭でよい。日時は明日の朝のうちでよかろう」

「よし、きめた。坊主、逃げ出すなよ」

「お前こそじゃわ」

その日のうちに土俵ができた。翌朝になると、うわさをきいた見物人で庭中が一ぱいになる。

しかし、勝負はあっけなかった。両雄、一声おめいて取っ組んだと思ったら、小さい方の物外が大きい方の侍を小児のように担ぎ上げて、エーイとばかりに投げつけた。二、三間さきの地面へたたきつけられた侍は、キュッと言っただけで目をまわした。挑戦のときにあれほど多弁だったのだが、じっさいは寡黙の士だったのかも知れない。

## 金剛力士の生まれ替わり

右の話には後日談がある。

試合がすんで、その翌晩のことであった。物外の泊っている宗仙寺の隠寮へ、黒覆面の武士が入りこんだ。朱鞘の大小を腰にさしているけれど、かならずしも身を忍ばせているのではない。

「物外は内に入るかっ」

と、えらいけんまくで、つかつかと入って来て隠寮の二階へのぼりかかろうとするところへ、

「曲者だ。出会え」

とさけんで駆けつけたのは、小使いの左門と、二名の寺の雲水僧だった。小使いの左門は伯耆の郷士の出身だが、備中の松山から物外に随従して来て、師とともにここで起居していたのである。

曲者の腰に下方から取りついた三人、力をそろえて引きずり下ろす。六尺以上の大男である。黒覆面がはずれたので、昨日土俵で目をまわした巨大漢とすぐわかる。遺恨におもって復讐に来たわけだが、面《めん》が割れたので破れかぶれ、刀を抜いて切りかかったが、刀術は余り上手じゃない。三人が棒をもって追っかけると大いに狼狽して、

「人殺し、人殺し……」

といいながら逃げまわるところへ、誰かが奉行所へ知らせたと見えて、役人が馬に乗って駆けつけ、その巨大漢を逮捕した。

この騒ぎには物外は顔を出さなかったけれど、和尚の名はこのため一躍、四隣に鳴りひびいた。そこで藩中の人たちが毎日のようにその隠寮に参聞《さんもん》するようになり、はては武道の指導から、仏道の講筵・問答・参禅まで色々なことが始まった。どうもこのようにテンデンバラバラの雑談式では感心しない、別席を設けて心の相見《しょうけん》をいたしてはどうだろう、ということになった。

翌日、物外は別席において曲彔《きょくろく》に倚《よ》り、侍者・侍香をして両脇に侍立《じりゅう》させ、雲水僧三十五人ばかりを左右に立ちならばせて、小参《しょうさん》をはじめた。

物外いわく、

「皆のなかに、もし身命を惜しまずして参禅学道せんとする鉄漢あらば、こころみに心の宝剣を持ち来たれ。なんじらと相見せん」

きいた藩士たちは、いずれも狼狽擬議《ぎぎ》して一言の答をする者がいない。そこで物外は倚子から下り、

「お前たち、平常は好き勝手なことをベラベラしゃべるくせに、この機会にのぞんで貝のごとくに口を閉ざしてしまうとは、何たるざまであるかっ」

と叱咤して、聴講者たちをかたっぱしから足蹴にしてしまった。

藩士らは一瞬、度肝を抜かれたが、これが禅機《ぜんき》だと思うから腹も立てず、ただ「有りがたし有りがたし」といって合掌し、いずれも心中の我慢を折り、心地が大いに快活なるを得たという。

そのあとで一同はまた隠寮に帰り、茶を煎じながら、物外みずから禅の心をやさしく解説して教える。

「諸君、禅宗というものは別に奇特のことがあるわけではありません。雨竹・風声、みな禅を説いているのだと思いなさい」

思うに物外禅師の怪力、その武芸、すべてこれ奇々怪々である。常人ではかんがえられない奇蹟であろう。観

音普門品《ふもんぼん》に「執金剛神をもって得度《とくど》すべき者には、すなわち執金剛神を現じて為に説法す」とある。かの金剛夜叉といい、執金剛神といい、密迹《みつしゃく》力士といい、仁王というのは、みな同体異名である。これが寺の山門に祀ってあるのは仏法守護のためである。

物外の怪力たるや武術たるや、とうてい人間業とは思えない。右にいう金剛力士の生まれ替わりと、世に称されるのも無理からぬことであろう。

なお『雲州武芸史』を見るに、物外和尚が右の宗仙寺に滞在中、松江藩直信流柔道十代師範の石原左伝次の門人、小倉六蔵（後に十一代師範、堤六太夫重正となる）が、物外和尚と試合して勝った。

「雲藩の柔道は強いなあ」

と、さすがの物外も舌を巻いたとある。物外が試合して敗れたという話は、あとにも先にもこれ一つしかない。

ちなみに直信流柔道は、寺田勘右衛門満英（一に正重）を流祖とする。父の八左衛門頼重（この人は起倒流の内で、貞心流組打と称した）から貞心流を習い、これを直信流柔道と称した。寺田家は、松江藩伝のこの流の正統を伝えて直信流柔道という。「柔道」の名目はこの流が嚆矢で、むかしは大ていの流派では柔術といっていた。

明治後、講道館流柔道が流布してからは、諸流ともに「術」のかわりに「道」の名目に変わってしまった。

ついでに書く。十一代堤六太夫の系譜は、上記のとおりである。

福野正勝（良移心当流）
寺田平左衛門定安（貞心流和術）
茨木専斎俊房（起倒流乱）
─寺田八左衛門頼重─寺田勘右衛門満英（起倒流・直信流）
─寺田平左衛門定次─雨森次右衛門行清─加藤気堂正昌
─石原（岡）左伝次中和─梶川（横山）純太夫橘一成淡水
─石原左伝次中従─堤（小倉）六太夫重正
─井上治部大夫正敬水成─松下善之丞栄道
─大賀美隆利─松下弘─松下敏

## 近藤勇との珍試合

文久三年（一八六三）が明け、翌四年は三月朔日に改元して元治元年となる。この年、物外、七十五歳。済法寺の住職を辞し、京都へのぼり、もっぱら国事に奔走した。前々から青蓮院の宮家に出入りしており、このたびは加賀・越前・尾張・土佐・薩摩の諸藩士のあいだを、とびまわった。

――文久三年三月に、将軍徳川家茂が上京した。朝廷では時に薩藩、時に長藩、時に会津・桑名が勢力交替して、あるいは尊王攘夷、あるいは公武合体と目まぐるしく変転する。同年十二月、将軍二度目の上洛。船で大坂へ来て京へのぼり、正二位内大臣から従一位右大臣に進み、江戸へもどったのが翌元治元年六月二十日であった。

諸書に、物外が上京して新選組とのあいだにひっかかりの話があるのは、文久三年三月のこととしている。なるほど清河八郎が連れてきた関東の浪士隊が京で分裂し、のこった十三名から「新選組」が新発足したのは、文久三年三月十三日からであるが、この同じ年に物外が上京したとは、とうていかんがえられない。理由は、その年には前に書いたように、三月から備中松山へ行って六月ごろまで滞在し、月末からさらに相当長期間、出雲国の松江にとどまっていたからである。

物外が新選組の近藤勇と試合をしたという話があるのは、やはり元治元年以後のことであったろう。新選組は組織の人員が増加するとともに、洛外壬生《みぶ》村の地蔵寺・東祥寺・新徳寺そのほか近隣民家等に分宿していたが、慶応元年（一八六五）四月下旬には壬生の屯営を引き払い、西本願寺の集会所へ引越した。だから物外との試合は、その年月がはっきりわからなければ、壬生時代か、本願寺時代かを決定できない。

そのころ物外は、南禅寺の塔頭に滞在して日々、京の町を托鉢《たくはつ》して歩いていた。たまたま通りかかった新選組の道場の外、景気のよい竹刀の音に釣られて、何の気もなく武者窓からのぞいていると、ふとそれを見た若い隊員が、

「御老僧は、のぞくくらいだから剣術は好きか」

と、きく。

「ああ、好きじゃ」

「そんなら道場へはいってきて、立ち合って見たらどうだ」

「そうだのう。関東方の御手並み拝見も結構だが、拙僧は托鉢でいそがしいから、そうはできん」

「いそがしいったって、そうやってのぞいているではないか」

きゅうに老僧をからかってみたくなったと見えて二、三人の隊員が出てきて、

「まあ、そう言わずに一ちょうかかって来てみい。齢はとっても頑丈そうな御老人だ。骨っぷしの堅そうなところ二、三手の心得はあるにちがいない」

「これは迷惑じゃ」

「いいじゃないか。拙者たちもひまつぶしにこうやっている。決して手荒なことはしないから」

「いや。手荒なことは構わないが……何しろ、その……いそがしいので」

「いそがしい、いそがしいは、町人どもの言うことだ。いいから来い。さあ、はいって来なさい」

無理に道場へつれこんだ。

「では、いたしかたない。ちと腰骨でも伸ばしましょうて」

「御老体は何か流儀の手でも心得ているような口ぶりだな」

「はいなあ。流儀は不僊流といいます」

「不僊流――いっこう聞かない名だ」

「田舎剣法じゃで、お聞きにならぬのも、もっとも」

「用意は――」

「何もいらんわ。この如意《にょい》一本。さあ、どなたがお相手」

手にした如意をかまえて、道場のまんなかに立った。

——以下、如意や木椀を用いての珍試合は『物外和尚逸伝』や『禅林奇行』(菅原洞禅著、大正四年刊)に見えるところだが、これは私には事実とは思われない。

試合は実際にあったかもしれないが、こういう形の珍試合は講釈師のこしらえた話を、そのまま踏襲したに過ぎまい。

田舎天狗が、粋興か知らぬが、まるっきり素人とも思えない。

「こやつ、見かけよりも、あんがい手ごわいかも知れぬ」

新選組の隊士たちは、何となく、そう思った。

何くそ、たかが田舎剣術と、たかをくくってやり合ってみると、出る者、出る者、かたっぱしからポカリ、ポカリ、とやっつけられて、テンで段違いで近づけない。

「やめろ、やめろ。君たちの手事《てごと》で行くものか」

さきほどから見ていたらしい、近藤勇が出てきた。

「御出家、なかなかの腕前と見えます。身どもがお相手いたそう。近藤勇でござる。だが、どうも、その如意棒はこまる。立ち合いは竹刀で願いたい」

「出家が竹刀では型にならんでのう」

「たってお願い申す。竹刀をもってもらいたい。それでないと試合の気分が出ません」

「こまるのう。拙僧はこのごろは竹刀をもったことがないので……。そうだ、こうしよう。禅家の日常はこれ雲水で、わしは毎日町家のおもてに立って托鉢している。如意がいやなら、この椀でお相手つかまつろう」

首にかけたずだ袋から、はげっちょろけの本椀を二つとり出した。

近藤勇、これにはムッとした。

いくら自信のつよい坊主でも、新選組の近藤勇と知って、木椀二個で試合しようとは、あきれ返ったやつ。よし、その儀ならば……と、近藤は長押《なげし》にかかっている槍をおろし、一振りすると冠せてあった鞘が飛んだ。抜身の槍というのだから、これでは真剣勝負。下手をすれば怪我もするだろうし、怪我どころか命にかかわるかも知れない。

物外、しずかに身構える。へんなかっこうだ。右腕はまっすぐ前に突き出し、左腕はななめに振り上げた。どちらの指先にも、一つずつ木椀の糸底をつまんでいる。

「さあ、どこからでも突いておいで」

「ええ、口幅ったいやつだ」

近藤のまなじりに、怒気が上ってきた。

が、勝負は気魄や憤激だけでは、どうにもならない。瞬間の変化で修練した業がきまるのだ。

「やあーっ」

大喝とともに一挙にくり出した真槍──物外、芋刺しになったと思いのほか、ひょいと身をかわして、ガキッと鳴った二ツ木椀、しっかと槍の穂を挟《はさ》んでしまった。

引こうが、突こうが、動かばこそ、大盤石におさえられてビクともするものじゃない。

「ううむ……」

満身の力をこめて引っぱる拍子に、物外は機を見て木椀をはずしたから、近藤勇は自分の力で二、三間も、たじたじとうしろへよろめいて行き、どすんと道場の床板に尻餅をついてしまった。

## 新選組の今弁慶

新選組の隊中に、「今弁慶」という渾名《あだな》の男がいた。体軀も大きく、膂力《りょりょく》も絶倫で、いつも十五貫目ばかりの鉄棒を引いて歩いていた。

ある日、物外は誓願寺の寺中にある歯医者のところで入歯を調製していたが、ちょうどその玄関へ今弁慶がやって来て、

「歯茎《はぐき》が脹れていて痛い。瀉血《しゃけつ》してもらいたい」

と言って医室に通り、傲慢な態度で物外の膝の前を跨《また》いで、その上座に坐った。

歯医者が今弁慶にむかい、

「旦那の大力は世人のみな畏るるところでございますが、武芸となると師匠がなくてはならぬこと。旦那のお師匠は誰方《どなた》ですか」

と尋ねた。今弁慶、答えていう。

「わが師は備後尾道済法寺の物外和尚でござる。世にきこえた大力で柔術に長じ、鎖鎌の名人である」

となりに坐っている物外さんが、おどろいた。見たこともない男だからである。

「ほんとうかなあ、お前さん」

「坊主、拙者を疑うのか」

「バカもん」

一喝一声。立ち上がるや否や今弁慶の横っつらを張り倒す。

「済法寺の物外は愚僧であるぞっ。まだ一面識もないのに、おれの弟子などとは世人をいつわるにも程がある。この暴漢め」

今弁慶はびっくり仰天し、ややしばらくして身の塵を払い、平身低頭して罪を謝した。

「すでに三顧《さんこ》の礼あらば許さぬわけには参るまい。その方のたずさえている鉄の棒を見せて見ろ」

彼がその鉄棒を師の前に差出すと、物外これを取って三つにへし折って投げすてた。

「その方の力量は、わずかにこんな鉄棒を引くくらいのことだ。こんなこけおどしで世人を虚喝《きょかつ》するとは、けしからんことだ」

今弁慶の本名は不明だが、後に銃殺されたということである。右は『物外和尚逸伝』に出ている話だが、同書、別の条に、物外の贋者《にせもの》の話を書いている。思うに同一の話が二様に語られたのであろう。

――文久三年三月（この年月の誤れること前に記す）、物外が上京して寺町入りの某宅に遊んでいたところ、たまたま「備後の物外」と名乗る男が、十四、五名の供をつれて通りかかった。京洛見廻りの役目と書いているのは、新選組関係の者なのか。先頭の者に金棒を引かせ、威勢赫々《かくかく》、

「下座せよ。下におれ――」

と威張って通るのを見て、物外が怒った。

「これ待て、不埒者」

「何、待てというその方は何者だ。この方は備後の物外であるぞっ」

という。

「こちらこそ済法寺の物外だ。不審ならばお相手いたすぞ。世間は広くとも、日本に物外と称する者、まさか二人とあるまい」

そう言うなり先頭の者の引いている金棒を取り上げ、みるみる三つに曲げてしまったので、にせ者は大いに怖れて詫びを入れた。本名不明なれど、山口県の人だったという。

以下、前後、年代不問。

物外は相撲が大好きで、興行があるたびにたいていは見物に出かけた。壮年時代、江戸に遊学中、本所回向院に将軍上覧相撲があった。例の破れ衣で土俵の砂かぶりに坐り、無遠慮にズバズバ批評するものだから、出てくる力士たち、目ざわり、耳ざわりになって仕方がない。とうとう耐えかねて坐っている物外を取り囲んだ。

「坊主のくせに小癪なことばかりいうじゃないか。素人のくせに本職の力士をこけにするほど力があるなら、どうだ、土俵へ出て一番とって見ろ」

物外、若気のいたりで、

「一番だけかい。二番、三番、おれはいっこうに気にしないぜ」

土俵へのぼるや、いなごのように飛びかかってくる力士たちを、まるで子供を相手にするように手の先で、こ

ろり、ころりと左右にブン投げた。およそ三十人ほど技げると、もうかかってくる者がいない。見物がやいのやいのと大よろこびしているあいだに、物外の姿は消えていた。

京の鴨川の河原で相撲興行があったとき、物外が見物していると、力士なかまが、

「おや、あれは力持ちで有名な拳骨和尚じゃないか。なるほどからだつきは小力が有りそうだが、ほんとうに本職の力士に通用するほど強いのかなあ」

「まさか――。おいどんがいっちょうからかって見よう」

といって、大きな力士がひとり物外のそばへ寄って来て、

「御僧、力が強いとのことだが、ほんとうかね」

と見下したように言った。

「いえ。拙僧とて化物であるまいし、大した力はありませんさ」

言うが否や力士の首筋をつかみ、我が向脛《むこうずね》にこすりつけ、

「まあこの程度しか力がありません。お恥ずかしい……」

力士は虫の息になっていた。

「ふうむ……それで力いっぱいですか」

と、かすかな声できくと、物外いわく、

「さいな、これ以上力を入れると骨がバラバラになって、血へどを吐いて死にますよ」

## 大坂に死す

慶応元年、七十六歳。第一次長州征伐の際、物外は調停役を依頼され、願書をしたためて朝廷に奉呈したけれども、何の沙汰もない。

そこで門弟田辺虎次郎をつれて、青蓮院宮粟田御殿につとめている役人に親しい者があったから、上京してその人に相談した。友人は、

「そんなことは止めたがいい」

と忠告する。物外はあきらめない。

「もうこの上は非常手段だ」

彼は願書を田辺に持たせて、直訴させた。

田辺は捕えられたが、このため願書は目的通り上呈することに成功した。

孝明天皇、物外をお召しになる。和尚は天顔に咫尺《しせき》して、直接に願書の意を奏上する機会を得たのだった。

俗説ではあるが、彼が長州征伐の高札を両断し、書を添えて泉涌寺に投入したというのは、この前後のことである。

物外は、それから二年ほど京都の町々を托鉢していたが、尾道へ引き上げようと思って大坂まで来たのが慶応三年八月中旬。人には言わないが、からだの調子が、ひじょうに悪かった。

福島屋長兵衛という宿屋――一書に、三谷屋とあるが、三谷屋は宿屋でない。これは酒造家三谷屋市兵衛で、物外に参禅したことがあり、急死した物外の跡始末をした人物である――に、しばらく滞在していたが、十一月二十五日、明日はいよいよ出発するというので、宿料も支払い、明日乗りこむ便船に荷物まで積みこんでしまったところへ、門弟の田辺がたずねて来た。

「おう、田辺か。よいところへ来てくれた。なんだか気分がわるうてしょうがない。しばらく背中をさすってくれんか」

「はい」

田辺が背中をさすっているうちに、すーっと青白い空気が流れたようであった。

物外和尚は、ねむるように死んでいた。

遺骸は大坂中寺町の禅林寺に運んで、三谷屋の墓域に密葬し、その年の十二月十二日、改めて尾道の済法寺へ本葬したのである。

　白雲の上なにもなし不二の山
　白隠の隻手の音か呼子鳥
　我が庵は貧しけれども白牡丹
　歯が無うて丸のみにする蛙かな

最末の句には「おのが境界に似たるものは」と前書がある。

物外は俳句をつくる趣味があった。いつごろのことか、こんな逸話がある。物外の済法寺は三原市に近い。三原城は城代浅野甲斐守（三万石）の守るところであるが、あるとき画工に雁をえがかせたところ、でき上がったのは孤雁であった。

「雁は群がり飛ぶのに、孤雁は不吉である」

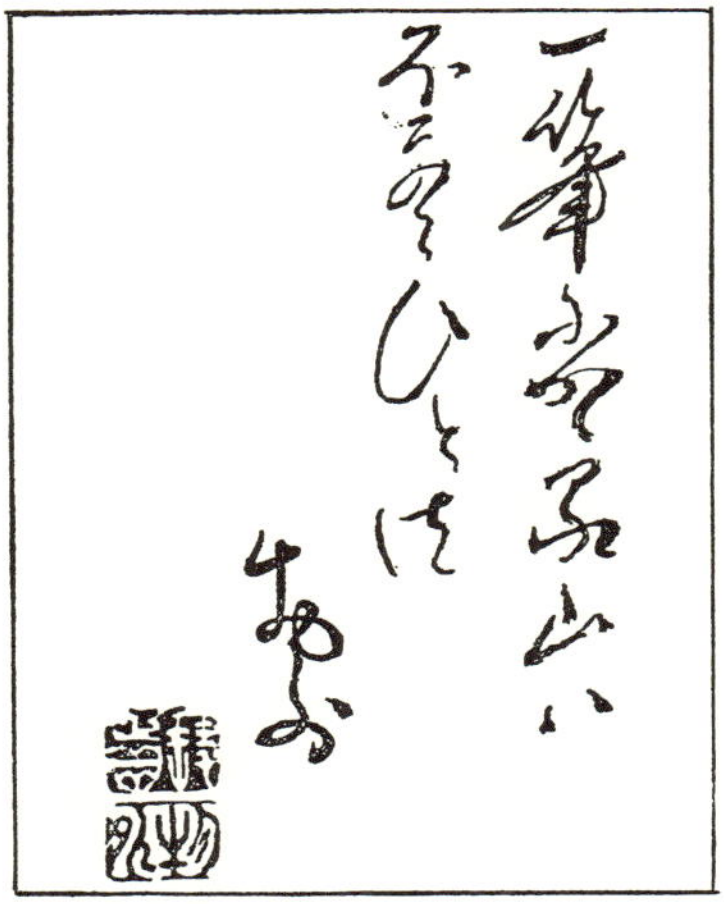
物外和尚真筆の俳句

と城代の気に入らない。そこへ参殿した物外和尚が、それではと言って、賛を入れた。

　初雁やまた後からも後からも

これで甲斐守の御機嫌がなおった。

物外の不僊流は今も道統を残している。二世田辺貞治義孝は、岡山藩玉島陣屋武術師範として、不僊館（道場）を創立した。三世は前に書いた物外京都奔走に随従した田辺虎次郎義貞で、京にのぼって盛武館を開き、後に警視庁柔道師範、また大日本武徳会創立者の一人である。四世田辺又右衛門辰雄は警視庁師範。五世中山英三郎は岡山県矢掛町で門人を教えていた。

# 武芸落穂集

# 武芸十八般

## 武芸

古く『平治物語』に、

《馬に乗り、はせ引（騎射）、早足、力持など、ひとえに武芸をぞ稽古せられける》

とある。

中で、もっとも重んじられたのは、弓、馬、の二術で、武芸のことを《弓馬の道》といい、またなかんずく弓が武家の表芸であったところから、武者のことを《弓取り》ともいう。

右手を馬手《めて》といい、左手を弓手《ゆんで》というのも、馬上の武者が左手に弓をもち、右手で馬の手綱をとるところから云い出したことばである。

弓馬のほかに、もっとも基本的な鍛錬と見なされたのは力持ちで、それが相撲の技術として発達した。

戦国時代後期になると、兵器・兵術が改革されて、武芸の種目も増加している。

『和漢名数続編』には、射、騎、棒、刀、抜刀（居合いを抜刀という）、撃剣、薙刀、鎌、槍、鉄砲、石火矢（大砲）、火矢、捕縛（とりて）、拳（やわら）、以上を《武芸十四事》と称し、また特に、弓、銃、剣、馬の四術を重視して、《武芸四門》という。

『清正軍記』には、

《武家四門と云うは、弓、鉄砲、兵具、馬也》

と書いているが、そのうち兵具といったのは、刀槍類を汎称したのである。

江戸時代も後期になると、この四門のうち鉄砲のかわりに槍を数え入れて、《弓、馬、剣、槍、これ武芸》というようにも変ってきた。たとえば寛政二年の『塚田多門上書』の一節に、

《武道は弓馬剣槍の械器を以って、天下の下孝不忠の者を懲すに過べからざる道に御座候》

という。

《武芸十八般》の名目は、『水滸伝』巻九に、《矛鎚弓弩銃、鞭簡剣鏈撾、斧鉞并《ならびに》戈戟、牌棒与《と》鎗扒》と見えるのに発するが、これは支那のことだから、ずいぶんえたいの知れぬ武器をふくんでいて、そのまま日本に当てはめることはできない。

わが国では、前記の武芸十四事のほかに、水泳や、打根《うちね》術、手裏剣、吹き針、撃丸《げきがん》、十手、小具足、早馳け、忍び、鷹犬《たかいぬ》、拳骨（当身）、水上歩行、軽身《かるみ》軽業（飛切りの術）その他がすべて武芸と見なされていて、これらを全部数えると、とうてい十八の数ではまにあわない。細分して、これを二十九種まで数えている人もあるくらいだ。

だから日本で武芸十八般というのは、武芸全般を通じての総称であって、実数ではない。これを俗に《武芸十八番》とも書き誤っている。

『慶安太平記』では、牛込榎町の由比正雪の道場には、

《軍学兵法十能六芸指南。武芸十八番何流にかかわらず、他流試合真剣勝負手たるべきこと》

と書いた掛け看板があったという。この《六《りく》芸》の語は、支那の周代に士の必須科目であった礼、楽、射、御、書、数をいうのだが、《十能》のほうは、出所のたしかでない、うろんな用語である。（ついでに云えば、火を取る道具を十能というのは、火炉の中におく五徳に対することばで、これはシャレで作った俗語であるから、その功用を数えることは閑人《ひまじん》の附会にすぎない。）

## 武術・芸者

武芸の技術を、武術、また《芸術》といい、その技の専門家を、武芸者、また《芸者》といった。

武芸だけでなく、いっぱん芸能を通じて芸術といったから、遊芸にしたがう者などもすべて芸者といったのであるが、後に遊芸を以って遊里で大尽《だいじん》客の機嫌をとりむすぶ男芸者（いわゆる太鼓持）が生じ、それに対して女の遊芸者を《女芸者》といいはじめた。

げんざい芸者ということばは、もっぱら売淫予備軍であるところの酌取女にかぎられており、しかもその多くがコロブよりほかに芸がないらしいのは、いささか名称冒瀆の感がある。

## 兵　法

兵は字書に刀剣の惣名で五種あり、一に弓、二に殳、三に矛、四に戈、五に戟であるという。『日本書記』にも兵をカタナと読ませている。『俗説弁』に、剣術を兵法というのはまちがいだと書いているが、そう云うほうこそ誤である――と、鈴木忠侯の『一挙博覧』（文化四年刊）に説いている。

しかし伊勢貞丈などは、その著『安斎随筆』の中で、あくまでも兵法の語は坐作進退の法式をいうので、剣術・刀術というべきものを兵法といっているのは誤りだと、主張している。

そんな屁理屈などは、どうでもよろしい。ともかく《生《なま》兵法は大けがのもと》というコトワザがあるくらいで、むかし兵法と称したのは、要するに今いう兵学・兵術の意ではなく、いっぱん武術のこと、特に剣術のことを云ったのである。

白井亨の『兵法未知志留辺《みちしるべ》』（天保、写本）にも、

《兵法。兵ハ兵器ノ惣名ニシテ、此ヲ執ルヲ兵士ト云ウ。法ハ法則ナリ。古昔、剣術ト云ワズ兵法ト号《ナツ》ク。元祖一刀斎景久ヨリ今ニ至ツテ兵法ト云ウ者ハ、其ノ古ニ従エバナリ》

とある。

剣術は、ふるくは《太刀打ち》といい、また《刺撃《しげき》》とも《撃剣》ともいったが、いかめしく《剣術》といい出したのは江戸初期からしく、柳生家などは、早くから明白に剣術という称を用いている。

而して江戸中期以降になると、剣術・撃剣の二語がもっとも広く俗用されるようになり、つづいて《剣道》の語は明治中期から一般化して用いられるようになった。明治四十四年に剣道が、はじめて中学校正科として採用されたときには、撃剣と称されたのだが、大正十五年、学校体操教授要目が改正されて以来は、剣道の語が正式の呼称となったのである。

武道秘歌のなかに、

《下手の歌。
きりきりと小早く見ゆる剣術は、下手なり□《ヨメヌ》と兼て知るべし》

又、ある書に云う。

《或人云う。剣術使いの目のきらつく内は下手と知るべしと。名言なり》

## 刀・剣・太刀

タチというのは刀剣の総称で、ものを断ち切る意味である。

ツルギというのは、『古事記』に《都牟刈《ツムガリ》之太刀》とも《都流岐能多知《ツルギノタチ》》ともあるもので、これは、とがりたる太刀、すなわち両刃《もろは》の大刀を云ったのである。(とがることを、古く、ツンガルと云う。)

カタナは、片刃名《カタハナ》の義で、両刃の大刀に対して片刃の大刀をいう。源順の『倭名鈔』に、『四声字苑』を引用して、

《刀ニ似テ両刃ナルヲ剣ト曰《イ》イ、剣ニ似テ一刃ナルヲ刀ト曰《イ》ウ》

とある。

――以上は桂川中良の『桂林漫録』（寛政十二年）に拠った。

○

大小の二刀をさす風が生じたのは、天文年間ごろからだと思われる。

同年中、武田信玄が武器制作のことを諸臣に命じて論弁させた『武具要説』という書があるがそのなかに、刀・脇差の長短の得失を論じた個所があるのは、その一証である。

しかし、その風が一般武家のあいだに流布するようになったのは、まず江戸初期であろう。そのころでもまだ、必ずしも二刀が厳正な規格と定まっていたわけでなく、金平《きんぴら》浄瑠璃の挿画や歌舞伎の荒事には一人で三刀を帯びている例さえあり、また特に珍奇なのは、ひじょうに長大な刀をさして、それが地上につかえる不便を除去するため、刀のコジリに車をしかけて、ゴロゴロ引きずって歩いたという例が、『新東鑑』巻三にある。

――慶長十七年の春、大坂城の豊臣秀頼の詰衆である津田出雲守と渡辺内蔵助が、チゴ小姓十人ばかりをつれて野田の藤見に出かけ、終日酒宴沈酔して、あるいは二、三人、あるいは四、五人ずつ船を浮かべたり、福島、海老江へんまでブラブラ歩きをして遊んだ。

――このとき林斎という盲人と出雲守が藤を見ているところへ、薩摩藩のアブレ者六人がやって来て、出雲守と口論がはじまった。六人の者はいずれも四尺ばかりの長刀の、コジリに小さな車をしかけたのを引きずっていたが、やにわにそれを引っこぬいて斬り合いになり、出雲守は十文字槍をふるって応戦したが、九カ所斬られた。

――林斎は目が見えないので、薪をひろって手あたり次第に投げつけているところへ、渡辺内蔵助が馳けつけて来て薙刀をふるって三人を斬り、ようやく追っぱらったが、出雲守は遂に死去したという。

大小二刀になる以前――だいたい室町時代ごろまでは、武士は脇差ばかりを帯びたので、太刀のほうは供にもたすのが普通だった。

そのころの脇差を一に《腰刀》ともいって、これは放し目貫で、ツバがついていなかったものであるが、後には脇差のほかに《打刀《うちがたな》》といって、太刀より少しみじかい刀を脇差と一腰にさすようになり、そのころから脇差にもツバを付けるようになった。

○

江戸初期の武士の刀・脇差は、すべて戦国の遺風で質実剛健、じぶんの働きやすいのを選んでいるから、長短も、重量も、こしらえも、それぞれ特徴があって違っていたが、中期になると、だれもみな同じようなものを差すようになり、こしらえも出来合いですませるようになった。

寛保二年に死んだ新見正朝（通称伝右衛門。隠居後は法入と号す）の『八十翁疇昔話』に、その間の事情が、くわしく語られているから、次に要約してみよう。

――むかしのさむらいは、大身の者も小身の者も、刀・脇差のこしらえや、尺の長短、切れ味のぎんみが銘々ちがっていたから、十人よれば十人とも、めんめんの物好きで、三尺余の長い刀もあり、あるいは二尺四、五寸、二尺ぐらい、軽いもの重いもの、こしらえもちがっていて、一目みて誰れの差し料かが、わかったものである。

――近来は、そんなことがないから、会合の時など刀かけにある刀を見ると、寸尺、こしらえまで時の流行にしたがい、丸ザヤが流行れば丸ザヤ、平形、細作り、ツカも、大ヒシ、小ヒシ、その他、引通し、さめザヤ、塗りざめ等々、次第に同様のこしらえの物ばかりになっている。

――これはどういう理由であるかというと、ほんとうは、この刀をつかってこのように働くという器量がなく、ただ人まねしてこしらえた道具が当世風であると思っているだけにすぎない。だから刀・脇差も《出来合いごしらえ》といって、当世風につくり、中身などは奈良鍛えのナマクラを入れて、ずいぶん値段も安いから、よほど富裕な人でも、特別あつらえなどしないで、こんな粗悪な大量生産品でまにあわせている。当今、弓馬剣術は流行しているとは云え、その励《はげ》みよう、精の出しようというものが、てんで合点が行かぬように思われる。

以上。

戦国の気風の、まだ強く残っていた江戸時代の初めごろには、いっぱんに長大な刀を差す者が多かった。『武具要説』によれば、塚原卜伝は平常は二尺四寸の刀をさしていたが、実戦の場合には三尺余の長い刀に替えていたという。

長い刀のほうが実戦的であるか、どうかは、ひじょうに論の多いところで、関ガ原当時の古武士である牧野右馬允などは、武士はあまり長大な刀・脇差を好んではいけない、その理由は、ほんとうの斬り合いということになれば、傷をあたえるだけが目的でないのだから、どうしても刀のツバ元で敵の頭を割ると共に差し通すぐらいにしなければならないから、短かい刀でないと踏みこむことができないものだと云っている——史籍集覧本『武功雑記』。

しかし後藤又兵衛などは《歩行の者は、なるほど刀は長きが善し》と云っている——『長沢聞書』。

長い刀といえば、徳川家康が長刀をさしている武士を、からかった話がある。

——家康が袋井縄手で鹿狩をしたとき、御徒士に伏見彦太夫というものがあって、三尺余の長い刀を差していた。それに目をとめた家康が、

「おう。ずいぶん長い刀をさしているのう。使うのに不便じゃないか。いったい、どのように使うのだ？」

とたずねると、彦太夫はこたえて、

「はっ。これは敵の足を、なぎはらうのでございます」

と云う。

「そりゃ、しかし、甲冑をきて戦うときには、ぐあいが悪いなあ。いっそのこと、槍のように突いたほうがよいのじゃないか」

と、家康は云った。

右は、平戸藩主松浦静山の『甲子夜話』巻二八に見える話だが、同書巻四七にはなお、つぎのような話が出ている。

——鳥越の別邸に出かける途中、蔵前で、中丈で顔の小さい、色の白い武士が、銅金をはめた四尺以上とおも

われる長大な刀を、半おとしに差しているのに出あった。さぞかし剣技の達人だろうと思うが、世間にはこんな奇男子もあるものだ。云々。

静山侯はひどく感心したようだが、そうかと思えば反対に山崎美成のように、天保年代に書いた『海録』の中で、自力に不相応な強弓長剣を以って豪壮をてらう輩は、ただ世間をおどかすための愚劣な奇行にすぎないと、ののしる人もある。

しかし文政・天保の交に江戸で武名の高かった平山行蔵（実用流。相馬大作の師）などは、じぶんが背が低くて引きたたぬから、わざと三尺八寸もある長大な刀を差していた。彼の場合は充分にそれを使いこなす技量があるのだから、あえて問題じゃない。

勝海舟の父惟寅（小吉。号夢酔）なども小柄の人物であるが、この平山行蔵にすすめられて三尺二寸という長い刀を常用していたものだ。この人は後半生をヤクザに送ったが、剣術は滅法つよかった。

『源平盛衰記』小坪合戦の条に武蔵の住人、綴喜の大将太郎・五郎という兄弟、共に大力で四尺六寸の太刀に熊の皮の尻ザヤ入れて帯びていたと書き、また『太平記』には丹波の住人佐治孫五郎が五尺三寸の太刀、山名右衛門佐の郎党因幡国住人福間三郎という者が、七尺三寸というべらぼうな大太刀を使ったと書いてあるが、これはいささかシュル・リアリズムのほうだ。

しかし大太刀ということになると、もっとびっくりすべきものがある。むろんこれは実用刀ではないが、大きさの点ではたしかに日本一だろう。

——越後の弥彦神社の宝物。同国古志那夏戸の城主志田定重が応永年間に奉納したもので、刃長九尺八寸、幅一寸六分、白ザヤの長さ九尺八寸七分。刀身全長だと一丈三尺七分で、皮ツバのさしわたし三寸六分、同厚さ七分というから、とんでもないばけものである。

『武門要秘録』に、

《陣刀・脇差、寸尺長短は人の好みにもより、器量にもよるなり。太刀は直なるは悪し。そりを善とする。

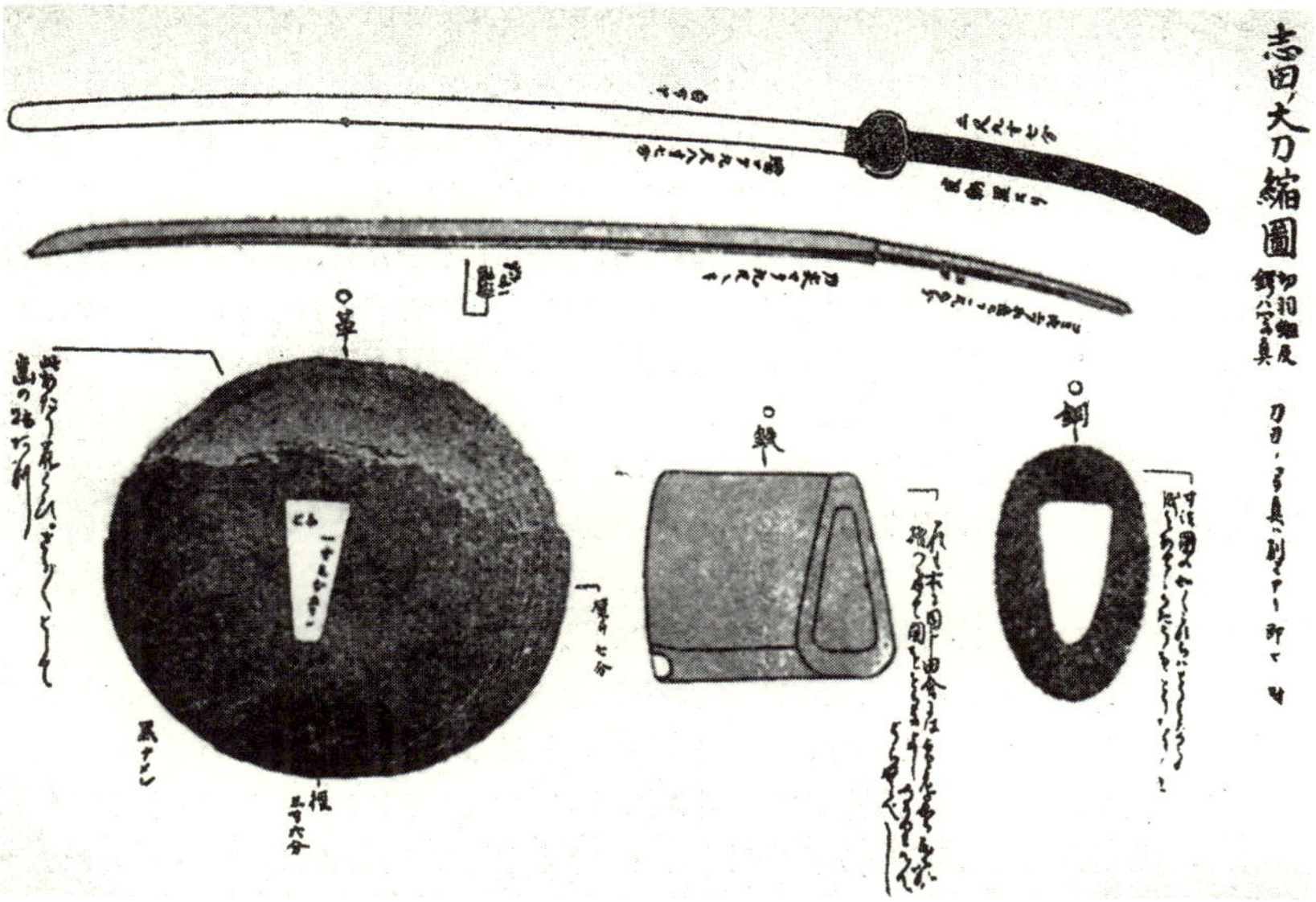


志田の大太刀（『耽奇漫録』より）

三尺あまりの太刀も半生つかい馴れたる人は格別、初而のものなどは身に合わざる大太刀は戦場には自由にならず、悪しきものなり》というのは、穏当な説というべきだろう。

それでは江戸中期以降において、どのくらいの長さが常識的と考えられていただろうか？

《刀は二尺三寸五分、脇指は一尺三寸五分、一尺八寸まで然るべし。黒ザヤたるべし。又《一つ脇指》(二刀を帯せずに脇指だけさす場合)に二尺一寸もよし。長短は器量によるべし。総別《そうべつ》、刀・脇指は作物（こしらえ）を、さのみ好《この》まざれ。骨の斬るるを以って善とすべし》

——右は、宝永年中に刊行された『子孫鑑』の一節である。

なお『剣法略記副言』に、刀は二尺九寸、脇差は一尺九寸以上の長さは法度、また角ツバ・皆朱・黄・ウルシのサヤも法度であったというが、その確証はまだ見つからない。

## 刀剣夜話（西田直養）

西田直養《なおかい》、字は浩蔵。通称庄三郎。篠廼舎《ささのや》と号す。豊前小倉藩士で京坂の留守居役を勤めた。国文学者、歌人、故実家で、本居太平の門人である。文久三年、攘夷の勅を奉じて、長藩が外国艦と戦を交えた際、小倉藩の措置にあきたらず、絶食して自殺した。時に元治二年三月十八日。行年七十三。この人の随筆『篠舎漫筆』の中に、刀剣夜話と題する一章がある。特に警抜とも思えないが、何となく当時の現実を反映しているように思えるから、ところどころ要約してみよう。

○

——私の若かったころは、何でも古刀でないといけないもののように思って、ただ外見がキレイで細長く、焼刃が花やかで、にえや匂いの優美な、ケシほどの疵もなく、よくそった、二尺二寸ほどの長さで、かさねの余り厚くない、ともかく、かっこうのいい刀を好んでいたのであったが、老人になるにつれ好みも変って、今では頑丈な造りで、かさねが厚く長さも二尺三寸から四寸まで、あまりそらないで、たとえ疵があってもそれがさわりにならなければ余り問題にせず、にえ、匂い、焼刃についてもやかましいことを云わず、古刀でも新刀でもどちらでもよいからそれが折れたり曲ったりしないで善く斬れさえすればよく、少々おもたくてもかまわぬようになった。

——刀の製作面から云えば、鍛《たん》と錬《れん》の区別がある。鍛ということは、必ずしもむつかしくないのだが、さりとて容易なこととも云えないので、これを人間の修行になぞらえて云うならば、鍛は外面の修行による働きであり、錬は内面的の分別による働きに当る。いかに動くところの抜術に長じようとも、内面の練成がなくてはその技術は軽薄と云わざるをえないのである。

——刀そのものの疵については、それが折れるような疵でさえなければ、たとえ刃一面の疵でも、かまわない。だいたいよく切れる刀には疵のあるものだ。それは鉄の質が固ければこそ自然と割目が出たりするのであるから、それほどの疵でなければ切れ味が強くないものである。人間だって役に立つほどの者は、どこかに疵のあるものなのだ。かっこうよく、うつくしく、疵がなくて、十人好きのする刀であっても、刃がにぶくては物の役には立たないのである。

——刀は長いほうが有利である。それは長いほうが敵にとどくというだけでなく、物を切るのに有利だからだ。切るときに、まっすぐに切りつけるだけでは、まるっきり刀勢がないからダメであるが、切りつける時に刃を手前へ引くようにすると、よく切れる。この引く勢いというものは、長い刀のほうがずっと強いのである。

——昔は芝居で見るように、太刀を我が身から離さなかったらしいが、今では太刀を遠くにおき、脇差ばかりで人と応対するようになっている。これでは無用心だから、脇差の短小なのをやめてもっと長大なものにするがよい。

——古人の説によれば、刀は片手で百ぺんふりまわし、それで手のくたびれない程度のものが一番よく、長短・軽量は当人の力量によるべしと云うけれども、これは軍陣用の刀の選び方である。治世の平常の場合を考えてみるのに、抜刀は瞬間のわざであるから、あながち刀の重い軽いを論ずるほどのことでもなかろう。私個人の意見を云えば、たとえ戦場の刀であっても、そう一日中たてつづけに刀をふりまわすわけでもないのだから、百ぺんふりまわして手がくたびれないなどというような、そんな短小・軽量な刀を選ぶことは不賛成だ。

——刀というものは《折れず、曲らずして、斬れる》という一言に尽きる。刀剣の肝要はこれ以外にない。しかし、なおこの三条の中で、捨ててもよいものがある。まず曲ってもよい切れなくてもよい。ただ、ぜったいに折れてはいけない。

——大小をこしらえるについて、予算の振り合いを、どうするかといえば、まあ大体、七分三分ということにすればよろしかろう。たとえば、百両の予算の刀ならば、刀身に七十両、こしらえに三十両かけるのである、十両の予算で、二両で刀身、八両でこしらえをする人があるが、本末てんとうも甚だしい。刃は実であって、こしらえは花である。そりゃ花だってなくてはかなわぬものなのだから、それをわざと粗末にするのは、どうもおもしろくないが、おごらずに、分限相応にすべきである。

——流行は昔に帰るものが多い。刀剣のこしらえなども、昔は、ふちの腰高く、目貫なども大きくはなく、ごく低くて寥びたものであったが、現在（幕末）がまたその風である。ツカの巻きようもリュウゴ低巻きで、ツバもすかしがなく無地が多い。むろん各人の好みで、握りが太く、切羽なども厚くて、ふちの腰高く、大きな目貫、赤銅に金覆輪《きんぷくりん》をかけたツバなどというこしらえもあるが、やっぱり古風なのに心が引かれる。

——大小は刃を第一とし、ツバを第二とする。刃は敵を切るため、ツバは自分をふせぐため、この二つが大事で、他はかざりにすぎない。もっとも目釘は肝要であるが。

——金作りの目貫というのは、昔はみなメッキである。今は金をそのまま細工する。第一を無垢《むく》、第二を着《き》せ、第三を焼き付とする。焼き付けには、けしざしと、普通のやきと二色ある。

——下げ緒は、ツカと同じものにすべきである。留め緒は、できるだけ細い糸がよい。事があるときにすぐ切れるからである。留め緒は、主君などの前で刀が抜けてはいけないからという用心のためのものだ。人ごみの中の用心とは違うのだ。

——ツバは、無地で文飾のないのがよい。スカシがあっても、事ある時に必ず割れ損ずるとは云えないが、手の肉がスキ間へはさまって具合いのわるいことがある。以上。

## ツバ

刀剣のツバは、ツカをにぎる手の防ぎであるから、その質については余程よく吟味しなければならない。（前掲、刀剣夜話の項を参照。）

ツバは大体、鉄ツバか、ネリツバ（革ツバ）が普通である。これにスカシを明けたり、金銀装飾をしたり、また変形のものなど、そういったことも中世からおこなわれている。

榊原長俊（寛政九年死）の『本邦刀剣考』に、こう書いてある——要約。

——ツバに、スカシをすることについては『室町家記』に、ツバのスカシは古来なかったのだが、足利義教の時代からはじまったと書いている。古の太刀のツバは、鉄の無地、またはイタメ革、丸型、木瓜型にきまっていたものだが、しかしスカシのツバも、足利義政以前からあったようだ。古来、儀式用の太刀はシトギツバ、または葵ツバを用い、軍式の太刀はネリツバか、鉄の無地ツバであったと思われるが、中世以来いろいろな物数奇ができてきたのである。云々。

このネリツバというのは、イタメ革を何枚も合わせて作る。まず厚い牛皮を水にひたして、鉄槌でたたいて薄くし、日に乾かして固くする。これがネリ革、一名イタメ革である。それをツバの形に切り、特殊のウルシに砥《と》の粉を入れて何枚もねり合わせ、砥石にかけては乾かし、またウルシをかけて砥でみがいては乾かし、何度も何度もくり返して仕上げは油をつけてツヤを出す。

江戸時代になってからでも、武家の少年に多くネリツバの刀をささせたのは、腰が幾分でも軽いからであろう。鉄以外には、赤銅のツバもあって、豊臣秀吉の遺品中にもそれがある。柳生十兵衛は好んで赤銅ツバを用いていたが、赤銅は時として斬り落される危険があるといって忠告する者があった。

十兵衛、平然と答えて云う。

「拙者においては、ツバなど頼みにしていないさ」

武道の秘歌に、

《千万の道理はいえど大刀、厚ツバこそは不覚なりけり》

とあって厚いツバは、いけないというのが常識だった。『渡辺幸庵対話』にも、

《ツバは薄きかたよし。厚きは手元重し》

とある。

近ごろの大衆小説には、よく《ツバが鳴る》と書いている。浪人者などは貧乏のあげく、そんなガタガタの駄刀をもっているので、そんな刀では人を斬るどころでなく、薪割り代用にしかならないことを知らねばならぬ。

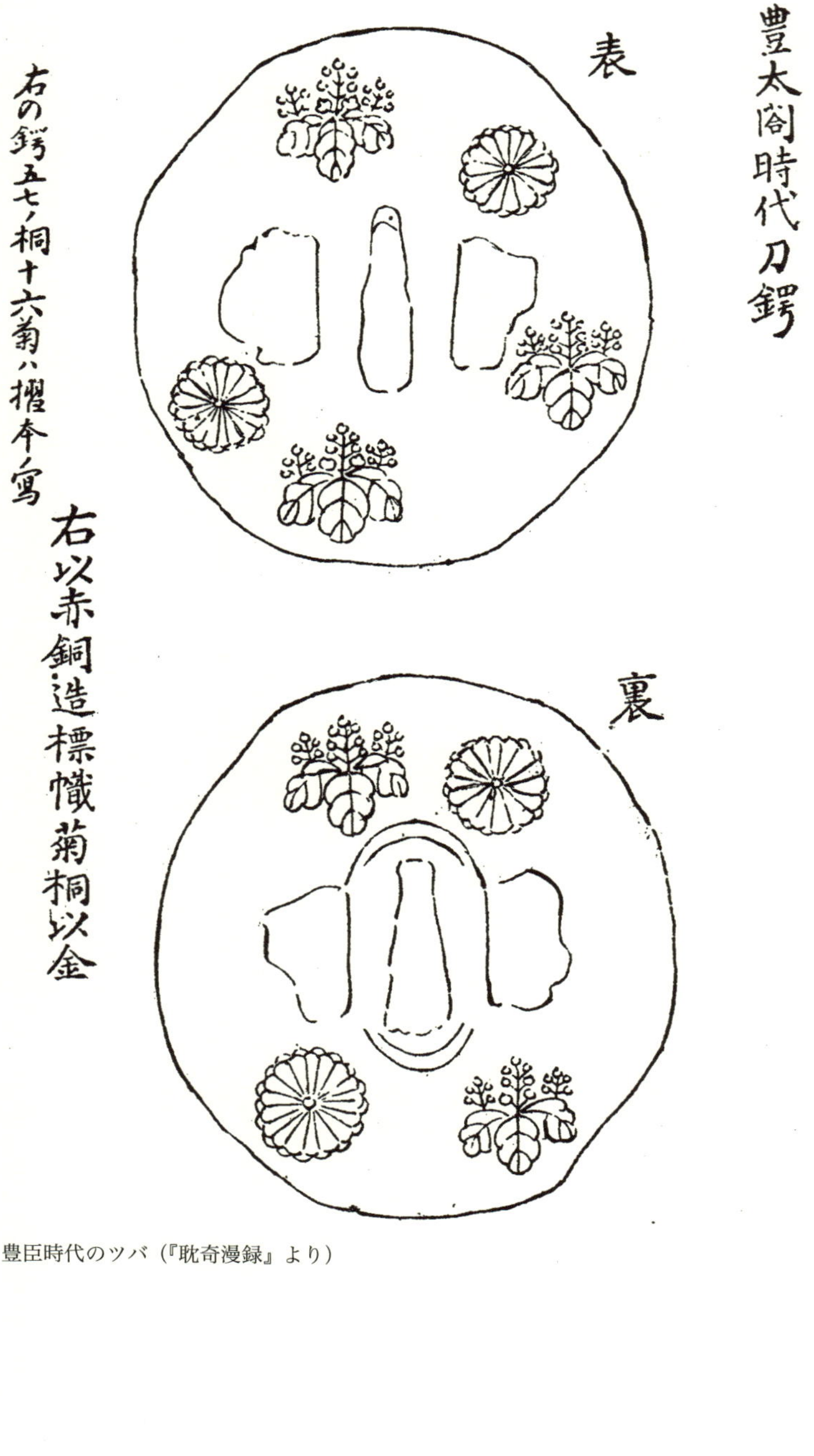

豊臣時代のツバ（『耽奇漫録』より）

山川素石・細川宗春の合著『二川随筆』(享保七年）に、おもしろい記事がある。

——近ごろ若い人の云うことを聞いていると、なかなか理屈めいたことをいっている。

「刀・脇差のスカシツバは、ありゃ具合いが悪いねえ。人を斬ったときに血が手もとへ流れてくるよ。そうかといって革ツバもこまる。あれは血のために指がすべる。それにツカの木を厚朴でつくるのはいけない。くだけ易いんだ。だから柚《ゆず》の木が良いんだ」

——いかにも、もっともらしい云い方だけれど、どうも片腹いたくて聞くに耐えない。大体、ツバのスカシから血が伝い、革ツバが血ですべるほどの斬り合いをする者が、今時ないじゃないか。それほど踏みこんで戦うことは、ちょっと不可能だ。ましてツカの木がこわれるほどの働きをした人を、まだ聞いたことがない。まあ、そんなシカツメらしい議論は、どうか、それほどの働きをしてから云ってもらいたいもんだ。云々。

以上。

○

戦国時代以後、江戸期にわたって、ツバの製作者として名を得た細工人は、左記の通りである——石上宣続の『卯花園漫録』(文政六年）に拠る。
《理忠妙寿（京上作。象眼入。寛永の頃）
同七左衛門（京。象眼入）
理忠彦右衛門（京。象眼入）
同忠次（京）
貞家（伏見銘。象眼又真鍮）
貞長（伏見。同上）
貞信（伏見。同上）
加賀守（大阪）

久之丞（大阪）
鉄人青木尉右衛門（江戸）
火鍋（江戸）
戸田彦左衛門（尾張）
定長（紀伊、代々あり）
匹阿弥（会津）
山吉兵衛（尾張）
駿河（備前。代々あり）
九重伝兵衛（長崎）
河内権之丞（長門）
法安（広島）
遠山又七（肥後）
甚右衛門（唐津）
阿波ツバ（金象眼多し）
記内（越前。竜彫物多し）
赤尾甚左衛門（越前。無地透し）
赤尾吉兵衛（越前。無地）
てんほう（奈良。たがね透し）
金山ツバ（古作）
漢南（象眼入）》
以上。

なお、筆のついでに、古いころのツバの作者に関して、津村宗庵の『譚海』巻十一から要約しておく。

——信長の時代に、甲冑工に信家というものがあって、この人の作ったツバは名器と云われているが、はなはだ稀少である。《この手柏》などいう銘がある逸品は、信長が森蘭丸にやったもので、おそらく天下にくらべるものがないほどの名作である。ただ、その時代のツバはすこぶる大きくて、三寸も四寸も幅があるから、今どきの花車《きゃしゃ》向きには用いられない。この信家の子孫はカブトの面頬鍛治になって今も越前の国に住している。

——古い時代のツバとしては、越前のツバ師で記内という者が名人と云われている。（記内の名は前表に出ている。）次いで名作といわれるのは房吉である。古ツバは石見の国にも名作が出たが、中でも《トチハタ》と云うのがすぐれている。中古ツバでは赤坂あるいは遠（青）山赤坂庄左衛門などいうのが名が通っている。

## 道場・入門・免許

武芸を教習するところを道場とも、稽古場ともいう。《道場》はもと釈迦が成道した場所の意でこれは仏教からきた用語である。

はじめは城下町その他の市街地、又は武家屋敷地区に、個人的に開かれた私塾が主で、これは《町道場》といったが、江戸時代中期以後、諸藩に武学校を設立するものが多く、また幕府の武学校である《講武所》は、安政三年に設立された。

師匠に直接ついて教示を受けるものを、《門人》といい、間接に同流に属するのを《弟子》といい、《門弟》はその総称である。

これらの語は、もとより一般儒学の面でも多く使用されているが、武芸の術語としては、むしろ仏教語の系統と見るべきが至当であろう。

一般町道場の《入門の法式》は、江戸末期には崩れてしまったが、それまでは、正式には麻上下を着用して師匠を訪い、入門を依頼する。

そのとき《束修《そくしゅう》》（入門あいさつ）として、白扇二本を桐の箱に入れ、高台附にのせて差出す。その値段はたいてい銀三分ほど。ていねいな分だと、白扇三本、または五本入りの桐の箱である。師匠はそれを受けとり神文を出して誓わしめ、これにて師弟の約がむすばれたことになる。

入門してからは、稽古に通うわけだが、その正式の授業料（《謝儀》という）は盆・暮の二度（原則的には七月十五日と十二月二十五日）、金一歩（百疋ともいう）に、ローソク、小菊紙（十帖ほど）をつける。べつに銭月々二百文、これは稽古場の費用で、授業料ではない。ただし二、三男等の部屋住みの者は、おやのすねかじりの身分だから以上の半値でよいことになっていた。

稽古場の費用というのは、主として日々の茶代、冬季の炭代で、これは消耗費である。門弟たちは毎日、稽古場で食べる弁当を自宅から持参するが、茶は道場のほうから出す。そんな取りあつかいは師匠がしないで、その道場の世話役がする。

世話役には上段の高級門弟で、免許をとった人物がなる。目録取りの中級者が《日記》といって門弟の勤怠簿（出席簿である）をつける。

稽古日は門人の数をにらみ合わせて組に分ち、一六の日とか、二七、三八、四九、五十というように分けてあり、各人その日割りにしたがい、その所定の稽古日を半季を通じて皆勤した場合は、師匠から賞与を出す例が多かった。これは馬術の場合にはムチ、弓術の場合には矢羽根または弓のツル。剣術の場合には竹刀、槍術の場合にはタンポ等をあたえ奨励策にしたのである。

しかし、江戸中期あたりの、しごく緩々《かんかん》たるナマクラ時代には、特殊の道場以外は稽古するといっても、じつにいいかげんなものであったらしい。

寛政年度の落首《らくしゅ》に、

《三河以来は夢だにも、天下泰平武家くらやみ、若殿がたの稽古先、弓馬槍剣早仕舞い、出席ばかりのむだ話、月六斎の弁当損……稽古着あれども試合ことわり、出来合い病気肩痛み、検分前の打合せ、それでも御好み御番人、それには構わぬ師匠たち、なるほど二十八文の、小菊十帖付けとどけ、そんなに心配世話もせぬはずのようにも思われる。云々》

とあるなど、だらけ切った様子が見えている。

〇

師匠がその技の要所、口伝《くでん》などを教えるのを《伝授》といい、その技の進む段階にしたがって門弟の熟達をみとめて与える証明を《免許》とも《印可《いんか》》ともいい、俗に《ゆるし》ともいう。武芸のみならず、いっぱん芸能に通じてのことばである。

印可とはもと仏教語で、印信許可の意。とくに密教では、一流伝授して秘密の法を許可する義であった。

免許には段階があり、その到達した中途の段階までの証明を出すのを俗に《中ゆるし》といい、奥儀皆伝の免許は《奥ゆるし》とも《総免許》ともいう。

免許状は、奉書、鳥の子、杉原、薄様などの《折紙》を折目通りに横に切ったものを《折紙》といい、武芸や遊芸の免許目録はこの種の紙を使用するが、折紙を与えるのを《折紙免許》、切紙を与えるのを《切紙免許》という。また免許状は芸道の名目を目録の如く条書きし、その後に添えて伝授の旨を書きしるしてあるから、いっぱんに《目録》とも云っている。

『兵法未知志留辺』に、

《目録トハ兵法専修ノ条件目ヲ録スルノ名ニシテ、公ノ挙業（検分）ニ於テ技ノ深浅ヲカンガミルニ、目録、免許ト、ソノ俗称ヲ便ナラシメンガタメナリ》

という。

而して芸道のもっとも深奥の秘技・秘伝である奥儀・奥の手が《極意》である。文字は古くは《極位》と書くが、これは伝授の最上位という意味である。

なお伝授の階級としては、下から上へ、目録、準免許（中ゆるし）、免許（奥ゆるし。皆伝）という順位になる。だが免許制度ともいうものが、いかに形式に流れ易いかは、現今の諸芸能のそれを考えて見てもすぐにわかる。『寛政八年江戸流行物』と題する長い落首のなかに、《諸芸の検分むださわぎ、免許目録金次第》とあるように、どうやら包み金次第で上進する輩は昔でも少くなかったらしいのである。

すでに、それより以前の享保年代においてさえ、森山孝盛がその著『賤のをだ巻』の中で、こう云っている。

——今どきは若くても免許さえとれば、もう弟子取りをして人を教えているが、皆伝だ免許だと云ってみたところで、それはただ伝授を受けたというだけのことで、もとより自己の発明した工夫があるはずでもないのだから、まったく当てになったものではない。数年辛苦して修行し、自力で教外の理を発明する者でなければ、真に手に入って自由自在というわけにはゆくまい。まったく武芸も、すたったものである。云々。

## 武者修行・他流試合

もとは、主人をもたない浪人たちが、戦場の稼ぎのために臨時的に何の某の陣場に参加して働くのを《陣場借り》といい、これを武者修行といったが、兵乱おさまって後は、もっぱら武術研磨を目的とするに至った——と、小宮山楓軒の『楓軒偶記』にあるが、ともかく一般的な常識では、武術をみがくために諸国をへんれきし、各所の武人とその技をこころみるのが《武者修行》であり、その風習は足利時代末期にはじまった、ということになっている。

『室町日記』に、十二代将軍義晴の天文十一年に、山内源五兵衛という者が、中国から武者修行にやってきたという記事があり、また十三代義輝の時代に、三好を討伐するために丹州の兵や、かくれた浪人たち、《または武者修行にまかり出て、しばしの間方々に滞留しける武士》などを集めたとあり、また新当流の達人海野能登守が、兄弟親族をほったらかして《兵法修行》に出たという記事がある。

なお武者修行とは書いていないけれども、前記『室町日記』の例よりも前の、足利十代将軍義植の明応年間の記録『足利季世記』に、日置弾正忠豊秀が《日本を弓修行》したとあるのも、実質は弓術における武者修行であったというべきである。

◯

流儀ちがいの者が、技を競うために試合をするのが他流試合である。

普通には剣と槍とに限られているように思われているが、決してそうではなく、そのほかナギナタ、弓、柔術、鉄砲、棒などの他流試合の例が多く、また武器のちがう技で試合した例——たとえば宝蔵院胤栄の槍と菊岡二位宗政の弓、というような取り合せ——も多かった。

武術に何流何派といって職業的《プロ》師範家が発生した当初は、かならずしも真剣勝負でなくても試合に生死を賭けた場合が多い。

流儀の道場ができてからは、修行のために他流試合をのぞむ者が多く、乗りこんで行って勝つのを《道場破り》といったが、他流試合も当初の気風の荒っぽいころは生命のやりとりが多いので、道場とは限らず野外で血闘した場合があり、またその場所も前もって打合せないで、随所で行きずりに出合って試合をする例も多かったのである。

武者修行の旅は、禅宗の雲水僧や、連歌師・俳諧師の旅と同じように、行く先々の頼っていった道場から《ワラジ銭》をあたえられるのが不文律で、慶長年間に諸国をまわった疋田文五郎の『廻国日記』をみると、

《二十二日逗留して帰る。我等に金子参両送る。嶋田一両》

などと書いている。

だから世が下れば、武術の研磨よりは、むしろワラジ銭かせぎが目的で、諸国の道場を訪ねて歩くマタタビ剣客も生じたのだ。

流儀の規格がようやく固まった時代になると、各流派ともだんだんに他流試合をことわるのが普通になった。

中条流、戸田流（伊藤一刀斎）や、柳生流なども、原則としては早くから他流試合を禁じている。（むろん、やった例はたくさんある。）幕府の方針としても、生命に危険な勝負試合は、禁じるようになり、各流の師範役も、そういった一か八かのあぶない勝負は避けるようになった。これでは武術もますます実用から離れるばかりで、四代目渋川伴五郎時英が寛延二年に書いた『柔術大成』のなかで、

《真の試合というものは、相互に真剣を以って勝負を決して、一方息絶えて是迄という限りが見えねば、まことに勝たるにてもなし。……然るに今時の人の試合というものを見れば、槌槍を以って槍合せの真似をして見たり、革刀・木刀を以って太刀打の真似して見たりして、其間にいささかの当りはずれを争い、その勝負を分て、それにて実の勝負の試しが済むと心得る也》

と、あきれているのも無理のないことだ。もっともその渋川流でも四代目伴五郎の宝暦十年以来他流試合を禁じていた。

江戸中期を過ぎてから、男谷下総守（幕末随一の剣豪と称される人物）が他流試合を奨励して以来、ふたたびその風が勃興し、幕末の時局緊迫とともに、それが非常に流行した。

中でももっとも有名なのは久留米藩剣道師範加藤新八と柳河藩士大石進で、前者は文政十二年五月から十二月までのあいだに、豊前・豊後・四国・中国・五畿内・伊勢・近江等をまわって九百九十八人と試合をしているし、大石進は文政・天保の交に、六尺のスペシャル長竹刀で江戸中の道場を片っぱしから破りあるいた。

江戸では剣術修行と称して、竹刀・面・小手をにない、道場へ押しかけていって、

「一本願う」

と申し入れるところから、これを《一本勝負》という。

こういう時のいでたちは、小倉のマチ高バカマをはき、ハカマのひもに《修行の帖面》をぶらさげて行き、

「拙者は何処の藩士で、名は何々。師匠は何某でございます。剣術修行のためまかり越しました。なにぶん御教授のほどを――」

と申し入れると、

「よろしい」

といってその帖面へ、道場の先生の姓名を書き入れてくれる。

幕末で特に有名な江戸の道場といえば、九段下（のち番町に移る）の斎藤弥九郎、アサリ河岸の桃井春三、お玉ガ池の千葉周作であるが、こういう有名な道場へは、ひっきりなしにこういった一本勝負の申込みがあった。

当時千葉道場の隣家の、東条一堂の学塾に寄宿していた清河八郎が、千葉道場の一本勝負をわざわざのぞきに行ったことを彼の日記に書き残しており、彼は後にその千葉に入門して一人前の剣客になったのである。

一本勝負というものは何といっても他流試合であるから、ひじょうに激しい技《わざ》で応対する。だから、よほど覚悟をして行っても、ピシピシやられて死ぬような目にあうことがあったという。

## 木刀

木刀の一番古い例は『古事記』に、日本武尊が作って出雲建《たける》に与え、試合して殺した時の木刀だろう。これは一位の木といって、後世、宮人の笏の材料にした固い木である。

木刀は、木剣、木太刀ともいい、袋竹刀が発明される以前は、木刀を用いて試合をし、また技術の稽古も木刀を用いて教えた。しかし木刀時代の稽古は型を教えるだけで、打ち合い稽古は袋竹刀（革刀）ができてからである。

木刀は、ふつうは樫、赤樫、ビワ、センダン（あふち）、柚《ゆず》の木などの固い木をけずって作る。けずり方は、刃のほうをハマグリ刃といって、蛤貝を合せたごとき丸味の傾斜をつけるように、けずる。ツバは鉄、または革、木で作る。全長三尺三寸（身二尺五寸、柄八寸）。これを《常の木刀》といい、これに対して特殊の作り方のものがあり、根岸兎角が岩間小熊と試合をした時には、六角にふとく長くけずり、鉄の筋金を入れ、ところどころにイボがつけてあった。

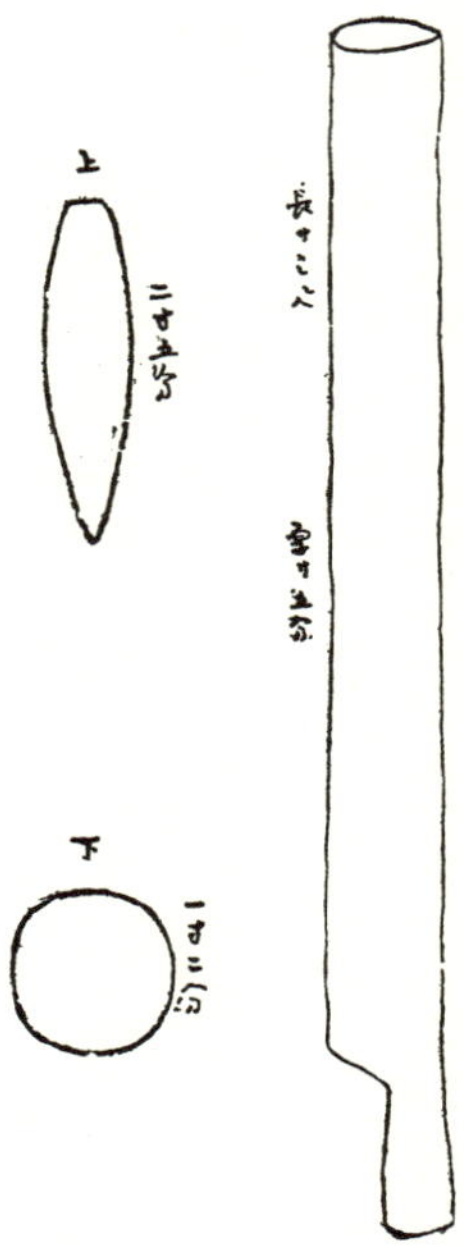


宮本武蔵木刀（『耽奇漫録』より）

富田勢源が岐阜で梅津武右衛門と試合をしたとき、梅津の用いた木刀は長さ三尺四、五寸で八角にけずってあり、巌流島で宮本武蔵が使ったのは、舟のカイから手製にけずった二刀で、長い方が二尺五寸、短い方が一尺八寸と、『砕玉話』その他に出ているが、これはまちがいで、四尺一寸八分という長大なぶさいくなやつ一本だったことは、その模造品が養子の宮本伊織の家宝となって残っていたことでも知れる。

富田勢源とよく混同される福島正則の家来の戸田清玄——勢源、清玄ともに小太刀の名手である——は、稽古のときには一尺九寸五分の、ビワの木刀を使用している。柳生家も、古い時代の木刀はビワの木を正式としていた。薩摩の示現流では柚の木に限っている。

木刀のもっとも古いのは『平家物語』巻一に、木刀に銀箔を置いた例があり、これはどうやら後世の《竹光《たけみつ》》の先祖らしい。

○

森島中良の『反古籠』に、つぎのような記事がある。

——浅野家の浪人堀部弥兵衛金丸は、主家没落の後、江戸へ出て本所相生町に住んでいた。吉良邸が近いので、その郎党の者などにも顔を見知られていたが、浅野浪人ということを隠すでもない。もはやヨボヨボした老人であるから、よもや復讐の念をいだいているとは人は思わない。

——金丸は外出にも刀のかわりに木刀をさして出たが、他家へ行ってもそれをそこらに投げ出して、子供らがオモチャにしても平気でいる。その木刀には、

《人切ればおれも死なねばなりませぬ、そこで御無事な木刀をさす》

と彫ってあった。わざと人目をくらますためである。

——その木刀は、討入りの出がけに借家の差配に進呈したが、後に市川柏筵（二代目団十郎）がもらい受けて、平常の差料にした。これは初代団十郎（才牛）が舞台で仲間の俳優に刺殺され、二代目は無念の思いをしたことがあるのだが、相手が刑死したので、もはや自分は人を斬る必要がないと決心して、生涯の差料にと堀部の木刀を求めたのであった。

——右の木刀は三代目団十郎の兄弟、和泉屋茶筵の手に伝わったが、明和九年の火事で焼けてしまった。（この話、松浦静山の『甲子夜話』巻一では、大高源吾の木刀ということになっている。）

## 袋竹刀・竹刀・竹刀槍

《竹刀》はシナシナとシナウから、シナイという。割竹をたばねて刀の形に作り、撃剣を習うのに使用する。

現今の竹刀は割り竹を四本合せて、皮ひもでくくり合せたものだが、もとは《袋竹刀》といって、竹を十六本乃至三十二本ぐらいに細く割ったのを心《しん》にし、それに皮の袋をかぶせたものである。一にこれを《革刀》ともいうのは、木刀に対する語である。

袋竹刀をはじめて考案したのは新陰流の祖、上泉武蔵守信綱だった。それまでは稽古はすべて木刀であったから、ほんとうに打ち合いをせずに、ただ型だけを稽古するのであったから、それでは習熟の実効がない。どうしても自由に打合わねばダメだというところから、この袋竹刀が考案されたのである。

これでもなお、身に防具をつけなければ、とうてい激しい稽古ができぬので、直心影流の長沼四郎左衛門（正徳年間）、一刀流の中西忠蔵（宝暦年間）あたりから、面・小手・胴のごときものが段々に発達を見、現在のように、稽古は型よりも竹刀打ちの実習を主にすることに変って来たのである。

竹刀は長いほうが有利で、江戸中期以後になると、むやみに長い竹刀で、片手突きに勝を制する者が多くなった。寛政ごろの落首にも、

《一流剣術長竹刀、お突き専ら相手が困る》

とあるほどで、剣術というものが真剣の実用を離れ、ただ竹刀での勝負を目標にした、いわば一種のスポーツ化の過程と云い得るだろう。

藤田東湖の、嘉永五、六年ごろの手紙の一節にも、

《拙塾演武場相開き、長尾始め相招き、壮士二十人計来会の処……しなへの長にはあきれ払申候》

と書いている。

幕末に筑後柳川から出てきて、江戸の町道場を片っぱしから破って歩いた大石神影流の剣客大石進などは五尺余（六尺とも）の特別製の長竹刀で、おまけにその先端に鉛を入れていた。これで力いっぱい打ちおろすと相手がうまく受け止めても、先の重さで長竹刀の先端が弓なりにしなって受けた竹刀の向うで相手に当る。

こういう長竹刀は、勝つだけのためには便利だが、少々インチキ道具の感がある。それでは本当の刀技は進歩しないというので、幕府の講武所の最高師範だった男谷下総守が、竹刀は長さは曲尺で三尺八寸以上は不可と、講武所規定で定めたのが、その後の竹刀の基準になった。（身二尺八寸、柄一尺の割合い。）袋竹刀は今もあるが、この方は全長三尺三寸（身二尺五寸、柄八寸）で木刀と同じ。

○

稽古用の槍は、《稽古槍》とも《シナヘ槍》ともいうが、柄の木の突端を丸くしただけの稽古槍を《槌槍》といい、先にタンポをつけるのを《タンポ槍》ともいう。全長十八尺、十二尺、九尺の三種がある。

タンポは、革または布に、綿などを包んで丸くしたもので、その名称は仏教語のタンポンから来たとも、又、その状がタンポポの花の絮《じょ》の形に似ているからともいう。

タンポは小さいほうが使いよいが、当るとあぶないので、講武所の規定では直径三寸五分（曲尺）より小さいのを、

ゆるさなかった。

## 呼吸の数

安中藩主板倉伊予守の問いに対して、大学頭林述斎が答えた『水雲問答』というものがある。その中で、武備に関する問いに答える述斎の返答のなかに、

《刀槍は五間七間の稽古場にて息のきれ候たぐい、何の用にも立不申候》

という辛辣な一条がある。

武術々々といっても、けっきょく技は末節のもので、からだの剛健なやつが実質的には勝ち残るのが原則だ。昔から豪傑は《息が長い》としたもので、ちょっと動いたぐらいで息切れするようでは、武術もヘッタクレもあったものじゃない。

講談の試合などの場面によく聞くことだが、人間が一昼夜に吐く息引く息の数は、一万三千六百あるという。いつの頃か、米の安い時分に、よほどのヒマ人が勘定したのだろうが、この数字には出所がある。内経の説に、人の一昼夜の呼吸一万三千五百息とあり、これは吐くと引くとを合せて一息に勘定するのである。

しかし高知藩に南学を起した谷秦山は、その師渋川春海（暦学、数学の大家）の所説によって一万三千五百は誤り、二万五千ほどだろうといっている。

## 十手・十挺

ジッテとも、ジッテイとも云う。《実手》と書いた例もある。捕吏の用いた道具で、みじかい鉄棒の中ほどにカギがついている。全長一尺八寸が規格で、その内カギから下の握りの部分は六寸である。小太刀や鎌などと共

に一尺八寸の数字は伝統的だ。

そのはじめは万治二年に日本に帰化した明人、陳元贇《ちんげんぴん》が、麻布国正寺で教えたと『近世事物考』にあり、それが正しいとすれば、慶安四年の丸橋忠弥捕縛当時が使いはじめということになるが、信じがたい。

十手の術はその以前より捕縛術《とりて》（後の柔術の部類に属する）の一種として伝えられ、宮本武蔵の父新免無二斎、さらにその父平田将監は共に十手術の名手であったこと『平田系図』にあり、また『二天記』や小倉の宮本武蔵碑文にも、宮本武蔵が二刀の工夫を思いついたのは父祖伝来の十手の術の改良であったように書いてある。もとより陳元贇が渡来するより前の話である。

十手にも流派があった。《一角流》の実手術は表十二本、裏十二本より成っている。新陰流駒川太郎左衛門に発する《駒川改心流》にも実手の術がある。なおそのほか杖《じょう》術・棒の手・捕縄術等に附随して教えられたものもあると思われる。

## 捕り縄

古くは《捕縛《とりて》の法》《小具足》などといって、戦国時代中期ごろから、独立した武技と見なされたらしいが、系統としては後の柔術の部類であるから、べつに刑罰用の捕縛術が派生するに至った。伊予大洲藩士武知吉太夫の《方円流》が、もっとも名高く、縄の掛け方の基本に十八法を案出している。松崎金右衛門の《一建流》の捕縄術は、早縄四手、本縄二十手である。

## 打根の術

ウチネ、また《手突き矢》といって、弓術のほうに伝わっている古い武技である。

『太平記』に、因幡竪者全村という武人が、太い矢を三十六本背負い、それを手投げにして敵を投げ突きに斃す場面があるが、このように弓を使わずに矢を投擲する特殊の技術を、打根の術という。小笠原信濃守貞宗の《小笠原流》に打根術を伝承している。

## 棒術

《棒術》また《棒の手》という。筑前藩の神道夢想流の《杖術《じょう》》なども棒の変化である。

『嬉遊笑覧』に引用するところの『万歳諸用日記』（寛延ごろか）に、

《棒の手、四法八角に作り、八尺にいたし、筋金入、鉄のイボを末四尺のあいだに打、これを《金さい棒》と名付、剛力の所作に仕候。其後山科流と申は、カシの木にて六尺に作り用候え共、利方よろしからず候故、近代すたりて、今は辺土の順礼の所持にまかりなり候》

とある。金さい棒は『太平記』に八尺あまりの《金撮棒《さい》》と書き、篠塚伊賀守がこれをふるって敵を散々に追い散らしたと書いている。なお『北条五代記』には、三浦介道寸の子荒次郎は七尺五寸の大男で、八十五人力の怪力、白ガシ一丈二尺の八角けずりの、筋金入りの棒をふるって、敵を五百人殺したという御大層なシネマスコープ式の大殺陣をえがいている。

後世の棒は六尺が規格となって《六尺棒》といい、また《半棒》とも《鼻ネジ》ともいう三尺の棒もあった。他に四尺五寸、七尺五寸もある。神道夢想流の杖は四尺二寸一分に作る。

六尺棒は捕方・辻番等の最下位の武家の使用以外は、武技としては一般におこなわれず、かえって江戸市民の一種のスポーツとして、庶民のあいだで流行した時期がある。

《鼻ネジ》は鉄扇がわりの日常の護身用として江戸中期ごろまでは一時武家のあいだに流行し、何かといえばそれで打擲するといって『民間省要』には大いにふんがいしているが、後期になるとすっかり忘れられて使用する武士はほとんどなくなった。

流派は、前記の『万歳諸用日記』に《山科流》、『柔術剣棒図解秘訣』に《荒木流》を挙げ、また『武術流祖録後輯』には、《香取流》《相心流》《天流》《同寺流》《鉄神流》《強波流》《天阿弥流》《押田流》の八派を挙げて、『撃剣叢談』に《小田原一本流》の名がある。

江戸市民が使って楽しんだ棒術は、俗に《香取の棒》といっていたから、これは香取流のながれであったのだろう。俗に《香取・鹿島は棒の始まり》ということばがある。

福山藩の江戸丸山の中屋敷にあった藩専門の道場では、まず初めに《一伝流》の棒術を教え、その伝授がすむと、一段という等級をうけることになっていた。この一例から見ても、棒術は必ずしも独立の流派ばかりでなく、流派によっては附属した棒術があったと見てよろしい。

なお右述のほかに、今枝左仲の《今枝流》及び同四代目松岡次郎助の《新今枝流》の棒術、元禄年中の《椿小天狗流》棒術、石田伊豆守の《無明流》附ぞくの棒術、大国鬼平重信の《九鬼神流》棒術二十九手、坂辺十右衛門の《天流》、山辺春正の《十剣大神流》附ぞくの棒術などが数えられる。

## 槍

《道具》というのは槍の汎称で、戦国以来、《槍は武士の表道具》と云われるようになった。

俗説では、楠正成の家来、天野了簡という者が、竹の先に大カブラの矢の根をくっつけて使ったのが槍の起源であるというが、ほんとうは上古のホコから変化したと云うべきだろう。

槍の来由については、いろいろと説が立てられている。ここには茅原定の『茅窓漫録』の所説を要約する。

――『雑々拾遺』に敏達天皇の後胤和田賢秀が、暦応元年に手鉾の中から槍を工夫し、始めて作り出した。短兵を討つのに利があるからと思ってである。賢秀の後に、楠正儀京軍の時、槍を以って敵をおびただしく討ち取つたから、これより諸家がならって槍を多くこしらえ、遂に武道の宝具となったと、書いている。

――『古今銘尽』には近江国、天九郎俊長という者（延文年中の人）が始めて槍を作ったといい、『太平記』に、住吉合戦のとき阿間了願という者が、槍で敵を多く突き伏せたことが見える。他にあまり古い文献に出ていないから、大体南北朝以来、応仁・文明のころから槍が始まったと考えられていて、新井白石の『本朝軍器考』などにも、足利末期に及んで始めて一番槍二番槍などいうことがあるから、それ以前には槍はなかったものと思うと書いている。

――しかし槍というものは、その製法は、ひょっとしたら今いう槍とちがっているかもしれないけれども、もっと古い書にその名目が見えているのである。『日本書紀』の皇極紀に《長槍ヲ執テ殿ノ側ニ隠ス》とあり、また『三代実録』の元慶五年夏四月二十五日の条に、《槍一百八十一竿、鎌槍七十三竿、鯰尾槍一百八竿》とあり、また『延喜式』にも《花槍》というのが出ている。

以上。

右文中に見える『古今銘尽』の天九郎は、延文年中の槍の製作者で、『狂歌堀川百首』に、《蚊遣火》の題下に次の一節がある。

《家々の軒に蚊遣を立ならべ、天くらふなる夕煙かな。

也足軒判云。てんくらふといえる槍の名かな。うえたてる心、まことにさもありぬべくこそ》

これは天九郎、天暗うの二語をモジリ（二重義）にした作意である。

## 槍の使用法

近世の槍は、むろん突く本位の武器になってはいるが、しかし林大学頭のことばに、

《戦闘の槍というものは、たたきふせる位のこと多きなるべし》（『甲子夜話』巻五）

とあるように、戦場では突く前に敵をたたくのが第一の用法であり、上段、半かぶりなどに構えて、たたいておいてから内カブトへ突き入るべきであるという。

また戦場での槍ブスマの法に《相場《あいば》の大槍》ということがある。これは槍隊が陣を布くとき、隊士はすべて地上にヒザをついて、折敷きをし、槍の穂を地につけて待っている。敵の前線が接近してくると、いっせいに槍の穂先を下から上へ、敵の内カブトめがけて突き上げるのをいう。この法は紀州藩の伝であると『甲子夜話』巻二十八にある。

総体的に、槍は長いほうが実益が多い。『武門要秘録』の一節を要約する。

――槍というものは長刀にてかかる敵を仕伏せるための道具だから、二間より短かくては役に立たない。第一短かくては、馬上の敵にとどかないのである。長いのはじゃまになるという人があるだろうが、しかし敵味方が相掛りの場合、つまりゴタゴタとかたまってする一斉攻撃の場合にも、人より前に進出すれば決して他人につかえたりするものじゃない。ただ長い槍は重いという点で、人によっては使いにくいであろう。ただし、徒歩の地上戦というならば、九尺柄ぐらいの方がたしかに使いよいのである。

――馬上同仕の槍の場合は、まっこうより胸板めがけて突くと突きはずす恐れがあるから、腰を目がけて突くとよい。これなら突きはずしても相手の馬を傷つけることができる。

――馬上の槍合せでは、馬も自由になりにくいから、槍のとどく程度に近づいたときに、まず馬を突くがよい。これを《馬上の先《せん》》という。

――馬上の敵を突いても、シメタと思ってあわてて立ちどまってはいけない。乗りまわし乗りまわし、なお二槍三槍突くべきだ。

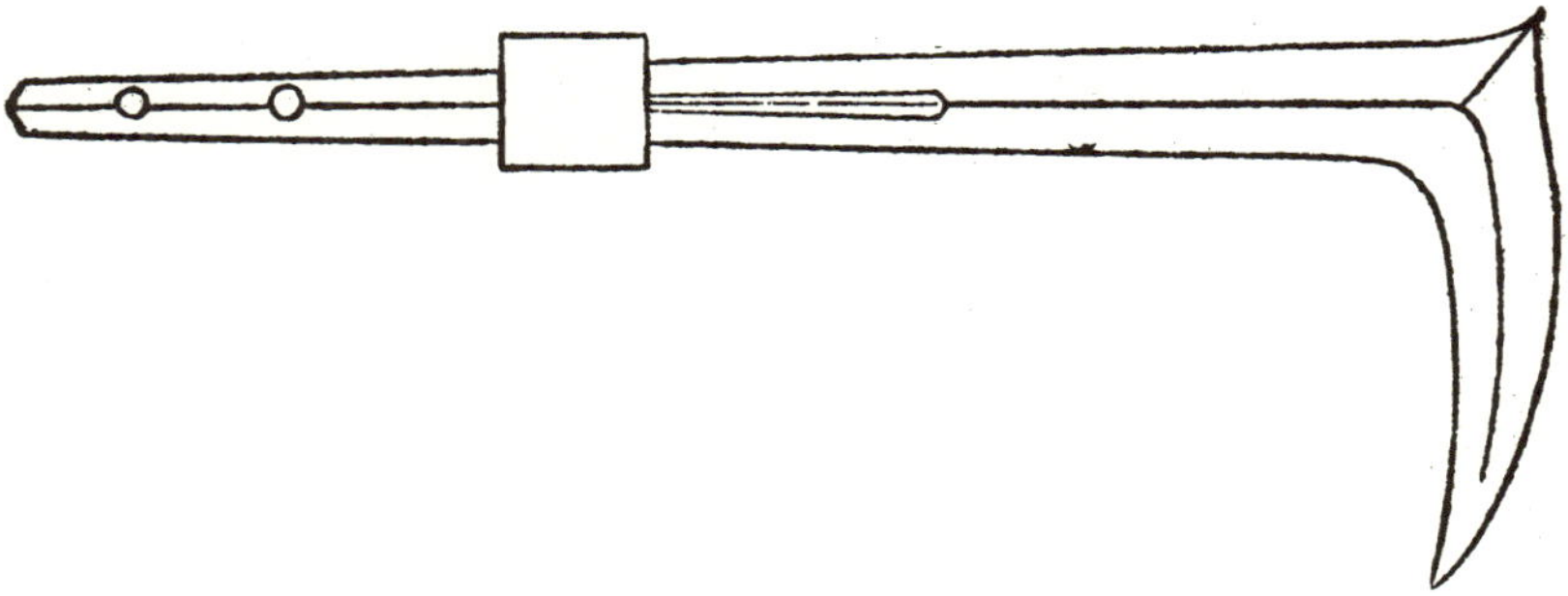

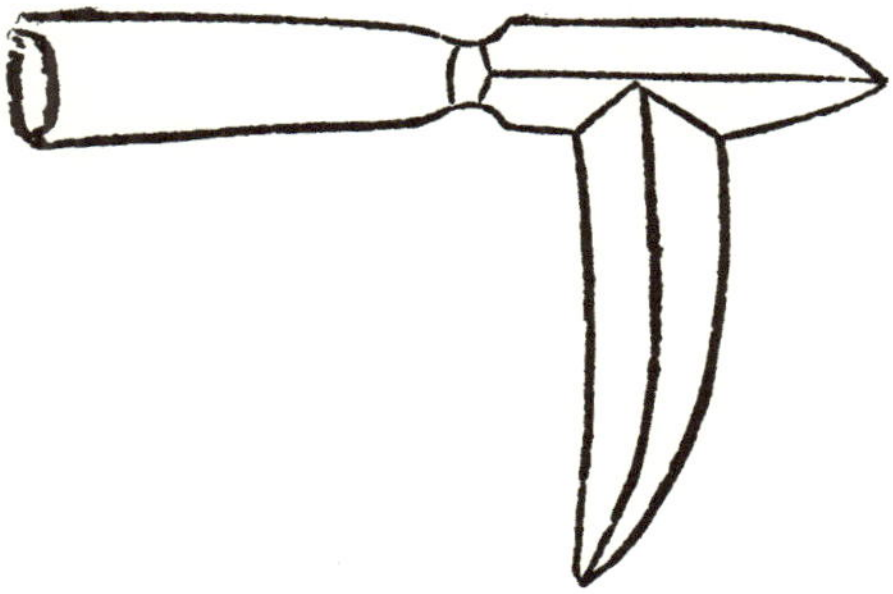

（上）嵯峨帝鎌槍（『芽窻漫録』より）
（下）越後農民の雁棒（『甲子夜話続編』より）

## 槍の種類

『三代実録』元慶五年四月二十五日の条に、すでに《槍》《鎌槍》《鯰尾槍》の三種別を挙げていることは、前に書いた。

右の内《鯰尾槍》は、穂が鯰の形をしているとすれば、むしろホコに属すべきものであろう。なお《鎌槍》というのも、戦国以来の鎌槍とは全然別製であったように考えられる。その一証は熊野新宮の宝物中にある嵯峨天皇御納物の鎌槍で、これは穂先が鎌形に直角に弯曲していて、外側と内側に両刃がついているから、むろん突いても敵を傷つけ得るけれども、むしろ引っかけて苅るのが便利にできている。

この古製の鎌槍が、戦国時代に改造されて新製の鎌槍に変化したので、その過渡期の製の一例は、越後の上杉謙信が領内の農兵にもたしていたという《雁棒《がんぼう》》であろう。

この雁棒は、穂の中ほどから片側に、下方へ三日月型に弯曲した内外両刃の鎌が突出していて、穂先が尖端に突出している点で、古製と異なり、突く用法に関しては、この方がずっと効果的になった。

ただしこの雁棒は、柄が三、四尺にすぎないから、その点では、槍というよりも、ちょっとトビ口に似ていないこともない。

○

近世になってからは、ふつうの槍を《素槍《す》》または《徒槍《かち》》、《直槍《すぐ》》ともいう。

槍の柄に鉄カギを十文字に入れたのを《カギ槍》又は《長ホコ》といい、槍の穂に横刃を十文字に入れたものを《十文字槍》《山剣》といい、横刃が片っ方だけのものを《片鎌》または《立剣》といい、山剣の中央の刃のないものを《月剣》といい、直槍の刃元にツバのついているのを《ツバ槍》という。

『壺芦圃漫筆』の説くところを、つぎに要約する。

——鎌槍というものは、矢を防ぎ、太刀、長刀を止る便利のために造り出したので、これを《片鎌》という。この鎌槍が便利だというので両鎌を作り出した。これが《十文字》というものである。その後にまた《徒槍《かち》》ができた。一に《直槍《すぐ》》ともいう。また近代になって、柄の中に鉄の延貫《のべかね》曲をいれて、これを鎌槍（カギ槍を書き誤る）という。（中略）槍の穂には人々の好み流儀々々による差異がある。柄をみじかく作ったのは《手槍》、俗に《枕槍》ともいう。これは座右に備えてすぐ役に立つためのもので、夜行の時などの護身用の杖にもなる、云々。

『武家名目抄』には、

《十文字のごとく穂に横手あるを鎌槍という。あるいは十文字とも、十文字槍とも云えり》

とあるが、十文字は古くは片鎌であったことは既に説いたごとくだ。『北条五代記』の説明がわかり易いようだからつぎに要約しておく。

——鎌槍は昔から用いていた。鎌のようにまがった四寸の横刃（片鎌）を入れたもので、穂先は攻撃、片鎌の曲りは防禦の役である。こうして片鎌でもそうとうの利点があるところから、十文字にすればもっと利点が多かろうというので、はじめて十文字鎌ができたのである。十文字のみじかいのを、カギ槍という。しかし利点にかわる短所もあるので、せまい藪道や、笹原、森のなかを行軍するときには、あちらこちらに引っかかってこまる。こうなると捨てて行くほかない始末におえぬものである、云々。

さりながら『武徳編年記』によれば、永禄十一年三月の浜名城の合戦には、徳川家康の臣榊原康政が、《笹切》と称する鎌槍をたずさえて一番乗りをしている。その名称から考えて、これはジャングル行軍の利器だったことがわかるから、笹切の鎌槍は苅る便の多い古製の鎌槍であったかも知れない。

大坂陣当時のことを記録した『長沢聞書』によれば、当時はカギ槍の大流行で、武士十人の内八、九人までは二間半、三間柄のカギ槍をもたせていたとある。

有名な加藤清正の用いた片鎌槍は、もと十文字鎌槍であったが、朝鮮征伐のときに虎狩りをして、虎とやりあったときに片っ方折れて片鎌になったというのは俗伝らしい。ほんとうは朝鮮の役よりもずっと前、天正十六年に、小西行長の所領の天草で一揆がおこり、清正は援軍として出陣して、一揆の大将大山弾正と槍をあわせたときに、片っ方折れたと『砕玉話』にある。

そのときの合戦は仏木坂という地であったが、清正は十文字槍の折れた片鎌をひろい、仏木坂の社の内に奉納した。『翁草』に、

《清正の槍を見る人の咄に、槍は十文字志津の作にて、直刃なり。サヤは熊毛、横手は黒ラシャなり。オコリをわずらう人に、その熊毛を一筋抜いて飲ませけるに、たちどころにオコリ落ちたりとぞ》

という。ただし続史籍集覧本『武功雑記』には、もとから片鎌であったとも書いている。

宝蔵院流の槍も鎌槍だが、末流になると、いろいろと工夫して別の道具をつけたのがある。『八水随筆』によれば、上田大右衛門という者などは鎌槍に、水くみの環《かん》だとか、たいまつをつける環だとか、やれツルベの環だとか、何のかのとヨロズ便利式のアクセサリーをつけて、山伏の錫杖《しゃくじょう》か何ぞみたいに、ジャラジャラいわせて得

意になった。あきれたものである。

○

宝蔵院流以外に《管《くだ》槍》というのがあり、これは槍の柄を管にして、中に仕掛けをし、のびたりちぢんだり、機にのぞんで長短自由に活用する。管槍の柄には手がらみの緒がついていた。これを《管《くだ》の緒》といい、管槍を使うには、この管の緒を腕くびに巻きつけるのである。

今も俗語に《手くだを使う》《手くだがうまい》《手くだのある女》などいうのも、ことばたくみに人にとり入るのをいうので、これは管槍を使うということから出たことばだと『疑問録』という本に書いてある。

しかし酒のみなどがクドクドうるさくからむのを《くだを巻く》というのは、管槍とは無関係で、これはハタ織り道具の、スキ糸を巻くものをクダという、それから来たことばだ。

管槍の発明者は大谷刑部であると、いっぱんに云われている。『本朝世事談綺正誤』によれば、

――管槍は慶長のころ、江州佐和山の城主大谷刑部が始めて作った。刑部は病気のために手があまり自由にならないので、こういったケレンの槍を案出したのである。事始という書には、手棒左馬助という者が始めて作ったともあるが、手棒は苗字というより仇名であるだろう。大谷刑部は前名を左馬助といっていたから、思うにこれは同人である。云々。

右に《手棒》といったのは、手首のない不具者をいう。大谷刑部は癩病説があるから、手首がなかったのか、それとも有っても使えなかったものと思われる。

石井兄弟の亀山仇討の脚色小説『元禄曽我物語』に、管槍の印可状を載せ、その中には、摩利支天が伊藤某に管槍の兵法を授け、その秘術七伝して宍戸弥左衛門義直（法名玄洞）に至るとしているのは、もとよりフィクションで、宍戸はその小説作者である宍戸鉄舟（ペンネームは都の錦という）が自分の本名を書きこんだいたずらに過ぎない。

## 槍の柄と穂とサヤ

槍の柄の材料は『和漢三才図会』に、肥前天草の樫の木が最上といい、またビワの木もこれに次いでよいといっている。

古いころには、後世の竹刀のように、割竹を合わせたものもあり、稀れにビンロー樹の柄もあった。

戦国時代、阿波の三好家の槍隊の槍は、割竹を四枚合せにして軽く、そのかわりに長さを三間にこしらえてあった。この槍隊が京方の戦いで、人数三千人で、越前兵二万人の槍隊に勝ち、一万人を殺したというので評判になり、天正年代まで《阿波衆の槍突き》といって、京・堺の人々の語り草になったと『三好記』に出ている。

後藤又兵衛のことばに云う。

《槍の柄の細きは役にたたず》──『長沢聞書』。

ふつうは槍の柄は樫の白木のけずりっ放しで、これを《樫柄》といった。昔は、あまりすべすべとけずらず、手ざわりのある程度に、わざとけずりかけのままにしておいた──『渡辺幸庵対話』。

しかし、中にはウルシをかけたり、青貝摺りにしたり、タイマイ（べっこう）張り、赤塗り、金メッキ、鉄延付き等、また《皆朱《かいしゅ》》といって、朱塗りにした場合もあった。（このことは別に書く。次項参照。）

槍は古くは、みな抜身で、サヤはなかったので、いつはじまったかは不明だが朝鮮役の直前、先手督励手段として秀吉が黒田家の勇士母里太兵衛に、出陣に抜身の槍をたずさえることを許したことがあり、貝原益軒の『黒田家臣伝』に、

《朝鮮陣の前かた、先手勇励のため、太兵衛にぬき身の槍を、出陣より陣中に持たしむる事をゆるし給う。但、其身又は子孫に至て、たとひ何程の大身たりとも、ぬき身の槍の数は十五本より多く持たしむる事なかれと定め給う。ぬき身の槍を出陣より持たする事、天下に類いなき事なりとして、孝高長政甚だよろこび給う》

とあり、朝鮮役前ごろには、すでに槍のサヤは有るのがあたりまえになっていたことがわかる。『甲子夜話』巻四によれば、或人の説に、槍のサヤの始めは、油紙に包んで中結いをしたものであろうといい、井伊家の黄革のサヤ、本多中書の油革のサヤなども、中結いをした形が、ちょうど油紙包みのかっこうで、両家とも古い家柄であるから、これが槍のサヤの古型じゃないか、と書いている。

槍の柄は、戦争法が馬上から歩戦に移ってからは、自然的に長くならざるを得なかった。これは織田信長が若いころ、小侍たちに槍を習わせるときに、柄のみじかいのはよくないといって、あるいは一丈八尺、あるいは二丈一尺につくらせた。世に《三間柄》《三間半柄》などいうのは、これから始まったというのが『本朝軍器考』の説である。

槍の穂は大体、四、五寸から三、四寸に及ぶ。初代長坂血槍九郎の槍の穂は二尺八寸。二代目血槍九郎の穂は九寸五分しかない。(次項を見よ。)講談で有名な後藤又兵衛の日本号の槍の穂先は、二尺五寸あったというが、それはウソである。(日本号の槍のことも別項で書く。)

血槍九郎の槍の穂の長さが初代と二代目とあまりにも違いすぎるのは、前者が《甲冑物》、後者が《素肌物》としてこしらえられたためだろう。甲冑をつけた敵を突くには、みじかい槍の穂では突き通りにくい。いっぱんに《固物《かた》》といって、甲冑をつけた時の合戦用には、穂の長いものを使うのである。

もっとも、これにも別説はある。渡辺幸庵(家康・秀忠に仕えた一万石の旗本)などは、槍の穂はみじかいほうがよいといい、また木下淡路守の《木下流》(《淡路流》というも同じ)の槍の穂は、とくべつに短小であったという――『渡辺幸庵対話』。

## タイマイ柄・朱槍

タイマイ張りや朱塗りの柄は、とくべつの武功者でないと使わないのが不文律であった。

林大学頭（述斎）の知人が、大学頭に、

「あなたは何故、タイマイ柄・朱柄の槍をお作りにならないのですか？」

と聞いたときに、大学頭は答えて、

「タイマイ柄・朱柄の槍は、武功者によって用うるものでござる。拙者などは平和時代に生まれてきて、何の武功もないから、そういう業々しい槍を用うれば故実知らずだと嘲笑されるでござろう」

といったと『甲子夜話』巻十六にある。

この林述斎という人は幕府の学校である昌平黌の取締役で、いわば東大学長か文部大臣といった最高の文官なのだが、文官に似合わず武事が好きで、馬具などは夏冬の別を立てて塗りや装飾や被《かぶ》せ物の質を区別し、公式の行列には、とくに美々しい塗りの対道具、鉄砲、従者の着具まで一々趣向をこらした上に、車じかけの大砲まで引かせたという業々しい人物だから、知人もタイマイ柄、朱柄の槍を作れといったのだろうが、そんなことをすれば故実にそむくと答えたのは、槍の柄のタイマイ、皆朱によほどの意味があった証拠である。

『翁草』に、こういう記事がある。

――昔から皆朱・タイマイの槍は、武功者でなければ許されなかった。かつて家康が駿府に隠居中、諸大名に命じて駿府城の普請をさせたが、そのとき大横目を通じて、右類の槍をもつことを禁じた。その触れ出し後四、五日してからであるが、細川越中守の供まわりの中に皆朱の槍をもっている者がいるのを、横目が見とがめて、名をきくと越中守家来、沢村大学とこたえる。

――そのことを横目から家康に言上すると、家康は云った。

「おう、沢村大学であるか。その大学ならば、若い時分は才八といった者であろう。小牧陣のみぎり、細川越中守が秀吉の先陣として、わが徳川軍と対戦したことがある。そのとき、かの沢村が一番槍の功名を立て、さんざんに働いた姿を予もまざまざと眼前にした。あのような剛の者に皆朱の槍をもたせたいためにこそ、予は他の者が皆朱・タイマイ柄の槍をもつことを禁じたのであるぞ」

と云った。

朱槍でもっとも有名なのが前田家をとび出した奇男子前田慶次（ひょっとこ斎）と、徳川家の旗本、長坂血槍九郎である。

長坂家の家譜によれば、血槍九郎信政は前名茶利九郎、幼名彦五郎といい、家康の父広忠が参州西野で織田信長と合戦したときに一番槍の功を立て、朱槍をゆるされた。そのときの槍は《朱柄。無銘。穂長さ二尺八寸、幅一寸三歩》とある。その信政の嫡男信宅の槍は《朱柄。穂長さ九寸五歩、幅一寸六歩、銘、下坂孫次郎》とある。穂の長さに格段の相違ある理由に関しては、すでに前の項に註した。

朱槍をゆるされるには一日に敵の首七つ以上を挙げるのが前々からの条件であったらしいが、たしかな根拠については不明である。黒田家の村田出羽（前名は井口兵助。幼名は与一之助）の朱槍に関する次の話によって、その条件の存在は察しられる。（左記は『黒田家臣伝』及び史籍集覧本『志士清談』による。）

――朝鮮陣のときである。

数里もあろうという広い原野をはさんで、日鮮両軍が対峙していた。

敵は原野の末の小山のふもと、切り岸の前に大きな横穴を掘り、そこに射手がこもって待ち受けているので、日本軍は攻めても攻めても、その前まで行くと残らず射殺されてしまう。もはや死屍るいるい、さすがの日本軍も攻めあぐんで、ひるんでいると、黒田長政の陣からパッと飛び出した人かげ一つ、つづいてまた一つ。

前のは井口兵助の郎党山崎嘉兵衛。後なのは井口兵助その人だ。

「そーれ。日本兵また来るあるよ。射殺するよろしいあるな！」

というわけで、朝鮮軍の射手はいっせいに矢を切って放ったが、太刀をふるってパッ、パッと左右に切りおとしながら、早くも二人は相ついで敵のざんごうへ飛びこんだ。

横穴の中で、どんな乱闘があったかはよくわからないが、やがて井口主従は敵の首五つをひっさげて、出て来、高みから味方の陣地へふり返って敵の首を示しながら、

「ややや井口兵助先陣して、敵の首五つ上げたるぞ！」

と、さけぶ。

「してやったり。かかれ！」

日本軍はドッとときを上げて総攻撃にうつり、それより原野の末の橋をわたって、対岸にひかえる敵の本隊とのあいだに大乱戦がおこなわれた。

その戦後の検分のときに、兵助は進み出て、主君の長政に言上した。

「日本の諸勢の通りかねたる難所の敵を、兵助一手にて追い払い、当家他家の諸勢を通したる段は諸人にすぐれたる功名であると自負いたします。ついては恩賞として御加増の儀は御辞退申します替りとして、兵助に朱槍をお許し下さるならば欣快でございます」

「うむ。朱槍であるか」

黒田長政、加増するより朱槍を許すほうが安上りなのはわかっているが、重臣どもがどう云うかわからぬので、そのことを諮問《しもん》した。

家老たちの意見は、こうである。

「どうも朱槍の儀は、そう軽々しくお許しあそばすわけに参りませぬ。たしかな根拠は知りませんが、一日に首七つ取った者でないと、朱槍は許されぬものだと聞いております。なるほど兵助の今日の武勇は大変すぐれてはおりますが、やっぱり首数が七つに足りません」

兵助は、たってと望んだが聞き入れられないので、

「それでは黒田家をおいとま申します」

といって、速刻陣所を立ちのき、途中で鉄砲で鶴を一羽とり、それを手土産にして立花飛彈守の陣所に馳けこんだ。

黒田家出奔の事情を詳しく語り、

「こちらの殿は小身だから、生涯かけて御奉公する気になれませんが、当分こしかけのつもりで厄介になります」と云う。

そこで立花侯があつかって、

「一日に敵の首七つとれば朱槍を許そうとおっしゃるのだから、これから勉強して、それぐらいのことなら君にもできるじゃないか」

といって黒田家へ兵助を帰参させた。

その後ほどなく兵助は一日に首七つ、郎党の山崎嘉兵衛が首六つ、合計十三の首をとり、一代朱槍をもつことを許された。

以上。

なお『志士清談』、宇喜多家随一の豪傑馬場重介の行状を述べた条中に、

《ソノコロ一日ニ七度ノ槍ヲアワサザレバ、朱柄ノ槍ヲ不許ト云ウ。重介ハ許サレタルトモ誹《ソシ》ル人ナシ》

とある。

## 飲取りの槍・日本号の槍

黒田節の俚謡で有名な母里太兵衛の《飲取りの槍》は、講談では《日本号》の槍といって、さらに母里の手から後藤又兵衛の手にわたったことになっている。

しかし日本号の槍という名目は、古記録には確証がなく、また後藤又兵衛が母里から取上げたという話も、講談以外にないことだ。

講談の語り口によると、こうである。

——天正十三年、豊臣秀吉が関白になった節、天皇から剣を拝領した。長さが二尺五寸ある。

そこで秀吉は、じぶんは匹夫から成り上がった者であるから、陛下のお腰に触れたものをそのまま身につけるのは畏れ多いといって、長さ五尺の柄をつけた。その柄は木でなく、割竹を竹刀のように合せたもので、石突きは鉄、千段巻に何の毛か知らんが巻きつけた。天皇はそのことをおききになって、その槍に三位の位階をあたえると仰せ出された上に、なお《日本号》という銘を賜った。

秀吉はこの槍を大切にしていたが、小田原合戦のおりから、福島左衛門大夫正則が山中城を攻めたときに、槍を敵中に突っこんで折ってしまったのを見て、

「正則。これをつかわそう」

と云って、馬のうしろに立っていた槍をとってあたえた。

正則はよろこんでこの槍をもって大功を立てたが、小田原征伐を終り大阪城に帰った秀吉が、

「日本号の名槍をどうした。いつも錦のふくろに入れて立てかけてあるのに、見えんじゃないか」

と仰せある。

そばにいた家来が、

「あれはさきごろ小田原征伐のみぎり、福島左衛門大夫どのに、おつかわしあそばしました。御日記にもチャンとそのように記してございます」

「えっ。福島につかわした？　ふむ。それは忘れていた。福島を呼べ」

ちょうど福島正則が在坂当時なので、さっそく御前へ伺候する。

「おい正則。小田原合戦の節つかわした槍は所持いたしておるであろうな」

「はい。有がたく所持つかまつってございます」

「あれは予《よ》が天正十三年関白に昇進いたした際、大君から賜わった名槍だ。予はまちがってつかわしたのであるが、しかし、一たんつかわしたものを取り返すわけにも行くまい。あの槍には三位の位階がついている。粗末にいたすなよ」

正則、槍の因縁をきかされて大よろこび、それからは平常、床の間にかざって、客があるたびに槍の由来をしゃべって自慢する。

ある日のこと、正則が酒をのんでいるところへ、黒田長政の家来、母里太兵衛が使者としてやって来た。

太兵衛は世に知られた豪傑だから、正則も気が合うから呼びこんで酒をのませる。

「どうだ太兵衛。そちも酒豪であるときいているが、今日は予と飲みくらべを致そう。飲み勝った場合には何でも望みの品をつかわすぞ」

「左様でございますか。あとで二枚舌はお使いにならないでしょうね？」

「だまれ。予も福島正則だ。二枚の舌はもたぬわい」

「さようならば頂戴いたします」

ここで太兵衛、底抜けに飲んで飲み勝った。

「うーむ。見事である。何をつかわそう」

「太兵衛の頂戴いたしたいものはただ一品、その床の間にかざってある日本号の名槍でございます」

「あっ、これはやれぬ。太兵衛、ほかの物を望め」

「そーれ御覧じろ。それでは二枚舌になりませぬか」

「二枚舌でも、どうしてもこの槍はそちにつかわすわけには参らぬ」

「さようですか。それでは頂かないで帰りましょう。そのかわりに福島正則という大名は、やっぱり氏素姓のあやしい桶屋のせがれだ。二枚舌を使う鼻ツマミなやつと、申し触らしますから、その儀御覚悟ねがいます」

「うーむ、だまれ」

「あはは、二枚舌の桶屋どの。しからば御免……」

「あ、待て待て、太兵衛」

「それでは下さいますか？」

「うーむ……残念……やる」

とうとう日本号の槍を、母里太兵衛にもって行かれてしまった。

後に朝鮮陣の節、この槍をもって母里が虎退治にしくじり、一命あやぶい瀬戸ぎわに、後藤又兵衛が槍と引きかえに母里を助け、日本号の名槍は後藤又兵衛の手に渡った――ということになっている。

が、これは前にも云ったように、講談の作り出したウソである。

実説はどうかと云えば、貝原益軒の『黒田家臣伝』に、

――秀吉が日本無比の逸品と自慢していた名槍を、福島正則にあたえ、正則はこれを、母里太兵衛に大酒を強いたときの引出物として誤ってあたえ、あとで気がついて取り返そうと掛け合ったけれども、ついに太兵衛は返さなかった。その槍は穂の長さ二尺六寸、青貝の柄、長さ七尺五寸二分、これに熊の皮の杉形のサヤをはめていた、とある。

要するに天皇下賜の件、三位の位、柄の作り、寸尺、千段巻の毛、及び後藤又兵衛の所有に帰した件など、すべて証拠のないことだ。この槍は後、黒田家の所蔵となり、戦前には靖国神社の遊就館に陳列されてあったが、柄は三間以上、見上げるような大物で、柄の太さも普通の手では握り切れぬほど太かったと、見た人の記憶話であるが、私は見たことがないので、たしかなことは云えない。母里太兵衛は大力で、戦陣では常に三間柄の槍をふりまわしたと、益軒の前掲書の別の条に見えるのは、前に云った飲取りの槍の柄を改造したものか、それとも替槍を使ってふりまわしたのか、それもわからない。

ちなみに戦後、どこかの百貨店の展覧会へ右の槍が出品されたときには、俗称にしたがって《日本号》という附札があったそうだ。

## 功名の段階

敵の大将分の首をとるのを功名（高名）というが、敵の格式等で段階があるのはもちろん、討取った武器によっても一般的の段階がある。

『武門要秘録』によれば、組打を一とし、太刀打を二とし、槍を三とし、弓を四とし、鉄砲を五とするという。

## 槍下功名

戦陣での独力による功名は、なんといっても槍によるものが一番多い。これを《槍下功名》という。

これにも段階があり、『武門要秘録』によれば、

上は《一番槍》――一番に槍を合せて相手の大将分の首をとるものをいう。

中は《入込みの槍》――これには説明がないが、順次なく乱戦になってから、よい敵将の首を独力で挙げるのを云うのだろう。

下は《助槍》――すでに誰かが槍をつけた敵を、手伝って首を挙げ、じぶんはほかに手柄を立てていないから、この首をゆずってくれと云った場合、ゆずってやった方が助槍になる。これは両方とも槍下功名とみとめられるわけである。ただし北陸方面での武家の習慣では、助槍を《槍下》、本槍を《槍脇》というように区別している。

伊勢貞丈の『安斎随筆』では、これをもっとこまかく分類している。

――功名八条。

一番槍。二番槍。小返槍。大返槍。付入りの槍。城攻めの槍。籠城の槍。諸留の槍。

――右に次いで功名四条。

一番乗。乗込槍。槍脇太刀。槍脇弓。

——その他の功名七条。

槍下功名。揚場功名。似て功名。捉討功名。崖涯の功名。場中功名。（一つ足りない。）

なお、功名も立てないのに、大いに高言を吐いて自分の功名を云い立てるのを、俗に《犬槍《いぬ》》という。

——大坂陣のとき、加藤左馬の家来の田辺という者が、おれは一番槍をしたと自慢しているのをきいて、同家中の土方という者が云った。

「きみはそう云って自慢するけれども、あれは一番槍とは云えないように思う。そのわけは、きみは敵兵がわずか四、五名のところへかかっていって槍を合わしたのだ。だいたい一番槍というのは、そんなものじゃあるまい。敵味方が対陣して、まず鉄砲のうち合いがある。その応対が一過した直後に、すきをにらみ合って両軍がかたまる時に、第一番に飛び出していって槍をつけるのが一番槍だ。五人、七人ぐらいの敵のオコボレに出合って、ちょこちょこと槍を合せるほどのことを一番槍というのは間違いだよ」

右の話は史籍集覧本『武功雑記』に載っている。

槍の功名の段階を決定するのは、なかなか七めんどうなもので、後に紛議のたねをのこすことがある。

関ガ原の陣で、加藤清正の軍が小西摂津守の留主城である宇土城を攻めたときに、こんな話がある——『翁草』。

宇土城のほうから夜討ちにやってきた。

待ちかまえていた加藤軍では、日下部与助がまず一番槍を合せ、坂川忠兵衛、佐久間角助、井村彦右衛門、山田太郎左衛門等も槍を合せて、夜討ち軍は敗れて引いた。

その退却軍の後について行ったのが坂川忠兵衛と田中兵助で、田中は城に逃げこもうとする小西軍の殿将杉本次郎助に追いついて槍を合わせたが、田中が左腕に負傷してひるむすきに、杉本は木戸内に馳け入ってしまった。

さてその夜、清正の軍営で槍の功名の検分があった。これは手傷や矢の跡をしらべて、一番二番の証を立てるのであるが、このとき田中兵助が進み出て、

「あいや。拙者は敵城の木戸まで攻めて行って戦ったのだから、拙者こそ一番槍でござる」

と主張した。

清正は、日下部、坂川の甲冑に矢跡があるのを基礎として、弓は槍前五間七間までは槍脇を射るが、総がかりの乱戦になっては弓は射ないから、前記両人が一番早く立ち向ったに相違ないと判定したが、田中は敵の引きぎわにしたがって、城の木戸まで行き、殿将杉本と戦ったことを述べ、槍疵を見せたが、清正はその疵が腕の内側にあるから、自分でつけたのだろうといって、取り合わなかった。

その後、宇土城は落城し、小西の家来の多くは加藤家に随身することになり、清正は杉本の口から、田中の働きが真正であったのを知って、五百石を加増したが、田中は不平でたまらず、その夜、

「功名の真偽がわからぬような主人には用がありません。今までの御奉公、世の聞えも面目ない」

と書きのこして熊本を立ちのき、池田光政の家来になって二千石で抱えられた。

この田中兵助は、もと強盗の張本《ちょうほん》津間の土兵衛の小姓で、石川五右衛門の仲間になっていたことがあり、五右衛門が捕えられて刑場へ引かれて行く途中、見物人の中からとび出して、

「昔の情誼に報ゆるぞ、石川氏！」

とさけびざまに、抜打ちに役人を一人斬って姿を消したという逸話の持ち主だった。

## 薙刀

長刀、薙刀、薙太刀、投刀などと書く。『平家物語』に《打物》と書き、『名物六帖』には《眉尖刀》、『義経記』には《小反刀》とも書いている。

この武器の起源は不明であるが、太刀から変化した幅の広い、反った長い刃に、長い柄をつけるように改造され、『奥州後三年記』に、武衡の家来の亀次と、次任の舎人の鬼武が、ナギナタの試合をする場面をえがいているから、

そのはじめはよほどさかのぼれるらしい。

ナギナタの称は、薙ぐ刀の約とも、長刀《なががたな》の転ともいう。

薙刀の身の反った峯のほうを《湾形》とも《力背《むね》》ともいい、それが平坦なのを平ムネ、丸いのを丸ムネという。刃のほうを《坂刃》といい、キッサキ（鋩子《ぼうし》）、シノギ等の称は刀と同じ。シノギと並行して凹んでいる条（一本乃至三本ある）を《血流れ》という。ツバは、ふつうはハミ出しツバといって、少ししか出ていない。（大きなツバの例、『扇の草子』。挿図参照。）柄は、ツバ元から《捲止《まきとめ》》までを《千段巻》とも《太刀打》ともいい、以下《水返》までを《素扱《すご》き》とも《血溜り》とも云う。末端は《石突き》で、古くは《シッテ》ともいった。

古い時代のナギナタの例は『保元物語』『源平盛衰記』『平家物語』『太平記』『承久記』等に多く見えるが、当時すでに大長刀・小長刀の区別を立てながら、その寸尺の長短にはほとんど一定の規格がなかったらしい。

ツバの大きい大薙刀（『扇の草子』より）

その後、刃が二尺三寸、柄は土から持ち手の耳に達するほどを普通の標準とするようになったが、これは新田義貞の定めた基準といわれ――『義貞記』、後世はすべてこれが規格になっているので、『兵具雑記』その他、たいていはこれにしたがっている。刃の長さ二尺三寸以上が《大薙刀》である。『源平盛衰記』筒井浄妙明春の長刀は三尺五寸、『明徳記』滑良《なめら》兵庫頭の長刀は五尺二寸、『参考太平記』和田新発意の長刀は六尺余など、いずれも刃の長さであるが、当時の薙刀はツバもなく、柄もわりあいに短小であったが、鎌倉時代以降は、刃・柄ともに長くなり、源頼朝の遺品に柄が四尺八寸のものが残っているとも聞いている。『大友興廃記』には《柄は一丈、身は六尺あまり》なんて、少々気の遠くなりそうな例まである。《薙刀大膳・鬼大膳》と謳われた里見家の大豪傑、正木大膳亮時茂《ときたか》（一書には時尭《ときもち》）の愛用した大薙刀は、刃が四尺余、ハガネのかさねが厚く、幅も広い。柄はおよそ六尺で、重さは三十斤に余ったという――『常山紀談』。

なお特殊の製として《十文字薙刀》《小反刃薙刀》《両刃薙刀》等があった。

○

薙刀は桃山時代からツバをつけるようになり、また段々に男子は槍を使う者が多くなったので、薙刀は主として僧侶、医師、もしくは女子が専用する武器になっていった。

以下、薙刀関係の諸条を『壺芦圃漫筆』から要約する。

――昔は女子が薙刀をもつということはなかったが、徳川氏の関東入国以来その風を生じたようである。

――薙刀は、男子は上下の差別なく黒塗ザヤ・白柄の薙刀を定法とするが、まれにはサヤを朱塗・溜塗・青塗にし、あるいはタタキザヤにしたのもある。また柄を青貝にしたのもある。公家方も、武家方と大体同様である。

――女子の薙刀は必ず黒塗、または蒔絵・梨子地などで、柄はサヤの塗に同じ。まれに後室方は青貝のを用いることがある。

――薙刀のサヤ袋は後世のものである。男子は黒ラシャ・黒革、まれには花ラシャ、旅行用に黒ナメシ革を用いることも、ままある。女子は唐織など。近代は多く猩々緋、あるいは緋ラシャ・緋鹿の子などである。後室方は必ずモヨギ花色のラシャで、後室以外のモヨギ花色は式外のものだ。裏は茶丸・カイキ・シュス・コハク、あるいはネリなど好み次第。

――サヤ袋の寸法にきまりはない。たいてい曲尺で二尺三寸、小さいのは二尺ぐらい。幅は下の広いところで一尺ぐらいから一尺二寸というところ。

――男子の薙刀袋にはヒモを用いない。紫革などで留めるだけである。女子の薙刀袋には紅の打ヒモ、後室方は紫かモヨギ色。公家方では女子並みに紫のヒモをつけている。打ヒモは八ツ打・十六打で、あとさきにフサをつける。ヒモの長さは定法なし。

薙刀の流派としては、『武術流祖録』に、《穴沢流》《正木流》《先意流》の三派、『武術流祖録後輯』に、《静流》

《一心流》《留流》《無相流》《直元流》を挙げているが、その内の《留流》とあるのは《留多流》の誤記と思われる。

なお《月山流》《戸田流》などを数えねばならぬだろう。

稽古用の薙刀は全長七尺（身一尺・柄六尺）にできている。

○

## 石突き・太刀打・血留り

槍の柄の末を《石突き》、薙刀の柄の末を《シッテ》という。元来《石突き》は、刀の尻ザヤの末端、槍、薙刀を通じての称で、薙刀の末端を石突といっても誤りでなく正しい称である。シッテは薙刀だけの用語で、どういう字をあてればよいのかわからない。(尻鉄、または尻挺か、それとも尻手でよいのか。)

槍と薙刀の部分の名称は共通で、穂のきわから口金（胴金物）のあいだを《太刀打》、それより以下を《血留り》という。石突きの金具は乳首形、椎の実形、イチョウ形、カマボコ形などの金具であるが、紀州藩の大島流の槍だけは、石突きを一文字に扁平に切っている。

ふつうの槍の穂は三寸ぐらいで、石突きはそれよりみじかいが、宝蔵院流では穂先五寸、石突きも五寸にするのが規格である。これは穴沢流の薙刀の技法をとり入れて、石突きを穂先同様さかんに活用するからだが、同流以外では、紀州藩の樫原流槍術が穂先と石突きと同寸法である。その流祖樫原五郎左衛門は直槍の名手だったが、関口流柔術の祖関口柔心の忠告を入れて、爾来カギ槍に変更し、穂先と石突きを同寸にあらためたのである。

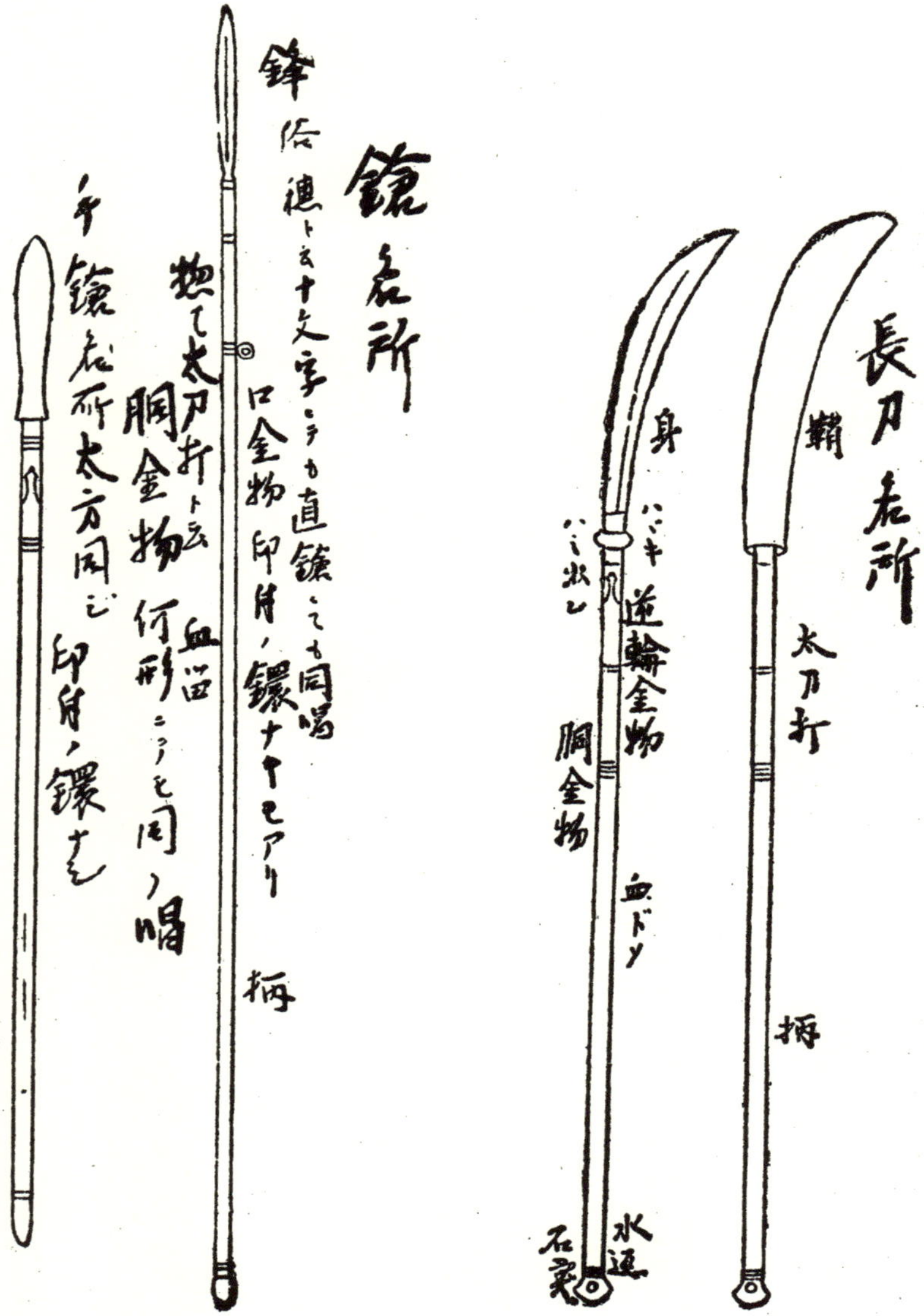


槍・薙刀の名称（『壺芦圃漫筆』より）

## 長巻・中巻・斬馬刀

《長巻の太刀》《長巻の野太刀》などいい、かんりゃくして《長巻》とのみいう。長太刀の柄を長くし、ツバ元まで長く巻いたもので、云ってみれば薙刀のみじかいようなものである。

『太閤記』巻八に、長巻の語に註して、

《長巻は三尺あまり有之刀を、サヤなしに、柄四尺余にして、歩立《かちだち》の士に持せし也。信長公すき給いて百人御先立候、云々、今世には稀なり》

とある。

戦国時代の長巻の遺品については、『甲子夜話続編』巻六七に、大坂城の武器庫に長巻千本、ならびに加藤清正の家の断絶した節、肥後熊本城より召上げた武器の中に長巻が五百振あり、これは清正の紋散らしになっていたとある。

近世まで長巻を武備に使用したのは藤堂家と尾州藩と、福井藩で、尾州藩には塚松彦之進という長巻の師範があった。肥前平戸藩でも後になってその用法を習わしている。

『北条五代記』に、長柄刀の始まった仔細は、神が老翁に現じて、長ツカの益のあることを林崎勘介勝吉に伝えたとあるが、この勘介とあるのは居合の開祖林崎甚介重信（一書に重明）と同一人物であろう。（『本朝武芸小伝』にも勝介は書き誤りだと断じている。）

『海録』巻十五によれば、会津藩士相田橘右衛門という者が、林崎明神を訪い、その近在に住む郷士某について重明の古伝をたずねたところ、ナカ巻というものの伝授をしてくれた。

ナカ巻というのは、長い刃の中ほど、ややツカに近いへんを麻苧で巻き、ツカと、その巻いたところを二カ所にぎって敵を薙ぐので、中を巻くから《中巻》というのだろうとあるが、どうもこれは本来のものではなさそうだ。なお同書の註記に、中巻というのは《馬刀》のたぐいらしいともある。

馬刀とはいわゆる《斬馬刀》のことで、『朱氏談綺』には、斬馬刀は国姓爺が始めたもので日本の薙刀より幅が広く、柄がみじかいとあるが、これは支那伝来の《斬馬剣》の写しと云うべきだろう。合戦にさいして、徒歩で馬上の敵に近づき、馬を斬る武器——いわゆる偃月刀（俗に青竜刀）に似ていないでもない。

## 手裏剣

脇差・小束《つか》等の短小の武器を、鋒先を我が方に向けて掌中におき、おや指でシノギを押さえて投げうつと、その鋒先がクルリとひるがえって敵を刺す。だから《しりけん》（尻剣）だという説がある。
『太平記』に、因幡竪者全村という武人が、太い矢を三十六本もわんさと背負い、それを手投げにして敵を投げ突きに斃す勇壮な場面がある。これは《手《て》突矢《つきや》》または《打根《うちね》》の術といって、弓術のほうに伝わっている古い武技である。
剣術のほうでも、まだ手裏剣術というものが専門的に発達するより以前から《打《うち》物》といって短刀を投げうちする技術があった。後世の手裏剣というものは、おのずから、これらの古風な武技から発達して来たものと思われる。
『根岸流手裏剣術要録』のなかに、
《手裏剣は弓術の打根、剣術の打物より脱化融合して一術と成りたるものなれば、構えは弓、気合は剣と知るべし。小手先の技に非ず。妙用は不立不屈の体より発し、陰陽に変転して、よく三尺の大剣を制する也》
と見える。
《手裏剣》という名目は、かならずしも近世末期からでなく『室町日記』巻二にすでに見えているのだから、淵源するところは、剣術流派の興隆期同様、相当に古いと云わねばならないが、当初は、何にてもあれ、有りあわせの武器を投げ打つのを手裏剣といったらしく、投げ打つのみを目的とした特殊武器の創案は、江戸期に入ってからのことであるようだ。

大坂の陣のとき、後の小倉藩主小笠原忠政は、敵に胸板と肌のあいだを槍で突かれたが、脇差を手裏剣に打って、わずかに逃れた――『大阪軍記』。

もう少し古く天正二年、武田勝頼の軍が菅沼新八郎定盈《さだみち》の城を抜いたときにも、同じような例がある――『常山紀談』。

――このとき菅沼の一族で武田に内応するものがあって、落城は必至と思われたので、軍議は戦わずして退散と決したが、城将菅沼は一戦もしないで逃げるのは、弓矢をとる者の恥だといって承知しない。

側近の者は押して進言する。

「城兵多からず。戦いて利のなきは知れたこと。一刻も早く立ち退いて、後の運をひらくが上策でござる」

すると菅沼は、

「運をひらく――?　さようだな。おうそうだ。おれは今、そのウンをひらいて来よう」

といって、そのまま便所へ籠城して、ウンを開きにかかった。

敵はもう和田嶺《みね》、本宮坂《ほんみやざか》と二手から迫っているというのに、大将がゆうゆうウンコしはじめたのだから、家来どもだって気が気じゃない。

「殿《との》……殿《との》……」

便所の入口をたたかんばかりに、せき立てる。

「こらこら、やかましく取りさわいでは、いかん。いま、バカでかいやつが出かかっているんだ。せっかくの気分をこわしては相成らんぞ！」

中で、そういったかと思うと、ほんとうにバカでかいのが出かかっているのか、どうか、それはわからないが、ゆうゆうかんかん、大声で浪曲《ろうきょく》を――じゃない謡曲をうなりはじめる。

足軽頭《がしら》の山口五郎作、これはいけないと見たから、

「ごめん！」

といって、便所の戸を引き明けた。

「やあ、しょうがないなあ」

そういって、けっきょく城から退散する決心がつく。

城兵は敵がせまる直前に、城に火をはなって打って出たが、追跡戦になり、味方はだんだんに討たれて、菅沼は山口その他とただ三騎になって落ちて行く。

しんがりを守る山口五郎作は、じつによく戦ったが、吉祥山へかかると馬が役に立たないので、徒歩《かち》立ちとなる。追いつめて来たのは菅沼刑部と塩津伝助の二騎だった。

二すじ残った矢を射たが、あたらず、さいごに五郎作は指添《さしぞえ》（脇差）を抜いて、ヒョウと手裏剣に打つ。それは刑部の頭上をかすって外《はず》れ、ついに五郎作はここで戦死した。

関ガ原合戦では、黒田家の臣井上九郎右衛門と、大友家の侍大将吉弘加兵衛が馬上で一騎打をし、そのとき吉弘は馬から突きおとされて、脇差を手裏剣に打った――『常山紀談』。

宮本武蔵が伊賀の国で、宍戸《ししど》なにがしというクサリ鎌の名手と真剣勝負をしたときに、彼は短刀を手裏剣に打って宍戸を斃している――『二天記』。

武蔵の養子といわれる江戸の竹村与右衛門は、むろん円明二刀流の達人だが、この人は殊に手裏剣がうまく、川に桃をながして、それを一尺三寸の剣を手裏剣に打ち、命中させることができた――『渡辺幸庵対話』。

この竹村与右衛門の投術を、専門的な手裏剣術として大成したのは、その門人飯島平兵衛で、その技は伝えて飯島源太左衛門―日置《へき》重右衛門―浅野伝右衛門を経て、丹羽織江氏張《うじはる》によって、尾州藩へ移入された。これを知新流という――『日本武道名家伝』。

江戸前期、当初における手裏剣に関しては、ここまで述べてきたことが、まずその全部といってよかろう。江

戸後期、手裏剣術の真の大成は、仙台藩の上遠野《かどの》伊豆かららしく思われる。しかし、それを述べる前に、なお前期の手裏剣に関して、いろいろ俗説があるから、それについて述べておく。

○

宮本武蔵が伊賀で、手裏剣を飛ばして宍戸のクサリ鎌を破ったという評判が諸国に伝わったころ、ほど近い大和のくに柳生の庄に住んでいた柳生石舟斎《せきしゅうさい》――宗厳《むねよし》。新陰流剣法の祖。但馬守宗矩《むねのり》の父――がこれを聞き、考えるところあって伝手《つて》をもとめ、宮本武蔵を自邸にまねいた。

「宍戸を斃した手裏剣の打ちよう、とくと拝見いたしとうござる。木剣にて立ち合って下さらぬか」

「よろしゅうございます」

武蔵は短刀のかわりに鉄扇を右手にもつ。左手は木刀だ。

三度たたかったが、三度とも石舟斎がやぶれた。

彼は残念に思うよりも、むしろ感心して、あつく武蔵をもてなし、さらに何回も試合をもとめて、その手裏剣を破る工夫をした。《十字手裏剣神妙剣》の秘伝がそれであるというが、武蔵と石舟斎の手裏剣試合については、確証がない。

手裏剣の剣聖ということになっている大坂の毛利玄達は、例の寛永御前試合では吉岡兼房と試合したことになっているし、柳生十兵衛の講談では無くてはならぬ人物。成瀬関次氏著『手裏剣』には、正しい文献には見えないが、架空人物ではないらしいとある。私は今のところ、まだ架空説である。

俗説によると、毛利玄達は大坂横堀の材木問屋、桔梗屋のせがれであるという。大坂の各種問屋を通じて桔梗屋と号するものは『浪花叢書』の索引を検すればただ一軒しかない。なるほど材木問屋である。場所は白髪町で、名は七郎右衛門。時代はグッと下った延享年間。阿波材木問屋六軒の内。しかし古いころの問屋の屋号は『大坂商業資料』をひっくり返しても書いてないのだから、江戸初期に桔梗屋という材木問屋が、かならずしも無かったとも断定できない。

玄達、本名は源太郎。家は富裕で何不足なかったが、おしいことに足がチンバだった。生れつきともいい、痛風をわずらったからといい、あるいは材木がたおれて負傷したからともいう。

足がわるいので、いつか五寸クギを投げて雀など捕るのを興がるようになり、ついにはマトに打ちこむ工夫と手練が出来上った。

彼は左右の手に十八本ずつ、つごう三十六本の手裏剣を、手のうちにひるがえして打つ——というから、先をにぎって投げ、半回転させて当てるのだろう——のに妙をきわめ、名を毛利玄達とあらためた。手裏剣はサヤ附きであったというから、もうそのころは、おそらく五寸クギでなく、特殊の製にかかる長針であったと思われる。

毛利玄達、ようやく芸に慢じて柳生十兵衛に試合をいどもうと、大和正木坂の柳生道場へやって来たが、足がわるいのだから、シュモク杖にすがっている。

「ええ手前ことは大坂の毛利玄達と申す手裏剣打ちでございます。大先生にひとつお手合せねがいたく、はるばるまかり出ました儀にございます。なにとぞお取次ぎのほど……」

と、用人に申し入れる。

「これへ通せ」

というので、柳生十兵衛、いよいよ毛利玄達と試合をすることになった。

玄達、用意の稽古着にきかえ、左右の手に十八本ずつの手裏剣をにぎり、かるく一礼すると、左手をまっこうに振り上げる。手裏剣は一本一本、どれもみなサヤをかぶせたままだから、これは当ってもケガはしない。

十兵衛は黒の着附《きつ》け。木剣。玄達の正面四五間はなれたところに仁王立ち。

「大先生。よろしゅうございますか」

「よろしい」

「しからば御免」

毛利玄達「やっ！」とさけぶと、第一、ひだりから打ち出す。ひだり右、ひだり右、かわるがわる打つ。十八本にぎっているのだが、そこが練磨の功で、一本ずつしか飛び出さない。それがはじめの四、五本は、いっぽんいっぽんあざやかにわかるけれども、もう六、七本目からは、あたかも一本の棒をくりだすごとく、さらに切れ目がないほどに間断なくつづけて打つ。

柳生十兵衛は木刀で、パッパッと払い落し払い落しているうちに、玄達はたちまち全部を打ち終った。

「おそれながら、御尊体《ごそんたい》へ十一本あたりました」

「ほう、チトだらしがないなあ。そんなに当ったか」

黒い着附けにポチポチと、胡粉《ごふん》がついているのは、かねての用意に手裏剣のサヤに塗っておいたものだ。

「なるほど、あっぱれな技《わざ》。十兵衛、いかにも敗れをとった。しかし今一度、やって見るであろう。ただいまの試合は、ほんの手心《てごころ》を吟味するためだ。ところどころで気合いを抜いたから、たしかに当った数は多いが、二度目となればそうは参らぬ」

玄達、こころの中ではせせら笑っている。へえ、あんな負けおしみを云っていやがる。十一本も当ったものだから、チトてれくさいのだな――と思って、ニヤニヤしながら、

「はい。何度でもお相手いたします」

と云った。ふん、何度やったって同じことさ、という腹の内。

十兵衛、着附けを別のに替えて、こんどは木剣をやめて鉄扇をとる。親骨が一尺二寸、京の義矩《よしのり》の鍛えた特製品。

「さあ玄達、じゅうぶんに参れよ」

片手にピタリ。こぶしと両眼とをスリ払いにジリッと構えたのは、これぞ柳生流円海《えんかい》の構え。前とはまるで雲泥《うんでい》の相違だ。こうなると、何処といって打ちこむすきが見出せない。しかし、これをやぶるのこそ玄達の妙術。何条《なんじょう》いかほどのことやあらんと、あいかわらず十八本ずつ、あわせて三十六本の手裏剣、両手ににぎり、

「やあっ！」

大喝と共に左から打ち出したが、例によって六、七本目からは長棹《ながざお》のつながるよう、いやその素早いこと、目にも止まらない。

十兵衛の鉄扇、パッパッと音をたてて打ち払っている。

ところが玄達、こんどは一本も手答えがない。

「はて不思議……ううむ……」

不審におもいながら、少々あせり気味にズンズン打つうちに、三十六本ことごとく打ちつくした。

「どうじゃ。こんどは一本も当らないようだな」

「どうも不思議」

十兵衛の着附を仔細《しさい》にしらべて見たが、胡粉のよごれが一カ所もない。

「当りませぬなあ。まことに恐れ入りました。しかし、乞い願わくば、今いちどお相手を願いたいもので」

「おお、いいとも。何度でもおいで」

とうとう三度までくりかえしたが、三度ながら残らず打ち落されてしまった。

さすがの玄達も、心から恐れ入った。

「どうもはや、恐れ入りました。貴方のような非凡なおかたは、おそらく天下にございますまい」

すこしお世辞がまじっているので、十兵衛くすぐったい。

「いや、面目次第もない。じつをいうと、木剣では、そちの手裏剣はふせぎ難いなあ。だから得物《えもの》を鉄扇に替えて見た。いま種《たね》を明してやる。これを見よ」

そういって、例の鉄扇をひらくと、扇のうらに胡粉がベッタリ附いている。

つまり十兵衛は、扇の小間《こま》をひらいて手裏剣をたたいたので、小手を返すのが早いから相手の目には見えなかったのだ。十兵衛ほどの名手だからこそ、幅二寸の物をもたせたら、手裏剣がふせげる。普通の武芸者なら、けっしてそうは参らない。

そこで十兵衛は、玄達をほめた。

「しかし玄達。その方は実にあっぱれな者だ。ぜんたい町人のうまれで、五体不具のためにこれほどの手練を積んだというのは、まさに驚嘆すべきことだと思う。ただ惜しいかな。手裏剣いがいに武芸をこころえていないから、真の勝負にはなり難いのだ。手裏剣は軽小の武器だから、一発で相手の生命をうばうことができない。もし十数本命中するとしても、相手がそなたの手もとへ飛びこんで来るかも知れない。それではそちがまっ二つになるは知れている。そこで、この上には、もう五本よけいに打てるように稽古するがよかろう。玄達は三十六本まで打てると安心させておいて、のこりの五本で両眼、のど笛の急所を打つようにするのだ。これなら望みがあるだろう」

この訓戒は、玄達が理解するのに容易だった。彼は大坂に帰り、爾来三カ年をついやして、三十六本の上にもう六本打つことを工夫して、四十二本まで打てるようになり、後に生玉《いくたま》で道場をひらいて門人を取り立てたという。

――それほどの達人なら、門流の人名ぐらい残りそうなものなのに、今に至ってまだ信用すべき資料があらわれないのは、私はどこまでも、玄達が架空人物であるからだろうと思っている。

なお俗説ついでに云えば、慶安事件の由比正雪が、紀州南竜公の面前で、関口隼人という指南番と試合をし、そのとき、笄《こうがい》を手裏剣に打ったと『慶安太平記』にあるが、紀州藩で指南番の関口といえば、当時は関口流柔術二代目八左衛門氏業《うじなり》に当ろうが、彼は隼人と称したことはない。

由比正雪の一味中の大物、金井半兵衛、および吉田初右衛門ともに、寛永御前試合の講談では手裏剣の名手になっており、ことに初右衛門のほうは有馬温泉で捕方につかまるときに、魚箸《まなばし》といって、魚を料理するのに左手に魚箸で魚を押えて、手を直接ふれないのが当時の料理法であるが、それを手裏剣に打って、一人の眼をつぶし、包丁を投げて、もう一人ののどを切り、さらにふところから矢の根を十数本出して打ったというが、根拠ある記録には見えぬ説だ。

由比正雪が、宮城野・信夫の姉妹の仇討ちを達成せしめるために、クサリ鎌や手裏剣を教えたという『慶安太平記』の説は、まるまるの作り話で、姉妹の仇討はずっと後、享保八年である。仙台ではいまだに何といっても

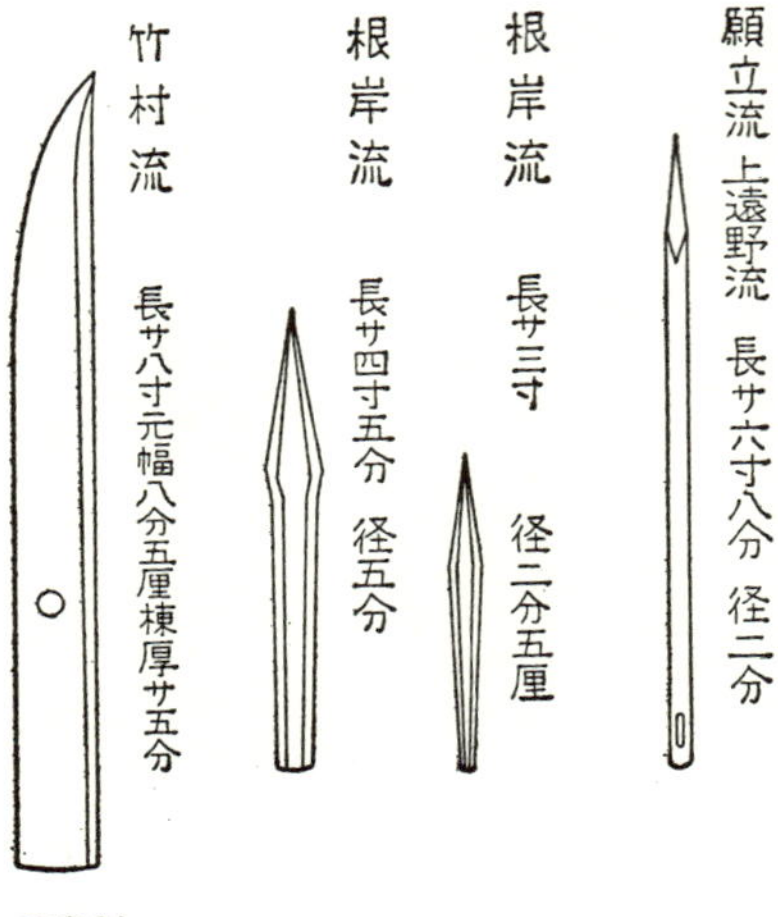

手裏剣

由比正雪と宮城野姉妹の交渉を主張している向きが多いが、こういった点は、何処にでもよくあるヘンテコな郷土愛というべきだ。

○

戦国末期から以降、投げ打ちだけを目的にした特殊武器としての手裏剣ができてからも、その形はいろいろ変ったものが多く、《菱》といって菱形にとがったものや、《十字手裏剣》といったものがあった。越前兵などは鉄製の《菱》を槍隊がもって出て、敵の足もとに投げる。これで敵軍の突進を阻むというようなことをやった。

○

江戸中期以前に、すでに宮本武蔵の円明流のながれの末に、知新流の手裏剣が尾州藩に創始されていたことは、前に書いた。毛利玄達は、あれほどの名手だったというのに、やっぱり架空人物と見えて、流名も残らなければ、伝系も伝わっていない。

ところで江戸中期になって、仙台藩に、ひじょうに有名な手裏剣の名手が出た。上遠野《かどの》伊豆である。上遠野、旧称は小野という。応永十一年以来、菊田の庄、上遠野に住んでいたので、その地名を姓に用いはじめた。十代目伊豆高秀が伊達政宗に招かれてより、伊達家の臣になる。八百四十三石。

その孫常秀が、願立流《がんりゅうりゅう》の刀術および手裏剣術その他の武技に熟し、その技を伝えて子秀実、孫広秀にいたる。この広秀は一躍三千石格まで出世した人物——以上、仙台叢書『伊達世臣家譜』による。願立流というのは松林左馬之助（号は願立）を流祖とする一派で、当時奥州では、二本松の根来《ねごろ》独身斎の天心独明流と並び称されていたものだ。

上遠野伊豆広秀――この人物こそ、《手裏剣の上遠野》と云われて、江戸中期第一の名人である。ロシアの南進を見ぬいて、もっとも早く警鐘をつき鳴らした仙台藩の先覚者工藤平助、その娘の只野《ただの》真葛《まくず》が、上遠野伊豆の技術について次ぎのように書いている。

――上遠野伊豆は、明和安永ごろの藩臣である。武芸に達していた上に、わけて工夫の手裏剣が上手だった。針を一本、指のわきにはさんで、サッと投げると、百発百中だったが、元来この針の工夫を思いついたのは、敵に出あったとき、相手の両眼をつぶしてしまえば、いかなる大敵でも恐るるに足りない、という点からであったという。いつでも両鬢《りょうびん》に四本ずつ八本の針をさしていた。あるとき伊達七代の重村が、江戸の芝の屋敷で、御杉戸の絵の桜の下に馬の立っている図の、四つ足の爪に打って見よと云いつけたら、二本打って、ピッタリ当った。その針あとが、屋敷の焼失するまでハッキリ残っていた。変った人物で、むかし富士の牧狩りに仁田の四郎が猪に乗ったというところから、山狩のたびに、じぶんでも猪を見つけて飛び乗るのが得意だった。さかさまに乗り、しりの穴に脇差を差し通せば、かならず仕止めることができると云っていた。手裏剣は一代きりのものだからと、人には決して教えなかった。習おうと思うなら、ただ根気よく二本の針を打っていれば、自然に上手になると云っていた、云々。

上遠野の手裏剣術は、人に教えなかったけれども、その打ち針が後ちに水戸藩に伝わり、上州安中《あんなか》藩からもらいうけて当時水戸藩指南をしていた北辰一刀流の海保帆平が、その針の工夫を考えて通達し、これを師範代根岸宣政につたえたのが、いまに伝わる根岸流であるという。

流派としては『武術流祖録後輯』に《荒木流》《義尾流》《天流》《心月流》の四派を数えているが、前に書いた《根岸流》のほかにも、白井享の《天真道一刀流》に附属した手裏剣術が幕末の時代に会津藩に流布し、同藩手裏剣師範黒河内伝五郎兼規などの名手を出した。(この人は後に書くように吹針の名人でもあった。)柳生新陰流その他の刀法にも、手裏剣術の附随している例が若干ある。

## クサリ鎌

鎌の柄や笠のさしわたしは、古来一尺八寸が定法で、一尺八寸柄と書いてカマヅカ、一尺八寸雲と書いてカサグモと訓ました例もある。鎌の刃長は二寸五分。

この一尺八寸の鎌の柄末に、九尺、または一丈二尺のクサリをつけ、クサリの端に二十五匁の分銅をつけた武器が《クサリ鎌》である。（流儀によっては刃三尺、クサリ四尺。）この分銅を振りこみ振りこみ、敵の武器に巻きつけて引き寄せ、鎌で首をかいたり、分銅で敵の頭を割ったり、クサリを首に巻いて締めつけたり、しごくやっかいな武器だ。戦場使った例は『太閤記』、三国合戦の条に、越後の士宇佐美兵左衛門が、これを使って奮戦したと出ており、また天正八年の播州合戦に黒田孝高の臣栗山備後が、英賀でクサリ鎌で名高い房野弥三郎を討取ったと『黒田家臣伝』に出ている。

クサリ鎌は、武芸としては棒・十手などの術とともに、主として小具足・捕縛《とりて》の法から分派したと思われる。流派は『武術流祖録後輯』には《鬼神流》《藤巻流》の二派を挙げているに過ぎないが、他に《大草流》《天道流》《大岸流》《荒木流》《山田流》などがある。

○

真実と信用できる著名な立合いは、前に書いた宮本武蔵と、伊賀の宍戸《ししど》なにがしとの真剣勝負である――『二天記』。宍戸の名はわかっていない。

武蔵は伯耆《ほうき》安綱《やすつな》の名刀を左手に構えて、微動だもしない。あいている右手が曲者《くせもの》。宍戸の門人たちが、大勢、人垣をつくって取り巻いている。難物の武器といい、相手に取巻きのついていることは、武蔵によほどの覚悟を要求していた。

左手に長大な鎌をかまえ、分銅にハズミをつけて、宍戸は右手でビュウビュウと振りだした。

武蔵は、宍戸が出て来る寸法だけ、うしろへさがる。するどい目つき、ジッと、振り出す手先と呼吸を計っているのだ。

クサリの廻転は、だんだん目まぐるしくなる。もう先についた分銅は、目で追うことができない。

と、やにわにタタタと踏み出した宍戸、見当をつけて、重い分銅がブウンと風を切って、武蔵の顔面へ飛んで来た。

しゅんかん、

「えーい！」

火を発したかと思われる武蔵の掛け声。

――勝負はその寸分にきまっていた。

いつ抜いたのか、腰の短剣、武蔵の右手をはなれて、宍戸の胸へ飛んだのだ。

「おお……」

苦痛のうめき。宍戸はよろめき、しばらくこらえようとしていたらしいが、やがてドタリと、その場にくずおれてしまった。

宍戸の門人たちは、いちどきに蜂起して武蔵に迫ったが、一閃、二閃、武蔵が二人を斬りおとしたので、残ったやつは、いっせいに逃げて行った。

寛永三馬術の講談にも、宍戸典膳という薩摩藩のクサリ鎌名人が出て来る。これは筑紫市兵衛を仇敵とねらう一味の一人で、返り討ちにされ、宇都宮の近所で墓まで作ってもらったことになっているが、それが実説でありえないことは、本書のその条〔四四〇頁〕を読んでもらえば一目瞭然であろう。とにかく宍戸というクサリ鎌使いは、とかく出て来ては殺される趣味があるようだ。

荒木又右衛門の講談に出てくる山田真竜軒。性格がおもしろく出来ていて愛すべきクサリ鎌使いだが、これも尾張の佐屋の渡で又右衛門に殺されてしまう。真竜軒は肥後宇土郡山田村出身で、天正九年生れ、幼名真之助。肥後岩倉山で関口忠親からクサリ鎌の伝を受けたというが、じつは架空人物らしい（拳骨和尚のクサリ鎌が、この山田流である)。

真竜軒が、駿府で浪人者と喧嘩をするくだりは面白い。

群衆の中で、サヤ当てか何かして、喧嘩から真剣勝負になった。真竜軒は、殺し合いなら得意の武技を出さぬと損だから、もっていた包みをひろげて、中からクサリ鎌を取り出して、

「さあ来い！」

とばかり身構えた。

ところが相手の浪人者。刀を構えたのを見ると、抜刀せずに、サヤのまま突き出している。

それを見ると、真竜軒がギョッとした。

「こいつは出来る！」

感心したのは相手の身構えじゃない。サヤのまま突き出した刀だ。

分銅とクサリで、相手の刀を巻き取るのが特徴というクサリ鎌が、サヤのままの刀に向かったらどうなるか？わかりきったことだ。巻きとるのはサヤだけであって、次ぎのしゅんかんには、抜身が、こちらの頭上に振りおろされて来るにちがいないのである。

「あいや。お待ち願いたい。身共の負けでござる。仲直りに一ぱい、おつき合い下さらんか」

ということになる。

浪人のほうでもホッとした様子だ。

あとで真竜軒が相手の心がまえを褒めると、浪人者はひじょうに恐縮しながら云った。

「あのとき拙者が、刀を抜かないでサヤぐるみ突き出した理由は、ですなあ……あはは……これを見て下さい」

ツバ鳴りのガタガタの迷刀《めいとう》——抜けば玉散るでない、銀紙竹光。

## 玉グサリ

クサリ鎌に似た武器に《玉グサリ》というのがある。これはクサリの先に分銅をつけただけのもので、投げて、からむ。捕縛《とりて》のための実用具である。広くおこなわれたとは思われない。

発明者は、美濃大垣藩の家臣、先意《せんい》流の薙刀で有名な正木太郎太夫正充。『撃剣叢談』によると、彼がこれを作り出したのは、主君の戸田侯が、江戸城の大手門の警備を仰せつかったときだった。何かここで急に騒擾者が出たような場合に、すぐに斬りすてては、大切な大手門が血に汚れる。となると、けっきょく足軽が出て棒でからめるということになる。武士のじぶんが刀が使えぬとなれば、そんな光景を手をつかね見物しているしかない。そこで刀を使わず、いざという時の捕縛《とりて》の用途のために、玉グサリを工夫した。これは、そでにも、ふところにも、かくして持っておれるし、使いかたは、クサリ鎌みたいにすればよかろう。

この工夫は人々によろこばれて「拙者にも造ってくれ」という人があった。正木は大の信仰者で、それを人にやるときには、一々御祈禱してからやったというから、そのへんのところが武士としては、ちょいと毛色が変っている。

この玉グサリは一に《正木グサリ》とも称されたと『海録』にある。津村淙庵の『譚海』に、

――正木太郎太夫は大刀で、大マサカリで大木の松を切るほどの強力だが、秋葉権現に祈って盗難・剣難除けの鉄のクサリを賜わった。それを懸けておくだけで、諸難を除けるというので、諸人が懇望して正木から分けてもらったりした。

――ある時、大力の相撲取綾川がやってきて力くらべを申しこんだ。始めに綾川が正木を抱き上げると軽々ともち上げられたが、再び試みると正木は盤石の如く動かすことができない。それより綾川は正木に入門して、身体転重自在の術を学んだ。

## 撃丸・手棒術

高崎藩富岡肥後右衛門の《撃丸》という術は、クサリ鎌に似ている。

これは明の劉雲中の術をとり入れたもので、足もとから乳までの長さの杖のさきに、二尺ほどクサリをつけ、その先に重さ三十匁の分銅をつけて振りまわすのである――『海録』。

朝鮮征伐の時に明兵がこれを使った例が『黒田家臣伝』野村太郎兵衛の条に見えるが、当時この武器を日本側では《ちぎりき》と云っていた。

白井亨の天真道一刀流に附属した《手棒術》というものは、前記の撃丸に似た技法と思われる。これは一尺八寸のカシの棒に、鉄線を四本張り、その端に五、六寸の小剣をつけてふりまわすので、これは単独でも使うが、手裏剣と共用するときの補助術というのが本来の用法であった。

## 吹き針・吹矢

《吹き針》という技術は、講談だけかと思ったら、じっさいに行われていたのを知った。

明治戊辰の役に、会津落城に奮激して自殺した黒河内兼規《かねのり》、晩年は盲目となって引退していたのだが、引退前は藩の指南役で、ことに手裏剣を善くした。

この人、吹き針に長じていて、一寸余の小針を数十本、口にふくみ、一丈ばかりへだてて障子に吹きつけるのに、一、二針ずつ連続して絶えなかったという。

兼規の家は、祖父左近兼孝が神夢想無楽流居合術の達人で、寛延三年正月新規召抱えとして会津藩の《芸者》(武術家の称)に列し、その子治助兼博、孫伝五郎兼規と相伝して師範をつとめたが、兼規は家伝の剣法以外に、稲上心妙流の柔術、静流・穴沢流の薙刀、および白井亨の天真道一刀流の手棒術と手裏剣術をも教えていたのである。なお、前に書いた宮城野・信夫の仇討ちのとき、宮城野は吹き針で戦ったという俗説も、仙台にのこっている。講談では尾州藩に蓮沼藤兵衛がある。これは実録本『二島英雄記』をもとにして、うんと作り変えたらしい宮本武蔵の別伝物であるが、蓮沼藤兵衛は架空で、名古屋の資料には影も形もない人物。

吹き針といっても蓮沼のは竹の吹き筒をつかうことになっている。その筒へ五十本の針を入れる。針の目に赤い絹糸がついている。吹き矢みたいなものだが、これで針が飛ぶか飛ばぬか、いっぺん試みるがよろしい。なお、有馬善兵衛を吹き針の大家にしたとんでもない講談がある。

伊予大洲藩主加藤出羽守の行列には、吹矢筒がついていたと『翁草』にあるところを見ると、吹矢も武芸としておこなわれた例があるに違いない。

## 振り杖

堤宝山流の振り杖というものは、もっぱら講談の専売で、柳生十兵衛旅日記などには、やたらと出て来る。実録本では、宮本武蔵のタネ本『増補英雄美談』に佐々木岸流が姫路に道場をひらいていたころ、ひそかに宝蔵院流の振り杖を稽古する場面があって――この振り杖というのは、三尺の杖に一尺五寸のクサリをしこみ、クサリの先へ玉をつける。それゆえ長さは三尺でも、クサリが延びると四尺五寸の用をすると書いている。いわば菅槍《くだやり》と、クサリ鎌の混血児《あいのこ》みたいなものだ。岸流はこれを使って、姫路侯の面前で宮本武蔵と試合をし、武蔵の眉間をわるという筋になっている。

しかし振り杖は宝蔵院流にはなく、堤宝山流である。

堤山城守宝山は、もと下野のくに芳賀郡の守護職で、中条兵庫頭（中条流剣法の祖）とともに、遠山念阿弥慈音《ねんあみじおん》の門下である。この流儀は、もと小具足の術から発しているから、分類すれば柔術のほうにぞくするが、むろん居合い剣法と組みあわされていて、振り杖は、捕縛《とりて》の術の棒から変化したと思われる。『撃剣叢談』に——宝山流、杖のわざに、真のこほりというものは、小田原一本流などの棒の術や、渋川流の居合とおなじく、敵の太刀を抜き留める技《わざ》であるという意味のことを書いてあり、また『海録』にも、

《又一種の鎌杖あり。宝山流の使い方あり、これは杖の中より出るように仕掛けたりという》

という。

いずれにせよこういう仕掛け道具は、少々フェア・プレイの精神に反するから、読物の上では人気が出ないと見えて、たいてい悪役のほうの受持ちになっている。

## クサリかたびら・着こみ

甲冑の一種で、《クサリかぶと》《クサリ着こみ》《クサリじゅばん》などがあり、『庭訓往来』には《クサリ袴》の称もある。

ヨロイの下に着こみ、また衣服の下に着用し、また単独にも着た。

クサリは多く八重グサリ、又は南蛮グサリで、組み方はたいてい総グサリに、カルタ金《がね》や亀甲金をまぜて作った。腰のところだけ格子グサリにしたのもある。『太平記』に、

《ヨロイの下に腰巻かクサリを重ねて着たればこそ、前の矢を見ながらこれを射よとはたたくらん》

また『奥州永慶軍記』に、肌にクサリかたびらを着て上にヨロイを着用することが見えるから中世以来おこなわれたのがわかる。

支那では唐代にすでに使用され、エジプト・ペルシャでは古代より用いられたというから、これは外国から東移して来たものと思われる。

『武門要秘録』にいう。

――クサリかたびらよりは、ふつうの着こみのほうがよい。鮫の皮、樺の皮で作るがよい。作りようは亀甲形、または六角に切って四方に穴を明けて木綿糸で透間なく綴じる。ほかの糸では具合いがわるい。

――代用の着こみとしては、木槿《もくげ》の皮をさらし、よくたたいて水にさらし、綿に入れて着こみを作る。これに亀の油を塗っておくと、切れないし、突き通らない。

――真綿を入れた小袖を、水にひたして着こむと、切り通されることがない。これを《早着こみ》という。

## 浮グツ・水上歩行術

《浮沓》というのは、元来は水泳の補助器、いまのことばで云えば浮袋にあたる。

その製法については左記、『武門要秘録』に一法、『安斎随筆』に数法を載せている。

――浮沓はヒョウタンの口のほうを切りすて、ふといほうの手マリほどのところを口にして、そこを板でフタをきつくして、上塗りし、二、三十個をながい布ぶくろに入れて、大川をわたるのに使う。

――麻糸の網、又は布ぶくろに、フクベを入れる。小フクベはたくさん入れ、大フクベ（花フクベ）なら一つでよい。人間は胸のへんにむすび付け、馬は鞍の四カ所にシオ手に結び付ける。三尺手拭をふくろにして、小フクベを幾つも入れる。自分の胴に合うほど入れて結び付ける。

津村宗庵の『譚海』に海上歩行の実話を二つ書いてある。前の話には用具は書いてないが、後の話は前記の浮沓を使ったように書いている。伊賀流忍術では《水蜘蛛》という用具を使って水上を歩きわたるが、忍術のことは別に書くことにする。実話というのは次のごとくである。

――淡路の国に森五郎兵衛という松平阿波守の家来分の人が住んでいた。この人は海上を歩行することがまるで平地のごとくであって、親代々その奇験があったという。どんな大風雨のときでも、水に没しなかった。

――長門の毛利家の家中に、村上掃部という者があって、家伝の浮沓をはいて、毎年の元日には隠岐の国まで往来してから朝飯を祝うのが例であったという。

## 止め

人を殺して止《とど》めをさすのにも、いろいろある。咽を斬る。あるいは胸を刺して、足の裏を割る。これは古法で、《足のうらをかく》という。近世の法式では、親の仇には、相手の耳の根まで貫く。主人の仇には、足裏の土ふまずから甲まで貫く。自分のかたきには胸の気骨（水月）から背中まで貫く。

## 柔術の源流とその流派

昔おこなわれていた《柔術》というものは、現在われわれが《柔道》といっているものから見ると、よほど変ったところがあるように思う。

昔の柔術試合の記録などを読んでみると、なぐったり、蹴ったり、足くびをつかんで振りまわしたり、まるで琉球の唐手拳法か、西欧のレスリングみたいなことをやっているが、これを今の《柔道》のやりかたにくらべれば、ずいぶん反則的な、フェア・プレイでないようなことを、平気でやったものらしい。近代になって整備された講道館流の、上品さやスポーツ性を《柔道》の性格とするならば、古い時代の柔術はひどく殺伐・粗暴な、いわば柔に対する《剛道》とでも云わなければなるまい。こうして昔の《柔術》が、今の《柔道》に変ってきたというのも、もとより時勢の推移によるものであろう。

むかしの柔術は、個人戦に必要な積極的な技術の習得を目的とする、特殊的な身体訓練法であるが、近代の戦争は、むやみに進歩した武器が最大の要素となっており、個人的な力と技術の勝敗は、まるで意味をもたなくなっているから、個人的闘技は、せいぜい護身法か健康法の目的にしかならず、いきおい、フェア・プレイ的な規制のもとで、スポーツ化せざるを得なくなったのであろう。

——これは柔術のみに限らない。剣術・弓術・馬術、いずれも然りである。

それに、もう一つの事情が、柔術にはある。だいたい柔術というものは、人間が腰に両刀を帯びていた江戸時代末期までは、武人の要素としては決して独立しうる武技ではなかった。

武人は、まず何をおいても刀の使いかたが第一の用件であり、柔術は、つねに剣術との関連の上においてのみ、意味があったということを、考慮しなければなるまい。

昔は——すくなくとも江戸時代を通じて——およそ柔術の強者と称される人は、同時に剣道においても精妙をきわめた人物であり、柔術の師範ということも、かならず刀術と併用されて教授されるのが普通であった。

それだから、むかしは柔術は、それ自身だけでは剣術以上に流行する可能性は考えられなかったわけで、それが今日のごとく《柔道》という独立の武技として流行を見るに至ったのは、その原因は一に明治当初における廃刀令のたまものと云わねばならないのである。

ここで、まず柔術の源流に関して、ごくザッとした概観を書いておこう。

いっぱんに、柔術の起源は、帰化人、陳元贇（チンゲンピン。一書にはチンゲンインとも訓んでいる）に始まる、ということになっている。これはぜったいにまちがいである。その理由は以下の記述を読んでもらえば段々に明白となるだろう。

陳元贇——字《あざな》は義都。既白山人と号す。また、升庵、芝山、秀軒などの別号がある。明国虎林の人。万治二年、朱舜水、李梅渓、僧心誠等とともに長崎に来て、日本に帰化したが、将軍命じて朱舜水を水戸藩に、李梅渓を紀州藩に、陳元贇を尾州藩に居らしめた。すなわち元贇は名古屋に来り、藩祖徳川義直の知遇を受けたが、書をよくし、詩画にたくみで、また安南の陶風を模して、瀬戸の土で元贇焼きの茶器を作り出した。日本語がうまく、会話には自国語を用いなかったという。寛文十一年六月九日卒す。年八十五歳。

——以上、『名古屋市史人物篇』、『益軒十訓』、『日本陶工伝』等による。

この陳元贇が尾州家に行く前に、江戸、麻布の国正寺に仮寓していた一時期がある。そのころ同じ寺内に、福野七郎右衛門、磯貝次郎左衛門、三浦与次郎右衛門という三人の浪人が寄宿していたが、ある日、元贇が語っていう。

「明国に、人を捕縛する特殊の武技があります。私はそれを習得しているわけではないが、型はよく知っている。よろしければ御伝授しましょう」

そこで三人はそれを学んで、その技に新しい工夫を加えて創始したのが、《ヤワラ》（柔術）の始めであった——『本朝武芸小伝』『本朝世事談』。

陳元贇のいた麻布の国正寺というのは、現今、芝の下高輪にある国正寺のことだ。もと麻布飯倉にあって、虎嶽山国正寺といったが、明暦三年の江戸大火に類焼して、現場へ移り、永寿山国正寺と改称した。周防の国、山口の瑠璃光寺末で、曹洞宗。これによって考えれば、元贇が三人の浪人に教えたというのは、国正寺がまだ麻布にあった明暦大火の前、つまり彼が日本に帰化したごく当初であったということになる。

しかし、柳生十兵衛が将軍家光に奉呈した『新陰流月見伝』（寛永十九年）の中に、福野七郎右衛門がすでに《良移心当流》と称する柔術の一流を早くも始めている由が見える。むろん陳の帰化以前に、福野の《良移心当流》は成立していたわけであるし、また三人中の三浦与次郎右衛門も、一説に永禄年間の人とあり、それが正しいとすれば、陳より六、七十年以前の人物ということになる。この人の流派は《三浦流》という。

近世柔術の起源は、明の闘技の移入以前から、日本固有の武技の内からも、漸次に形成されて来ていたのだ。戦場では、鉄砲の移入前はもとより、鉄砲移入後といえども個人対個人の闘争は、なお久しく決戦の肝要な条件であった。

刀槍の小集団戦、あるいは騎馬による争闘でも、せんじつめれば個人対個人の《組討ち》に終ることが多かったのだから、組討ちの巧拙は戦場では致命的と云わねばなるまい。へいぜいから相撲のごとき力業に長じていれば、むろん組討ちも上手になり、身体も鍛錬される。さすれば、相撲の技術などは、有用な体術として、その道の者が常々心がけるようになるのは自然の理であり、したがって似たような闘技の工夫が、時代の進むにつれて分化し、精妙化していくこともまた、一般のすじ道であろう。

――こうして近世における、武術、弓術、刀術、槍術はもとより、柔術もまた戦国時代の末期にその萌芽を発したことは、見易い道理であって、いわゆる《体術》、《ヤワラ》、《小具足》、《捕手》、《拳法》、《白打》、《手搏》などと称されるものは、いずれもみな柔術式闘技に総括できるのである。

こういった広い概念から見て、最も早く闘技としての規格をそなえたのは、作州津山の竹内中務太夫久盛が、天文年間に創始した《竹内流》であろう。これは俗に《腰の廻り》と称される技術で、中心は小具足・捕縛《とりて》の法であった。

講談では《振杖の術》で有名になっている《堤宝山流》は、堤山城守の創始で、これも小具足の術が中心になった柔術式の体術であり、それに二刀を用いる刀術が添加されている。

右に云うごとく、柔術以前に、すでに小具足・捕手の法などという一脈があったが、柔術・ヤワラなどの名目もまた、国正寺で発祥するより前から、実はすでにおこなわれていた。

江戸吉原を開基した庄司甚左衛門の六世の孫である勝富（庄司道恕《どうじょ》）が、家記・家伝をあつめて『洞房語園』（後に『異本洞房語園』と呼ばれることになった）という一書を、享保五年に刊行した。その中に、市橋如見の『柔気目録序』というものを挙げ、これは自分（道恕）の祖父玄意斎が、如見からもらいうけ、それを祖父が沢道智にやり、さらに自分が道智からゆずり受けたといい、また吉原の楼主、新町の野村玄意は、そのころかくれなき柔術一流の名人、市橋如見斎の弟子で、剣豪宮本武蔵とも懇意であった、と書いている。

――宮本武蔵の死んだのは正保二年で、陳元贇が日本へ帰化した万治二年から数えて、十五年も前であり、すでにその当時江戸において市橋如見斎が、柔術一流の名人と称されていたことがわかるのである。

ついでに書いておく。喜多村節信の『瓦礫雑考』に、鵜飼氏蔵の宮本武蔵肖像と、同じく武蔵の筆跡を収録している。肖像は晩年に近い六十歳前後とおもわれ、例の二刀を下段にかまえた、よく見る姿体である。筆蹟は読

み易く優美な女文字の体で、

《　立相
松たおし　　ゆきつれ
行相　　　立ならひ
捨引　　　　とりしめ》

とあるのは柔術の名目であると、節信は解しているが、私も同感だ。これは思うに、市橋如見斎の用いた柔術の名目でなかったろうか？

如見斎のことは『青楼年暦考』という、これも吉原関係の書に、つぎのごとき逸話をのせてある。（如見斎を、恕軒斎と書いているが、どちらが正しいか、まだ傍証が見つからない。また彼の経歴も、幕府の何か刑事関係の役人らしいと思われるだけで、いっさい不明である。『寛政重修諸家譜』をしらべてみると、旗本の身分のよい人で市橋を姓とする者が二家ある。その一家の誰れかに当ると推察できるが、治定する根拠はまだ無い。）

――市橋恕軒斎は《六字流柔術》というものの唱導者だった。

慶長十七年に、大鳥逸平といって、喧嘩をこのみ、辻斬りをする悪者がいた。――これは『古老茶話』に、男ダテの始まり、つまり江戸侠客第一号と云うべき男だと書いている。――この逸平が京都へ逃亡したので、これを捕えるために江戸から派遣されたのが、市橋恕軒斎である。

恕軒斎は大鳥の遊興していた御茶屋へ乗りこんで、

「御上意！」

と声をかけた。

逸平、こころえたりと、やにわに刀を抜いて斬りつける。

恕軒斎、ヒラリと体をかわしたから、逸平の刀はそばにある酒樽をザックリと斬りつけ、そのうえ後ろの柱まで深く食いこんだ。

と見て、捕縛《とりて》のうまい恕軒斎は、すかさず飛びこんで、たちまち逸平を高手小手にしばり上げ、そのまま江戸へつれもどって来た。

彼の早業には、さすがに大鳥逸平も恐れ入って、自分の差し料にしていた刀を恕軒斎に進呈したが、それは《はちまき》と名づける名刀だった。

○

近世柔術の成立期が、何にせよ江戸時代初期に当っていたことは、もはや明白である。そして色々な流派に分かれていたことも、自然の成り行きである。

前に書いた福野七郎右衛門正勝の《良移心当流》を、一に《福野流》といい、福野の門弟寺田勘右衛門正重にいたって《起倒流》ということになった。（これは通説によったが、横山建堂氏によれば、《起倒流》は福野に協力した柳生家士茨木専斎の命名で、寺田勘右衛門は自流を《真信流柔道》と称し、これが柔道という語の云い始めだとしている。）

起倒流では、正重門の吉村兵助扶寿（松江藩士）を経て、吉村門の堀内自諾（播州赤穂の人）が特に傑出し、その技を《起倒流柔道雄雌妙術》と呼ぶ。ここにも柔道の名目が用いられている。

堀内の弟子に、京都の寺田市右衛門、江戸の滝野遊軒があり、遊軒は浅草三筋町に道場をひらいて、起倒流を天下に流行せしめた。その門流に飯久保恒年があり、明治の嘉納治五郎翁は、この人に学んだのである。

同じ滝野門の神戸有鱗斎は新しく一流を開いて《灌心流》という。これは天明年代である。

筑前黒田家の笠原四郎左衛門が、天保年中に新しく起した流派を《良移心当流》というのは、おそらく福野流の伝系だろう。

荒木無人斎の創始したのを《荒木流》といい、これは捕縛を主としたものであるが、無人斎の伝記は明らかでない。

水早長左衛門信正の創始したのを《制剛流》といい、この人は摂津の人ということがわかっているだけで、その伝は不明、その門弟梶原源左衛門直景、その技にすぐれ、江戸に出て道場をひらいた。《制剛流ヤワラ組討ち骨砕きの伝》と称したというから、ちょっと脅迫的だ。のち尾州藩徳川義直につかえて百五十石。藩の柔術指南となる。力士御用木（一に小野川とも）と、君侯御前で試合をしたことがあるが、御用木は大兵肥満、源左衛門は小兵、とうてい勝負になるまいと思われたのに、かんたんに御用木をなぐり倒してしまったという。流派を《梶原流》とも云った。貞享二年四月二十二日卒す。その孫梶原久右衛門もまたその技にすぐれ、ことに身が軽くて、地上から一躍して屋根に跳ね上り、また飛び下りて地上に坐する妙技があった。天明元年九月十三日卒。

夏原八太夫の創始したのを《夢想流》という。これは小具足の術である。伝記はわかっていない。

関口柔心を開祖とする《関口流》、および関口流を学んで別派をひらいた渋川伴五郎の《渋川流》——この二流については別述する。

つぎに揚心流。これは二流あり、長崎の人三浦揚心より起ったのを《揚心古流》といい、秋山義時を元祖とするのを普通に《揚心流》という。維新のころ、この門流に戸塚彦助が出て、一時大いに栄えたが、明治二十年ごろから講道館流に制圧されるにいたった。秋山門の山本民左衛門英早（大坂の同心）から《真神道流》が発し、同じ秋山門の上野義喬から《心明活殺流》が発した。

《扱心流》は、元亀・天正時代に近江の人某が始めたともいうが、同流中興の祖江戸の麻布狸穴に道場をひらいた犬上郡兵衛永保（近江彦根の人）から称した流派であろう。この派は起倒流をも取り入れているという。

《天神真揚流》は、揚心流と真神流を合して、文久年間に紀州藩士、磯又右衛門（前名は岡山八郎治）が一流を立てたもので、嘉納治五郎翁は、この流をも学んでいる。

右のほかに、なお高橋玄門斎展歴の《日本本伝三浦流》、藤田麓憲貞の《為勢自得天真流》、その門弟庄林道一が、良移心当流と合せて編み出した《自得天真流》、拳骨和尚武田物外に発する《不遷流》、江畑木工右衛門満真の《為我流》、吉岡宮内左衛門の《吉岡流》等々、それ以外にも戸田流、立身流、一心流、殺当流、実光流、楠流、一条流、伝無双流、荒木新流、四天流、双水流、竹内三統流、磯貝流、神道北窓流、拍子流、霞新流、水月流、制剛心照流、心海流、転心流、柳生流、柳生心眼流、誠極流、荒川流、一甫流、鐘巻流など多くの分派があり、なおここに書き洩らしている流派もあることと思う。

今日さかえている《講道館流柔道》は、明治十五年ごろ、嘉納治五郎翁の創始であり、事新しくここで説くに当らないだろう。

# 寛永三馬術

## 曲垣平九郎は実名でない

芝の愛宕山《あたごやま》は、海抜《かいばつ》の標高二十六メートル。北は西久保桜川町におこり、南は西久保広町の切通し坂を経て、芝公園に走る。もと愛宕神社の域内であったのを、市民の希望により、明治十九年四月、はじめて公園として解放された。

愛宕山には、坂が三つある。男坂、女坂、新坂である。

正面の坂を男坂という。これはきわめて峻直《しゅんちょく》で、八十六段の石段があり、中央江戸中期以来、鉄のクサリを設けて、登る人の助けとしている。

女坂は男坂の右にあるゆるやかな坂で、山腹をやや曲って、公園の南に達している。これには百七段の石段がある。新坂は、山の北麓にある真福寺ぎわから登る。明治十九年に公園を開設したとき、はじめて切りひらいたものだ。

このうち、胸つくような男坂の石段を、馬に乗って上下して有名になったのが《寛永三馬術》の曲垣《まがき》平九郎である。

近代になってからでも、この男坂を馬で上下した者が三人ある。ひとりは宮城県人石川清馬《きよま》という曲馬術で、それは明治十五年六月のこと。つづいて大正十四年十一月八日、参謀本部員岩本利夫が、おなじく馬で上下した。

そこで寛永の曲垣平九郎と大正の岩本利夫の壮挙を記念する額が、愛宕神社の社殿にかかげられ、社前にある曲垣平九郎手折りの《源平の梅》というものの傍に駒札を建てて、《梅折るやほまれも高き馬の上》という下手クソな俳句が（作者不詳）、標記されることになった。その後昭和十一年に、東京荒川区日暮里の里見国啓（五十歳）が、乗馬登攀に成功している。

ところで、右の曲垣平九郎、まことは実在《じつざい》でなく、架空人物だと云ったら、諸君はさだめしガッカリするかも知れない。だが、早まり給うな。曲垣平九郎は架空人物でも、彼には歴乎《れっき》としたモデルがあるのだ。そのことはこれから追々に書いて行く。

だいたい『寛永三馬術』という講談は『曲垣実伝《まがきじつでん》、愛宕山馬術勲《あたごやまばじゅつのいさおし》』という実録本をタネにして出来あがったものだ。この講談は、おもしろいことも飛び切りおもしろいし、江戸初期らしい豪放明朗な武士気質《かたぎ》がよくあらわれているばかりでなく、そのプロットの展開、起承転結《きしょうてんけつ》、まことによく仕組まれ、真に名作中の名作といってよい出来ばえではあるが、話ぜんたいとしてそれが実話か、どうかと問う人があるなら、残念ながらそれは、実話でなくて作りばなしである、としか答えられない。

人名辞書などには、曲垣平九郎を実在人物として、講談の筋書をそのまま彼の経歴として書きこんでいるものもあるにはあるが、それは誤りである。彼は大坪流の名馬術家ということになっているものの、しかし信ずるに足る資料の上で、彼の名を記述したものは皆無であるのみならず、大坪流の伝系書その他に、彼の名を見出すことはまったく不可能である。このことから見ても、曲垣平九郎は実名とは、みとめ難い。（曲垣は荒木流という説もある）

要するに、曲垣はむろんのこと、後にいうように向井蔵人《くらんど》も、筑紫市兵衛も、いわゆる寛永の三馬術家は全部が全部、仮作《フィクション》の上での英雄なのである。

もっとも、小説的につくり出されたといっても、この三人にはそれぞれ明確な——ただし向井蔵人だけは、やや不明確だが——モデルがある。だから、そのモデルに関する限りにおいては、すべては実話であると言い直してよいかも知れぬ。つまり三馬術という仕組みに構成したのは実録作者の作為であるが、個々のモデルの事蹟は、たしかに実際にあったことなのだ。

しからば、その三馬術家のモデルとは、誰れと誰れとであったろうか？

——しかし私は、それに答える前に、まず講談のタネになった実録本『愛宕山馬術勲』において、曲垣平九郎なる人物が、はたしてどのように作り出されているかを、ざっと一通り書いておくほうがよいと思う。

## 愛宕社前の梅花

曲垣平九郎が、愛宕山の男坂を馬で上下して誉れをとったのは、三代将軍家光の時世、寛永十一年のことである。平九郎このとき三十五歳。字《あざな》を盛澄《もりずみ》といい、これは講談でいう丸橋忠弥と同じ名だ。讃岐の国（愛媛県）高松の城主十七万石、生駒讃岐守の臣で、独身者。毎日三升の酒をのむという剛直な男だった。

その年の正月二十四日は、二代将軍秀忠の祥月《しょうつき》なので、三代将軍は三周忌追善のため、芝増上寺へ参詣する予定であったが、当日は雨天のうえ、将軍も風邪気《かぜけ》だったので延期となり、じっさいの参詣は同月三十日に変更された。

さて、とどこおりなく法要も相すみ、お供の役人、老中には酒井讃岐守、堀田加賀守、若年寄には阿部豊後守、三浦志摩守、御側用人には秋元但馬守、大目附には柳生但馬守を始めとして、その他諸大名、旗本、御家人にいたるまで、威儀を正して還御《かんぎょ》の行列が、いまや愛宕山の下を通りかかる。

時しも寒風をつんざいて、プウンと薫って来たのは社前の梅花である。

思わず馬足をとどめた三代将軍家光、目前に屹立《きつりつ》する八十六段の石段を見上げげつつ、

「誰れぞある。あれなる梅花を一枝、手折《たお》ってまいれ——ただし、騎馬のままにて参れよ」

と厳命がくだった。

お供の面々、この命令にはおどろいた。それもそうだろう。弓馬は武士の表芸、あえておどろくには当らないけれど、何がさて直立に近い急傾斜の石段、それも八十六段もある高い懸崖《けんがい》と来ては、誰れだって躊躇《ちゅうちょ》しないではいられまい。

将軍家光、応じる者のないのを見て、

「ちえっ、これしきの坂を、馬で乗り上がる者がないのか。徳川の武も地に落ちたなあ」

という顔付き。それを見ると、おそば衆の面々、顔がほてるような思いだ。

「誰れにてもある。とくとく。君命なるぞ。乗り上がる者はなきか！　如何に！　如何に！」

と、自分のことを棚に上げて、誰れか出る者はないかと気をもんでいると、このとき旗本のひとり、水野新次郎が進み出た。

「あいや、私、台命《たいめい》を奉《ほう》じたてまつる」

「おう、大儀である」

「さらば――」

一礼して馬首を石段へむけて、立て直す。と見るまに、

「ハイッ、ハイッ、ハイッ！　ハイヨッ！」

と一声あげるや否や、アブミを踏んばり乗り出したが、一気に石段を二十四、五段も駆け上ると、たちまち後足をふみすべらし、ドドドドッと、まっさかさまに転落した。馬は脚を折って倒れ、新次郎は重傷。

これを見て進み出たのは、あばれ者で通っている近藤登之助だ。

「私、台命を奉じましょう」

小者に倒れ馬を片づけさせ、新次郎を運ばせてから登之助は馬を乗り出した。彼は千軍万馬の経験者だから、自信たっぷり、諸角《もろかく》蹴こんで一直線――一むち当てるとそのままに、男坂の半分までいきおいこんでダダダッと乗り上げる。

「それ乗ったるぞ。あのまま鳥居までやりおおせるか！」

と、一同、手にあせにぎって見ていたが、ほどもあせらず又もや踏みはずし、とたんに、人馬もろともころげ落ちて、身うごきもできずに昏倒してしまった。

「ああ、又しくじったか」

と家光は、ありありと失望の色を顔にうかべたが、三番目に出てきた人物を見て、ちょっとホッとした。

「こんどは、拙者がやって見る」

阿部四郎五郎だった。この人は旗本中のあばれ頭《がしら》で、荒木又右衛門の事件のときには大名側を相手にして、河合又五郎応援の音頭取りをした硬骨漢。

「おう、阿部ならやるかも知れない」

そう思ったのは、家光ばかりじゃない。

だが、勇気りんりん、アフリを蹴立てて馬を乗り出した四郎五郎。やっぱり石段の中ほどまで来ると、息がつづかない。馬の足なみがよろめくと見るまに、やにわに踏みはずして、人馬一体ズデンドウと転落する。

――もう誰れも乗り出す者がない。将軍は至って不きげんだ。

「さても言いがいなし。旗本のうちに、誰れなりと乗り上げる者は無きや？　如何に如何に！」

と、あせって命令するが、気おくれしたと見えて、誰れ一人お受けする者がない。

「旗本はダメか！」

将軍は、吐き出すように云った。ひたいぎわに、ムクムクと、かんぺきの筋の出ているのが見える。

「ダメか！　誰れも乗り上げる者はないのか！　旗本がダメなら、諸侯の家臣でもよいぞっ！」

まるで怒ったような口ぶりである。

それを聞いて、おそるおそる進み出たのは、若年寄阿部豊後守だった。

「おそれながら……」

「おう、豊後。そちが乗り上げるのか」

「なかなかもちまして。さりながら……かねてうけたまわります。生駒讃岐守の家臣にて曲垣平九郎なる者もっとも馬術のほまれありと聞きおよびます。讃州《さんしゅう》はさいわい本日のお供に加わりおりますれば、召し出されては如何《いかが》かと存じ奉る」

「おう、さようであるか」

ここで家光は、生駒讃岐守をおそば近くに呼び出して、

「曲垣とやらに申しつけよ！」

と下命した。

「はっ。台命《たいめい》かしこまり奉る」

曲垣平九郎は、こうして晴れの御前《ごぜん》乗馬を、上覧に入れることになったのだ。

ここに生駒讃岐守と書いたのは、ちょっとまずい。作者がボロを出した形だ。讃岐守一正《かずまさ》はずうっと前に死去している。その子の左近太夫正俊もすでに元和六年に逝去して、当時は正俊の子壱岐守高俊の世代である。讃州高松城主、十七万石。さりながら祖父とちがって至極の闇将《あんしょう》、愚昧《ぐまい》で、そのため後に御家騒動が起り、寛永十七年改易《かいえき》とり潰しとなり、高俊は出羽のくに由利《ゆり》へ流刑されている――『古今武家盛衰記』巻六。

## 日本無双の馬術

曲垣の馬術は、じつに水ぎわ立ったうまさだった。乗りようも前にしくじった三人とはちがって、いたって慎重である。

彼は乗馬をまっすぐに石段へ突っかけずに、まず、ゆうゆうと輪乗りをかけた。

「ハイ、ハッ。ハイ、ハッ」

ポック、ポックと乗り出して、平地をぐるぐる走らせること四、五度、そのうちだんだんに馬足を早め、やがて一声あげるともろともに、ムチをピシリッとくわえ、石段の下までまっしぐらに突進する。

「すわや！」

と一同、息をつめて見つめていると、曲垣は平気で馬のかしらを横へふりむけ、アフリに蹴りを入れて引き返し、またポック、ポックと、ゆっくりした輪乗りにうつる。

「おやおや情《なさけ》ないな。坂を馳け上がる勇気が出ないと見える」

ボソボソと、ささやきあっているうちに、輪乗りはやがて早足になり、ふたたび石段の真下まで、突っかかって行くと見えたが、曲垣は又、馬首をめぐらして歩足をゆるめ、ぐるりぐるりと輪乗りに返る。こんなことをくりかえすこと、すでに六、七度にもおよんだので、見ていた連中、すっかりあきれてしまった。

「何てザマだ。あれが馬の名人か？　仕切り直し、仕切り直しで、下手なスモウを見ているようだ」

「どうもあの調子じゃダメらしいな。石段を見上げてため息ついているらしい」

ガヤガヤ騒ぎ始めたが、曲垣は平気の平左。

が――やがて、時や来ると感じたものか、輪乗りのいきおいをそのままに、一ムチあてて、

「ハイヨ！　ハイッ！」

叫ぶと見るや、ままたくまに一挙に四十二、三段も馳け上がる。

といっても、まっすぐに馳けのぼったのじゃない。馬術のほうでは俗に《ガケ馬》といって、坂道の上り下りはツヅラ折りに、ジグザグに乗る。それも馬まかせに乗るのが本則だ。このばあい肝腎《かんじん》なのは前脚で、後ろ脚は踏みおとしても立てなおすことが出来るが、前脚は立てなおせない。坂が急でも、短かければジグザグに上らず、まっすぐに上るほうがよいこともあるが、長い坂、ゆるい坂は千鳥《ちどり》がけに乗るので、もし馬がいそぎすぎるときには、横馬《よこうま》にして、いったん停止しないと危険である――『一騎前意得』中巻。

「そら登りはじめたぞっ！」

あれよあれよと見上げる面々の眼に、平九郎の姿が、時どき、フッ、フッと消える。これは玉隠れ・敵隠れという、曲垣独特の妙術で、両足をアフリの下にはさみ、ムネガイに手をかけて馬腹《ばふく》に身をかくしたり、片《かた》アブミにしがみついて馬の横っぱらに身を張りつかせる。こうしているうちに、馬はあっけなく、やすやすと、六十八段の石

段を乗り上げてしまった。

　とび下りた曲垣は、社殿に三拝九拝してから、将軍の註文した紅白の梅の枝を手折《たお》り、それを腰にはさんで再び馬に乗った。

　こんどはその急傾斜の石段を、逆に下りようとするのだが、上るより下りるほうが、もっと危険だ。

　社内で輪乗りをして、馬の頭を坂下に向けては引きもどし、また乗り出して坂下に向けては引きもどす。こうして乗馬に下降の決心を納得《なっとく》させようとするのだが、坂下はるかにこれを見ていた将軍家光、眼前に三人も落馬におよんだのを見ているだけに、こんどは曲垣にしくじらせたくないと思ったから、

「これよ誰れかある。とく参って下馬を止《とど》めよ。ふたたび坂を乗りおろさば過失《あやまち》あるやも知れぬ。とく止《とど》めよ！」

　と言い出した。

「はっ」

　と答えて、御つきの者が駆け出した。

　石段の下へやって来て扇子をひらき、大声で叫ぶ。

「あいや曲垣うじ。台命でござるぞ！　下馬を止《とど》まり候え。過失《あやまち》ありては相成らん！　乗りおろすにはおよばぬ。台命なるぞ！　下馬を止まり候え！」

　扇をうち振りうち振り、女坂のほうへまわれと合図するのだが、曲垣に通じたのやら通じぬのやら。やがて平九郎は、

「ハイ、ハッ。ハイ、ハッ！」

　かけ声をかけながら、パッ、パッ、パッ。調子をとって前足を千鳥《ちどり》にふませつつ、何の苦もなく六十八段を乗りおろして来たから、将軍はじめ居並《いなら》ぶ諸大名・旗本衆、おもわず手をうちたたいて賞賛した。

　曲垣は将軍の召しに応じて、紅白の梅花を奉呈し、

「曲垣こそ日本無双の馬術者なるぞ。あっぱれなり、よくぞいたしたり」

たいへん褒められて、当座のほうび金三枚、ならびに時服《じふく》を下賜され、彼の美名は一世に挙《あが》った。

## モデルは市森彦三郎

さてこの曲垣平九郎、ざんねんながら架空人物であるが、愛宕山男坂の石段を馬で上下した馬術家は、別に実際にある。それも一人じゃない。信用のできる資料に記録された者だけで、三人もあるのだ。

まず江戸期初頭における《かさい雅楽《うた》》である。証拠のために、その記録をここに引用する。

――大坂の陣に、後藤又兵衛の組に属して従軍した長沢九郎兵衛という人物。この人の父七右衛門、兄十太夫、ともに同じ後藤の手に属していたのだが、九郎兵衛は生きのこって、後に『長沢聞書』という見聞書を書きのこした。その中に、

《其頃（慶長元和間である）馬乗手。上方にて、上田吉之丞。大坂にて蝿原八蔵。江戸、かさい雅楽《うた》。右之《みぎの》かさいは江戸愛宕の石のきだ橋を上り下り、自由にて乗り申され候》

という一節がある。

上方の上田吉之丞というのは、ひじょうに有名な馬術家で、父は上田但馬守重秀といい、大坪流を斎藤安芸守好玄から受け、細川家に仕えていた。その子吉之丞重時は、関ガ原合戦の伊勢阿濃津《あのつ》城攻めに大功をたて、のち阿波藩に仕え、馬術の流派を上田流と称するに至った――『武芸小伝』。この阿濃津での大功というのは、毛利家の豪傑中川清左衛門の首を挙げたことである――『関原軍記大成』。

大坂の蝿原、江戸のかさい（葛西であろう）の事蹟は、ともに未だ明らかでないが、とにかく元和以前に芝愛宕山の男坂の石段を馬で上下した者が一人あったことは事実であろう。

二番目は、備前藩士、市森彦三郎で、これが曲垣平九郎のモデルであることは、後に述べる。この人が愛宕山の男坂を馬で上下したという記録は、伊藤燕晋《えんしん》の『撃壌《げきじょう》余録』と、喜多村信節《のぶたか》の『嬉遊笑覧』に見えるが、とも

にその年代を書いていない。後に書く『吉備《きび》温古秘録』の記事から考えて、およそ元禄ごろのことと思われる。三番目は安政元年四月五日、豊後臼杵《うすき》の藩士、雄島多太夫のせがれ勝吉《かつよし》が、男坂を馬で上下した。そのことは『続々泰平年表』の書きしるすところである。

かさい雅楽《うた》と雄島勝吉のことは、ここでは必要がないから、書かない。さて、市森彦三郎のことである。『吉備温古秘録』に、市森家の記事が数カ所出ている――正しくは一森と記す――いま、それを総合して、つぎに書いて見る。

市森は備前藩の馬役で、百五十石取りの家である。祖父は彦三郎、父彦七。彼は祖父の名をもらって同じく彦三郎といった。

祖父彦三郎は、弓馬ともに達者だったと見えて、若いころには家中のヤブサメ競技に、選手として二、三度でたことがある。ごくおだやかな人物だったらしい。父の彦七は、祖父とはうって変った粗暴な男だった。はなはだしい異体《いてい》ごのみで、そのころ江戸に流行《はや》った旗本奴《やっこ》（硬派不良青年）のまねをし、つねづねなかまの者から嫌われ、重役のおぼえもあまりかんばしいほうではない。たまたま延宝三年四月、御城内のウマヤで、ささいなことから激昂《げっこう》して馬屋中間《ちゅうげん》の半七という者を斬った。しかし、へいぜいがへぜいだから誰れもかばってくれる者もなく、粗暴で風儀がわるいという理由で、ついに改易《かいえき》になり、岡山から追放された。もっとも延宝七年十二月には呼びもどされて、ふたたび旧禄を給せられ、以前の馬役に帰参している。その子の彦三郎、これが曲垣平九郎のモデルである。彼は父の追放中は、祖父に給せられた僅か三十俵四人扶持に育てられて、つぶさに生活の辛酸をなめた。父が復職してからは暮らしも楽になり、馬術にも身を入れて、若くして馬役中での抜群といわれるまでになったが、それでも父彦七の性格を受けて、相当ひねくれたところがあり、藩の勤仕をさまで有りがたいとも思っていぬ様子だ。槍持ち中間に雇った寸戸《すんと》右衛門、こいつが酒好きで気が合うところから、江戸参観のお供で東下りをして来てからは、もっぱら二人で、飲酒に憂《う》さをはらしている。

ところが、その気に入りの右衛門が、事をしでかしたのである。

貞享三年五月二十二日の夜、酉《とり》の刻とおぼしい頃、備前藩江戸上《かみ》屋敷の表門前の道で、何者とも知れず、二人の酔っぱらいがさかんに口論をボッ始めた。

その口論は、やがてだんだんに場所をうつして、隣接した安藤対島守の表門のほうへ動いて行ったが、そこで口論が最高潮に達したらしく、両人ともに酒狂人《しゅきょうじん》の本体をむき出して、ひどい大声でののしり合いはじめた。

見かねた安藤家の辻番足軽が、

「やかましいじゃないか！　けんかなんかやめろ！」

とどなって、棒をさげて出て行くと、一人はバタバタと逃げだしたが、もう一人のやつは、

「何を！」

といい、やにわに脇差をぬいて斬りつけて来た。

辻番足軽は、

「やあ、あぶれ者だっ！　とりおさえろ！　とりおさえろ！」

と叫びながら、これもさかんに棒で応戦する。そのうちに辻番は左の胸に微傷をおい、相手の男も、自分の脇差で膝がしらを二寸ほど切りこんでしまった。

近所屋敷の番人足軽が大ぜい出てきて、よってたかってその男をようやく取りおさえたが、吟味の結果、逃げていったほうは、どうやら市森彦三郎の槍持ち、寸戸右衛門ということが判明した。

けんかは、酒の上でのつまらぬことに過ぎなかったが、当時の風習で、安藤方から口書《くちがき》を持参して御目付能勢惣十郎へとどけ出で、まだベロベロに酔っている寸戸右衛門を捕まえて、これを彦三郎に引きわたし、手錠をかけさせたが、何分にもけが人が出たためにその掛け合いが業々しくなり、備前藩の重役もこれを不問にすることができず、彦三郎は監督不行届をさんざん叱られて、ついに寸戸右衛門をつれていっしょに国元へオイ返されることになった。

市右衛門にはこれが不服でたまらない。もともと気の合った、酒のみなかまの槍持ち中間である。そこで重役

への不満が、逆上して来た。

「ちえっ。何だい。けつの穴のちいさいやつらだ。あんな上役にヘエコラヘエコラするぐらいなら、拙者はサムライ勤めを投げ出すよ」

冗談かと思ったら、それが本音《ほんね》だった。

彼は同月十八日、備前川口につくなり、寸戸右衛門を松尾八助の家へ送りつけておいて、自分はそのままプイッと出奔《しゅっぽん》して浪人になってしまった。

彦三郎が愛宕山の男坂を馬で上下したのは、おそらく浪人してからのことでなかったろうか？　そのことは、奇妙にも『吉備温古秘録』には記事がない。ただ彦三郎はその後、元禄三年六年二十六日にふたたび召し還されたと書かれているところを見ると、愛宕山での高名が、旧職復帰のきっかけになったと考えられはしなかろうか？ともかく市森彦三郎は、自恃《じじ》のこころが強く上役にたいしても決して従順ではない。そして自分のつかっている小者への義理立てから平気で主家を退転するような男である。

ところで『愛宕山馬術勲』――実録本の曲垣平九郎、おもしろおかしく脚色されはしているものの、百々平《どどへい》という酒のみ下男に惚れこんで、ついには相たずさえて出奔する。話の上ではずいぶん変っているようでも、大骨はまったく同様だ。

この百々平という下男こそ、筑後柳川藩、立花家の名馬術家向井蔵人《くらんど》の変名であるが――この向井蔵人がまた曲垣平九郎同様、まったくの架空人物。もっともこれにも、かすかなモデルらしいものが察知できないわけではないのだが、そのことはこれから述べる。

## やっこの百々平

――さて曲垣平九郎、愛宕山の名誉以来、その名声海内にきこえ、藩中はもとより、諸家諸侯方へも出張教授をたのまれて、ますます世のなかの評判を高めたが、あいもかわらぬ独身主義で、縁談ばなしにはいっこう見向きもしない。

「われに美酒あり、酒こそ我が女房」

と、二升どくりをたたいて日夜えつに入っている。

ところが世間の評判とは別に、独身者の酔っぱらい人種と来ては、下女下男の階級からはまるで鼻つまみ、いたって受けがよくない。

馬乗りがいくら上手でも、飯たきから菜《さい》ごしらえまで馬術の手綱《たづな》さばきで間にあわせるわけにも行かないから、どうしても人をやとわねばならないが、人使いが荒くて日夜飲んだくれてばかりいるので、三日と居着いてくれる者がない。給金をよくし、休みもとらせるという好条件で頼んでおくのだが、曲垣の家だと聞くとみんな、オゾケをふるってことわるのだから、これにはさすがの豪傑も大弱りだ。

するとある日のこと、へんてこな風来坊が、ひょっくり舞いこんで来た。年齢は二十七、八。人品こつがら、なかなか賤しくないが、あらいざらしの紺かんばんに、紀《き》のくに格子《こうし》のぼんてん帯。ことばはおそろしくぞんざいである。

「ええ、だんな。いるかねえ？　おたのん申しやす」

「何じゃ。用があるなら、こっちへはいれ」

例によって曲垣平九郎、いっぱいきこしめしているところだ。

「わっち、お願いがありやしてなあ……わざわざやって来たでがす。だんなところじゃ奉公人が居着かねえと聞いたが、ほんとうけえ？　それがほんとうなら、わっち、おいてもらいますべえよ。給金望みはいたしやせんから」

「ふうん。奉公かせぎがしたいと申すのか？　きさまいったい何処の生まれだ？　両親はあるか？　しかと申して見よ」

「へえへえ。だんなの前だがの。わっちはこれでも江戸っ子でございます。両親もありましたなれど、ガキの時分になくなりやしてねえ……、顔さえ知らず、他人の世話でそだちましたが、いやはや、年中酒におぼれ、なま け者では親分株みたいな男でがす。それに、おまんまも五人分はペロリというわけで……」

「おやおや、やっかいなシロモノだ」

「それで、ハア、今じゃあ誰れも相手にしてくれません。ここらで性根を入れかえて、うんと手荒いところで修業したいという望みなんでさ。もし、だんな。氏《うじ》だ素姓だ、そんな小むずかしいことはございません。親兄弟もねえわっち、どうか助けると思って使ってくださるめえか」

「いや、拙者も下男がいないで困っているところだ。置いてやってもいいが、身元引受人があるか？」

「へえ……そんなものが要《い》りますか？」

「要りますか、とは何だ？　天下の御定法《ごじょうほう》だぞ。引受人がなくちゃ気の毒ながら、使えない」

風来坊は舌のさきで「チェッ」と云った。

「なあんだ。馬乗りの大先生さま。あんがいケツの穴がちいせえな。それじゃ並《なみ》の人間の云うのと同じことだ。はばかりながら、わっちにかぎり、正直律義《りちぎ》じゃ此のうえ無し。馬には乗って見ろ、人には添うて見ろちゅうこともある。わずか一人の下郎をおくのに、請人《うけにん》だヘチマだと、めんどうくさく云われた日には、しょせん納まりはつかねえ。わっちもこの家の様子をきき、すき好んでやって来たからにゃ、いままでに逃げ出した連中とはうって変って、とことんまで辛抱はして見るつもり。ずいぶんと人使いの荒いのは覚悟のうえで、だんなの身代《しんだい》を飲みつぶしてやろうと、たのしみにしてやって来ています。さあ、それでもことわらっしゃる気か？　どうだねえだんな！」

ひどい男だ。嘲弄口調《ちょうろうくちょう》でベラベラまくし立てたから曲垣平九郎、あまりのことにグッと来た。

「おのれ、下郎のぶんざいで不とどきなやつ。召しかかえるも召しかかえぬも、それはこっちの勝手だ。聞けば舌長き嘲弄、手討ちに致すから、そこへ直れ！」

おどしに抜いた太刀、あいての鼻先へグイと突き出したが、おどろかばこそ。

「へん、へえん……それは何だねえ？　だんな。曲垣大先生。そんな人切りボウチョウをひねくりまわしたとてハア、お気の毒だがこのまま、大根や人参を切るようなわけにはいかねえだぞ。奉公すりゃこそ主従だが、奉公しなけりゃ五分と五分。なあに脇差いっぽん持たねえでも生身《なまみ》のからだだ。だまってハア斬られてはいませんぜ！」

「ははあ、だいぶん荒っぽいな。まあよい。ここへ来て、すわれ」

曲垣は、刀をさやに入れた。

「きみがわるいねえ……どうするだ？」

「置いてやるよ。奉公せえ！」

「えっ、置いてやる？　だって、わっちは引受人がねえんだよ」

「いかにも引受人はない。しかし、そちの気性に愛《め》でて、引受人はいらぬ。どうだ。それでよかろう」

下郎に身はやつしてはいても、その者の身のこなし目のくばり、じんじょうではない。ことによったら流儀盗みかも知れぬ——と、はやくも曲垣平九郎、見ぬいた様子だ。

下男百々平。はたして平九郎の予想どおり、馬術の秘義をぬすむために住みこんだ男で本姓は向井蔵人《くらんど》。筑後柳川藩の馬役として有名な人物。

ところでこの百々平《どどへい》。平九郎に負けないで至っての酒好きである。

「こりゃ百々平。そのほうは酒をこのむと云ったが、拙者も酒は大好物。一日にても酒がなくては夜も日も明けぬ。おまえも好きとあるからは決して遠慮にはおよばぬ。おれの飲み相手をしたらどうだ」

それを聞いて百々平よろこんだ。

「やあ有りがてえ、かっちけねえだ。何を匿《かく》そう、わっちもこれまで、たまには小銭もまわり、もうけたこともあるが、いつでも酒を買うて日に三升はペロリとやりましたでがす。それゆえ今では一文なし。白馬（どぶろく）に乗る工夫もつかず、こまった果てが当家の下男に奉公願い、その本心は先生さまの酒好きのうわさを聞いて、もし召しかかえてもらえるものなら、たまにはお余りの酒も飲めるだろうとハア、それを楽しみに住みこんだのがこっちのつけ目でさ。御遠慮もせず御辞儀もせず、いざ頂戴いたしましょう」

と、曲垣とさしむかいで、さしつさされつ、昼からはじめて夕方までに、二人で六升ペロリと平らげるという有様。曲垣平九郎、まことにこの百々平が気に入った。百々平もまた、よく気をつけて骨おしみなく働く。はや一、二年を無事に経過して、寛永十三年の冬となる。

## 喧嘩から殺人

十一月の下旬。

寒気つよく、はだえを貫く北風の中を、主命で外出していた曲垣平九郎は、公用をすませ帰宅のうえ、

「いかに百々平。今日の寒さは格別じゃのう。いそいで酒をつけろ。カンを致せ」

と云いつける。

「へい」

酒ときくと、返事もよろしい。

たちまち勝手元をガタビシいわせていたかと思うと、すぐに熱カンになってはこばれて来た。

「あとはドンドン致せよ。そして、そのほうもここに来て飲め」

百々平あいてに飲むほどに、いつしか雪が降りだして、しばらくの間にあたり一めん銀世界にかわる。

「だんな、酒が切れました」

「うむ、まだ飲み足りぬなあ。いそいで三升ほど買って来い」

云いつけられて百々平が、タケノコ笠をかたむけて、酒屋へ一っ走りと駆けいだす。

さてその帰りみちで事件がおきた。

酒の小樽を片手に、顔に吹きつける雪に面《おもて》をそむけ、足早やに雪を蹴立てて帰り来るおりしも、向うのかたよりやってきた浪人ていの武士ひとり。これも雪風を背に受けて、いそぎ足に通りかかったが、折あしく道のまんなかでバッタリ正面衝突してしまった。

これは、とおどろくひまもなく、くだんの武士、よっぽどの短気者と見えて、

「やい下郎め！　ふらち千万。何とて無礼におよんだぞ！」

と、いたけだかになって、にらみつける。

「これはこれは、御免なせえ。わっちも主人の云いつけゆえ、つい急ぎすぎて突きあたりました。はなはだもって相すみませぬ。ひらに、ひらに――」

心がせくから、こう云いすてて行こうとするのを、武士は、やにわに腕をのばして、百々平のエリガミつかんで引きもどした。

「おのれっ、重々《じゅうじゅう》不とどきなやつ。粗忽をわびるなら、なぜ笠とって地にひれ伏さぬ。拙者のあいさつも待たず、云いすてに逃れんとは大胆しごく。さあ、このまま放すわけには参らぬ。汝の主人は何者なるぞ。その姓名を名乗れ。さもなくてはこの場で手討ちにいたす！」

と、刀のつかに手をかけてののしったから、百々平も怒ってやり返した。

「こう、おさむらいさん。何もハアそのように威張らなくてもいいでしょう。わっちが悪けりゃあやまりますさあ。何もそんな大声上げて、ガアガア云うにゃ当らねえ。たとえ、このわっちが悪いにしてもだ、そっちの着物をやぶったわけでもなし、また傷をつけたわけでもねえだ。それをいつまで、長たらしく御談議を聞いちゃ居られねえよ。だんなが家で待ちくたびれている。まあかんべんしてくだせえ」

すりぬけて行こうとするのを、

「うぬ、もうかんべんが相成らぬ！」

云うなりバッサリ、抜きうちに斬りつける――あわや二つになったと思いきや、百々平、くぐり抜けて、タケ

ノコ笠を片手にかなぐりすて、酒樽を道におくなり、こしにさしていた真鍮《しんちゅう》ツバに銅鉄《どうがね》入りの木刀を引っこぬいて、チャリーンと、あいての刃をはらいあげた。

「こやつ、うぬっ！」

「何をサンピンめ！」

電光石火、うけつ流しつ千変万化、ふりくる雪ともろともに、まんじ巴《ともえ》とたたき合う。

何やら急に窓そとが騒々しくなったので、曲垣平九郎は、ツと立ち上って窓を明けた。

見れば百々平が、抜刀の武士と必死になってやりあっている最中。あいては真剣だから、どうしても百々平のほうが分《ぶ》がわるい。見かねた平九郎、思わず窓の内から大声で応援しはじめた。

「そおら百々平！　しっかりやれ！　おそるるな！　沈んで、避けて、突きを入れろ！　そうだそうだ。まっこうに受けて柄物《えもの》を切られるな。おまえは木刀だ。あいては真剣だぞっ！　おっと！　左へ寄るとミゾへ落ちる。飛びじさるのはあぶない！　よおし、そこそこ！　払え！　払って打ちこむんだっ！　あいての太刀すじ乱れしぞっ！　つけ入れ！　ところをはずさずつけ入れ！」

とたんに百々平、力いっぱい突きを入れた木刀のコジリが、あいてののど元へガアーンと入る。急所だからたまらない。武士は「ううむ……」とうめいて、ドッと倒れてうごかない。

「でかした、でかした！　早く酒をもって来い」

呼び入れられて百々平は、台所口から入って来て、さっそく酒のカンをする。

これより又さしむかいで、さしつさされつ飲んでいたが、曲垣はフトさきほど百々平が突き倒した武士のことを思い出して、もう一度窓をひらいてながめれば、長々とした死体、はや積雪に半身をおおわれて横たわっているではないか。

平九郎はおどろいた。まさか死ぬとは思っていなかったからである。

この死体は、伊予松山の浪人橋本伝内という者であったが、何分にも殺傷事件であるから藩でも内済《ないさい》にすることができず、ついに曲垣は改易《かいえき》申しつけられて、同藩から追放されることになった。

ここまでの筋道――それが前に書いた備前藩士市森彦三郎の事蹟をモデルとしていることは、もはや兎角《かく》の言を要しないだろう。百々平は、すなわち彦三郎の槍持ち中間、寸戸《すんど》右衛門の写しである。これを筑後柳川藩馬役、向井蔵人の変名としたのは、たんなる小説的加工に過ぎない。

流儀盗みの中間奉公は実際によくある話柄《わへい》で、たとえば曽谷宇平次が伊勢の名馬術家神戸友盛の中間に住みこみ、三年間奉公して秘術を学び、のち津に来って馬の名人となると伝えられているなど、その一例であるが、宇平次は上杉家の臣で、上杉家が米沢へ所替《ところがえ》のときに浪人し、のち越後村上の城主堀丹後直頼に召しかかえられた馬術家である――『翁草』巻三十三。

平九郎と蔵人はその後、和田平、百々平の変名で、尾州藩（講談では越前藩）のウマヤ中間に住みこみ、ここで百々平が荒馬を取りしずめた事件から、曲垣が同藩に召しかかえられるに至ると作られているが、前記で判明するごとく、平九郎浪人後の事蹟は、ぜんぶが全部つくりものである。ただ荒馬とりしずめの件は、たとえば唐津藩寺沢家の、千賀五助の事蹟（『砕玉話』に出ている）などを、何となく取り合わしているかも知れない。

荒馬取り鎮《しず》めなどの話は、ごく有りふれた豪傑ばなしであるから、何も特別のモデルを必要としなかったろうが、ただ後にも云うように、《寛永三馬術》の俗伝は、奇妙に寺沢家の機微に触れている点が多いようだから、いちおう注意をとどめておくのがよいと思うからである。

## 縁談ぶっこわしの使者

寛永三馬術の最後のひとり――肥前唐津藩（実録本では肥前大村藩とする）の筑紫市兵衛というのは、これはそっくりそのまま同藩の名臣、天草《あまくさ》城代をつとめて三千石、高畑新助の事蹟である。別に馬術家としてはきわ立っていないけれど、事蹟はそのまま、筑紫市兵衛に写し取られていて、モデルというより、むしろその物ずばり。

ただ名前が書き替えられたにすぎない。

さればまず、その高畑新助の事蹟をものがたろう。資料は『明良洪範《めいりょうこうはん》』と『砕玉話《さいぎょくわ》』である。なお、事件の薩藩側の記録は『薩藩旧伝集』に見えている。

高畑新助の主君は、肥前唐津および肥後天草の城主で十二万三千石、寺沢志摩守広高という。この人は実録本や講談では、暗君であったように取りあつかわれているが、暗君だったのはその子（二男）兵庫頭堅高で、広高のほうはなかなかどうして大した明君であった。

――広高のまいにちの行状は、しごく正確で簡素、かつ勤勉である。朝はかならず寅の刻（午前四時）に起きる。卯の刻（午前八時）には、登城して来る家臣たちの前に出て、朝見《ちょうけん》のあいさつをする。朝見後、朝食の前にかならず馬場に出て、たいてい一両馬責《せ》めるのがならわしだ。食後は槍刀の稽古。冬なら寒《かん》の三十日間、弓の上手な者を召して若侍たちに習わせ、じぶんも巻藁《まきわら》を射るし、夏なら土用中、鉄砲けいこにはげむ。このときには一汁一菜の飯を家臣と共にし、けっして美食しない。よる武芸をするときにも、夜食にカユや、ゾウスイをつくらせて、家臣といっしょに食べる。公用や政治の上で、とくべつ急ぐ用のないときには、酉の後刻（午後六時半）には寝《しん》につくのがきまりだった。つまり早起き早寝の励行である。そのころは、一般に食事のことを《朝夕》というぐらいで、ふつう一日に二度しか食事をしない習慣であったから、夜ふかしすれば《夜食》を食わねば腹が減る。それはぜいたくである。

「夜は早寝にかぎる。そうすれば無用の夜話《よばなし》に精神が疲れ、翌日の仕事にせいを出す元気がなくなるなどということもない。近習の者などは、ことに昼の勤めで労苦の多いものであるから、夜は早く寝て、疲れを休める工夫がかんじんである」

と広高はつねに云っていた。

江戸参勤《さんきん》でない年には、毎年、領国内を巡視し、百姓のかんなんを見舞い、普《ふ》請方《しんかた》や郡《こおり》方の奉行を督励して、水害や日照りにそなえ、税のとり立てや賦役《ぶやく》の公正を心がける。

「こうして在国中に領国内を見まわるのは、何も腹ごなしや遊山《ゆさん》のためではない。江戸に参勤しているあいだは、領国内の政治がうまくいっているか、どうか、また法令の運用などにわるいことがあって、士民が困っておりはせぬか、奉行の者から聞くだけでは、念《ねん》がとどかないからだ」

とも云った。

唐津は畑どころで、米がすくなく、麦が多い。しかし「貧乏人は麦を食え」などと、現代の大政治家が云うようなことは、彼は云わない。まいねん、夏の五月六月は、下層の下僕階級の者が米を食わずに麦を食う。それを見て、

「それは不合理でないか。下僕が食うのに、主人が食わぬ法はない。わしは諸士に下知する身だから、右の二カ月間は麦飯を食うことにする」

といって、それを励行した。

衣類は木綿を着るように家臣どもにも云いつけ、自分もふだんは木綿着でおし通した。

ある日、誰れかが武人のうわさばなしをして、

「関ガ原で戦死した大和の何某という人は、死ぬまで算数のことがわからなかった。これこそ真の武人でないか」

と云うのをきき、広高は云った。

「いや、かならずしもそうでもあるまい。そんな人は十年とたたないで家をほろぼすようなことになろうも知れぬ。戦場でメチャ働きをして、功を立てる者のあるのは、別にめずらしくないことだ。算数を弁ぜずとも時に遭《あ》い僥倖に助けられて、大功を立てる者もあるけれども、それだからといって、それを武人、武弁者《ぶべんしゃ》というわけにはいかぬ。人間において大切なことは自分の好きなものを棄てることができるか、どうか——ということだ」

彼は一時、ひどく茶事に凝っていたが、やがて自らかえりみて、その趣味をなげうった。(以上すべて、『砕玉話』と『野史』による。) 茶事の名ごりは唐津焼 (陶器) の隆昌である。彼は千利休の茶会にまねかれたとき、ぐうぜん肥前の壺のよさに気づき、爾来、朝鮮の陶工をまねいて、城内その他でさかんに生産させたのである。

名君志摩守広高は、寛永十年四月十一日に卒した。二子があるが、嫡子高清は父にさきだって病死し、次男兵庫頭《ひょうごのかみ》堅高が家を相続した。この堅高は父に似ない愚物《ぐぶつ》で、島原の乱後の家臣にたいする賞罰をあやまり家中の受けもよくなかった上に、重税を課したことから天草の領民が島原の叛乱に加わった責任を幕府に追及され、天草領のうち四万石の地を公収されて出仕をとどめられた。これは翌年になって免《ゆる》されたものの、けっきょく正保四年十一月に自殺して、ついに絶家となった――『砕玉話』『古今武家盛衰記』『寛政重修諸家譜』。

高畑新助の事件のおきたのは、寛永より前である。慶長十二年一月のことで、むろん、志摩守広高が在世中のことだった。嫡子紀伊守高清が年ごろになり、島津藩主、島津光久の妹とのあいだに婚儀がととのった。その縁談の件で、島津家の家臣伊勢平左衛門が、使者として唐津城へやってきたことがある。

城主寺沢広高は、たいせつの御使者というので、下にもおかぬ接待で、結構に御馳走する。ところがこの宴席で、不祥事が生じることになったというのは、島津家は西国では何といってもずい一の大藩、それにくらべれば寺沢家は石高《こくだか》もすくないし、根が一介《いっかい》の尾張の地侍から成り上った家格だ。そこで使者の伊勢平左衛門、初めはつつしんでいたが、だんだん酒がまわるにつれて寺沢家を侮べつするような態度が、ことばのはしばしに見えだした。

接待役で、その宴席につらなっていた天草城代の高畑新助、にがい顔で聞きながしていたが、そのうち伊勢平左衛門は、とうとう酒狂を発したのか、口にすべからざる言辞を吐き出してしまったのだ。

「あいや、御接伴役《ごせっぱんやく》どの。口はばったい申し条《じょう》のようだが、何にせよ我が主家島津藩は天下での大藩でござる。小身、成り上りの御当家寺沢家との御縁組みは、いやはやチョウチンに釣鐘。云わば身分不そうおうの配偶と申すべきで、めとるほうの寺沢家にとっては、しごく御利分《ごりぶん》なれども、島津家にとっては貧乏クジと申すべきでございましてのう……」

高畑新助、これを聞くと、さすがに今まで押さえに押さえていた感情が、あぶなく爆発するまでに激昂して来た。

「おのれ、云わしておけば余りなる雑言！」

カッとして、この場で刺しころしてやろうとまで思ったが、

「いや待て。唐津の御城内で打ち果しては、主君にめいわくがかかる――。いったんこの場は忍耐して、後日、平左衛門を、天草城で御馳走することになっているから、そのときこそ――」

と、こころの中に期するところがあった。

しかし高畑新助は、軽率に事を謀るのを好まない。天草城での饗応の席では、はっきりと伊勢平左衛門の失言に抗議を申し入れ、もし相手が陳情すれば、それで許そうとする態度に出た。しかし、何か思うところのあったらしい平左衛門は、なおいたけだかになって前言をひるがえさない。新助、ついにこらえかねて、抜き討ちに一刀、平左衛門の頭部を割りつけ、じぶんもそのばに腹を切って死んだのである。

島津光久は、高畑新助が伊勢平左衛門を斬ったことに理をみとめて、新助の命を助けるよう、早使《はやづか》いを送って申し入れたが、すでに切腹後で、まにあわなかった。

## 真相の裏の真相

薩藩側の記録によると、このときの事情はもっとくわしく判明する。島津光久の妹と、寺沢志摩守の嫡子紀伊守とのあいだの縁談は、寺沢家の天草城代高畑新助の奔走で、すでにいったん成立を見ていたのであるが、その後、寺沢家がキリシタン宗門であるというデマが世間にパッと立った。これは飽くまでも根拠のないデマにすぎなかったが、島津光久はその風聞をきいて、急に縁談を中止する気持になった。しかし、大名どうしの約束を、そう軽々しく変替《へんがえ》するとは云い出せない。その事情を知って家臣の伊勢平左衛門が、

「その儀ならば、拙者が使者に立ちましょう。いかようにもして、この縁談はぶっこわしてまいりますから」

と申し出た。

それで光久は、いっさいの成り行きを平左衛門に委せたのである。彼は手まわりの家来を八人つれ、船頭その

ほか総勢五十人、威儀堂々と、りっぱに艤装《ぎそう》をほどこした藩庁《はんちょう》の船で、肥前の松浦潟《まつらがた》へ入港した。

唐津藩では、まさか縁談ぶっこわしの使者とは知らないから、

「いよいよ近々に、御輿《こし》入れの相談にちがいない。やれ目出たい」

というので、城内の上下、手の舞い足のふむところを知らない喜びようで、御城下の町人、領分の農民までが、何となく浮き浮きして、きげんがよい。

いきおいこんで乗りこんで来た伊勢平左衛門、それでなくても勤めにくい役がらだのに、唐津のおめでた景気を見ると、いっそう縁談解消の話がきり出しにくい。初めは酢《す》のコンニャクのと煮えきらぬ屁理屈で云いごまかそうとしたが、どうもうまく行かないのでとうとう最後の奥の手を出すよりしかたがないと思った。

——縁談を正面からぶちこわせないときには、何となく私事《わたくしごと》の一騒動を巻きおこして、これを口実にするよりほかに、よい手段がない。

そこで接待の場で、わざと乱酔をよそおい、相手の乗って来そうな無礼の大失言を、むりからひねくり出したのだ。

身分・格式の観念は、いまでもなお抜きがたい日本人の性格の弱点だが、封建時代におけるそれは、もっともっと破り難い鋳型だった。平左衛門は、もっとも口にすべからざる侮べつを、寺沢家にたいしてあたえたのである。

こらえこらえていた接伴役の高畑新助、この縁談のはじめの口きき役でもあっただけに、ケチをつけられる段になると、自分の面目にもかかわるから、グッと来たのは無理からぬことだが、その怒りを、あらためて天草城での接待日まで踏みこらえたのは、とかく刀に手の早かった戦国生きのこりの武者としては、いかにもよく出来た男である。

さてその天草城での接待日——。

新助は顔色をあらためて、平左衛門の前にキッと坐りなおした。

「いかに平左衛門どの」

「何ごとでござる？」

「貴殿《きでん》、せんぱん唐津城御接待の宴席において、当《とう》寺沢家を成り上り大名と申されましたなあ。お覚えでありまするか？」

「おぼえています。たしかに申してござる」

「うむ、何――しかと、お覚えでござるな？」

「さよう」

「あれは御乱酔の上での御言い過ごし、よもや御本心ではございますまい？」

ひざの上ににぎりしめた、新助のこぶし。

平左衛門は、来るべき瞬間のついにやって来たことを、あきらかに自覚した。ギョロッとした視線。わざと、相手の眼へまともにぶっつけながら、腹にこたえるような太い声で、ゆっくりと答える。

「なかなかもって、さようには非ず。拙者の云いしことは、一言半句、みな本心より発してござる！」

「なな、何と――」

「こんどの御縁談、寺沢家にとっては大慶大慶。さりながら釣り合わぬは何とやらで、薩摩の御藩侯はともあれ、われら家臣一同は大いに不服といたしおる」

ここで彼が「かの一言は酔余《すいよ》の失言であった」と詫びしてしまえば、あるいはそのまま事が丸くおさまっていたかも知れない。しかし平左衛門は、かえって本心であったと云い切ったのだ。もとより事をおさめに来たのじゃない。破りに来ている。だから、手段とはいいながら、相手が激発するようにわざとしむけたのである。

「ううむ……かさねがさねの雑言《ぞうごん》、もはやかんべんがなり申さぬ！」

刀をにぎって、すっくとたち上った高畑新助。

「さようか。それでは――」

平左衛門も、刀をにぎり、しずかに立ち上った。

天草城内での斬り合いは、壮烈をきわめたものだった。平左衛門と高畑新助の一騎討ちである。両人死闘して共に傷つき、やがて新助の家来大津喜右衛門のために平左衛門は斬り伏せられた。その喜右衛門を、平左衛門の家来瀬戸口主税《ちから》が、うちとったのである。

新助は、重傷をこらえて、ようようのことに城外の海ぎわまでやって来、そこにもやっていた島津家の船のめんめんにあいさつをし、もはや重傷のため戦うことができないからと云って、じぶんの家来に首を打たせて死んだのだ。

使者の船が薩摩へ帰着すると、誰いうとなく、伊勢平左衛門は斬り合いの場で逃げまわったと、悪評するものがあった。

これをきいて島津光久は、烈火のごとく怒った。

「だまれ！　そんなことが有り得ようはずはない。平左衛門は、つねづね剛気勇猛の士であるぞ！　さようの卑怯者ではない。うそかまことかは、しらべればわかる。彼の死骸を、いそぎ庭前へはこび入れよ！」

平左衛門の死体をおさめた棺が、すぐさま城内へかつぎこまれて来た。

「それ、伊勢兵部。そちの兄の死骸を、ていねいにしらべろ。うしろ傷があるか、どうじゃ！」

「はっ」

平左衛門の弟兵部、うけたまわって棺のふたを明け、死骸をムシロの上へ移す。

綿密にしらべて見たが、傷は向こう傷ばかりで、うしろ傷は一カ所もなかった。ことに無残に思われたのは、両手の指の股《また》が、ことごとく切り割かれていたことである。

「おお見事！」

と、光久は、おもわず眼をしばたたいた。

手がササラになる、ということばがあるが、伊勢平左衛門が、いかによく戦ったかは、その一事を見ても推察できるのだった。

## 幡随院長兵衛の父

以上が、実際にあった事蹟の全部である。

実録本は、この高畑新助を筑紫市兵衛という名に書き替え、あいての伊勢平左衛門に、獅子堂《ししどう》右源太の仮名を付して、その性格を軽躁《けいそう》ごうまんにし、市兵衛のほうを、グッともうかる役に脚色しているばかりでなく、筑紫市兵衛は死なずに浪人するということになっている。

講談では、前に云った寺沢志摩守を闇君《あんくん》のわからず屋に仕立て、市兵衛が宍戸《ししど》（実録本の獅子堂）を討ったのを怒って、これを捕らえて薩摩藩へ引きわたそうとするのを家老上席の塚本織部《おりべ》——のちに幡随院長兵衛になった塚本伊太郎の父——が諫言して、市兵衛を逃がしてやることになっているが、これがまた大ベラボウのうそ話なのである。

幡随院長兵衛の出所については、世にいろいろな説がある。神田山《かんださん》幡随院新知《しんち》息寺《そくじ》（慶長年中湯島に創建。明暦三年の大火に焼失して後、浅草に移転した）の住職の弟といい——『及聞秘録』と『玉滴隠見』、また同寺内に住んでいた門番塚本某の子であるといい——『元正間記』『本朝俠客伝』、また花房大膳の徒士《かち》で浪人したといい——『一話一言』、肥前唐津寺沢家の臣、塚本伊織《いおり》の子という——『嬉遊笑覧』。この最後の説が、今では、いっぱんに信じられているようだが、それは講談の流布に影響されたのだ。

しかし、幡随院にのこる過去帳の写しには、こうある——『源空寺文書』。

《慶安三庚寅《かのえとらの》年。四月十三日。
弔《とむらい》、二十六日。善誉《ぜんよ》道散勇士《どうさんゆうし》。
肥前唐津。波多三河守家臣、塚本伊織倅、伊太郎なり。
幕《まく》四ッ。六役。十二僧。

施主は朋友大勢。江戸名高き長兵衛なり。俗に幡随院長兵衛と云う。
山脇惣右衛門引付旦那《ひきつけだんな》。くわしくは古帳《こちょう》にあり。右五十両。供養代、花川戸処朋友《ところほうゆう》より。
右塔、惣右衛門より立てる》

文中に山脇惣右衛門というのは、長兵衛の女房お金の父親である。引付旦那云々は、山脇の紹介で檀家《だんか》になったという意味。

これで見ると、長兵衛の出身は、肥前唐津にはちがいないが、俗説にいう寺沢家でないことがわかる。事実また、慶安元年十一月の『寺沢家中分限記《かちゅうぶんげんき》』を見ても、彼の父塚本伊織の姓名は、五十石以上の士百八十名の中には発見されない。寺沢家が絶家になって家臣が分散したのは、正保四年十一月のことであるから、伊織がせがれの伊太郎をつれてすぐに江戸へ出て来たとしても、その翌年が慶安元年で、三年後の同三年には、すでに伊太郎が一流の侠客として売り出していて早やばやと水野十郎左衛門に殺されてしまうなどというハヤワザが、やれるかどうか、これは常識で考えてみても、すぐに判断できることだ。

過去帳に見えるとおり、伊織は、肥前唐津は唐津でも、寺沢家が入国する以前に領主だった波多三河守の家臣と見なければなるまい。波多家は、いわゆる松浦党《まつらとう》の旗がしらで、戦国前期いらい、九州に覇《は》をとなえていた名家であり、三河守はその第二十代目の当主である。秀吉朝鮮征伐のみぎり、寺沢志摩守広高の奸策で不評をまねき、戦線からがいせんして来るのを待ちうけて、御家改易《かいえき》を命じられた不幸な領主だった。

前に寺沢志摩守を、たいへんな名君であると書いておいた。『砕玉話』や『野史』にそう書いてあるのだから、たしかに名君だったにちがいない。さりながらその名君ぶりは、保身《ほしん》と出世という世わたり上手な面から見ての話である。見ようによれば、彼は一個の、すこぶる巧者なオッポチュニストだったとも云える。

広高は、はじめ父広正とともに、織田信長につかえていた。その信長が本能寺で死ぬと、すぐに豊臣秀吉に乗りかえた。当時わずかに福知山二万石の領主である。波多三河守を窮地に追いこんで、ついに唐津六万石の城主になったが、秀吉が死ぬと、すぐに徳川家康の下知についた。慶長五年、関ガ原合戦に関東方に味方して功をたて、肥後天草郡を所領にくわえて、十二万三千石までのし上ったのだ。島津家の伊勢平左衛門が、縁談のぶっこわしに寺沢家の出頭ぶりを皮肉ったのは、たしかに肝《かん》どころを衝《つ》いていたわけである。

何にせよ、筑紫市兵衛の本ものである高畑新助は、慶長十二年に天草で死んでしまったわけだから、死なないで浪人した市兵衛の爾後の経歴はぜんぶ作りものということに相成る。

——彼は流浪のすえ会津へやって来て（講談では宇都宮）、そこで名を一平と替えて領主のウマヤ中間に住みこんだが、ひょんな事件から本姓が知れ、三百石で召しかかえられて馬役を命じられた。しかるに天草で市兵衛に殺された薩摩藩士獅子堂右源太の子源太郎が、かたき討ちを志して入りこみ、一度はしくじり、二度目には一族をあつめて襲撃して来たが、おりよく通りあわせた曲垣平九郎が、市兵衛に助力したので、無事撃退した。また百々《どど》平《へい》を名乗っていた向井蔵人はその後、国もと筑後柳川藩立花家へ帰り、たまたま大難におちていた紀州藩の名槍家笹野権三郎をたすけ、これを紀州藩からもらい受けて立花家に召しかかえさせたという筋道がそれである。

笹野権三郎は実在人物だが、ほんとうの事蹟は、実録や講談とはテンで違う。ここには関係がないから、省略する。

講談の筑紫市兵衛は宇都宮藩に勤仕したことになっていて、後の墓は宇都宮博労町の、光善寺にあるといい、また井原村に、かれが返り討ちにした宍戸《ししど》（実録本の獅子堂）の一味七人の者をとむらう《七人塚》というものが現在するといっているなどは、《源頼朝八歳のシャレコウベ》の類《たぐい》にすぎない。

# 武書あ・ら・かると

## 軍陣での言葉使いは格別

私は昭和十九年の五月に東京から神戸へ逃げて行ったのだが、その直前のゴタスタ時代の日記帖を見付け出したのでひろげて見たら、ちょいと面白い記事にひっかかった。二項目だけ次に引いてみる。

○

二月七日。島田筑波氏より借りてきた『雑交苦口記《ざっこうくこう》』を読む。明和年代、与力中田某の随筆なり。(序文の末に、干時明和六年丑秋、中田主税竹翁軒、古稀歳撰書とある。関根正直博士旧蔵の写本らしく、博士の蔵書印を捺したり。)

著者が自分の教養を書きならべた一節にはおどろいてしまった。馬・弓・剣・柔は武士としてあたりまえのことだが、和漢の学・書道・謡曲・碁・将棋・俳諧・絵・茶、これまではやや平凡。しかし平家琵琶・鞠・能笛・三味線・土佐節・薩摩節・半太夫節・河東節・一中節・義太夫節・医術・染細工・塗物・講釈等は恐れ入る。明和の旗本生活の一典型というに足ろう。

二月十一日。

ヨロイを褒めるには、大将にむかっては「御威勢にございます」、一方の将には「御さかんでございます」、さむらいに向かっては「お勇ましゅうございます」と褒める。

切腹のときには「見事に切腹」、討死のときには「立派に討死なされました」という。

首実検のとき、目上の首には「対面する」、目下の首には「見知りする」という。
味方旗は「立てる」といい、敵の旗は「なびく」という。
――右の条々、中川一政氏随筆『顔を洗ふ』に見ゆる。菅楯彦画伯のことばなりと。

○

昔の軍陣中における言葉使いは、たしかに格別だった。手元の古書の若干から、その用例を示した条を引用しておこう。

謙信流の軍学者、薩藩の河田景実が延宝年代に書いた『軍詞』という伝書の内から、抜書き。

一、一夜陣は陣場という。五日とも逗留のところは陣という。打立って行くうちは陣中という。屋に陣するは宿陣、野に陣するは野陣という。
一、味方の馬はいさむと云。敵の馬はいななくと云。
一、味方の馬は、率《い》て参れ、つれて参れと云。敵の馬は引という。
一、味方の手負は、射させ、突かせ、斬らせ、打たせたと云。打死をとぐるという。
一、味方の人数は揚ぐると云。敵は引くという。
一、味方敗軍は、たてられたると云。
一、陣具尺木は取ると云、切るとは云わず。旗竿も、ほると云。
一、敵の備は幾きれと云。味方幾手に備えたると云。
一、陣屋、城の煙は、飯気・人気と云。
一、適地を焼くを敵火と云。味方は地焼きと云。
一、陣替えのとき我が陣屋を焼くは、陣払いと云。
一、旗の手は、下ろす・上ぐると云。
一、貝は、たてると云。鬨《とき》の声は、つくる、上ぐると云。

一、大いくさは合戦と云。一手二手足軽などは、せり合い・足軽せり合いと云。
一、定まれるほか一手二手引くところへ働くを、働勢と云。
一、一軍というは一手二千五百也。小勢は軍勢と云うべからず、手勢というべし。
一、城をとり囲むと云。巻くと云。明くるを解《ほご》すと云。
一、退口《のきぐち》をくい止むるという。
一、戦の場をうごかざるを、芝居を踏まうるという。
一、攻取りたる城を矢倉・塀をこぼち捨てるを、剝《は》ぐという。又は割ると云。
一、敵の橋は引くと云。味方のは、はねると云。
一、陣は張ると云、引くは、払うと云。
同じく謙信流伝書『軍礼』第五、武者詞大概の条から——これも抜書き。
一、大将のカブトは幾頭《いくかしら》と云。端武者のカブトは幾つと云。具足着て左を射向と云。右を勝手と云。うしろを押付と云。
一、具足褒めること。紫オドシは高上《こうじょう》なりと云。黒糸は鋭《するど》しと褒め、さび塗・黒塗は手強しと褒めて苦しからず。ヒオドシは声花《はなやか》なりと云。小桜は結構と褒むべきもの也。かりそめにも見事なりと褒むべからず。大将御手負たる時、手をつき、見事なりと申上ぐ。これによって具足着て手をつかざるもの也。
一、具足着て指物《さしもの》さざるを出法《ずんぼう》武者と云。（頭註。出法は式法の外に出る也。）具足をゆるされ羽織ばかりにて働くを、素肌武者と云。歩《かち》足軽にいたるまで具足着たるを武者と云。雑人の具足着ざるを青葉者と云也。
一、味方の手負たるをば、いず方を斬らせた、突かせた、射させる等と云う。斬られたる、突かれたるとは云うべからず。同じく討死は、遂《と》げたると云うべし。
一、味方の備えは幾手・幾備えに立てたると云。敵は幾切れ立てたると云。味方の人数は懸けんとも懸かるとも云。敵の人数は寄ると云。北ということ味方について云わざる詞也。除《のぞ》くべきと云う。敵は北と云。

毀《こぼ》るとも云。味方備えの前を戟面《ほこづら》と云。うしろを戟《ほこ》裏と云。備えのあいだを操《あせり》と云。敵の前を当りと云。戟《ほこ》裏を後と云也。芝居をとること、味方は踏まる（う）と云。敵は残ると云。一手二手なるはわずかにても芝居にのこるを、味方は踏留まると云。敵は引残ると云。

一、大将の陣を御本陣と云。士大将の陣を陣屋と云。端武者の陣を小屋と云。一夜ばかりの御滞留の所をば御陣所と云。久しき御滞座の所を御陣場と云。陣場の前、クツロギ三町まで蹴出しと云。それより先十町ばかりを外張と云。脇を陣まわりと云。後をクツロギと云。小屋と尺（柵）の間を腰と云也。

一、対《つい》幕を一双《そう》と云。片幕を片連と云。味方の幕、打つと云。敵の幕は引くと云。船中にては走らすと云。

一、母衣《ほろ》は懸けると云。三見《けん》のとき首にかけるを張ると云う。この故に禁句也。（註、三見は首実検をいう。対面・見参・見知といって、首の格式によって三別するからである。）

## 『宝蔵院流百首』

流祖宝蔵院胤栄門の葭田内膳正が、慶安四年に後書を書いて与えた伝書の一種で、百首の和歌より成り、その作者は葭田の門人、山崎金太輔宗信である。このしゅの口伝の歌が、あり来たりの説明的なものであることは、その成立の目的から考えてあたりまえのことではあるが、この宝蔵院流の百種はそういう類のなかでは、なかなか行きとどいた出色のもののように思う。その若干を録しておこう。

○

身の曲尺《かね》は腰のすわりて四寸身に、成りて手足のゆがまぬがよし
跡先に力も入れず足踏は、浮立つようの心なりけり
手の内はただやわらかに持ちなして、当る時にぞ手をば締めぬる
息込みは詰めて詰めざる間なり、強く詰むれば息ぞ苦しき

鑓筋を見失うこそ愚なれ、色とまよいのあればなりけり
身も掛り手足も掛り入りぬれば、穂先地につき留りこそすれ
うわべをばただゆるやかに詰りをば、なるほど早き物としるべし
残心は前をかこえば後より、非のあるものと思う心ぞ
仕合《しあい》とて打向いなば石付《いしづき》の、あとの備えの場をば取るべし
掛声に気ざしをふさぐ物なれば、かくべき所ありと知るべし
勝負をば更にはからず何となく、勝つべき位自然黙然
鑓筋を見失いなば引き余し、色を放れて身のかこいせよ
入身とて入るばかりとは思うなよ、敵合近く突き出して勝て
とにかくに油断はあらじ勝つところ、跡先中と三ところにあり
人にかわり左槍をば兼てより、裏おもてなる物と知るべし
大勢の鑓にあいなば打ち分けて、左に突いて廻りてぞ勝て
闇の夜の鑓はたがいに見えわかず、息合《いきあい》足の音を聞くべし
城乗やけわしき山のすべり道、鎌打ち立てて登るとぞ知れ
雨ふりて道すべりなば片ひざを、打敷きつつも遣いこそすれ

## 忍びを軒轅ということ

謙信流の軍学で、忍びのことを軒猿《のきざる》といい、猿が一軒々々の家の軒にのぼって探査する意味に発している——というのは、どうもウロンな解釈のようである。

然らず。

軒猿にあらず。軒轅であり、ケンエンと読むべし。軒轅は支那においては星の名であり、また黄帝の異名である。『史記』三王世家に、《黄帝。軒轅ノ丘ニ生ル。故ニ軒轅氏トイフ》とある。

黄帝とあるから、これは呪術の本尊さまというべきで、中国では《軒轅鏡》というものがあって、これは魔除けの鏡であり、これを魔除けのマジナイとして、今でも中国の民家、のき並みにかかげている。

『橘窓自語』巻八に、次のような記事を見つけた。

《小笠原流の礼家に円鏡といいて、床のかざりにする鏡あり。これは異邦の軒轅鏡なり。軒轅鏡、其形如毬司作、師榻桂掛所以辟邪、蓋山精木魅、皆能使形変、而不能使鏡中形変、其形在鏡、則錯亡退走、不能為害と『潜確類書』に見およべり》

要するに天地自然の間のあらゆる魔性の物が、姿を変えて接近しても、軒轅鏡にかかっては本性をあらわすというわけで、小笠原流の諸礼書に、その使用を説いてあるのだろうと思う。いまそれを確かめてみる余裕がないが、謙信流の軍学でこの語を、魔性に対する破邪顕正の意から、敵の間諜に対する反間《はんかん》術の名称として使用したに違いあるまい。

犯罪陰語で、強盗のことを《ノビ》また《ノビ師》というのも、シノビの語の上略であろうが、忍術のほうでは、どろぼうのことを《ホソリ》というと、藤田〔西湖〕氏にきいた。

ホソリ（細り）は、「源氏物語」の少女の巻に《やをらかいほそりて出で給ふ道に》などの用例に見ても、もとは身をほそめて忍ぶ意味であったのだろう。青木鷺水が『古今堪忍記』巻七に、カタリ・盗人に関して書いた文中に、

《軍法に窃盗といい、忍びの者と名づけ、ホソリというも、この道を鍛錬せし党をいうとぞ》

とある。スパイを《細作《さいさく》》と書くのは支那出来のことばだから、日本語のホソリとは暗合にすぎまい。

# 武芸と忍術との間

## 隠形・隠身・真言呪術は忍術の専売でない

『保元物語』のなかに、鎮西八郎為朝が、鬼ガ島へわたって島民と会話をまじえている条に、鬼ガ島には《隠れ蓑・隠れ笠・浮沓《うきぐつ》・剣》の四つの宝があるといっている。隠れ蓑・隠れ笠は、かぶると姿が見えなくなる透明魔法の隠身《おんしん》道具で、浮沓というのは、それをはいて海上を歩行することのできる調法な器具である。

思うに、印度の『雑譬《ざつひ》喩経《ゆきょう》』に、《隠形《おんぎょう》帽《ぼう》・履《り》水靴《すいか》・殺活杖》の三宝を二鬼が取り合いする話があり、『百喩経』ではそれが少しかわって、何でも欲しいものの自由に取り出せる魔法の箱・怨敵を帰伏させる杖・空中飛行靴の三種となっているが、いずれにせよ『保元物語』の作者は、そういった印度伝来の仏教説話にヒントを得て、鬼ガ島の宝物を考案したものと思われる。

もとより、それらの物はすべて普通人には不可能な、神変不可思議なものという観点から書いているのだけれど、そういう不思議なことが、もし研究によって可能になるとしたら、どんなにおもしろいだろうという幻想的な欲求は、現代人がそうであるように、昔の人間とても共通的に誰れもが持っていた子供らしい《夢》だったに違いない。

そして、科学的思考力のずいぶんと幼稚だったその当時においてさえも、かならずや、そういった物を発明しようと、工夫に工夫をこらす人間が、すでに存在していただろうと思われるのだ。

きまりきった現実のせまい感覚と可能性の、その外側にある夢……人間が、想像のツバサを現実のなかでひろげようとする情熱こそ、正に奇怪であり、奇妙であると云わねばならない。

こうして、夢は、いつか不完全な、そして奇矯なメソッドと手つづきによって、漸次に解決する。

――忍術における隠身法や、浮沓その他による水上歩行術が、そういった夢の結実であったというならば、その成果はあまりにも不確実であり、むしろ他愛なく、また多少はインチキくさいきらいがないでもないけれども、とにもかくにも人間という奇妙な動物は、工夫するということにかけては、何といってもバカげた程度においてエクセントリックでさえある。

ここではまだ、忍術自身のなかで組み立てられている奇型的な理論にまで立ち入る余裕はないけれども、ただ一言、甲賀流・伊賀流の綜合伝書として、延宝四年に藤林佐武次によって編集された『万川集海』のうち、陽忍の部に《隠蓑術》、陰忍の部に《隠形術》、ならびに忍器《にんき》（忍術使用道具）の部に、水上歩行用の浮沓・早浮沓の法、特に《水蜘蛛《みずぐも》》という珍器が考案されていることを、いうに止めよう。

――大体『万川集海』の伝本は、甲賀本は全二十二巻、伊賀本は二十五巻で、巻数には少異があるものの、内容はほとんど似たり寄ったりで、あえて区別する必要をみとめない。

而して説述されている秘伝のうち、陽忍三巻、陰忍五巻、ならびに忍器の製作・使用法が術の中心であり、術の各名目には相当神秘・変幻めいた文字を並べているものの、じつは取り立ててこれぞと云った奇怪な方技は包含せず、要するに、ドロンドロン式のブラック・マジックの妖異はほとんどふくまれていないのである。

なるほど、巻一の総論にあたる忍術問答中には、いわゆる《五遁の術》などのことも麗々しく論じられてはいるものの、それらは支那の兵書などから丸写しにしたようなもので、実用技術の解説でないばかりか、陰陽五行説や神仙説や、八門遁甲の呪術《じゅじゅつ》と習合《しゅうごう》した秘密神学めいた教理を説くにとどまっている。

また、真言の九字・印・咒文に習熟することを不可欠のものとして書いているけれども、それも実は忍者が機に臨んで精神を落ちつけ、また仏の加護を祈るという気休めのためのマジナイ的・迷信的所作としての意味しかなく、決して真言によって相手をびっくりさせるような変幻をおこなうことができると説いてはいないのだ。

したがって、この咒法を忍者独特の要素と見るのは偏狭な説で、九字・真言にかけてなら、専門家の山伏・先達や、加持祈禱師・行人《ぎょうじん》・高野ヒジリ・占部《うらべ》の流れをくむ占卜者《せんぼく》のなどのほうが、ずっとずっと練達であり、そしてアマチュアの側から見ても、当時の武士の大半は、心がけのよい塾達の士なら、日常に真言の咒をとなえ印をむすび九字を切ることを、教えられてもいたのである。

のみならず、一流を立てる剣術・槍術の師匠までが、たいていはそういった神秘的方技を口伝として門人にさずけていた。その風潮については、前に渋川伴五郎（四代）の『薫風雑話』から若干の章を要約した中[☆1]にも、論及されているから参照していただきたいが、柳生流の剣法を説いた『本織三問答』などにも、

《流々によって様々奇妙のこと有りといえども、あえて感ずるに足らず。おのが芸のつたなきままに、摩利支天の法、また九字護身法、いろいろ伝法あるより、これは正法なれば信ずるも可なり、しかし剣術至格の人には、あえて用いるに足らず。その故は、あなたにも種々の奇妙するといえども、我本来一物なく空理に成就して、形なければ法の利なき所なし。もちろん護身法もって安く人に勝べくんば、法伝授の人は、いつも危事《きじ》あるまじきや。さあらば数年困却して稽古無益なるべし。ひたすら稽古をやめて伝法せんには如《し》かじ。されども真言宗の僧の九字にて首切りたる例もまだ聞かず。思うに悪魔外道など、又は未熟なる人の気を取りひしぐまでなり》

と嘲笑的批判を下している。

武士のたしなみ、特に軍陣中の基本的な用心のために真言の九字・印・咒文を用うべきことを云いはじめたのは、けっきょくは修験道と斥候《せっこう》兵学をむすび付けた一般軍学に発したと見るべきで、たとえば越後流各派の軍学者が、かならず「護身法之大事」と名付ける真言秘咒の口伝をさずけたのも、その一証とすべきだろう。

昔は人間が一般的に科学的判断力が低く、したがって迷信的であり、生活環境の諸条件が不可思議性の醸成に容易であり、不意の災害に対しても、不測の危機を計算と努力以外のはずみでまぬがれるようなことも多かった

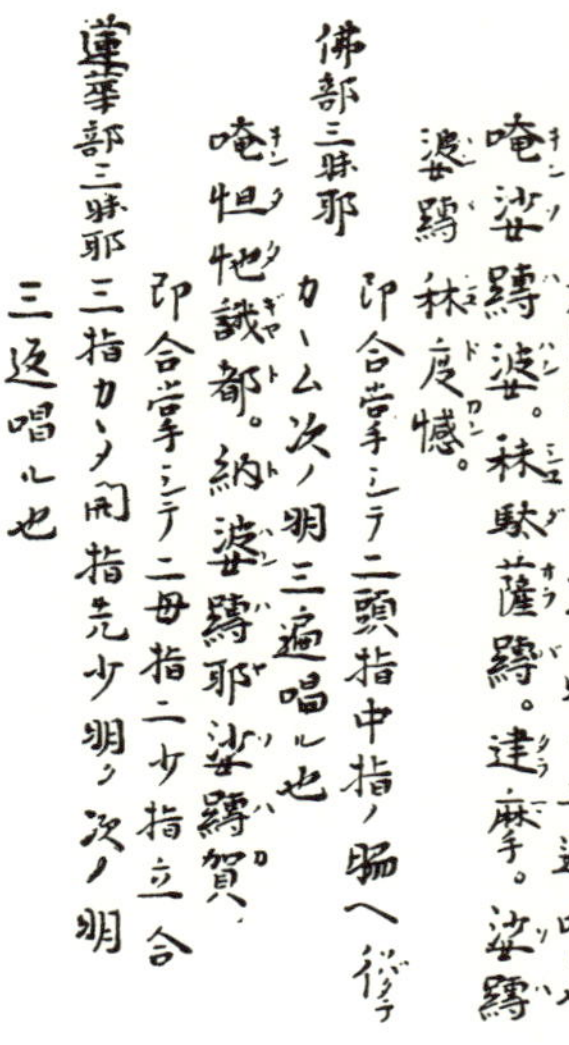
護身法之大事
浄三業　此印ハ常ノ如ク合掌シテ二中指ヲ立雙此印ニテ次ノ明ヲ五遍唱ル也
唵娑婆嚩。秫駄薩嚩。達摩。娑婆嚩秫度憾。
佛部三昧耶　印合掌シテ二頭指中指ノ腰ヘ付テカヽム次ノ明三遍唱ル也
唵怛他誐都。納婆嚩耶娑嚩賀。
蓮華部三昧耶　印合掌シテ二母指二小指立合三指カリ開指先少明ク次ノ明三返唱ル也

謙信流兵書護身法之大事

から、マジナイの貴重さが身に沁みもしたのだろう、と思う。

私の蔵書中にも、尾州藩士無名氏手録本の『法論』というものなどは、武士としてたしなむべきマジナイの条々を《隠身・隠刑法》にまでわたって蒐集しており、また武士の乗馬法などに関しても、永禄六年に書かれた『馬乗馬書白楽天』などは真言の咒の用うべきことをしきりに説いている。等々……いずれにせよ真言の咒術は必ずしも忍術使いの専売でなく、一般武士の基本的な日常坐臥のたしなみとして、ごく有りふれたものであったということだけは、ここに云っておく必要がある。

## 浮沓の類と水上歩行術

いわゆる忍術というものの中で、もっとも重要な要素と見なされ易い真言の咒術が、それほどに他愛のないシロモノであったと云えば、読者は少々がっかりするかも知れない。が、がっかりついでにもう一つだけ云えば、水上歩行術なども、じつは忍術だけの専売特許ではない。まったく同様なことが、《水芸《すいげい》》という武技の中でも、おこなわれていた。

武芸の部門で《水芸》というのは、一口にいえば水泳術である。しかし水泳以外に、ひろく渡河・渡洋・潜水・水戦の全般にわたり、あるいは軍船の操縦法や、また《船手》といって、船の操行の実習にいたるまでを、すべてふくめて云うことになっている。

この水芸になかに《浮沓》の術というのは、ふつうは水泳の補助具、つまり今のことばでいえば浮袋・浮具の、制作法と使用法の教科である。

貞門の俳人服部定清が、

《鴛鴦《おしどり》は浮沓なれや波の上》

と詠んだのも、水泳補助具としての浮沓をおし鳥に見立てた、ごく平凡な句に過ぎない。

一般的な浮沓の製法については『武門要秘録』や『安斎随筆』（伊勢貞丈著）等に、いろいろな方法を記載してあるから、まずその典型的なものを三法だけ、次に要約する。

――浮沓は、ヒョウタンの口のほうを切りすて、ふといほうの手マリほどのところを口にして、そこを板でフタをきつくして、上塗りし、二、三十個をながい布ぶくろに入れて大川をわたるのに使う。

――麻糸の網、または布ぶくろに、フクベをいれる。小フクベはたくさん入れ、大フクベは（花フクベ）なら一つでよい。人間は胸のへんにむすび付け、馬は鞍の四カ所にシオ手にむすび付ける。

――三尺手拭をふくろにして、小フクベを幾つも入れる。自分の胴に合うほど入れてむすび付ける。

浮具の伝は各流の水泳術には大抵付属しており、たとえば小堀流の《浮ダスキ》《浮帯》などもヒョウタンを用いる。これは同流中興の祖小堀長順常春が、父村岡伊太夫の創案を実用化したもの。製作法・操作法は同流伝書『沓水訣《とうすいけつ》』（宝暦八年版）や『水練早合点』（文化十三年版）『水馬千金篇』等に詳しい。

しかし浮具は必ずしもヒョウタンばかりでなく、木材・皮革・渋引きや油引きの紙・モミガラ入りの袋等も用いた。山口久佐衛門竜門の『兵法水練全書』には浮沓・畳浮・丸浮沓・角浮沓・四方沓・引廻沓・大浮沓・小浮沓・大強沓・小強沓・畳沓・犀浮沓・浮埒・浮矢倉など多種の浮具の製法を示しているが、それらはいずれもヒョウタンを用いず、材料は木材・犬皮・木綿布が主である。（右のうち丸浮沓というものは、忍術で使う水上歩行用の《水蜘蛛》と全く類似の製。）

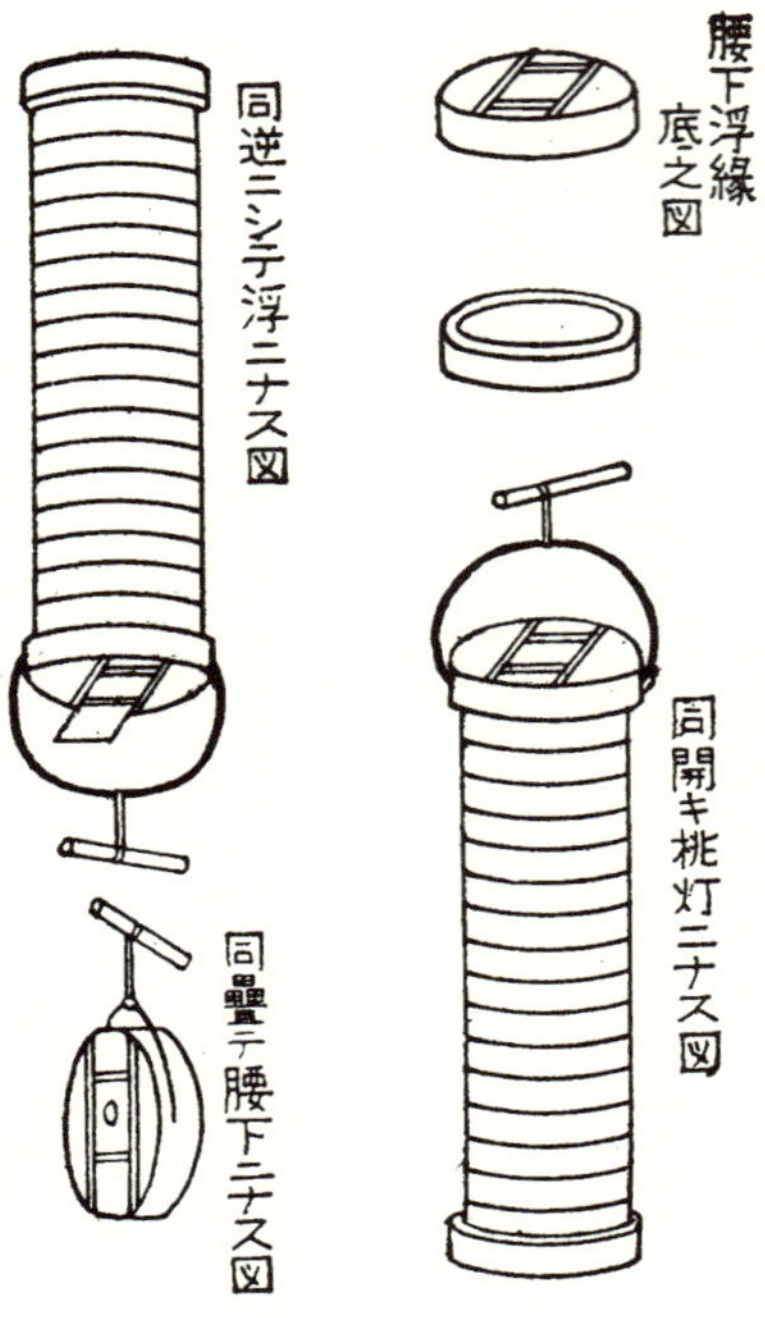


河井流の腰下浮

そのほか島村流の《浮玉》もあれば、河井流の《腰下浮》《浮ぶくろ》もあり、腰下浮などは、鯨のヒゲや羽二重を材料にし、平常は畳んで腰に下げ、煙草・筆墨・薬入れに使い、又、開いて桃灯にも使う奇抜なものである。

以上は浮沓・浮具の、ごく普通の用法だが、これを水泳の補助具としないで、特に足にはくように工夫し、水上を歩行する用法が考案される。

そのもっとも古いのが天文年間に作州津山の、竹内中務太夫久盛の編み出した竹内流で、この流派の武芸は水芸でなく、俗に《腰の廻り》という柔術系統のものであるが、なかに浮沓による水上歩行術をふくめてあるのがおもしろい。

私の出身は紀州藩だが、紀州藩にも竹内流の師範家があった。佐治弥右衛門といって、宝永七年以来紀州徳川家に召抱えられ、二百石、竹内流の師範であり、とくに浮沓の水上歩行術で有名だった。（この人は元文七年死去、年六十五歳。門人釜井虎五郎が跡を継いで佐治姓にあらため、以下子孫相伝して、幕末に及ぶ。）

佐治の門下で森五郎兵衛、これは紀州家の臣でなく、淡路津名郡久留間村（いま仮屋町）の郷士で、阿波藩蜂須賀家の家来分になっていた人だが、ひじょうに浮沓にたくみで、海上を歩行することまるで平地を行くごとく、どんな大風雨のときにも決して水没しなかったと、津村宗庵の『譚海』に記述されている。

同右書にはもう一人、長門の毛利家の家中に村上掃部という者があり、家伝の浮沓をはいて毎年正月元旦、隠岐の島まで往復してから朝飯を祝うのが例であったと書いている。

紀州藩では、水芸としては川上流、野島流（後、多田流）、小池流の三派であるが、中で野島流が浮沓に秘伝がある。但しこれは水泳補助で、水上歩行術ではなかった。

この流儀は一に海賊流ともいい、伊予の豪族、野島の城主、いわゆる村上水軍の村上三郎左衛門義弘に発している。流儀の歴史としては、藤原秀時の子、野島小次郎秀信を流祖とし、その曽孫、名井豊前守重氏を中興の祖とする。重氏の孫の重勝（名井仙兵衛）が、寛文九年に始めて紀州藩に召抱えられて八十石、後百石になる。この重勝は元禄十五年死去。子武矩、孫氏映を経て、多田善之助安賀が嗣いで多田流と改称。以下子孫相伝して幕末に及ぶ。

## 忍者でなくてもそうする事のいろいろ

右の野島流は、軍船操作が教科の主眼目で、前記浮沓のほかに《継船《つぎふね》の法》という秘伝もあった。

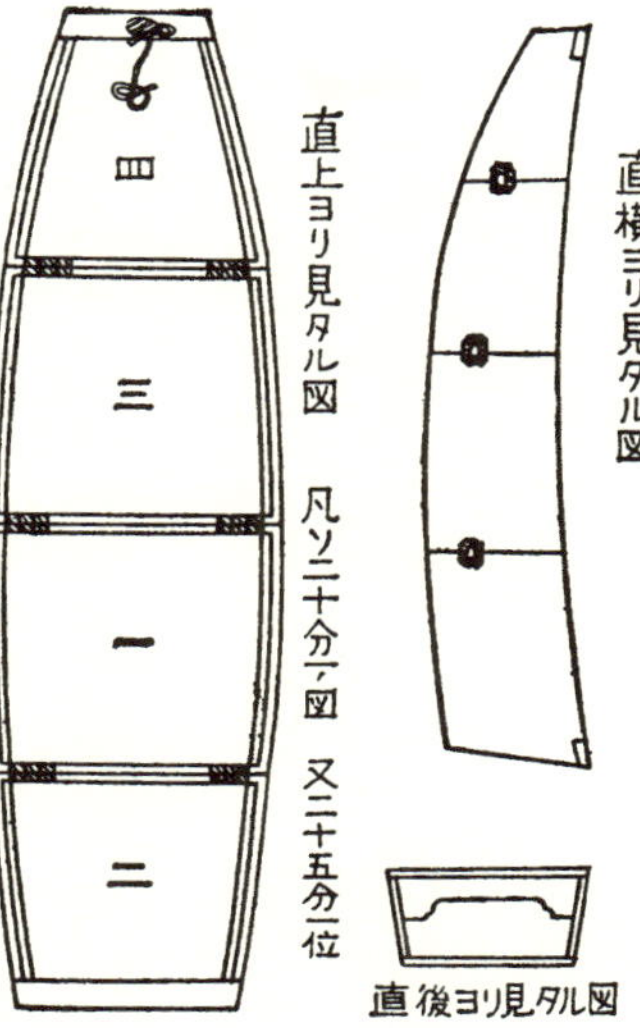

神伝流の畳船

継船というのは組立て式の小箱を挟箱に入れておき、いざというとき箱をつないで速製の小舟にし、挟箱の担い棒か槍を棹にして水をわたる方法であるが、これなどは忍術における《挟箱船》の先蹤と云わねばならない。

挟箱船の考案は野島流に限らず、神伝流の水泳術などにも《畳船》があり、その製法・操作法は『神伝流游書』に詳細である。

各藩とも、水芸の諸派は決して忍術あつかいしていない。紀州藩や尾州藩の例でいえば、忍術家は、まつたく別系統の軍学所属になっていて、尾州藩では一全流の軍学の下に、甲賀・伊賀両流の忍術が包括されているし、紀州藩では新楠流《しんなん》（名取流）・雑賀流《さいが》・根来流他数派、ことに新楠流は名取三十郎を祖とする軍学――由比正雪の師楠不伝の正辰流楠流《まさたつ》、一名、楠木流《なんぼく》と、甲州流軍学を合併――が基本であり、後に甲州風の間牒術が主要科目となって漸次に忍術へ移行した。甲賀・伊賀流綜合伝書『万川集海』にならび称される『正忍記』は、この新楠流の別伝書だといわれている。

井原西鶴が貞享四年に書いた『男色大鑑』巻一に、

《挟箱にたたみ船をしこみ、とり組めば三人乗って大河を越すにためしあり、自然の時は用にも立ちぬべし。

そのほか浮沓、棒火矢を申立てに、御合力二百石くだしおかる》

とあるのは、前記野島流の名井仙兵衛の事蹟がモデルだったと思われるが、とまれ忍術の圏内ではあまりめずらしくもない挟箱や浮沓の術が、その圏外ではまだ相当ユニークな特殊技能とみとめられていたことは、右の例でもよくわかる。

要するに、忍術は、その自身のなかに独特の珍奇な考案・工夫・理論・習練の数々を生み出しているとは云え、それ以外の一般武芸からもまた、熟達の士なら通暁すべきあらゆる考案・方技を導入して、それを具体的に組み立てるのを忘れなかったのだ。

鶏肋《けいろく》として、何でもないような瑣末的な事項について若干の考察をこころみて見るならば、それが必ずしも忍術だけに特殊な方法ではないという例が、なかなか多いのである。

三、四を云おう。

忍術の帯は、輪型にできていて端というものがない。これをつかみ取りにして二重のまま腰を一まわりさせ、両端にくる一方を他方の輪にくぐらせて締め、出た部分を挟む、手早いし、見ないでもできる。なまじ両端があると、端を手ぐってむすばねばならぬ。

しかし輪帯は忍者にかぎらず、一般に心がけのよい武士の作法であったことは、浅野長治侯（三次城主、浅野

本家で、赤穂浅野内匠頭の妻瑤泉院の父）の書いた『勇士常心記』に、

《心がけ深きものは、丸く輪帯する事》とある。

忍者は夜間にも目が見えるように訓練する。普通人でも明るいところから暗いところへ入ると見えなくても、しばらくして目が馴れれば見えて来る。忍者の目は眼球の円錐体の訓練で、明暗の切り替えが迅速であり、又、目に塗って暗いところでも見える薬を携行する。しかしその意味の薬なら、今枝佐仲の居合にも同じ薬法がある。

忍者の佩刀は、サヤのコジリに穴をあけるか、又はコジリが抜きとれるようにしてあり、水中をもぐる場合に、そのサヤの穴から水面の空気を呼吸する。又、その用途のために特殊の竹をもっていったりする。

これも一般武士の心得で、水中の息次ぎ用の穴をサヤにしかけるのを《水刀》という。よしんばコジリに穴が明けてなくても、「拙者は忍術を知らないから渡河の儀は御免こうむる」などと云ってすませられるものでもない。忍術などを知らなくても、もぐりのうまい人なら一気に五十メートルぐらいはもぐれるし、二、三十メートルずつもぐって行って浮き上って息を継ぐこともできる。浮くのが敵に見られてあぶないというなら、夜間をえらべばよいし、昼間でも、海草その他の浮流物を利用すればよい。偽装浮流物を始めから持って行けばもっとよいわけだ。これは私の智恵でなくて、観海流の伝書に、ちゃーんとそう教えている。（前に書いた山口久佐衛門の『兵法水練全書』には、《小竜沓《しょうりゅうぐつ》》と名づける通気管《つうきかん》づきの空気袋まで考案されている。）

いや、もっとずぶといやり方もある、忍術も不用、浮具も使わずとよい。ヨロイを着たまま川底を泳いで行けという流儀で、これは神伝流で《武者槍杖》と称するものだ。

これは槍の石突を水底に突き立て、両ひざのあいだに挟んで、前面へ倒しながら、またがって馬乗りになる。上になったあいだに水面上で息を吸い、前方の水中へもぐると、股倉の槍を引いて足もとで又、槍を立てて馬乗りになって息を吸うて前へ……と、くり返す。くたびれたら前進をやめ、立てた槍になるべく高く、なるべく長くすがりついて呼吸を整調すればよろしい、というわけである。

忍者の刀のツバは大きい。高いところへ上る時の足台に使うからだ。（新楠流では、じゃまになるといって、わざ

である。

とツバを小さくしているが。）

さりながら忍者でないからといって、ツバを踏台にしないわけではない。太刀の下緒を犬目すかし（ツバの穴）に通し、端を口にくわえておいてから、太刀を壁や塀に立てかけてツバを踏んで登るのは武士の普通のやり方で

高い石がけなどは、忍者は特殊のカギやハシゴを使用するが、心がけのよい武士なら、忍術を知らなくても小刀や小ヅカを両手ににぎって、それを手がかりに登って行く。

暗夜のさぐりは忍術道具はたしかに合理的であるが、太刀を抜いて刃と峰を反対に差し替えて太刀のツカをにぎり、コジリで暗中をさぐれば、太刀の長さとサヤの長さを合計した全長で、坐しながら三間平方あまりは探れる。道具がないからダメだといっているようなナマクラ武士は、いざというときの役には立つまい。

のどが渇けば太刀のサヤを抜き、下緒をにぎって水中へ投げこみ、引き上げてサヤの中の水を飲むぐらいの才覚がなくては、武士とは云えぬ。刀は斬るもの、槍は突くものと四角四面に考えていては、武術は成り立たないのだ。槍はなぐる物、刀は突く物であってもよろしい。

——およそ戦争と色事とは、古来、どんなことをしてもよいことになっている。後からどのような批難や苦情が出ようとも、それは泣き寝入りに終るときまっているではないか。

## ☆1　四代目伴五郎の『薫風雑話』

『薫風雑話』二巻。宝暦九年己卯閏《うるう》七月の自序がある。説くところ武具・武術を基盤にして武家の処世法・時流の弊の戒告におよぶ。なかなか読んで為めになる条が多い。以下若干の条々をダイジェストしておく。

一、およそ太刀の長短・大小、飾りなどを選ぶについては、適当な限度というものがあるべきである。いかほど上作の、丈夫な強靭な名刀でも、六具をつけた敵は斬れるものでない。いわんや、からだの小さい非力な者が、長大な太刀・刀を自由にふりまわせるものでもない。

要するに、自分々々のうまれつきの大小・強弱に応じて、この武器なら働き易いと思える程度のものを用いねば、いけない。

今は、いっぱんの士人が我が腕のほどもわきまえないで、みだりに丈夫な刀をこのみ、刀術の稽古にはげみもせぬくせに、腰の物の斬れ味ばかり吟味している。しかし、どんなワザ物でも自然に抜け出していって働くものではないのだ。よく斬れる刀でも逃げ腰では用に立たぬ。それこそ《下手の道具選み》というものである。

一、昔、信州松本城主の真田侯が、重臣、矢沢但馬守家に来られたことがある。

「但馬、何を予に御馳走してくれる？」

「左様。麦飯に里芋の煮つけでありますかな」

「それは珍物。たまにはよろしい。ところで、御馳走はそれでよいとして、余興は何かあるか」

「私が軍馬に乗ってお目にかけましょう」

「おう、それは一興である。が、乗るだけではつまらぬから、予が試合相手を出してやってもよいぞ」

「そう願えれば、なおさら結構にございます。どなたでも御仰付け下さい」

そこで真田侯の嫡子大内記と次子河内守の両人が命ぜられて、軍馬に乗った矢沢但馬の両側から、攻撃をしかけることになった。

大内記の腕前は不明だが、次子河内守というのは大した人物で、大阪夏の陣に十五歳で初陣し、大力者として有名だった。かつて場内馬場で、奔馬が人をひきずっているのを助けようとその馬に飛び乗ったが、馬が城門を馳け抜けようとしたので、やむをえず門の冠木《かぶき》に両手をかけ、足で馬を挟んで止めたことがある。

さてそれほどの河内守が、兄とふたりで馬上の矢沢但馬に打ってかかろうとするが、矢沢は軍馬をあつかうこと自由自在、しかも左手で槍をふりまわして、両人をとうとう寄せつけなかった。

これは昔話だが、右の矢沢とか、あるいは後藤又兵衛とか加藤清正とかいう豪傑の気勢は格段のもので、普通人の対抗できるものではないが、それでいて上には上のあるもの、加藤清正でさえ木山弾正には組み伏せられ、すでに首をとられかかったことがある。家来の庄林隼人が助けなかったら、清正はそのとき討死していたのである。

今日、槍術や剣術を稽古する者は、誰れにてもあれ、右に云った矢沢や後藤を相手にしているつもりで激しくやらねばダメだ。それでなくては真似事に過ぎず、実用にはなるまい。

一、軍学のほかに、当時武芸の要として、第一に講習する科目が五つある。一に弓術、二に馬術、三に剣術、四に槍術、五に砲術がそれである。もとよりこの五科は、どれを先きに習うとか、とくにどの科が大切であるというものではないが、と云って、一人で五科全部を兼備するわけにも、いかぬ、しかるに近世の風として人は多芸をこのみ、一人で諸芸を兼ねようとするから、いわゆる《石臼芸》になってどの一科をも修行が行きとどかない。下手ばかりがふえてくるわけである。

一、右の諸芸中、まあ取り立てて云えば剣術こそは必須《ひっす》中の必須だろう。弓・鉄砲は間に合わぬ場合もあり、槍・薙刀は用いられぬ場所がある。さりとて馬に乗って逃げたのでは何にもならぬ。そんな場合は刀が物をいうわけである。

昔、槍術者が家僕を槍で手討ちにしようとした。家うちが狭いので前後左右を見はからって操作するひまに、家僕は門外へ走り出て遠くへ逃げてしまい、追っかけた槍術者は武家屋敷地の辻番所にとどめられて、目付へ報告され、半日以上も吟味を受ける破目になった。

いくら槍術者でも、家の中での手打ちに槍をふりまわすなどは、あまり律義すぎて、腹すじがよれる。

一、昔から弓・馬・鉄砲の技芸は、世に名人上手という者が輩出して、りっぱな教則がのこり、今でも機を得て術を尽せば、名人になれないことはなさそうである。ところが槍術と剣術は事情が違う。伝統は残っても、りっぱな教則は残っていると云い難いのだ。それは何故だろうか？

思うに、弓は的が相手であり、馬術は馬という生物が相手である。しかも道具を使う。つまり道具を用いて稽古する目的が、命中とか、馬を自在にあつかうとかいう終局点に直結する。いわば真剣勝負である。

ところが、剣術・槍術は真剣勝負の稽古では有りえない。道具の振りまわしよう、使い様にとどまって、鷹が小鳥をまっ二つに裂くほどな乗り気（気迫《きはく》）を飲みこますことは、単なる教則では不能だ。

だから柳生十兵衛とか宮本武蔵とかいう人たちのように、戦国末期に近くうまれ、生得《せいとく》の才能でその気迫を身につけた武人でも、その肝要な点を教えることができず、また教え得たとしても理解させることができないから、直系の門人は大抵はその真似にとどまり、再伝の門人などは型ばかり受けついで、まるでカラクリ人形を見るようなことになってしまったのである。

一、世の武芸者が、他流試合をこのむのは、いっこう理屈に合わぬことである。大体、他流試合そのものは、表向き幕府から御差し留めになっていて、公然のものではないが、理屈から考えても、おかしなものだ。

自分がどれほど強いかを試すために他流試合をするというなら、日本国中の有りとあらゆる流儀と試合してみねば安心できぬはずであり、そんなことは一生かかってもできぬことである。

と云って、五人か七人と試合して勝ったところで、相手がとくべつ下手だったかも知れず、こちらが幸運で勝ったのかも知れない。

武芸習練の要諦《ようてい》は、天地自然の勝敗の理に徹して、そこに踏みしめ（ある種の悟り）ができればよいので、べつに他人と試合をして勝劣を争う必要はない。

佐伯侯の家士某という者、剣術の達人であったが、試合をいどまれると、

「いや。拙者は御辺と試合をして勝負を争うために剣術を習ったのではござらん。なぐさみの試合は御免こうむる」と云って取り合わなかったという。さすがに踏みしめのある人物である。

一、ある人、宮本武蔵の流をきわめた後、諸国をまわって諸流を稽古し、十七流を習熟した。なおその上に流儀をさぐろうと、筑前の何某という名人にたよって試合を申込んだ。

何某名人いう。

「貴殿は当地にゆっくり滞在して稽古せられる気か。それならば、いかようにも試合をいたそう。なれども試合だけが望みならば、する必要はない。が、まあこちらへ――」と手を取って引き寄せる面だましいが尋常でないので、ふと気おくれがして、試合をせずに話だけで別れた。

心に踏みしめのない人は、こんな不覚なことをする。古今その例が多い。

一、今の武芸を稽古をするもの、大抵は型を一通りおぼえたら、すぐ印可をほしがり、印可をやればもうそれで人に勝ったもののように心得ている。さいしょの入門のときに、

「何年ほどでゆるしが取れましょうか」と、たずねる人もある。

要するに師匠の免状をもらい、芸術の承伝系図をもらうのが目的で、すべてが名聞第一の気風であるのは、なげかわしいことだ。

一、今の武芸者、いったいに意志薄弱で骨折りが足らず、人物の僉議《せんぎ》が粗略である。すること云うことが《畠水練《はたけすいれん》》であり《取越《とりこし》問答》である。おれがやらなければ日本の射芸が絶える、おれがやらねば馬術がダメになる、とそれほど気負ってやる人物は一人もいない。

一、某侯の家士、南与三兵衛という者、あるとき風呂に入っているとき、表で同僚二人が口論の末斬り合いになったので、あわてて裸体のままとび出して、両刃のあいだへ分けて入って止め、両方を説諭して事無きを得た。

後日、その場にいた他の朋輩連中が、南が裸体で止めに出たのを、心なきワザとして嘲笑したので、南は云った。

「笑うなかれ。諸兄はりっぱな装束をつけていながら、見ていて止めに入れなかったのじゃないか」

さすがに南は、用立つ侍と思われる。

しかし世間には、それを嘲笑する朋輩連のような下らぬ奴のほうが、ずっとたくさんいるのである。

一、いまの日本には仏教の理を応用する武芸者や、兵学を兼ねた儒者が多い。学問のないのを匿すための衒学《げんがく》か、自己を高く売るための商策である。仏法応用に二種あり、禅学の高尚な論説をこじつけるやり方と、真言の九字・護身法などを、剣術の究極の秘伝とするやり方で、卑劣・浅陋《せんろう》、もとより採るに足らぬ。

あるいは云う。宮本武蔵は、あれは幻術がうまかったのである。この技は功利をむさぼって人をだます手段をおもんじるから、いろいろと人の耳目をおどろかすようなことをして、自分の技芸をてらうわけである。また塚原なども飯綱《いづな》の妖術を使ったという。あの時代の芸者（武芸者）にはその類のことが多い。そういう詐術を見破って、天地自然の武の大道を教える者は世にあまり多くはないと思う。〔以上、「渋川伴五郎と井沢蟠龍軒」（『剣豪　虚構と真実』（現代教養文庫）所収）より〕

# 忍術史談

## 遥々とやって来た印度魔術

すでに有って然るべき研究だというのに、ふしぎとまだ専門的な忍術いっぱんの史的研究は、世に出ていない。おそらく何処かに、ねっしんな研究家がいて――げんに伊賀、甲賀の郷土研究家たちのあいだには、ずいぶんとその道の先達があるらしいから――もう何年もの以前に、ボウ大な研究結果が完成しているのかも知れないのだが、そのくせ、それこそ忍術でもつかっているのか、あるいは例の秘事秘伝とやらいった具合いで、おのれ一個に隠匿《いんとく》して、世間の好事《こうず》的知識の浅薄さを鼻先で嘲笑するつもりなのか、いずれにせよ、それについて知りたいという私の渇望《かつぼう》が、いまだに満たされていないことだけは、事実である。

それで――じつは、もう待たぬことにした。せめて、忍術史いっぱんにわたる、ごくザッとしたアウト・ラインだけでも、私自身の手で、まとめて見たいと思った。もとより他人のためではない。自分だけの満足のために、である。どうせ、民間浮浪の老廃人である私のことだから、そうびっくりするようなことは書けようはずもない。稀書、珍籍を借覧する手だてもないし、学問で飯を食っている人たちのようには、頭の細胞《さいぼう》もできていないのだから、とうてい大学の諸先生がたのようには参らぬ。俗っぽい、大ざっぱなことしか書けないのは知れている。

――ところで、忍術関係のメモを作りはじめたら、だんだん切りがなくなって、今ではちょっと、簡単にまとめるには困るような状態になってしまった。

第一に、紙数が相当に必要である。本書の中で割り当てた予定ページ数だけでは、とうてい筋を通し、系統を立てて書いていくには足りない。

第二に、調査未了の事項が多い。見たい本で、まだメモが取ってないのがあるし、なかんずく、近年は病気つづきで、気がるに調査旅行に出られなくなったことだ。

甲賀流、伊賀流にわたって、いわゆる「忍術四十九流」――その分解と伝系こそ忍術史でのもっとものカンドコロというべきだが、これはほとんど文書によっては得られず、主として耳と足の根気仕事であるが、今はそれが私には不可能なのだ。――むかしは私はずいぶんと歩きまわった。東海道だけでも、そのほとんど全部を、『延喜式』の時代、中世、徳川時代前期、後期ぐらいの分割で、なんどもなんども古道にしたがって歩いている。忍術史は、伊賀、甲賀を広く採訪《さいほう》しなければ、とうてい書けない部面がある。（近江や伊賀には、旧時の忍術の家が、まだ相当残っているし、伝書にもあるのだ）。それが、今はできない。

そんなわけで、さしあたり、ここでは正則の忍術史を避けて、わざと正則でない側《がわ》の事象《じしょう》のみを取り上げて見ようと思う。

おそらく、読者の興味のためにのみならば、そのほうが、ずっと面白いにちがいなかろうと考えたからである。なぜかと云えば、いっぱん読者は「忍術」の名において、きっと、じつは「忍術」でない或る種の妖術を思いうかべているにちがいないのである。

諸君は、まず猿飛佐助を思いうかべる。

霧隠才蔵を思いうかべる。

そして戸沢白雲斎を。

百々地三太夫を。

石川五右衛門を。

そしてもし、猿飛佐助はウソの人物、こしらえられた人物であり、霧隠才蔵もまた全くの架空であると聞かされたら、さぞガッカリしたり、「そんなことはない！」といって怒り出すだろう。

戸沢白雲斎もまた、偽造人物と思われる。

百々地三太夫は実在人物だが、単なるつまらない田舎おやじで、忍術の毛《け》ぶりもない男だ。

石川五右衛門は実在で、少々忍術みたいなことはやったらしいが、俗説は九十五パーセント誇張である。

いずれ後で書くが、忍術というのは、要するに「忍びの術」で、相手に自己の存在を知らさぬように行動する目的で、特殊な身体的訓練で身をきたえるのが根幹《こんかん》である。これが忍術活法《かっぽう》（極意《ごくい》）の「練活《れんかつ》」というもので、それを助けるために、科学的な道具や薬品を使うのが「薬活《やくかつ》」である。その上に「妙活《みょうかつ》」といって、これが魔法式なドロンドロンの隠形《おんぎょう》や、変怪なマボロシを生成せしめる術をおこなうわけだが、妙活に精通する術者はたくさんいない。これは忍術本来のものでなく、中世の魔法であった「幻術《げんじゅつ》」を取り入れたもので、忍術本来の筋は「練活」と「薬活」にとどまっている。いわばこれは偸盗術《ちゅうとうじゅつ》（どろぼうの技術）で、それだから戦国時代の武将などは、そういう忍術者を軍事に使う場合があっても、すべてこれを下賤《げせん》の職と見、武士がその真似をするのを極端にきらっていたのだ。

だが、諸君は、おそらくそうは考えなかった。

「忍術」といえば、ただちにドロンドロンと考えていた。――これは今も云ったように、じつは忍術にとっては後からの附加要素で、もとは、それは「幻術」である。そこに、興味の食いちがいがある。正則な忍術史の上では、ドロンドロンは、ほとんど主要素でないのだが、げんざいの常識では、妖術めいたことでなければ忍術でないと心得ている。いや、いまいう忍術は、妖術いっぱんでさえある。

八門遁甲《はちもんとんこう》の術――

仙術《せんじゅつ》――

幻術――

何もかもいっしょくたにしてしまったのが、今いう忍術である。だがいっしょくたになり始めたのは、むかし

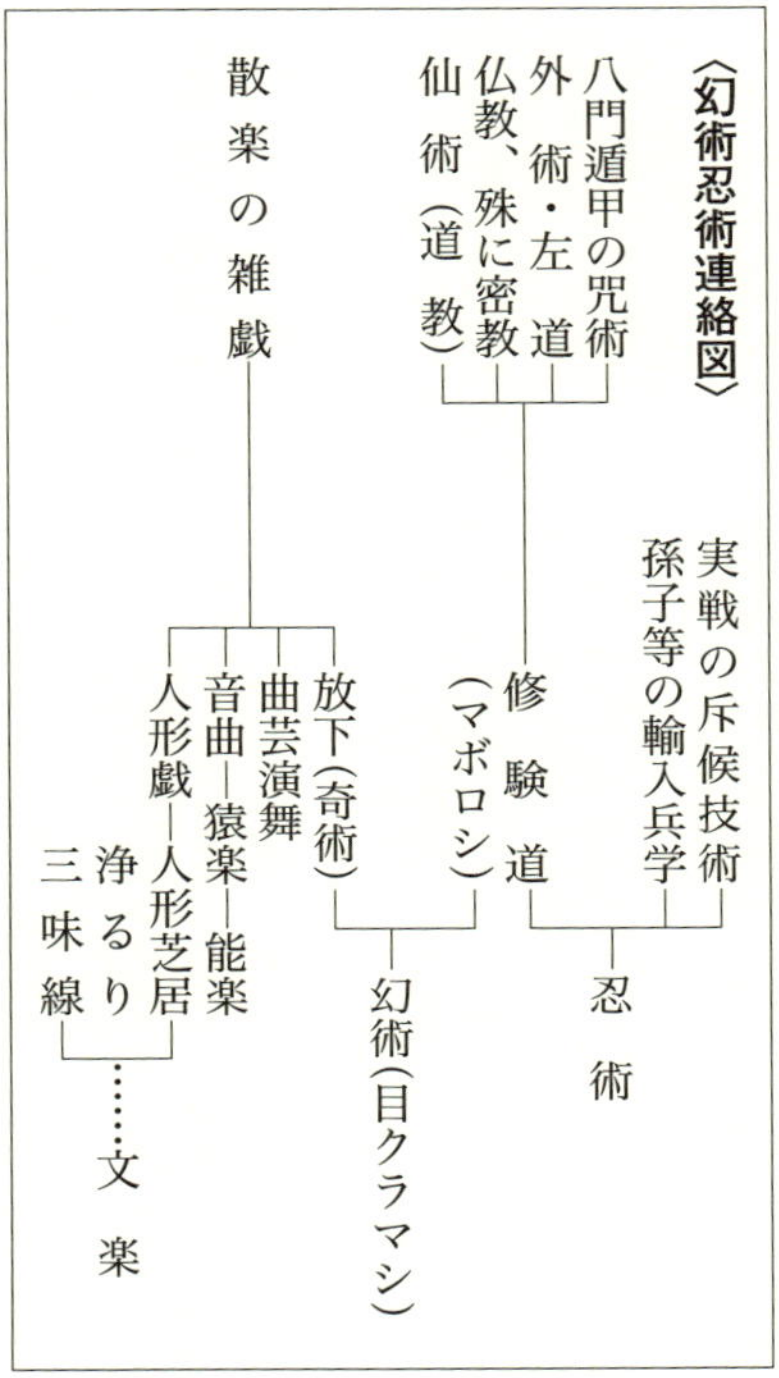


からのことだ。それも、もう江戸時代初期ごろには、その混合物を忍術と云いだしていたという証拠がある。

だから私が、ここで正則でない忍術——幻術の系統を、むしろ主として取り上げて語ろうとする趣意は、容易にわかっていただけると思う。

さて——

正則でない一般妖術史ということになると、きゅうに気が楽になった。

そこでまず、混合以前の諸術について、かんたんな説明からしておく。

八門遁甲《はちもんとんこう》の術。

これは奇門《きもん》遁甲ともいい、六門六遁《りくもんりくとん》などと書いた例もあるが、本来はドロンドロンなどに関係のあるものじゃない。易占《えきうらない》の一種なのだ。創始者は支那の黄帝で、のちに太公望や、張良等が集成したという。

八門遁甲の占法《うらないほう》は、説明して見てもよくわからないだろう。天を九宮《ぐう》、地を八門に分け、天地の鬼神がこれをめぐって循環し、易《えき》の五行《ごぎょう》の理によって、相生殺《あいせいさつ》するところに、四季各節の吉凶盛衰が生じるという解釈で万事をうらなうのであるが、この占法がはじめて日本へはいって来たのは奈良時代、推古天皇十年の十月だった。百済《くだら》（朝鮮）の僧、観勒《かんろく》というものが渡来して、暦、天文、地理書とともに、遁甲、方術の書を献上したから、大友村主高聡《おおとものむらぬしたかさと》という者に天文、遁甲を、山背臣《やませのおみ》日並立という者に方術を学ばせて、これに精通せしめた（『日本書紀』）。この遁甲は前に書いた占法《うらないほう》で、方術のほうは呪術《じゅじゅつ》や祈禱の類、これは今でいえばマジナイによる一種の医学に相当するのである。

仙術。

仙は梵語《ぼんご》の飜訳で、不老長生の意であり、印度のバラモンに発する思想である。『釈名《しゃくめい》』に、「老いて死なないのを仙という。仙は遷である。遷は、山に入るということ」と書いてある通り、深山に入って心を清浄にし、みずから生を忘れ死を忘れて、不老長生を得る修養法であるが、俗には仙人になるための術、仙人のおこなう不思議の通力をならうのを意味するようになった。

バラモンの徒は仏法からは異端であるから、その修業を「外道《げどう》」とも「外術《げじゅつ》」ともいう。日本へは仏教の渡来といっしょに移入されて来、老荘の思想や教理に合体して、日本特有の神仙伝説を生むに至った。

仙人は通力の種類によって、地行仙、飛行仙、遊行仙、空行仙、天行仙、通行仙、照行仙、精行仙、絶行仙の十種あり（『楞伽経《ゆがきょう》』）、もし心中に欲心を発すれば、たちまち通力をうしなうとされた。女の脛《はぎ》に見とれて雲から落ちた久米の仙人の話は名高いが、これは『大智度論《だいちとうろん》』にある一角仙人《いっかく》の伝説を飜案したものらしい。

次ぎが問題の、幻術である。

「幻術」は室町時代になってからの名称で、はじめは散楽《さんがく》の雑戯《ざつぎ》のなかにふくまれて、日本へ渡来したのである。散楽――その本流が、後に平安時代以降の猿楽《さるがく》になり、能《のう》になる――は、もと印度の西域《せいいき》におこり、支那に移り、漢の武帝のときに、さかんに宮廷で演じられたが、それに附ぞくして、散楽の雑戯、また百戯といって、いろいろな演技種目があった。幻術、弄丸《ろうがん》、リウゴ、高足、傀儡《かいらい》などがそれで、後世の魔術や手品、曲芸、軽業、高足踊り、人形劇などにあたる。

この散楽と雑戯を持ちあるいたのは、一種とくべつな放浪民族《ジプシイ》であった。支那から朝鮮へ流れこんで、広大族《コワンタイ》、白丁族《パクチョン》などと呼ばれ、その一部が日本へ流れこんだ。

もっとも多量の移民として記録にのこっているのは応神天皇時代で、百済《くだら》を経て百三十余県の民をひきいた秦弓月《はたのうづき》――融通《うづき》君とも書く――がやって来た。ハタはペルシヤ語（西域《せいいき》語）で「はるばる来た」、ウズは「第一」、キは「人」、つまり遠来民族の統率者という意味で、その後裔《こうえい》が後に桓武《かんむ》天皇の平安遷都に助力した秦《はた》氏である。このときの大量移民は、優待されて京都近辺に定住したが、その中心地は、いま映画作製で知られている太秦《うずまさ》（ウズは前にも書いた「第一」、サは「都」の意）なのだ。

秦氏は朝廷の信任をうけて、もっぱら外来舞楽をつかさどる家となった。推古朝の秦河勝《はたのかわかつ》の子ども八人のうち六人は、四天王寺の楽人《がくじん》となり、これが後世宮内省雅楽《くないしょうががく》の、岡、林、薗《その》、東儀《とうぎ》系となる。他の二人は奈良に入って大和《やまと》猿楽《さるがく》の基礎をきずいた。能楽の金春《こんぱる》は秦氏の出であり、観世《かんぜ》もその部民から出ている。

奈良時代、天平以後にぞくぞくと入って来た同系の種族は、質が低下していたと見えて、おおむね浮浪生活に入り、もっぱら雑戯と売淫で生活を立てるものが多かった。これを傀儡《くぐつ》という。「クグツ」は安藤正次博士の説によれば、前記広大《コワンタイ》（族名）を云い訛《なま》ったものという。

こうして後世の能楽――これもペルシヤ語のナオに発する。神楽《かぐら》のカグーラ、地方民謡の催馬楽《さいばら》、サイバーラ、みな西域語《せいいきご》――のみならず、幻術も、曲芸も、手品も、人形芝居――これが今の文楽《ぶんらく》の源流である――も、すべては散楽の雑戯に起源することになったのだ。

幻術は、奈良時代には「呪師《のろんじ》」といった。これは呪文をとなえて人目を眩惑せしめ、その術をおこなうのに発した名目で、呪術《じゅじゅつ》、前にいった遁甲の占術《うらないじゅつ》や、仏教でいっていた左道《さどう》などとも結びついて、方術《ほうじゅつ》としておこなわれたことがわかる。役《えん》の行者が、ふかしぎな奇術をつかって人を畏怖《いふ》させたのも、奈良時代のことで、彼に発する山伏《やまぶし》の山岳宗教は、本来は神仙と共に遊ぶ「仙術」の部類であり、したがって、後には密教である真言《しんごん》宗の秘呪《ひじゅ》や九字《くじ》等、加持祈禱《かじきとう》の法が幻術にむすびつく因縁が生じて来たわけである。

『万葉集』巻二に、つぎの歌がある。

――「燃ゆる火も、取りてつつみて、袋には、入ると言わずやも、知ると云わなくに」

この解釈は『万葉集略解』にいう――「これは、後に火を食ったり、火を踏んだりする術があるのから考えて、当時、役の行者などの徒《と》が、火を袋につつんだりする術をおこなったと思われる。そんな術さえあるのに、死んだあなたに会う術がないとは、何という情ないことだろう、というのが歌の意味である」云々。

当時の幻術は、いわゆるインド魔術の系統であって、刀呑み、火渡り、生花《せいか》術――目の前でまいた種子《たね》が発芽《はつが》し、生長し、花咲き、みのる――その他、人間や馬の四肢《し》や首を切断して、これを継いで生き返らせる人戮馬《じんりくば》、目前に山川《さんせん》を現出する画地成川《かくちせいせん》の術、火を吹き出したり、水中に魚を生じたりする術もあった。

役の行者のところで、ちょっと書いておいた仏教でいう「左道」というのは、一に「外道《げどう》」ともいい、印度でバラモン教徒が仙術のためにおこなう「外術《げじゅつ》」をさしているのだ。仏法から見ての異端《いたん》であるが、そのアイデアは仏教ルートにより、散楽の雑戯と相前後して移入したと見ねばならない。

天平神護《てんぴょうじんご》二年、十月のことだった。

山階寺《やましなじ》の基真《きしん》という僧が、この左道をおこなって、自刻の毘沙門天《びしゃもんてん》像の前に仏舎利《ぶっしゃり》（お釈迦さんの骨の一部）を生ぜしめた――じつはインチキだった。基真坊主は、一世の悪僧弓削《ゆげ》の道鏡《どうきょう》とコンビで、世をたぶらかしたいやなやつである。

世間はまんまと引っかかった。

朝廷では、さっそく、その仏舎利を法花寺に奏請《そうせい》して、氏々《うじうじ》の美青年で五位以上のもの二十三人、六位以下一百七十何人に、いろいろな旗、天蓋《てんがい》を持たして行列させ、百官の主典《しゅてん》以上にミコトノリを下して礼拝させられたというから、その連中こそいい面の皮だ。

ところが、話はまだつづきがある。

弓削の道鏡がこのインチキを利用して、

「これまことに似て霊験《れいけん》いやちこなる瑞世《ずいせい》でござる」

テナことを奏上し、天下にゆるして万人に爵《しゃく》を賜う、ということになった。

このとき庶民にも土民にも、云い立てさえあれば、爵位がもらえることになっただけではない。俗世間の名声や執着から超然としているべき坊主までが、正何位、何のなにがしと、世間なみに爵位と俗姓をもらった。

基真坊主は物部《もののべ》の浄志《きよし》の朝臣《あそん》となり、法の参議に任ぜられて兵隊を八人もつれて歩く。戦時中の情報局の役人みたいなもので、威張って威張って威張り抜き、世間からは韓国《からくに》の耽羅島《とらじま》（済州島《さいしゅうとう》）に住む虎《とら》だ、虎神さまだと、たいへん恐れられるようになったが、やがてインチキがバレて、道鏡とともに失脚した。

## フウディニの魔術と安倍晴明

平安時代になると、前記の「呪術《のろんじ》」の称がかわって「外術《げじゅつ》」となる。奈良時代前後に伝来した「散楽」の内容が日本化して「猿楽」となり——これは散楽をするという動詞サルガウに発する。基礎はこれまた西域語のサルロウである——呪師その他、曲芸や高足おどりのいっさいの雑戯は、猿楽の前芸として、京洛の街頭でおこなわれるようになり（藤原明衡の『新猿楽記』）、その前後から呪師の芸が猿楽から分離、独立しはじめた。これが「外術《げじゅつ》」だった。

この期になると、街頭芸としてばかりでなく、当時、天文、暦学、卜占《ぼくせん》、予言、加持、病気治療の学徒であった陰陽師《おんみょうじ》——これはちょうど、アメリカ・インデアンやその他の未開族にあった呪術医者《マジックドクター》の地位と思えばいい——もまた、この外術をおこなうようになって来た。だいたい外術は、前にも書いたように仙術のほうでの用語であるが、山伏とおなじく八門遁甲の神仙鬼神を論ずるのが商売である陰陽師の手に、それが移っていったのは、もっとも考えやすい筋道だった。

外術、これを当時、和名としては「まぼろし」という。術の力で、目前にマボロシを見せる、いわゆる画地《かくち》成《せい》川《せん》の術をおこなうからである。この外術方士《ほうし》をマボロシと呼んだ和歌が、三首ある。それを、解説書の説とならべて、つぎに出しておく。

『源氏物語』桐壺《きりつぼ》――「尋ね行く、まぼろしもがな。つてにても、玉のありかを、そこと知るべく」

『河海抄』――「方士が楊貴妃をたずねて、金のカンザシの半分をもって来た故事による。マボロシは幻術士のことである。玉のありかは、魂の有る場所」

『源氏物語』幻――「大空を、かようまぼろし、夢にだに、見えこぬ玉の、行衛たずねよ」

『湖月抄』――「この歌は源氏の君が雁のとぶのを見て、玄宗皇帝が、幻術の道士を使いにして、死んだ楊貴妃の魂の行方をさがさせた故事を詠んでいる」

『金葉和歌集』六――「おきつしま、雲井の岸を行きかえり、ふみかよわさん、まぼろしもがな」

当時どんな外術《げじゅつ》がおこなわれたかは『今昔物語』にたくさんな例が出ている。

――京都で、ある法師が、下駄や草履《ぞうり》を、外術で犬に変化させ、また馬のしりのあなからはいって、口へぬける術をおこなった。これは馬腹術という魔術で、それをやっている図が『散楽雑戯絵巻』に残っている。

――陽成天皇の御世に、信濃のくにの郡司《ぐんじ》の妻が、外術をつかって、院の御所のサムライ道範《みちのり》という者の陰茎を抜き取った。道範は礼を厚うして郡司から外術をならって帰京し、古ワラグツを三尺ばかりの大鯉に変ぜしめ、盤上でおどらせた。この話は菊池寛が『好色物語』の中にも書いている。

――山城のくにに宇治の北に、成らぬ柿という大木がある。ある夏、大和のくにから馬に瓜をいっぱい入れた籠をつんで、京上りのとちゅう、この木かげに休んでいた連中が、あまり暑いので、籠の瓜を取り出してパクツいていると、通りかかった老翁が、

「私にも一つ下さらんか」

という。

瓜屋の連中、

「これは商売物だからやれないよ」

と、すげない返事をする。

「じゃあ、しょうがない。自分の瓜は自分で作って食おう」

といって、目前に木片《きぎれ》で穴を掘り、連中の食いすてた瓜の種を植えた。

おどろくべきことが起こった。

一瞬のまに、タネは土をもちゃげて二葉を出し、生長し枝葉がしげり、花咲き、はやくもたくさんの実になった。

「さあ出来た。こうたくさんでは、私ひとりじゃ食べきれん。みんなも寄って食べなさい」

といったので、瓜売りの連中も、老翁といっしょに、さんざん食べた。

「ああ、おいしかった。では、さようなら」

老翁は、どこかへ行ってしまった。

「さあ、おれたちも行こうじゃないか」

と、瓜売りどもが何気なく瓜の籠を見ると、こは如何《いか》に、籠の中の瓜はあとかたもなく無くなっていた。

そんな魔術ができるものか、と諸君は云うかも知れない。

しかし、印度魔術なら、こんな生花術《せいかじゅつ》はもっとも平凡である。去年日本へやって来た何とやらというインドの大魔術師は、人間の舌を切り取って、生やして見せ、また舞台の上から自動車を消して見せたでないか。近代魔術界の世界第一人者といわれた伊太利人フウディニ——手足をかたく縛らせてトランクに詰めこまれ、錠をかけ、がんじがらめに縛って、テムズ川の河底に投げこんでも、平気で脱出して来る男。彼はあらゆる種類の危険な脱出法を試みて、世間をアッと云わせたが、ナポリの港で、ザボンを前記と同じようにして、眼前で実らせた有名な話がある。

平安時代の外術でもっとも名のあらわれているのは、陰陽師《おんみょうじ》の安倍晴明《あべのせいめい》だ。かれは鷺《さぎ》の絵を書いた紙を空中にとばし、その落ちたところの三条大宮で、道満《どうまん》法師をつかまえた（『中古記』）。また呪文《じゅもん》をとなえて草の葉を投げると、下敷きになった蛙《かえる》が、まるで大石に打たれたように、ひらたくなってつぶれたという（『今昔物語』）。

鎌倉時代にも、奥州の松島に大した外術の大家が隠棲《いんせい》していたという記録が、残っている。これは俗書でなく、りっぱな史書として通用している『吾妻鏡』の、正治二年十二月三日の条である。

大輔房源性《だいゆうぼうげんしょう》は当時ならびなき算数の大家で、田畑の広さなど、一わたり見ただけでその段別《だんべつ》を言い当てるほどであった。去る八月、所用のため陸奥《みちのく》のくに伊達郡《だてのこおり》へ下ったが、昨夜やっと帰って来たので、御所へ久しぶりで参向《さんこう》した。

「おう、源性。かえっておわせられたか。時に旅はどうであった？　なんぞ珍しい見聞でもないか？」

と、将軍頼家《よりいえ》から、お声がかかる。

そこで、源性が、

「いや、珍しいことといえば、じつに珍無類《ちんむるい》の、ひどい目にあって来ました」

と、ひとひざ乗りだした。

源性は所用をすませたついでに、松島へ廻ったが、むろん、彼は禅僧であるから単なる遊楽じゃない。斗藪《とそう》といって、托鉢《たくはつ》をしては一宿一飯を乞いながら修行の旅である。松島に、ひとりで住んでいる僧の小庵があったので、そこに一宿をもとめた。

さて、その翌朝である。主人の僧が云いだした。

「ゆうべのお話にうけたまわれば、貴僧は大した算数の巧者らしく思われるが、拙僧もまた算数は自慢の腕前ですよ」

「じゃあ一つ、論戦しましょう」

と源性は挑戦する。

源性は、ひとたまりもなく勝った。

論点は何にあったか、そのことは書いてないが、問題は彼が勝ったあとに生じた。

あいての僧、負けぎらいと見えて、源性の自慢顔が気に入らない。数学で勝てぬと知ったから、ほかの手で来た——外術だった。

算置《さんおき》を取って源性のまわりに置くや否や、ふしぎや霧か、かすみか、何かモヤモヤしたものが四方に立ちこめて、きゅうに暗くなる。

「おや、これは？」

と、いぶかるひまもない。庵室はたちまち海と変じ、すさまじい怒濤が、源性のあたまからザブリッ！　と落ちかかったから、源性おもわず目をつむり、

「おお」

と悲鳴を上げる。

「どうだ。自慢の鼻が折れたか？」

と、住持の声が、耳をたたいた。

「おお……恐《こわ》や……おゆるされ……」

源性が助けを求めたので、激浪はスウッと遠のき、霧も霞も晴れて、もとのカラリと乾燥した秋びよりにもどる。庵室には水にぬれたあとは一点もなかった。

「ほう……たまげた術にございますのう」

と、源性はあきれ、よかったら伝授を受けたいと申し入れたが、教えてはくれなかった。

## 南都、果心居士

室町時代から戦国へ——。
外術はこの時期にいたって、いろいろな意味で大いに勃興した。これからが、名称が変わって「幻術」の時代で、その術を使う者を「術師《じゅつし》」といったのもこの時期。

この期でもっとも傑出した大幻術師は、南都の果心居士《かしんこじ》である。彼の出身地は『義残後覚《ぎざんこうかく》』に筑紫《つくし》と書いてあるから、ひょっとしたらアチラ（支那大陸）じこみの魔術師だったかも知れぬ。彼はマボロシの楯《たて》をもって甲信《こうしん》に辻興行し、武田信玄に術をやぶられたり、地獄変相図を樹間にかかげ、地獄に落ちた人間の責苦《せめく》をあらわして織田信長をおどろかしたと云われるが、その典拠を私は知らない。おもうに、後に書く「飛び加当《かとう》」の事歴などと混同があるのじゃなかろうか。

ともかく、以下、果心居士の事歴のあらましを書いて見る。ただし出典の性質上、事実というよりは、少なからぬ誇張があることは止むをえまいと思う。

果心居士は、ふしぎな人物である。どうして登るのか知らないが、奈良の元興寺の塔のてっぺんへ上り、シャンと立ち上って、きものを脱ぎ、それをよく振るってから、着なおして帯をしめ、さて、やおら塔のてっぺんに腰をすえて、あたりの風景を見まわす、といった人物である。

大和の多門城にいた松永弾正久秀は、果心をひいきして、ひまなときには果心を招いたりしたものだが、ある夜、
「おれも戦場へ出て、ずいぶんと白刃《しらは》の修羅場《しゅらば》をふんで来たが、ついぞまだ、恐ろしいという目にあわなんだ。どうだ、おまえの術で、おれに恐ろしい思いをさせられるか？」

という。
「やって見ましょう」

と、果心居士はいった。
「では、刀剣の類と、家臣の方々とをお遠ざけ願います」

註文どおりにすると、たった二人、燈火を消して、さえわたる明るい月かげのさし入る座敷に、しばらく無言で対坐していたが、やがて果心は、ツと立ち上り、そのまま広縁から庭へおりて、スタスタどこかへ行ってしまう。

すると、きゅうに庭木がザワザワといい出し、雲が出て月をおおったのか、あたりがくらくなり、小雨がポツ

リポツリと降りはじめた。

いくら豪気な人でも、こんな状態で、ひとり坐っていては、なんとなく味気なく、心ぼそくなるにきまっている。

と、何となく、自分のほかに、誰れかいるような気がする。

見まわすと、いつ、どこからやって来たのか、広縁のかたすみに坐っている、ボンヤリと霞んだような人かげ。

「怪しや」

と、目を凝らして見ていると、それは髪をおすべらかしにした、やせた女ではないか。

女は、やがて立ち上り、するするっと歩み寄って来て弾正の前に坐った。髪がななめに顔へかぶさって、よく見えない。

「今宵は、さぞ徒然《とぜん》にござりましょう……」

女は、青白いため息のように云う。

弾正は、その声に記憶があった。五年前に病死した愛妻だった……。

「おお、そなたは」

と云いかけて、弾正は苦しげに息をはずませ、

「果心、もう止めよ」

と云った。

スウッと月光がもどって来た。女と見えたのは、そのままにいつもの果心だった（『醍醐随筆』）。

たまたま果心居士が、猿沢の池のほとりを通りかかると、そこに居あわせた懇意の人たちが、幻術をつかって見せてくれと所望する。果心は気がるに、みぎわの笹の葉をとり、呪文をとなえて池の面へ散らすと、それがことごとく大きな魚になって遊泳した。（これもごく有りふれた印度魔術で、いわゆる生魚術と称するものだ。『稲妻草紙』に一休禅師が、堺の遊郭で魚肉を食い、それを池へ吐くと生魚になって泳いだと作ったのも、この生魚術の変形である）。

手飼《てがい》の里で酒宴があり、果心居士を呼んで幻術を見せてもらうことになった。一人の強がりが、云った。

「拙者は小智偏見《しょうちへんけん》のせいか、どうも神変不可思議というものが信用できませぬ」

「ああ左様か」

果心居士は、云うなりそこにあった楊枝《ようじ》でその人の歯を左から右へサラサラと撫でると、たちまち歯がぜんぶブラブラになって、抜けおちそうになった。

「ああ……つつ、これはたまらぬ」

悲鳴を上げたので、果心居士はおなじ楊枝で、こんどは右から左へサラサラサラと撫でる。それで歯はもとのようにシャンとなった。

「とてものついでに、いま一つ演《や》ろう」

と果心居士、呪文をとなえて、扇で奥のほうをさし招くと、ふすまのあいだからチョロチョロチョロ、水が流れこんで来る。

人々は幻術とは知っているが、やはり濡れまいとして立ち上った。しかし、水はあとからあとから押し入って来て、道具や食膳など、そこにあるぜんぶの物が浮き上り、そのうちに水は諸人の胸の高さまで来てしまった。

これでは、幻術だからと平気でいるわけには、いかない。

大あわてにあわてて、われ先きに逃げ出そうとしたが、そこへ大浪がうちかさなって来たので、人びとは皆その浪にのまれて気をうしなってしまった。

翌朝、隣人に起されて見ると、座敷は昨夜のままで、流れたり押し倒されたはずの諸道具の置き場所までが、すっかりもとのままであった（『玉箒木《たまははき》』）。

果心居士は豊太閤の面前で術を見せたときに、誰れも知らない、太閤の私行上の秘事をあばいて見せたために、生かしておけぬやつとにらまれて、捕えられ、磔刑《はりつけ》になることになったが、いよいよという段になって、彼は役人に云った。

「じつに残念だ。わしは今まで、ありとあらゆる幻術をおこなったが、ふしぎと鼠になったことが一度もない。

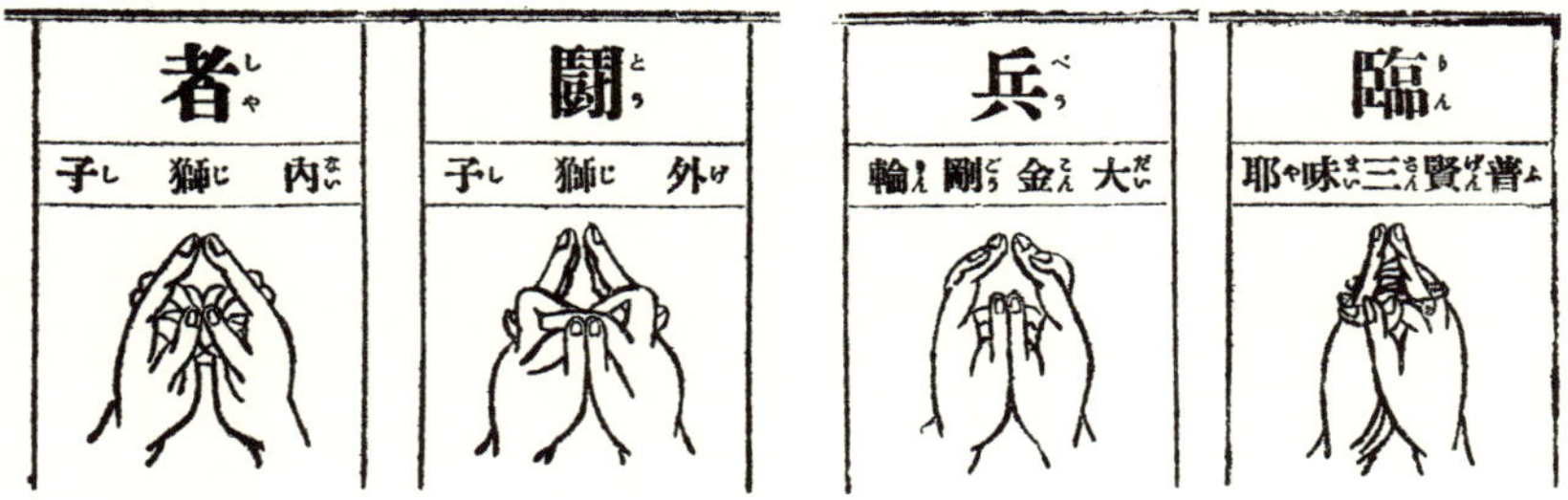


切紙九字の印

どうだろう。いっぺん鼠になって見ようと思うのだが、わしの縄をちょっとゆるめてくれないか」

役人は好奇心にかられたのか、何の気もなく縄をゆるめると、果心居士、あっというまに鼠に変じて、たちまち磔柱《はりつけばしら》のてっぺんまで馳け上った。

おりしも天空から鳶が一羽、一陣の風とともにサッと舞いおりて来て、その鼠をつかんだまま飛び去ったが、これこそ果心居士の不慮《ふりょ》の最期だった（『虚実雑談集』）。

右の、果心居士の最期を書き直したのじゃないかと思う話が、『老媼茶話』にも出ている。

――江戸時代になってからのことであるが、寛文十年の夏であった。ある国とばかりで、地名は不明。

現世居士、未来居士という二人の幻術者があった。不思議な術で諸人をまどわすので、国主がこれを制禁《せいきん》し、二人を召し捕って処刑することになった。

刑場は警備がきびしく、役人や足軽どもが槍、薙刀でおっとり囲んでいる。そこで二人は一計を案じて、役人に申し入れた。

「こう取り囲まれては、とうてい逃げることができません。覚悟はきめました。逃げませんから、ふたりの手くびの縄を、ちょっとゆるめてもらえないでしょうか？　われわれは、まだ今までに、やり残して来た術が一つあって、それをしないで処刑されるのは心残りなので、死ぬ前にぜひ、それをやって見たいと思うのです」

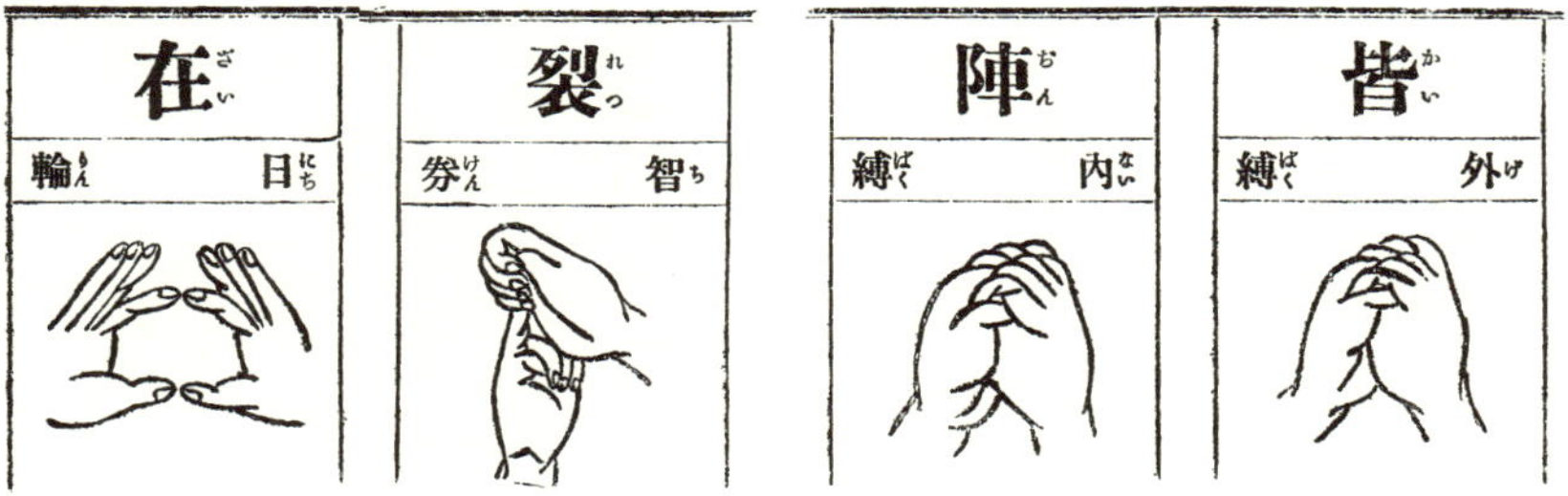


切紙九字の印

役人は、たがいに同役の顔を見た。

やり残しの術とは、どんな術だろう？　好奇心もないではない。

「ほんのちょっと、手くびの縄をゆるめるだけならいいだろう」

ということになった。

ところが、そのほんのちょっとが術者にはつけ目なのだ。

未来居士は、縄をぬけて鼠となり、磔柱《はりつけはしら》を馳け上って、横木の上に止《と》まった。

すると現世居士は、鳶になって空に舞い上がり、たちまち鼠をさらって、何処かへ逃げていってしまった。

これは、実話としては信じられぬようだが、いずれにせよ、こういった不可思議の術者の存在だけは、信ぜざるを得ないように思う。柏崎永以の書いた『古老茶話』という本がある。これはほとんど正確な記事ばかりで、戦国末期から江戸中期までの事実を、老人たちから聞きあつめたもの。史伝の欠《けつ》をおぎなうに足る好資料と云われているが、その中に、因果居士という名が出て来る。

――「同年同月（慶長十七年七月）晦日。因果居士というもの、駿府公の御前に出る。神君むかし御覧あるもの也。いくつになるぞと御たずねこれ有るところ八十八歳のよし申上る。駿府に留めおかれ、時どき古事を語らせらるる」

家康が「見た」というのだから、これも幻術の類であったと思われるが、慶長十七年に八十八歳ならば、松永弾正が多門城にいた永禄年中は三十代にあたるから、果心居士と因果居士はほとんど同じ時代の人物と見なければならない。だいたい果心居士の名は、史的信用度の高い文献には出て来ないので、だれかをモデルにして、大いに伝説化して書いたような形跡が多い。それから考えて、

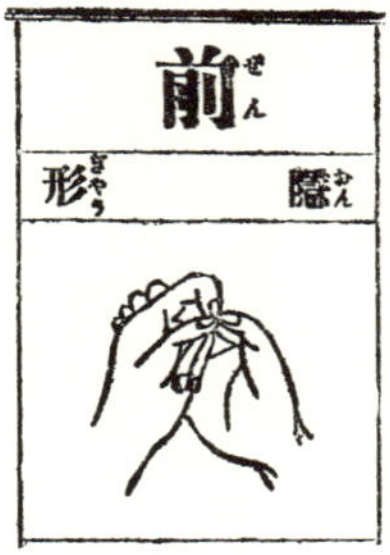


あんがい、この因果居士などが、その真実の人物だったのじゃなかろうか、これは私だけの考えである。

## 甲賀者と伊賀者

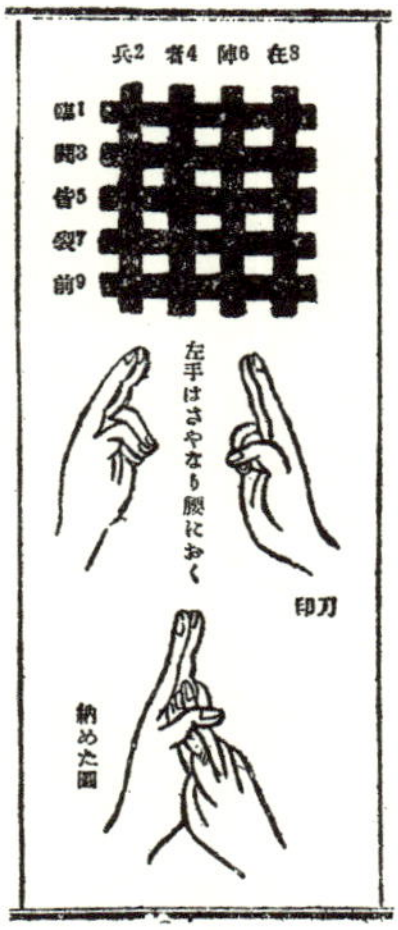

切紙九字の印

戦国時代の幻術は、おのずから戦陣の助けとして乗り出すべき機運にあった。しかもその部面では、何といっても敵状をしらべる斥候《せっこう》の技術、つまり「忍び」に使うのがもっとも適所適材である。大砲は大砲、短剣は短剣で、用途がおのずから違う。幻術は人目をくらませたり、度胆《どぎも》を抜いたしゅんかんに何かの技《わざ》をするにとどまって、単独にその技《わざ》だけでは、何といっても正々堂々と戦う術——武技ではありえなかったのだ。敵の飛行機を落すためには、やっぱり高射砲がいる。いくらうまくても、手品では落せない。要するに幻術は、戦国兵乱の巷《ちまた》に用いられるようになったとはいっても、けっきょく「忍びの術」にすぎなかった。いな、忍びの術に、もっとも高等な特殊技術を付け加えた、という点に特徴がある。

斥候、昔のことばでは物見だ。対陣にのぞんで敵兵の動静、多少をさぐり、道路その他の地理的要件をしらべて来て報告するのが任務である。戦国時代の用語では、斥候に行く人数の多少によって、大物見、中物見、小物見の名があり、遠方まで行くのを遠物見、ごく秘密にしらべるのを忍物見《しのびものみ》といった。遠物見は遠目とも遠見ともいい、忍物見は、芝見《しばみ》とも、カマリ物見とも、草《くさ》ともいう。——いわゆる「忍術」の起源は、この忍物見の特殊技術化である。つまりは秘密軍事探偵術というべきであって、けっして、ドロンドロンと消えたり、幻怪な奇術をおこなうことではなかったのだ。

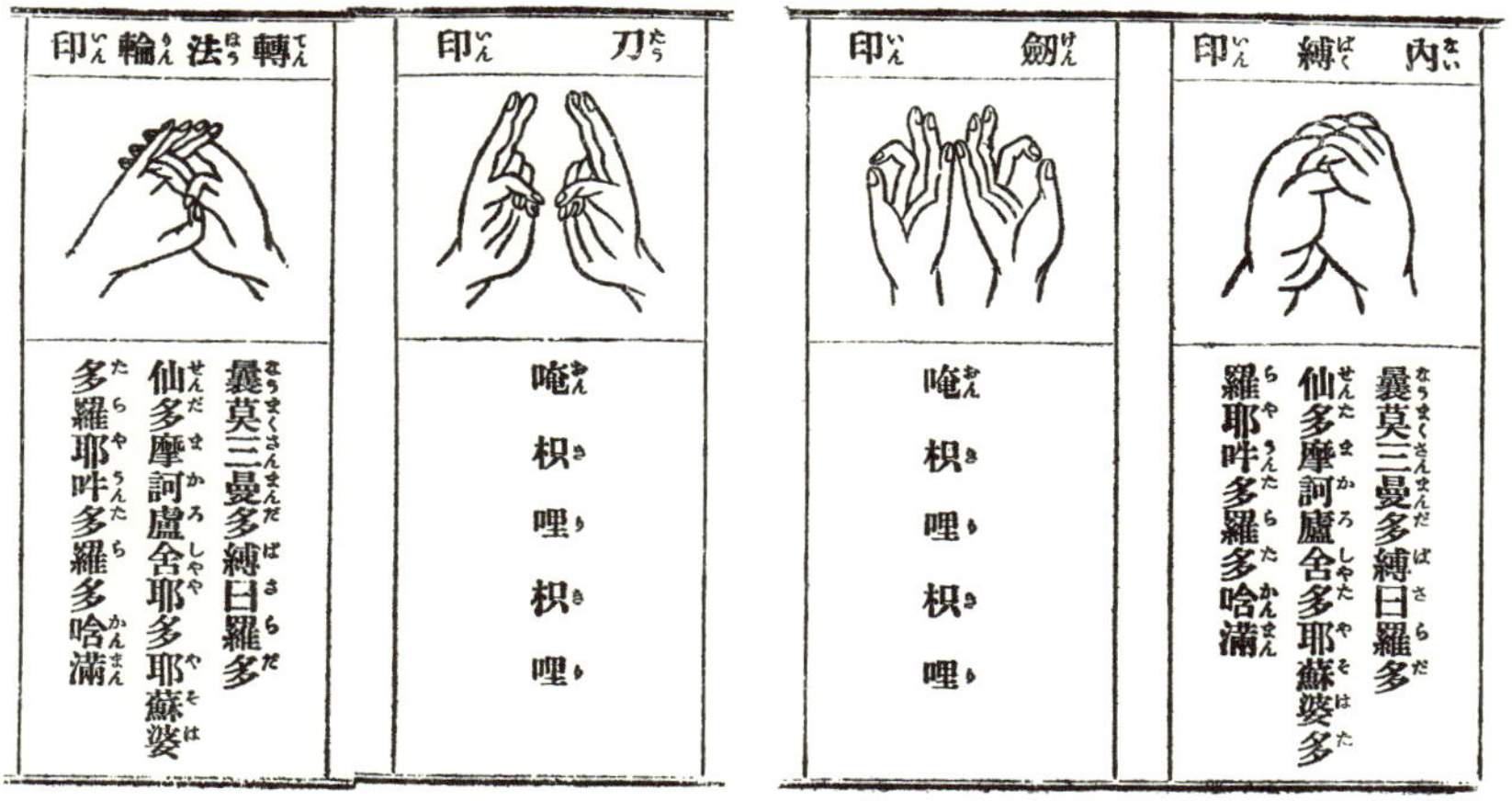

不動七縛りの印

『武家名目抄』に、ひじょうに適切なことが書いてある。その条を、今の文章に書き替えて、まずここに出しておく。

——「忍者《にんじゃ》。また間者《かんじゃ》とも、諜者《ちょうじゃ》ともいう。これは敵中に潜行して形勢をさぐったり、間隙《かんげき》をはかって敵城に火を放ったり、刺客《しかく》として、人を殺したりもする。もとより表向きの役目でないから、どの階級の職掌ときまっていない。ふつうの庶士《しょし》がそれになることもあり、足軽や、同心にさせる場合もある。乱波《らっぱ》や透波《すっぱ》などという特殊の民をやとって使うこともある。また京に近い所では、伊賀のくにや、江州の甲賀の地には地侍《じざむらい》が多くて、応仁の乱以来とかく各党《とう》分立して戦争ばかりしていたから、自然とコソ泥《どろ》や強盗のようなことをし馴れて、間諜の術に長ずる者が多く、それを諸大名や諸家で、スパイ役に召しかかえておくのが常である。こうしたことから、伊賀者、甲賀者といわれる者が、諸国にひろがったのである」云々。

右文中、乱波、透波、また突破《とっぱ》というのもあり、これらはちょっと簡単に述べにくいが、まあ今でいう山窩《さんか》みたいな特殊の集団民と思えばいいだろう。これについては、ぜひ云いたいことがあるのだけれど、とうてい紙数がゆるさないので、省略する。

なお、仙台藩では、忍びの者を、とくに黒脛巾《くろはばき》といった。

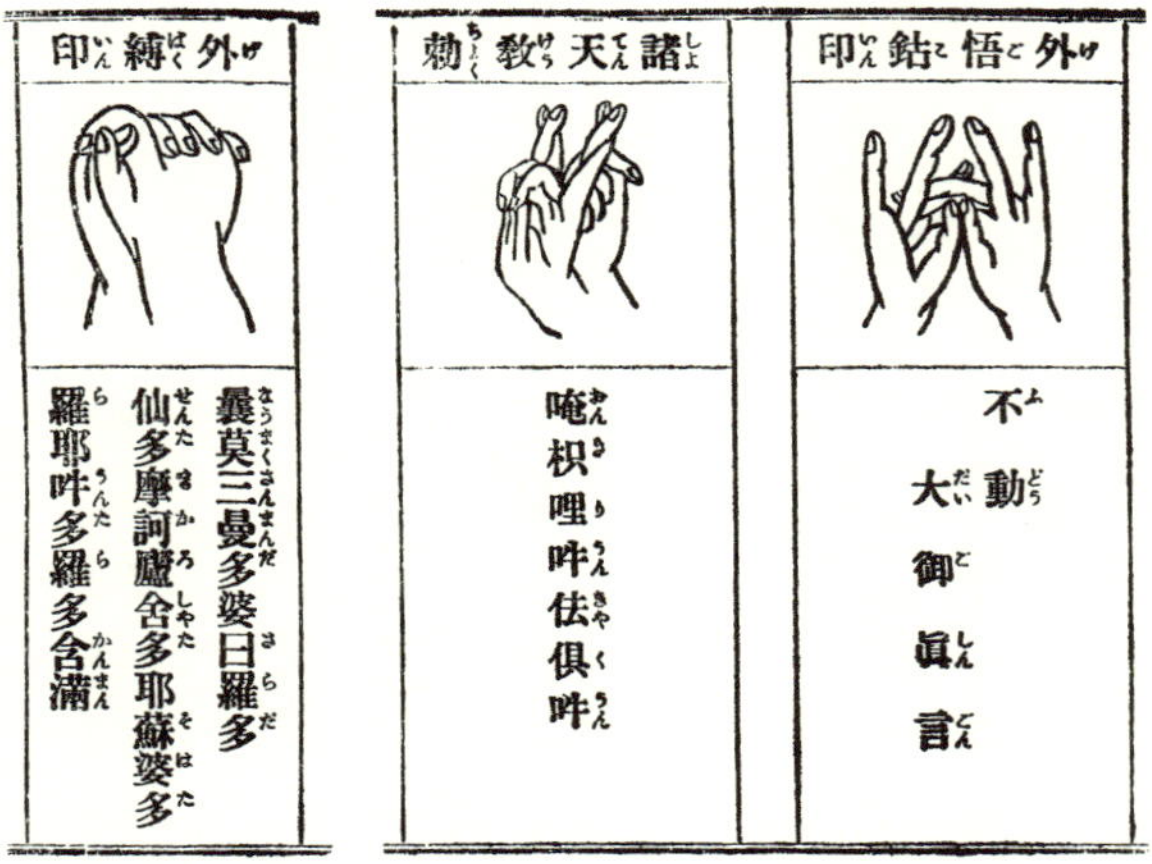


不動七縛りの印

この黒脛巾は『嘉良喜《からき》随筆』に「もとは盗賊や山賊の類である」と云い、また前田利家は五十人の伊賀者を扶持して、これを偸組《ぬすみぐみ》といい（『荒山合戦記』）、毛利家の侍大将杉原播磨守盛重は常に盗賊を味方にして間牒に使ったなど（『陰徳太平記』）、いずれにせよ乱波といい、透波といい、突破といい、甲賀者、伊賀者といい、その長じるところの技術というのは、もとは一種のドロボウ技術――偸盗術《ちゅうとうじゅつ》であった。そんなことから正系の武士は、その術を習うのを恥じる気持があったのだ。

この伊賀者、甲賀者が、忍者としての名声を広く世に伝えられるに至ったはじめは、永禄年中の、六角攻《ろっかくぜ》め、鈎《まがり》の陣《じん》のときに伊賀の河合安芸守の一族が、敵状偵察の技術がうまくて大功を立て、それ以来このくにの郷士たちの間者としての価値が、ぐっと上ったのだと『近江輿地志略』に書いてある。なお同書は右につづけて、甲賀者というのも伊賀の分れであり、また森川理極の一派の忍者もあるが、いずれにせよ忍者というのは下賤の職であって、武士のすべき職ではない。ただこの種の者は、戦いのためにはなくてかなわぬものだから、諸家で召しかかえるのである、とも書いている。

忍術というもののおよその性格は、忍術の伝書、たとえばもっとも有名な『正忍記』、あるいは『万川集海』などを一見しただけでも、じゅうぶんにわかる。それは孫呉《そんご》の兵書の各論《かくろん》みたいなもの。具体的応用術ともいうべきもので、要《よう》はスパイ技術のための特殊的身体鍛錬法と、今から見ればよっぽど子供ダマシ的な秘密兵器の、使いかたの精熟が中心になっている。

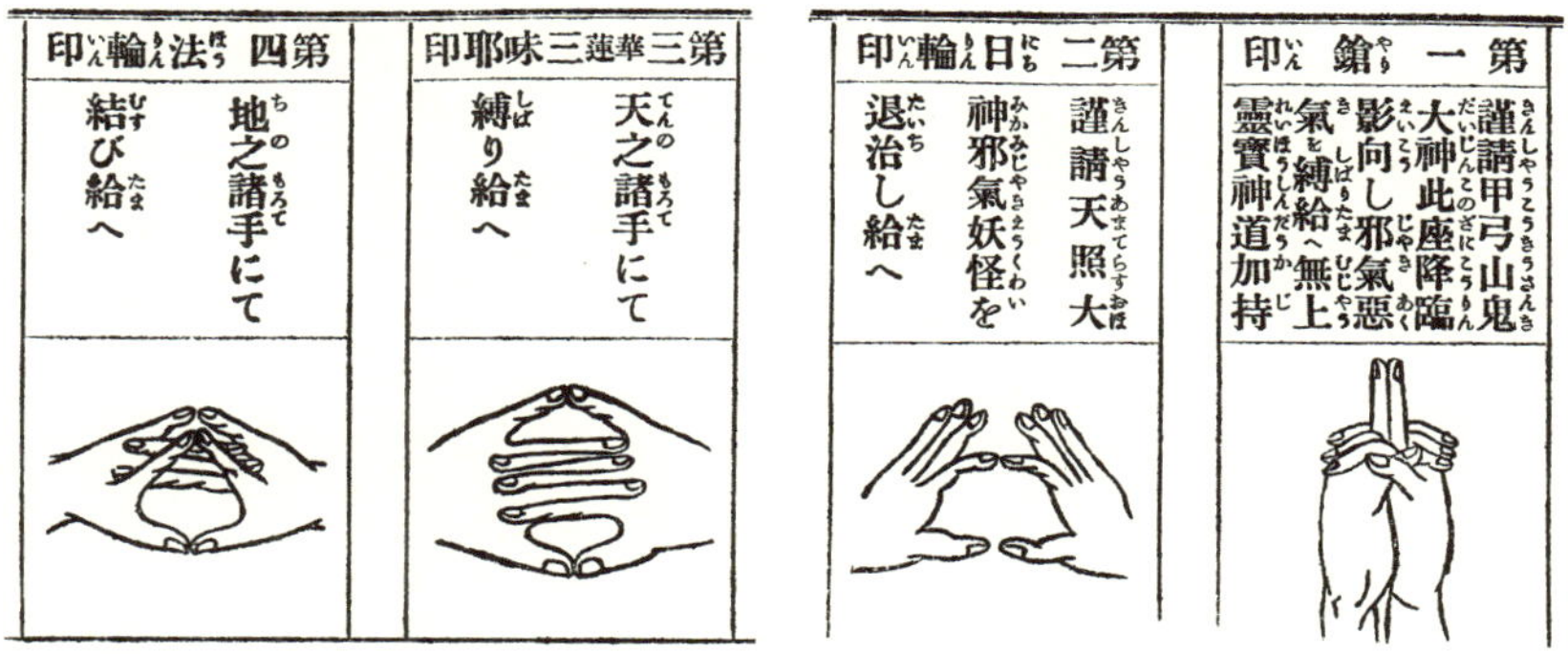

第一　鎗印
謹請甲弓山鬼大神此座降臨影向し邪氣悪氣を縛給へ無上靈寶神道加持
第二　日輪印
謹請天照大神邪氣妖怪を退治し給へ
第三　華蓮三昧耶印
天之諸手にて縛り給へ
第四　法輪印
地之諸手にて結び給へ

神通力悪魔縛りの印

人目につきにくい黒装束、黒頭巾で、カギ縄や、縄バシゴや、水蜘《みずぐ》蛛《も》（水上歩行用の沓）などの忍びこみの小道具の用法に精通し、さぐるべき土地の地理、人情に通じ、人の知らぬ抜け道、近道を知り、特殊の歩きかたで足音を立てず、一日に三、四十里もすっとばす鍛練ができておれば、忍びの術としてはこれでなかなか大したものと云わねばならない。

こういう風なことは、多年の経験からして自然に発達して来たので、おそらく、はじめは少々高いところへでも登って、はるかな敵陣を望《ぼう》見《けん》するぐらいでも、斥候の役には立っただろう。そんな斥候でも無いよりはましである。

しかし、戦法が複雑化し、群雄が混立《こんりつ》してくるようになると、はるかな山の上から、眉の上へ手をかざして視察して来るぐらいのことでは、斥候の役はおさまらなくなった。

忍びこんで探索するとなると、冒険がつきまとう。

上手に忍びこみ、より多く、より正確にさぐり、より安全に逃げ得るためには、どろぼうのような技術も研究したほうがよいし、山窩《さんか》のような疾風的敏活《しっぷうてきびんかつ》に身体を鍛錬するがよかろう。

だから逃げる方法なども、もっとも有効的な理論的解釈めいた奥義として、易《えき》の五行にかたどって五遁の術などと、アラタカな云いかたをするようにもなる——これ、八門遁甲の褶合《しゅうごう》である。

逃げるばかりが能じゃない。チト魔術的ビックリ技術も取り入れた

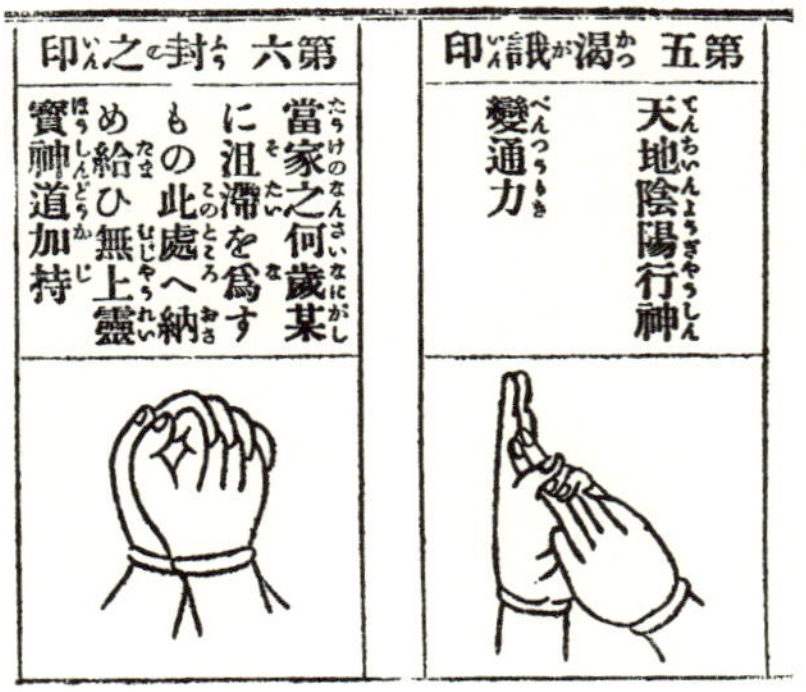

神通力悪魔縛りの印

がいい。そこで幻術が入って来た。これには、幻術の述師のほうから割りこんで来た比率も、いくぶん見ておかねばなるまい。

いずれにせよ、戦争つづきはスパイ業を繁昌させ、スパイ技術を向上させる。忍術の「活法」（極意）が、いろいろと分割的に説かれ、特殊の方法、特殊の用具、特殊の活法、特殊の儀礼的附属形式が秘伝秘事として隠匿されるようになって、はじめて流派が分れたのである。「幻術」以前から、早くから遁甲《とんこう》術や呪術方書《じゆじゆつほうしよ》を助けとして、印《いん》をむすんだり九字を切ったり、口に呪文をとなえるような儀礼的要素が加わっていたのに戦時スパイは、とくに変装が必要とあって、山伏の行者や僧侶はもっとも化け易いものだから、そんなことからも、忍術の妙活《みようかつ》の面《めん》（つまり魔術的方面の活用原理）には、密教的な外形的要素が、極度に移入されて来たのだろう。

忍術の印《いん》は、尾上松之助の活動大写真いらい、今に至ってただ一つである。子供がやっているのを見ていたまえ。

——まず右手の指先で眼前の空気を二、三度切る、これが九字だ。そして右手の第二指第三指を、左こぶしの中ににぎりこんでしまう、これが印である。すると、ドロンドロンと消えたつもり。

しかし、じっさいには、あんな九字の切りようもなければ、印のむすびようもないのだ。

尾上松之助は、一応は正しく教わってやったつもりらしく、あれの正しい原形は、私にもわからなくはない。九字の切りようはデタラメであるが、にぎった指は、印の最後のむすびの形であると思う。違っているのは左手の指だ。始めに両手とも、第二指と第三指を立て、一、四、五指は折りまげる。つまり両手とも二本指を立てて向かい合わせ、徐々に近よらせて、右手の二本指を、左手の折りまげた一、四、五指の中へ包みこむので、左手の二本指も立てたままにしておく。向かい合せたのが不動金しばりの刀印《とういん》で、おさめの握ったところが悪魔しばりの第五、渇誐《かつが》印《いん》といって変通力の祈りである。この印をむすぶ前に九字を切るが、芝居の『勧進帳』にも云うように、九字とは、臨《りん》、兵《ぴょう》、闘《とう》、者《しゃ》、皆《かい》、陣《じん》、裂《れつ》、在《ざい》、前《ぜん》の九で、それぞれ形の違う九字の印をむすぶ（挿図を見よ）。もっとも九字を切るというのは印をむすぶのとちがって、眼前の空の横、タテの筋を書く。その順序は、横（臨）タテ（兵）以下くりかえして四本ずつ。挿図は、切紙《きりがみ》九字の印《いん》と、不動七縛《しば》りの印と、神通力悪魔縛りの印と、以上三種類だけ出しておく。ほかにもあるが省略する。なお印にともなう呪文のほうも出しておいたから、諸君はこれによって、すくなくとも正しい術をおこなうことができるだろう。

しかし、よしんばそれを正確にやったとしても、諸君はドロンドロンと消えないといって私のところへ尻を持って来ては、いけない。これは人体透明術の秘伝とは違うのだから。

## 飛び加当と相部次郎右衛門

さてこれから、戦国時代の戦陣にあらわれた幻術師——つまり吾人が目ざして、いわゆる「忍術使い」と云っている人たちの実例を、かたっぱしから上げて行く（ただし、名前の明らかでないのは、取らないでおく）。その中でも、もっとも名高いのは、永禄ごろの人と云われている「飛び加当《かとう》」だ。

『甲越軍記』三編の四に、まずこういうことが書いてある。

——およそ間者《かんじゃ》というものは、戦《いくさ》に必要な役目であって、敵国の風俗、山川等の地理、敵の内国事情等をひそかに調査するために、官主《かんぬし》、占者《うらないしゃ》、百姓、猿引き、旅僧等に身をやつし、また隠形《おんぎょう》の術など習得して行く。これを「忍術者」といって、甲越ともに上手な術者をえらんで諸国に派遣している、云々。

この『甲越軍記』という書は、大阪の画工速水《はやみ》春暁斎の撰であるが、彼が文政六年に死んだので、三編まで書いて中断した。小沢東陽が続稿を書いたのが『烈戦功記』で、飛び加当の出て来るのは、後者の前編巻十である。

——伊賀のくにの加当段蔵、幻術がうまい。みずから「忍術の名人」と名乗って越後に来、上杉謙信に仕官をもとめた。

柿崎和泉守が、段蔵を屋敷へ呼んで実演させて見ると、じつにすばらしいことをやる。ことにびっくりしたのは、いちばんあとでやった、牛をのむ術である。段蔵は、牛の頭に口をよせたかと思うと、まさに一瞬間にペロリと、さしも大きい牛をのんでしまった（これは前にも書いた馬腹術の変形である。この術者は日本には案外多いこと、後に云う）。

見物がドッと感嘆の声を上げる。

するとこのとき、そばの松の木のこずえから、一つの声が飛んで来た。

「牛をのんじゃいないぞ。術師は牛のせなかに乗っているんだ！」

たちまち牛の形があらわれて、なるほど加当段蔵はその牛のせなかに乗っているのだった。

見あらわしたのは柿崎家の中間《ちゅうげん》八助で、こいつ手品のタネを見やぶってやろうと、はやくから松の樹上にしのんでいたのである。

「いや、見やぶられてしまっては、これで終るわけには行かない。よろしい、もう一つ演《や》ろう」

いうなり、ふところから取り出した夕顔のタネ。穴も掘らずにパッとまく。

ふしぎや、たちまち二葉がふき出し、ツルがのびて、松の木にからみ上る。

段蔵は扇子をひらいて、ふわーり、ふわりと風を送ると、やがてツボミが出来、花がひらいた。なおも風を送るうちに、みるみるその花は二尺ばかりの大輪になる。

見物はヤンヤと褒めそやした。

その評判をきいて、上杉謙信、加当段蔵に会って見る気になった。ところが、どうも高慢ちきな男で謙信の気に入らない。

「諸国に名だたる忍術使いも多々ございますが、まず私につづく者はないと自負しています。手に一尺の剣さえあらば、いかなる高塀、深塀でも飛び越えることができるので、飛び加当と呼ばれているのでござる」

と鼻高々。

「さようか。よっぽどの上手と見える。どうじゃ、今夜直江山城守の屋敷へしのびこんで、帳内《ちょうない》にかざった薙刀《なぎなた》そのほか、何なりと取って来て見い」

「はっ」

加当段蔵が御前をしりぞくと、謙信はひそかに山城守をよんで、かくかくと耳打ちする。

直江山城守こころえて、じぶんの屋敷にかえり、家中にきびしく命じて要所要所にたくさんの番兵をくばり、どの部屋もともしびをコウコウとつけて、見張りをおき、庭にも村雨という名の猛犬を放った。これでは加当段蔵、よしんば翼《つばさ》があっても忍び入ることはできまい。

ところが、真夜中ごろに庭のほうで、ビョウビョウと村雨が吼え出したと思ったら、やがてその声も消えうせてシーンとなる。

「すわこそ！」

と、侍たちが馳けつけて見ると、村雨は血へどを吐いて死んでいる。

曲者《くせもの》のやって来たらしいことはたしかだが、邸内くまなくしらべても異常がなく、とうとうそのまま朝になった。

「しくじったろう」

謙信、そう思っていると、段蔵は早朝にやって来た。

「御言いつけ通り……」

と云ってさし出したのは、あにはからんや直江山城守の枕にかざってあった薙刀。

いや、それだけじゃない。段蔵は、背おって来た十一、二歳の女の児を、そっと置く。まだスヤスヤ寝ていて、背負って来られたのも知らぬ様子だ——それは直江山城守の召し使いの少女だった。

「うむ。よくぞ致したり」

褒美として金子若干くだされたが、さりとて謙信、段蔵を召しかかえようとは云わない。かえって家来中の大豪傑、鬼小島弥太郎にいいつけて、斬ってしまえという命令である。

「加当段蔵儀、いかにも巧者なやつ。召しかかえて重宝はわかっているが、どうも相貌《そうぼう》が気にくわぬ。狐面《こめん》で狼眼《ろうがん》、いつ敵に寝返るとも知れぬにきまっている。他国へ逃げ出さぬうちに斬ってすてろ。討ちもらすな！」

しかし飛び加当は、はやくもそれをさとって逃げ出し、敵側の武田信玄に仕官をもとめた。

しかし加当段蔵にたいする武田信玄の評価もまた、まったく上杉謙信とかわらなかった。彼は段蔵が平伏して御前をさがるときに、すばやく土屋平八郎に目くばせしたから、土屋はいちはやくその意をさとり、加藤が奏者《そうしゃ》について庭へ下りるところを、とびかかって抜き討ちに、バッサリと両断《りょうだん》してしまった。


武田信玄の侍大将で馬場美濃守信房。この人の旗下にも富田郷左衛門という忍術の名人があり、永禄十二年の八王寺城攻めに功を立てた（『烈戦功記』後編巻二）。

天正四年の四国岡本城攻撃には、隠形術の達人、竹内虎之助、同弥藤次という者が活躍している（『四国軍記』巻七）。

毛利元就の侍大将杉原播磨守盛重が、盗賊上りの忍者をたくさん使っていたことは、前にもちょっと触れたが、その忍者たちの頭領株は、佐田兄弟といって、佐田彦四郎、同甚五郎、同小鼠の三兄弟だった。三人ともすばらしい忍術使いで、大勢の人が見ている前で、薪いっぽん盗んでも誰れの目にもつかない。あるとき入江大蔵が、佐田（彦四郎）に云った。

「御辺《ごへん》は忍術の上手だが、どうだ今夜、拙者の刀をぬすめるか？」

「盗めますとも」

「じゃあ、やって見ろ」

「盗んだ刀は、もらってもいいですね？」

「いいとも」

この入江は、中国では名だたる大力者で、ぬかりのない勇者だ。その夜は家をよく戸じまりして、刀を頭の下に敷いてねた。

寝入らぬつもりでいたのだが、それでも夜中がすぎると、ついトロトロとなり、ハッと目をさましたりしていた。

忍術者の佐田には、しのびこむことは何でもない。入江がトロトロとなった瞬間を見すまして、もって来た水筒の水を懐紙《ふところがみ》にしたし、入江の寝顔の上でタラタラと二、三滴おとすと
「おや雨か？」

と頭をソッと上げる。入江は半睡だし、佐田は姿をうまく消しているから見ることができない。頭を上げたひょうしに、まくらの下の刀はチョロリと取ってしまう。

入江は頭をまくらにつけたが、しばらく気づかない。ややあって、さっきヒヤリと顔面におちた水の感覚がふしぎに思い出される。あわてて枕の下をさぐったときにはもうおそかった。佐田は逃げ出してしまっていた。

佐田の弟子に、佐山彦太郎という足軽がある。これまたなかなか忍術が上達した。一つ師匠の物を何か盗んで、じぶんの手ぎわを見せようと思いついた。

ある夜、佐田の家へ忍びこんで、台所土間で魚の骨をポリポリと噛んで、犬のまねをする。

佐田は寝どこから頭を上げて、

「おいおい、地上から三尺もあるところで、犬は骨を噛まないぜ。犬なら一尺ぐらいの高さでいいだろう」

佐山はひや汗かいて逃げ帰った。

丸山三九郎という門人も、おなじ目的で佐田の家へ忍びこんだ。犬になったつもりで、後足であたまをかく身振りをした。

佐田は犬ではないと見ぬいて、蚊帳のそとへ出て来たので、丸山は逃げ帰った。

あくる日、佐田が丸山に会って、

「ゆうべ犬のまねをしたのはお前だろう。しかし、おれが出て来たのをどうして知った？」

ときく。

「蚊の声が、きゅうに大きくなったからですよ」

「ああそうか。おれも、庭の虫の声の変化で、犬でなくて人が来たとさとったのだ」

と、佐田は云った（『陰徳太平記』永禄元年の条に出ている）。

天正六年に秀吉が播州上月城を攻めたとき、毛利側の杉原播磨守が、前記の佐田三兄弟はじめ二十余人の忍術者を高倉山の秀吉の陣地へ忍びこませた。これは不意の夜討ちで、佐田兄弟らは、めいめい秀吉勢の兵隊の首をとって、サッと引き上げるつもりだったが、中で一人、いつまでもグズグズと一つの首を切るのにかかりきっているやつがある。それは別所雅楽《うた》という新米先生だ。

「おい、早くせんか。引き上げるんだ！　下手をすると見つかるじゃないか」

と佐田がいうと、別所は、

「うん。でも、刀のツバがつかえて、うまく首が斬れないんだよ」

と答える。そのうちに秀吉勢が気づいて、

「それ、夜討ちぞっ！　馳け向え！」

とさわぎはじめた。

「宙《ちゅう》にさげて斬るんだ、バカ！」

さけんでおいて、佐田は逃げ出した。

「ああ、そうだ」

やっとのことで別所、目的を果して逃げたが、忍者の刀は、ツバがひどく大きく出来ている。これは高いところへ上るのに、刀を地上に立て、ツバを足台にして登るための便だから、斬るためには少々あつかいにくいのである（この話は、『芸侯三家誌』巻六に出ている）。

『関ケ原軍記大成』巻七、三条城攻撃の条に、村上周防守の家来相部《あいべ》次郎右衛門という者は、くらべもののないほど上手な幻人《げんじん》であると書かれている。この相部次郎右衛門こその頃の忍術使いとしては、もっともすばらしい達人だった。以下、右書の記述によって、彼の事蹟を書くが、そのおこなうところは、すべて印度魔術系の幻術である。

ある夜、相部の家で友人らと雑談していると、ふと相部は云い出した。

「鮎ほど香気のある、上品でおいしい魚はない。しかし鮎の本場はどこかといえば、それは何といっても、やっぱり天《あま》の河だねえ」

「天の河というと？」

「天にある、あれさ。年に一度、おと姫さんが渡って、恋人の牧童《ぼくどう》と出会うという、あの銀河だよ」

「じょ、冗談いうな」

「あはは。きみたち冗談というなら、拙者いまから行ってとって来てやろう」

また幻術か——と、友人たちは思った。どうせ天へのぼるなんてことは、ウソッ八にきまっているが、それを承知でやる幻術だけに、どんな奇抜なことをやるかわからない。

「おい。細引《ほそび》きをもって来い」

と、下男に云いつけて、幾筋もの細引きをつないで庭へ下り、端をとって投げると、スウッと竹ざおのように立つ（これは印度では、今でも一番ありふれた魔術だ）。

相部次郎右衛門、スルスルッとよじのぼって、そのてっぺんへ着くと、下を向いて細引をぜんぶ空へたくし上げ、そこからまた上へ投げ上げては上る。こんなことをしているうちに、やがて見えなくなってしまった。

「目をゴマかしているだけのことだろうが、それにしてもすばらしいことをやる」

と、友人らが云いあっているうちに、やがて上るときと同じようにして相部が下りてくる。

地上へつくと下僕を呼んで、

「ほら、鮎をとって来た。料理しろ」

といい、タモトの中から生きた鮎を、二、三十も取り出した（これと同じ魔術をおこなった人は、江戸時代にもあった。猪狩所右衛門という。『老媼茶話』に出ている）。

主人の周防守が、彼の幻術を見たいというので、城へ呼ぶと、相部は太い柱の一カ所へ、クチャクチャと噛んだ紙くずを押しつけて、元の座へかえって坐る。

「あの紙くずは何だ？」

と下問になる。

「はっ。あれが幻術のタネにございます」

「さようか」

どうも何が何だかわからないが、今に何とかなるのだろうと、皆々その紙くずをにらんでいると、やがてその紙くずから、どうやら、ポタリ、ポタリと水が垂れ出した。

「おや、しずくが……」

と、云ううちに、しずくどころか、だんだんに量がふえて、はじめは小水《しょうすい》ほど、やがてジャアジャアと、滝のようにひどくなったから、そばにいたものは頭から水しぶきをかぶって、

「やあ、たまらぬ」

と、ワイワイ云って座をにげ出す。

「もはや無用なり。相部、やめよ」

周防守の声に、相部が柱に近づいて紙くずを取り去ると、水は止まり、濡れたはずの場所も、すっかりかわいてしまった。

周防守は、後に相部をキリシタン・バテレンの妖術使いと見て、切腹を命じた。彼は検死役人の前で、りっぱに腹を切って死んだ。しかるに遺書をひらいて見ると、城下を立ちのくとあったので、あわてて棺をひらいて見ると、腹を切った狸の死骸がはいっていたという。

## 猿飛佐助以下のめんめん

問題の猿飛佐助は、俗説では信州森家の浪人鷲屋佐太夫の子、鳥居峠の山中に戸沢白雲斎から術をさずかり、十五歳で幸村につかえ、猿飛佐助幸吉と改名。遊歴三年、諸国の軍情をさぐり、至る処で忍術で諸侯のキモをひやしたが、大坂落城のとき豊臣氏の運命に殉じたといい、また一説には、一世猿飛佐助幸吉は天目山の役に武田勝頼にしたがって戦死。二世はもと井辺武助といって近江斎藤氏の臣、甲州に潜入して初代佐助に捕えられ従い、二世を継ぎ、真田幸村に仕えて大坂陣で討死したともいう。

近ごろ発表された足立《あだち》巻一氏の研究（『書彩』第九号）によると、藤田西湖氏説ではこれは大正六年に、エノモト文庫という少年講談本で出たのが始め、十六歳の少年が空想で書き上げたのを、立川文庫が五円の原稿料で買った。翌年の大正七年に霧隠才蔵が生まれたといい、水口《みなぐち》市の研究家中西義孝氏の説では、甲賀の望月家の出らしいが、本名はわからぬといい、伊賀上野市の奥瀬平七郎氏の説では、本名は上月佐助。上柘植《つげ》の木猿という異名で、猿を使ったといい、旭堂南陵師の説に、玉田玉秀斎が立川文庫に佐助を超人に書いたのは、原型が『難波戦記』の異本に出ているはず、云々。

私には説の立てようがない。とにかく戦記書はずいぶんと克明《こくめい》にしらべて見たのだが、猿飛の名はまだ一カ所も見あたらない。もし幾らかでもヒントがあって講談に作ったというのなら、前に書いた「飛び加当」などは、異名が似ているだけでも関連がありそうだ。飛び加当は必ずしも、前記『甲越軍記』で初めて作り出された人物ではなく、近江や伊賀の俗説に早くから伝わっている名であることは、『近江輿地志略』に永禄ごろの有名な忍者であると書いているのが何よりの証拠と云えよう。なお大正六年という藤田西湖説には、反対論がだいぶん出ている。猿飛も霧隠も、明治末にはもう講談になっていたらしいというのである。

霧隠才蔵は百々地三太夫に忍術を習ったことになっているが、その百々地は『絵本太閤記』にはじめて出て来る人物で、術者でなく、伊賀のくに交野郡《かたのぐん》の郷士である。ただこれが忍術に取り合わされる根元は、同書で、石川五右衛門——当時、五郎吉。河内のくに石川村の出生——が、名張《なばり》山中で、臨寛《りんかん》という支那渡来の法術者から忍術をならい、卒業して石川文吾と改名して、百々地の家に住みこんだ。百々地三太夫は六十余歳。ところが細君お式というのが若くてベッピンである。石川文吾氏、その細君をつれて脱走ということになる。要するに三太夫は細君をとられた、というだけのつまらない男なのだ。

石川文吾は伊勢へ来て、その女を捨てて逃げ出し——逃げ出すのにも忍術を使っている——京都へ来て、大仏殿前に小さな家を借りて石川五右衛門となる。筑紫権六、泉伴蔵、木曽川弥八、松山大太郎、松波友九郎、陸奥小三郎、坪坂佐五七、信野与四郎、萩山団八などいうあぶれ者を手なずけて盗賊の張本になった。

文禄元年朝鮮の役がおこる。諸国巡見使といつわって、留守あとの大名家をかたって歩き——それは事実らしく、各地にその伝説がある。元禄刊の『因幡民談記』巻二にも出ている——のち紀州根来寺《ねごろじ》の五重の塔に住んで、

「我れは日本盗賊の天子なり。金銀は天下みな我が物。美女は天下ことごとく我が妾《しょう》なり」

と誇大モーソウ狂にとりつかれる。

京都へ帰り、木村常陸介に依頼され、秀吉を討とうとして薄田《すすきだ》隼人に捕えられ、三条河原で父子ふたりで釜煎《かまいり》の刑に殺された。

以上は俗説であるが、出自《しゅつじ》に関してはいろいろの説があり、三好氏の遺臣石川明石の子といい、遠州浜松うまれで真田八郎といったが、河内のくに石川郡、山内古底《こてい》という医家によって、石川五右衛門に改めたともいう。文禄三年、釜煎りの刑に処せられたのは事実で、そのことは『言継卿記』、『続本朝通鑑』、『歴朝要紀』等の当時の記録に残っている。

五右衛門は、実際はどの程度忍術を心得ていたかわからないが、毎月一日、十五日の登城日には、大名行列などにまぎれこんで大坂城に入り、諸士の刀の刀身を、鉛の刀身に抜きかえて盗んで来る。それがあまり度かさなるので、浅野左京太夫などは、大刀を玄関で抜いて家来にわたしておき、短刀だけ差して営中に入るようにして

いたという。これは『古老茶話』にあるから、信じてよい記事だ。

石川五右衛門をそそのかして、大閤を殺させようとした木村常陸介、この人は木村長門守の父親であるが、この人も『絵本太閤記』では、忍術使いということになっている。それはフィクションだろう。

キリシタン・バテレンの妖術では、島原の乱の天草四郎が、鳩を手にとまらせて卵をうませ、その卵を割ってキリシタンの経文を取り出したとか、竹に雀のとまったのを、そのまま折って見せたとか、陸地と同じように海面を伝わって談合島へわたったとか、いろいろな伝説がのこっている（岡田章雄氏『キリシタン・バテレン』）。

島原叛軍の総奉行の一人だった森宗意軒もまた六甲六遁の法に達し、忍びに妙を得、妖術にくわしかったといい（『南島変乱記』）、また由比正雪の生家の下男だった山下与茂作が、この叛軍の末将《まつしょう》で、これまたその道の術者であり、のちに慶安事件のとき由比に組したという（同上書）。

由比正雪自身も、この乱中の島原に来ていて、森宗意軒から妖術を習ったという説があり（『慶安太平記』。『天草騒動』）、また由比の謀将となった金井半兵衛も幻術師だった（『草賊記』）。

「幻術」は江戸期に入ると「幻戯《メクラマシ》」という名にかわって、舞台で演じられるようになった。延宝八年四月十八日、都右近というものが千代田城二の丸で、四代将軍の面前に幻戯を上覧に入れ（『玉露叢』）、また元禄時代になると、塩屋長次郎という大変なシロモノがあらわれて、三都の興行場で馬を呑んで見せている（『昼夜用心記』、その他）。その実際のスケッチ画が『諸国怪談揃』という本に出ている。

この時分までは、まだ世間にもすばらしい幻術師がのこっていたらしく、諸書に多くの事例が見つかる。

出羽最上の城主鳥居伊賀守忠恒――前に出た大鳥逸平騒ぎの左京亮の子――の家臣、尾関忠吉。大刀で早走りに長じていたが、百魔居士という幻術師にならって魔術をおこない、血気粗暴だったので、ついに上意討ちになった（『老媼茶話』）。

寛文十年の現世居士、未来居士のことは前に書いたが、おなじころ武州川越城下に宿をとった老僧。名は不明だが、左手をイロリの中につっこんで五指に火をとぼしたり、握りこぶしを鼻の穴へ突っこんでヒジまで入れ、こんどはクシャミをすると二、三寸ばかりの人形が二、三百もとび出す。

「鍋《なべ》来い、鍋来い」

と呼ぶと鍋が飛んで来る。それに水を入れ、米を入れ、じぶんの足をナタで切って薪にして飯をたいてたべ、水をひと口のんでイロリへ吐くと、それが泥水になって蓮が生じ、花が一面に咲いて蛙が鳴き出す。

宿屋の亭主びっくりして、若い者をよびあつめ、

「こいつ、化け物だ！」

と十四、五人で追っかけまわすと、そばの徳利の中へとびこんで、ブーンとどこかへ飛んでいってしまったという（『老媼茶話』）。

備前の池田家の藩士が角場《かくば》で鉄砲の練習をしていると、老僧がやって来て、

「わしを的《まと》にしてうって見ろ。あたらないぞ」

という。衣服をぬいで、前に置き、フンドシ一つで正面に立つ。

家臣たち面白半分に射撃するが、なるほど命中しない。

「こりゃ幻術だ。よし、拙者に策がある」

と、一人の武士が出て来て鉄砲をかまえたが、はだかの僧をうたないで、前においた衣服をうった。それが命中した。僧は衣服の中に身をひそめて、正面に立っているのは虚像《きよぞう》だった（『明良洪範』）。

宝暦の初めごろ金沢城下の浅野川博労町に、高田大林坊という幻術者があった。前にもいった生花術《せいか》、馬腹術《ばふく》が上手で、顔のイボやホクロを抜くのには、三、四尺へだてて手拍子を打てば抜けた。そのほか貞享、元禄ごろ、高岡瑞龍寺にいた天説《てんせつ》という僧や、金沢の若林信子《しんし》という医者、京都に金聖散という薬を売っていた兵部という者なども、いずれも幻術で世に知られていた（『三州奇談』）。

明和何年だったかに、京都二条河端の幻術師生田中務《しょうだなかつかさ》が、あまり奇怪な術をおこなうので京都所司代の手にとらえられ、バテレンの妖術と認定されて死罪になった（『よしあし草』）。それにつづいては、大塩平八郎の捕物として有名な、バテレン妖術使いの豊田貢の事件がある。

旗本藤懸赤山《せきざん》は、亡霊を招く術をおこない、キリシタンまがいの信仰をしていたので永蟄居《えいちっきょ》を命じられたが、これは当時「墓洗い」と称する隠形の幻術があり、その連累らしいと、肥前の殿さま松浦静山侯の『甲子夜話続編』にある。

松浦静山侯はなかなかの忍術通で、同書に長々と忍術関係の見聞を書いているが、なかんずく信州高遠藩の坂本天山——日本有数の砲術大家——が、忍術の奇にとらわれて、某という術士に入門したいと申し入れたところ、「これは私の家業ですが、まったく下法《げほう》であって、士大夫《したいふ》のお習いあそばすことではありません」と、ことわったという一事は、ちょっと記憶にあたいする。

忍術というものは、どうも武技と見るには、素姓があやしい。柔術の関口氏業《うじなり》が、真田侯から、壁を横這《よこば》いして見せてくれと云われたときに、形を正して、「そんな妖術は武芸者のすることではありません」と云ってたしなめたことは、前にも書いておいたが、世が下ると、武芸の師匠もずいぶん素質が下落したらしく、刀術や槍術に秘事秘伝と称し、八門遁甲《はちもんとんこう》とモッタイをつけて、呪文をとなえたり、印をむすんだり、九字を切ったりすることまで教えるようになったことは、柳生流の剣法を説いた『本識三問答《ほんしき》』などにも、大いに嘲笑しているところだ。

——さもあらばあれ、この点から見ても、われわれの忍術好きは必ずしも明治に始まったのでないことを知るのである。

## 底本一覧（※印のついたものは、「戸伏太兵」名義）

### 武芸達人伝

愛洲移香斎久忠　『考証武芸者列伝』（三樹書房、1982年７月）
塚原卜伝高幹　『考証武芸者列伝』
宝蔵院覚禅房胤栄　『考証武芸者列伝』
富田五郎左衛門勢源　『考証武芸者列伝』
謎の開祖　伊東一刀斎景久　『剣豪　虚構と真実』※（現代教養文庫、1958年６月）
神子上典膳（小野次郎右衛門忠明）『考証武芸者列伝』
播州伝　宮本武蔵玄信　『考証武芸者列伝』
宮本無二斎と菅六之助正利　『考証武芸者列伝』
吉岡憲法一族　『考証武芸者列伝』
松山主水大吉　『考証武芸者列伝』
万能武芸者　市川門太夫とその周辺　『剣豪　虚構と真実』※
関口柔心氏心　『考証武芸者列伝』
渋川伴五郎義方　『考証武芸者列伝』
松林左馬助蝙也斎　『考証武芸者列伝』
芝愛宕山の騎馬天狗　『剣豪　虚構と真実』※
詳伝　拳骨和尚武田物外　『考証武芸者列伝』

### 武芸落穂集

武芸十八般　『武芸風俗姿』※（学風書院、1957年６月）
寛永三馬術　『武芸風俗姿』※
武書あ・ら・かると　『剣豪　虚構と真実』※
武芸と忍術との間　『剣豪　虚構と真実』※
忍術史談　『日本武芸達人伝』※（鱒書房、1955年10月）

・本書収録に際し、明らかな誤記、脱字、誤植はそれを改めた。
・現在の地名については原則として底本のままとした。
・今日から見れば不適切と思われる表現があるが、時代背景および著者が差別助長の意図で使用していないことなどを考慮しそのままとした。

**著者略歴**
綿谷雪（わたたに　きよし）
1903年-1983年。和歌山県和歌山市出身。
作家、江戸文化研究家、武芸史研究家。早稲田大学卒業。
在学中から真山青果の助手をつとめる。
主な著書に『考証江戸切絵図』『日本剣豪100選』『武芸流派100選』『図説・古武道史』『完本　日本武芸小伝』他多数。

考証《こうしょう》　日本武芸達人伝《にほんぶげいたつじんでん》

2014年４月18日初版第１刷印刷
2014年４月24日初版第１刷発行

著者　綿谷雪

発行者　佐藤今朝夫
発行所　株式会社国書刊行会
174-0056　東京都板橋区志村1-13-15
TEL.03-5970-7421　FAX.03-5970-7427
http://www.kokusho.co.jp

装丁者　黒岩二三［Fomalhaut］
印刷所　株式会社シナノパブリッシングプレス
製本所　株式会社ブックアート

ISBN978-4-336-05796-9　C0021
乱丁本・落丁本はお取り替え致します。